LE LIVRE GNOSTIQUE
DE LA MÉDITATION

Samael Aun Weor
Kwen Khan Khu

mai
2021

Le texte intégral de cette œuvre, par volonté expresse de son auteur (Samael Aun Weor), est le patrimoine de l'humanité entière.

La composition et la conception, tant de la couverture que de l'intérieur de cette œuvre, sont enregistrées au nom d'AGEAC.

Aucune partie ne peut être reproduite, modifiée, publiée, téléchargée, transmise ou distribuée en aucune manière sans l'autorisation écrite préalable d'AGEAC.

© AGEAC
(Association Géophilosophique
d'Études Anthropologiques et Culturelles).

Droits d'images réservés.

ISBN: 9798508061364

Collection AGEAC en ligne

info@ageac.org

www.ageac.org · www.samael.org
www.vopus.org · www.radiomaitreya.org

NOTE D'INTRODUCTION

Nous avons élaboré cette compilation, ce recueil des paroles écrites et orales des Vénérables Maîtres Samael Aun Weor et Kwen Khan Khu, dans le but sincère d'avoir un guide précis, détaillé, sur le sujet fascinant qu'est la méditation. Bien que la méditation soit éminemment pratique et ne peut être connue et maîtrisée qu'avec l'expérience personnelle, il est nécessaire d'avoir une explication didactique et dialectique sur la manière de la réaliser avec succès.

Nous remercions éternellement les révélations et les explications si détaillées données par nos Maîtres, d'une manière si brillante et simple à la fois, sur ce qu'est une véritable méditation et sur la manière de la pratiquer correctement.

Si la méditation est une science, alors en voici le manuel.

Nous espérons que ce travail sera, à la fois, un moyen de clarifier les doutes et les concepts, ainsi qu'une source d'inspiration inépuisable pour faire de nous, un jour, des athlètes de la technique de la méditation et pouvoir ainsi plonger de plus en plus dans le royaume de la vérité et de l'omniscience de l'Esprit.

Que la paix soit avec vous pour que vous puissiez participer de la Lumière...

OM-VAJRAPANI-HUM !

Les éditeurs

"Il est urgent de boire le vin de la méditation dans la coupe de la concentration parfaite."

–Samael Aun Weor, *Le Mariage Parfait*–

MÉDITATION

Don précieux de l'homme libre
Dispensateur de paix, de lumière et d'amour,
Antidote suprême, remède infaillible,
Repos du mystique, véhicule et libérateur.

Chemin merveilleux de splendeurs
Chemin des prophètes, des martyrs et des saints,
Relique cachée des vainqueurs,
Recette qui élimine la douleur et les pleurs.

Méditation : Via Crucis, rose douloureuse
Aux épines et au parfum exquis,
Réservoir inépuisable et source de connaissance,
Seul moyen qui conduit à l'ÊTRE.

Clé magique de tous les ascètes,
OM de l'Absolu,
MANI hindou, joyau secret,
PADME ou matrice qui le contient tel un fruit,
HUM est le silence de l'homme réalisé.

Méditation : liqueur divine de l'Illumination
Ivre dans la tasse de la concentration.
Méditation : feu sublime qui consume,
Lotus de diamant qui exhale son parfum.

*Méditer, c'est trouver Dieu
Au-delà des prisons du mental.
Méditer, c'est écouter la voix subtile
Qui nous dit la vérité, qui jamais ne ment !*

Kwen Khan Khu

MEDITACIÓN

*Precioso don del hombre libre
dador de paz, de luz y amor,
antídoto supremo, remedio infalible,
reposo del místico, vehículo liberador.*

*Maravillosa vía de esplendores
camino de profetas, mártires y santos,
oculta reliquia de los triunfadores,
receta que suprimes el dolor y el llanto.*

*Meditación: Viacrucis, dolorosa rosa
con espinas y fragancia primorosa,
yacimiento inagotable y fuente del saber,
único camino que conduce al SER.*

*Llave mágica de todos los ascetas,
mántrico OM del Absoluto,
MANI indostánico, joya secreta,
PADME o matriz que la contiene como fruto,
HUM es el silencio del hombre realizado.*

*Meditación: Divino licor de Iluminación
bebido en la copa de la concentración.
Meditación: Sublime fuego que consume,
loto diamantino que exhala su perfume.*

*Meditar es encontrar a Dios
más allá de las prisiones de la mente.
Meditar es escuchar la sutil voz
¡que nos dice la verdad!, ¡que jamás miente!*

Kwen Khan Khu

OBJECTIFS DE LA MÉDITATION

En étudiant les enseignements du Maître Samael, nous pouvons en déduire plusieurs objectifs, à savoir.
    1. Induire la paix intérieure.
    2. Étudier notre psyché.
    3. Étudier de manière approfondie les mécanismes de nos agrégats psychologiques, puis prier Stella Maris de les détruire.
    4. Effectuer une rétrospection et prendre conscience de la manière dont nos agrégats ont agi dans notre machine humaine chaque jour.
    5. Apprendre à calmer le mental et à développer l'imagination créatrice. C'est la raison pour laquelle l'Avatar avait pour habitude d'observer en méditation la naissance d'une rose, depuis la graine plantée dans la terre jusqu'à l'apparition d'un petit bourgeon vert qui devient ensuite une tige et disparaît peu à peu, en se développant de plus en plus jusqu'à ce qu'on le voit se transformer en rosier. Ce type de pratique est essentiel pour arriver à obtenir l'IMAGINATION CRÉATRICE. Car, avec un mental toujours fou, c'est IMPOSSIBLE...

6. Même le Maître a dit que lorsque le mental était calme, des souvenirs de nos vies passées pouvaient soudain apparaître et, de cette manière, nous pouvions connaître notre parcours sur notre monde, ce que nous avions fait de bien ou de mal.

—Clarifications du V.M. Kwen Khan Khu—

7. L'autre aspect que peut avoir la méditation est la recherche de quelque chose: cela peut être une recherche sur notre monde psychologique ou un phénomène spécifique, un phénomène que nous voulons comprendre...

—Kwen Khan Khu, interview "La Science de la Méditation"—

Avec la technique de la méditation, nous pouvons faire plusieurs choses:

a. Observer toutes nos pensées sans nous identifier. C'est l'essence de Pratyahara. Mais si nous concentrons la méditation exclusivement sur ce point, il viendra un moment où ces pensées cesseront d'affluer et nous aurons un silence mental, indispensable pour recevoir ensuite des messages directs de notre être réel.

b. Étudier patiemment certains états égoïques, constater que d'autres pensées sont liées, comprendre enfin leur sens profond, puis prier notre Mère Divine de les éliminer.

c. Investiguer, au moyen de la concentration, la signification de quelque chose de particulier, par exemple une expérience astrale que nous avons expérimentée récemment, les causes d'un phénomène métaphysique, ce qui s'est passé dans certaines de nos vies passées, etc.

d. Établir un contact très profond avec une partie de l'Être ou avec un Maître de la Fraternité Blanche pour demander de l'aide, par exemple une indication nous permettant de sortir de l'incertitude que nous vivons.

e. Expérimenter le Vide Illuminateur. Une fois que le mental a été vidé de toute pensée, dans un état d'immobilité, ledit Vide nous parvient.

—Clarifications du V.M. Kwen Khan Khu—

Question.– Bien qu'elle paraisse très évidente pour commencer ce thème de la méditation, notre question est la suivante : à quoi sert la méditation ? Dans quels buts faut-il méditer ? Pourquoi méditer ? Pour quelle raison ?

    Kwen Khan Khu.– Les objectifs de la méditation sont multiples. Premièrement, il faut dire que le mystique cherche avant tout à s'immerger dans la méditation, c'est la paix, la tranquillité du mental. C'est le premier objectif. Quand quelqu'un est capable d'avoir une paix intérieure permanente, alors on peut dire que la méditation est un moyen de recherche. Et quand on est encore plus expert dans ce domaine de la méditation, on peut dire que la méditation est le chemin qui conduit à l'Illumination, ou à la conquête de ce qu'on appelle, dans le monde oriental, le Vide Illuminateur.

–Kwen Khan Khu, interview "La Science de la Méditation"–

POUR ATTEINDRE LA TRANQUILLITÉ INTÉRIEURE

L'objet de la Méditation est très simple : Que voulons-nous par la Méditation ? Nous tranquilliser, la tranquillité...

Ce que nous sommes en train de dire pourrait sembler très superflu et vous pourriez me dire que nous pourrions nous tranquilliser avec une bouteille de vin, n'est-ce pas ? C'est évident. Vous pourriez également me dire que nous pourrions nous tranquilliser en écoutant une symphonie de Beethoven. Vous pourriez me dire cela…

Mais en fait, atteindre la tranquillité est, réellement, la chose la plus difficile que vous puissiez imaginer. Ainsi personne ne pourra avoir de tranquillité mentale, avoir son mental en sainte paix, s'il n'a pas éliminé de son centre intellectuel toutes les pensées caduques et intempestives qu'il porte.

Personne ne peut avoir le cœur en paix si, auparavant, il n'a pas éliminé de lui-même les émotions négatives et préjudiciables.

Ainsi, quand un gnostique, un arhat gnostique se submerge en méditation, il cherche la tranquillité. À ce moment-là, il se met à travailler sur un élément inhumain qu'il a découvert en lui-même au moyen de l'auto-observation.

—Samael Aun Weor, *Le Cinquième Évangile*, conférence "Métamorphose psycho-émotionnelle de l'homme"–

L'IMPORTANCE D'AVOIR LE MENTAL EN PAIX

Avec l'exercice quotidien de l'ÉTUDE DE NOTRE MENTAL au moyen de la méditation –nous dit notre Avatar– nous cherchons à atteindre la PAIX DANS NOTRE MENTAL DÉSORDONNÉ. C'est la PAIX qui nous permettra, quand nous le souhaiterons, d'entrer en contact avec notre Divine Mère ou avec notre ÊTRE RÉEL INTÉRIEUR pour entendre, sentir, percevoir les messages qu'ils veulent nous faire parvenir. Il serait absurde de croire que l'ÊTRE va nous parler tout en sachant que nous sommes entourés de MOIS BAVARDS qui ne cessent de JACASSER entre eux. Ce serait un EUPHÉMISME, UNE FANTAISIE.

Rappelons-nous que DIEU s'exprime dans le SILENCE et c'est pourquoi il nous parle au moyen d'INTUITIONS qu'il nous fera parvenir à mesure que nous éliminons de notre psyché ce vacarme infernal que nous portons généralement dans notre intérieur.

Par conséquent, avant tout, NOUS DEVONS URGEMMENT devenir accros à la MÉDITATION coûte que coûte. Apprendre à observer notre mental, nos pensées, sans nous identifier à aucune d'elles, jusqu'à ce que passe tout le film d'épisodes mentaloïdes auxquels il est habitué. Pour cela, il nous faut de la DISCIPLINE...

À mesure que le MENTAL s'apaisera, nous aurons de plus en plus de SÉRÉNITÉ. Cette sérénité va se transformer, peu à peu, en force INDISPENSABLE pour l'AUTO-OBSERVATION profonde des centres de notre machine organique –c'est-à-dire les cinq cylindres dont parle la Gnose–, et dans cette voie nous prendrons LE VRAI CONTRÔLE DE NOUS-MÊMES d'instant en instant, de moment en moment. Nous pourrons vivre dans le fameux ÉTAT D'ALERTE.

Voilà la raison pour laquelle un véritable Maître n'entre jamais dans ce genre de débats tant prisés par les humanoïdes terrestres, car dans ces débats, la seule chose qui plaît aux mammifères rationnels, c'est de voir QUI REMPORTE LA CONTROVERSE. Le Bouddhisme Zen, justement, est la négation de la DISCORDE MENTALE. Le Bouddhisme Zen exprime un concept et si l'interlocuteur NE L'A PAS COMPRIS, eh bien c'est son problème et ses raisonnements.

Dans l'une de ses conférences, regroupées aujourd'hui dans ce que nous appelons *Le Cinquième Évangile*, le V.M. Samael répond à une sœur qui n'arrête pas de lui poser des questions sur le même sujet, en lui disant : *"Je regrette, ma sœur, mais je ne vais pas entrer dans l'EXCÈS DE RAISONNEMENTS dans lequel tu es embouteillée !!"*

C'est seulement au moyen de la PAIX VÉRITABLE, frères et sœurs, qu'advient en nous la véritable COMPRÉHENSION de tout phénomène inhérent à nous ou à l'extérieur de nous.

Souvenons-nous de Newton, –qui était d'ailleurs un Initié gnostique–, du jour de sa vie où, assis en état contemplatif, il vit tomber une pomme et cela l'induisit immédiatement à capter le phénomène selon lequel tous les corps, selon leur poids et leur mesure, tombent vers un centre gravitationnel, et c'est ainsi que NAQUÎT LA LOI DE LA GRAVITÉ ! Newton ne l'aurait pas perçue s'il avait été assis AVEC UN MENTAL TOURMENTÉ par des milliers de pensées en train de se disputer...

Les peintres classiques ONT EU BESOIN DU SILENCE DU MENTAL pour réaliser leurs chefs-d'œuvre. La majorité d'entre eux se sont éloignés de l'agitation des rues et des foules. C'est ce qui s'est aussi passé avec les grands Maîtres de la musique classique. Tous ont vécu loin du bavardage mondain, du vacarme, des bringues, des beuveries, de la vie futile. Et l'exemple le plus absolu parmi tous fut le très Vénérable Beethoven, dont nous savons par ailleurs aujourd'hui qu'il se trouve dans le Monde Causal et qu'il est le Gardien du Temple de la Musique. Nous ne devons pas oublier que Beethoven est un MAÎTRE GNOSTIQUE AUTORÉALISÉ. Beethoven a écrit ses sonates, symphonies, et toutes ses compositions malgré le fait qu'il soit devenu sourd, car IL SAVAIT S'INTÉRIORISER PROFONDÉMENT et c'est pourquoi, il a répondu à quelqu'un qui lui demandait :

—*Beethoven, que pensez-vous faire si votre surdité s'aggrave ?*
Réponse : *J'écouterai dans les cieux !!!*

Oui, frères et sœurs, la PAIX débouche sur la SCIENCE et elle nous permet alors DE SAVOIR ATTENDRE ET PERCEVOIR LES DESIDERATA DE NOTRE ESPRIT, de notre ÊTRE RÉEL. C'est pour cela que les Grands Adeptes ont su ÊTRE PATIENTS pour supporter les terribles ordalies auxquelles ils furent soumis avant d'obtenir la COURONNE DE LA VICTOIRE. C'est ce qui est écrit.

—Kwen Khan Khu, *"Qu'est-ce que c'est et où naît ce que nous appelons la patience?"*–

POUR COMPRENDRE LE MOI

Seul le cœur tranquille peut nous donner la véritable et légitime félicité.

La méditation intérieure profonde a pour objet d'atteindre la véritable tranquillité.

Il ne sera pas possible d'atteindre la paix du cœur tranquille tant que les facteurs psychologiques de l'inquiétude existeront à l'intérieur de nous.

C'est durant la méditation intérieure profonde que nous explorons le Moi psychologique.

C'est seulement durant la méditation intérieure profonde que nous pouvons comprendre intégralement le défaut psychologique découvert pendant l'auto-observation.

Chaque défaut auto-observé doit être préalablement compris au cours de la méditation avant de procéder à son élimination.

—Samael Aun Weor, *Pistis Sophia dévoilée*, chapitre 56—

Méditer est indispensable pour comprendre nos erreurs psychologiques. Lorsqu'on comprend qu'on a telle ou telle erreur, tel ou tel défaut, on peut s'offrir le "luxe" de l'éliminer, comme je l'ai enseigné dans mon œuvre intitulée *"Le Mystère de la Floraison d'Or"*. Éliminer telle ou telle erreur, tel ou tel défaut psychologique, équivaut à éliminer tel ou tel agrégat psychique, tel ou tel "élément subjectif" dans lequel existent des possibilités de rêver ou de projeter des rêves. Quand on veut éliminer un défaut, une erreur, un agrégat psychique, on doit d'abord le comprendre.

Mais, il ne suffit pas uniquement de le comprendre, il faut aller plus loin, au plus profond : il est nécessaire de capter la profonde signification de ce que l'on a compris ; et nous ne pouvons arriver à cette "capture" qu'à travers la méditation profonde, très intime… Celui qui a capté la profonde signification de ce qu'il a compris a la possibilité d'éliminer…

–Samael Aun Weor, *le Cinquième Évangile*, conférence
"Nécessité intime de ne pas projeter"–

Ainsi, si nous avons un défaut et que nous voulons en devenir conscients, nous devons méditer profondément dessus jusqu'à en devenir conscients. Et nous en sommes conscients quand l'Être avale, pour ainsi dire, la signification de ce défaut, quand l'Être absorbe, dirions-nous, la profonde signification de ce défaut, alors survient la Conscience de celui-ci.

Ainsi, il vaut bien la peine que nous devenions conscients de telle ou telle erreur, pour l'éliminer ensuite. La divine mère kundalini élimine tel ou tel défaut quand on l'a compris. La compréhension est fondamentale avant l'élimination.

–Samael Aun Weor, *le Cinquième Évangile*, conférence
"Paramètres alchimiques et psychologiques du Vide"–

TRANSMETTRE LE SAVOIR À LA CONSCIENCE

Nous avons besoin d'étudier la Gnose profondément ; c'est pour cela qu'il y a les livres, c'est pour cela qu'il y a les conférences, etc. ; mais la simple lecture des œuvres ne suffit pas, il faut aller plus loin, mes frères... Il n'y a pas de doute qu'au début nous avons besoin de lire, d'écouter les enregistrements, de venir aux cours, de prendre des notes dans nos carnets ou nos cahiers et d'apprendre cela de mémoire ; la mémoire est le principe formatif, mais ce n'est pas tout. Si nous confions toujours tout à la mémoire, à long terme cela ne nous servira à rien, parce que la mémoire n'est pas fidèle à cent pour cent ; ce qui est confié à la mémoire se perd tôt ou tard. Si nous voulons vraiment profiter de ces enseignements, nous devons déposer ces connaissances dans la Conscience, c'est évident. Au début, je ne nie pas que nous ayons besoin de la faculté formative, c'est-à-dire de la mémoire, mais la connaissance ne doit pas en rester là.

Lorsqu'au moyen de la méditation nous essayons de connaître le sens intime de ce que nous avons déposé dans la mémoire, alors ces connaissances qui y sont déposées passent aux parties supérieures du centre intellectuel et si nous essayons d'être plus conscients de l'enseignement, ce qui arrivera, à la fin, c'est que cette connaissance sera définitivement absorbée par le centre émotionnel, qui n'est plus l'intellectuel —nous devons faire la différence entre le centre émotionnel et le centre intellectuel—.

Quand la connaissance est devenue émotionnelle, quand elle a été déposée dans le centre émotionnel, elle est absorbée finalement dans l'Essence, c'est-à-dire dans la Conscience et la connaissance qui retourne à la Conscience n'est jamais perdue, pas même avec la mort du Corps Physique, parce qu'en revenant nous la ramenons à la Conscience. Mais ce qui est déposé exclusivement dans la mémoire est perdu tôt ou tard ; c'est pour ce motif, mes chers frères, qu'il est conseillé de déposer la connaissance dans la Conscience...

Je répète : il faut d'abord étudier ; puis, déposer toute l'information dans le centre formatif —la mémoire— ; essayer ensuite de capter, d'appréhender le sens intime de ce que nous avons déposé dans notre mémoire. Quand nous le faisons, nous ressentons pour cette connaissance quelque chose de sentimental, pour ainsi dire, ou d'émotif ou, pour être plus clairs, d'émotionnel, parce qu'elle passe alors à la partie émotionnelle du centre intellectuel, c'est-à-dire qu'elle sort de la mémoire et passe à la partie émotionnelle du centre intellectuel. Mais, si nous insistons en essayant d'appréhender ou de capter l'essentiel de la connaissance, elle deviendra une émotion, une émotion vécue, elle passera, pour ainsi dire, au centre émotionnel et, en faisant de nouvelles méditations, elle deviendra consciente ; cela arrivera lorsque finalement la connaissance émotionnelle sera submergée dans l'Essence, dans la Conscience. C'est donc le processus par lequel doit passer la connaissance, afin qu'elle devienne consciente... [...]

Le centre intellectuel a trois parties : la partie intellectuelle supérieure, la partie émotionnelle et la partie motrice. Nous pouvons dire que la connaissance passe à la partie émotionnelle du centre intellectuel ; alors nous commençons à ressentir une certaine saveur par rapport à ce que nous avons déposé dans la mémoire. À un stade plus avancé de la méditation, cette connaissance abandonne définitivement le centre intellectuel, pour être déposée strictement dans le centre émotionnel et, ultérieurement, grâce à la technique de la méditation, nous arriverons enfin à ce que cette connaissance passe du centre émotionnel à l'Essence. C'est dans l'Essence, donc, qu'est déposée cette connaissance, c'est-à-dire la Vérité ou les Vérités que nous pouvons amener à l'Essence ; pour parler plus clairement, elles ont une saveur plutôt émotionnelle –je ne parle pas d'émotions inférieures, mais d'émotions de type supérieur–.

–Samael Aun Weor, *le Cinquième Évangile*, conférence
"La connaissance objective de l'Essence"–

Je ne nie pas que les cinq sens soient utiles ; ce que j'affirme est différent : que nous ne devons en aucune manière rester embouteillés à l'intérieur du Mental Sensoriel. Je ne nie pas que les connaissances doivent d'abord passer par les cinq sens ; ce que je veux dire, c'est que nous devons nous rendre conscients de nos propres connaissances, qu'il y a des techniques, par exemple, en relation avec la Méditation, qui nous permettent de prendre conscience de nos connaissances, qui nous permettent d'amener nos connaissances à l'expérience même, directe, du Réel. Mais ces connaissances doivent être filtrées par la Méditation. Je ne nie pas qu'il faille passer par le pragmatique, mais les connaissances doivent parvenir au Mental Intérieur ; et elles parviennent même au-delà : elles parviennent à la Conscience ; elles passent au-delà du Mental Intérieur et parviennent à la Conscience si nous étudions, si nous pratiquons toutes les techniques de la méditation.

Grâce aux techniques de la Méditation, on arrive à devenir conscient de ses propres connaissances ; mais si on reste uniquement dans le Mental Sensoriel, on ne deviendra jamais conscient de ses propres connaissances. Mais si on devient conscient de ses propres connaissances, on arrive indiscutablement à expérimenter la vérité de celles-ci, et c'est intéressant de pouvoir arriver à expérimenter la vérité de telle ou telle théorie, de tel ou tel concept ; et c'est possible lorsque les connaissances passent au travers du Mental Central et du Mental Intérieur, jusqu'à la Conscience même.

–Samael Aun Weor, *le Cinquième Évangile*, conférence
"Phénomènes psychologiques et parapsychologiques"–

Mais si on s'embouteille uniquement dans des théories et encore des théories, si on ne fait rien de concret, si nous ne prenons pas conscience de ce que nous étudions, si nous le laissons exclusivement dans la mémoire, cela sera inévitablement perdu.

La mémoire est le principe formatif du Centre Intellectuel. Lorsqu'on aspire à quelque chose de plus, lorsqu'on désire, à travers la Méditation, se rendre conscient de ce qui est déposé dans la mémoire, de la dernière conférence que nous avons donnée, du dernier livre ésotérique, etc., alors ces "Valeurs" passent dans la phase émotionnelle de ce Centre Intellectuel ; et lorsqu'on veut connaître la profonde signification de ces connaissances et qu'on se livre pleinement à la Méditation avec une profonde émotion et une grande aspiration, ces connaissances passent évidemment au Centre Émotionnel proprement dit, qui est dans le cœur, on arrive à les sentir au fond de son âme.

Et si on veut vraiment approfondir plus, si notre désir est très profond, et qu'on arrive –disons– à les expérimenter intimement, ces valeurs connaissables restent finalement déposées dans l'Essence, c'est-à-dire dans la Conscience. Alors, elles ne se perdent jamais plus, plus jamais ; l'Essence va se trouver enrichie avec ces connaissances. Voilà donc la façon de nous rendre conscients des propres connaissances gnostiques que nous allons acquérir.

La Méditation s'avère donc formidable pour nous rendre conscients des connaissances elles-mêmes ; mais ne commettons pas l'erreur, je le répète, de laisser les connaissances se déposer exclusivement dans la mémoire, car si nous procédons ainsi, nous les perdons à l'heure de la mort... C'est indispensable de méditer sur cela, de le comprendre, d'y réfléchir...

–Samael Aun Weor, *le Cinquième Évangile*, conférence
"L'appréhension de la connaissance intérieure"–

POUR ÉVEILLER LES POUVOIRS OCCULTES

Or, il est certain qu'au moyen de la méditation, à travers le calme et le silence du mental, la glande pinéale va peu à peu s'activer. Il est également très vrai qu'avec la transmutation, à la fin, cette glande se régénère complètement. Alors, il advient l'Illumination qui n'est autre que la récupération de la vue en soi. De même, nous pourrions dire qu'un aveugle commun et ordinaire qui recouvre la vue, est parvenu à l'Illumination dans le monde physique, puisqu'il peut voir le monde tridimensionnel. De toute évidence, l'individu qui développe et régénère sa glande pinéale et récupère la vue de l'Esprit, on dit aussi qu'il est parvenu à l'Illumination.

Ainsi, tout ce qui concerne l'Illumination est quelque chose qui mérite vraiment d'être profondément compris. Un moyen pratique d'atteindre cette Illumination est de savoir méditer. C'est pourquoi le Bouddha Gautama Sakyamuni a vécu dans une incessante méditation. Tous les Bouddhas qui ont été illuminés se sont livrés à la méditation. Tous les Bouddhas de Contemplation sont de véritables athlètes de méditation.

Il n'est pas possible de vraiment progresser sans pratiquer la méditation. C'est au moyen de la méditation que l'on doit travailler sur soi-même.

–Samael Aun Weor, *le Cinquième Évangile*, conférence
"La nécessité de comprendre notre mental"–

Avec la Méditation, notre corps astral se transforme, nos expériences astrales deviennent claires durant les heures de sommeil, et ainsi l'homme reconquiert ses pouvoirs, et apprend à sortir à volonté en corps astral.

Avec la méditation, nous pouvons fonctionner sans les quatre corps de péché dans le monde du Brouillard du Feu. [...]

Ceux qui ne peuvent pas sortir en corps astral, c'est parce qu'ils ont, à présent, perdu le pouvoir, et alors, ils doivent reconquérir ce pouvoir grâce à la méditation quotidienne.

La méditation est un système scientifique pour recevoir de l'information interne. Lorsque le mage se plonge en méditation, il abandonne le corps physique et il peut converser avec les Dieux Sidéraux.

–Samael Aun Weor, *Manuel de Magie pratique*, chapitre 22–

POUR LA CONNAISSANCE DIRECTE

Avec la technique de la méditation, ce que nous cherchons, c'est une information. Un microscope peut nous informer sur la vie des microbes, des bactéries, des cellules, des micro-organismes, etc. N'importe quel télescope peut nous donner une légère information sur les corps célestes, les planètes, les aérolithes, les étoiles, etc. Mais la méditation va beaucoup plus loin, parce qu'elle nous permet de connaître la vérité sur une fourmi et même sur le soleil, la vérité sur un atome ou une constellation.

–Samael Aun Weor, *le Cinquième Évangile*, conférence
"Enseignements fondamentaux sur la méditation"–

Nous autres, nous pouvons vérifier ce que nous disons. Nous avons des systèmes d'investigation, à travers les techniques les plus difficiles de la méditation, grâce auxquelles nous développons certaines facultés, telles que, par exemple, le type d'Intuition le plus élevé appelé Prajña-Paramita, qui nous permet vraiment d'étudier les registres akashiques de la Nature. Dans ces registres figure toute l'histoire de la Terre et de ses Races. Et si les porcs du Matérialisme abandonnaient leur position fanatique et décidaient d'entrer dans les disciplines de la Gnose, ils pourraient développer ces facultés grâce auxquelles l'histoire de la Terre et de ses Races leur serait accessible.

Alors, mes chers amis, cela vaut la peine que nous réfléchissions profondément à toutes ces questions. L'heure est venue pour chacun d'entre nous de réfléchir sur lui-même et sur l'univers.

—Samael Aun Weor, *le Cinquième Évangile*, conférence
"Trésors de l'Anthropologie gnostique"—

Indubitablement, la Science de la Méditation, telle que nous l'avons enseignée, permettra à nos étudiants d'être vraiment aptes à l'investigation, c'est évident. [...]

Entre-temps, grâce à la méditation, nous devons éveiller ce sens merveilleux de l'intuition Prajña-Paramita pour faire des investigations par nous-mêmes. Nous possédons en nous des appareils d'investigation, bien que les matérialistes ne l'acceptent pas. Développons, utilisons ces appareils intelligemment.

Il est évident qu'il est nécessaire de combattre la Science matérialiste scientifiquement, et c'est ce que nous allons faire pour que tous nos frères, y compris les instructeurs et les missionnaires, soient préparés comme il se doit.

—Samael Aun Weor, *le Cinquième Évangile*, conférence
"Trésors de l'Anthropologie gnostique"—

Si on veut savoir quelque chose concernant, par exemple, la Cosmogénèse et qu'on veuille savoir, par exemple, comment a été la Première Ronde de la manifestation Maha-manvantarique, il ne suffit pas seulement d'étudier *les stances de Dzyan*. On doit inévitablement faire appel à la méditation, étudier la *stance* en question et ensuite, pendant un long moment, se concentrer dessus, méditer dessus, jusqu'à arriver à devenir conscient de cette stance.

Une fois qu'on en est devenu vraiment conscient, celle-ci est sortie de la sphère purement intellectuelle, cette connaissance est devenue consciente et elle est devenue consciente parce qu'elle a été absorbée par l'Être. Quand une connaissance est dévorée par l'Être, elle devient consciente.

–Samael Aun Weor, *le Cinquième Évangile*, conférence
"Paramètres alchimiques et psychologiques du Vide"–

Ma doctrine se base sur la connaissance révélée que tout le monde peut obtenir de son Maître intérieur –l'Intime–.

Cette connaissance divine s'appelle la *Théosophie*, c'est-à-dire sagesse divine. "Theo" signifie *Dieu* et "Sophia", *Sagesse*.

La méditation constitue notre technique, et celui qui devient un athlète de la méditation peut obtenir la Connaissance révélée ou Théosophie. Et c'est dans ce type de connaissance intérieure que je fonde ma doctrine, laquelle peut être directement obtenue par tout un chacun qui entreprend de développer les facultés superlatives de l'Être grâce à la technique scientifique de la méditation. Il ne faut pas confondre la *Théosophie* sur laquelle je fonde ma doctrine avec le théosophisme scolastique et morbide.

Cette *Théosophie* ou *Sagesse divine* n'est pas ma propriété exclusive et chacun peut l'acquérir pour son propre compte et sans avoir besoin de mon intervention personnelle, parce qu'elle est cosmique et universelle, et l'Intime de chaque personne est le gardien zélé de cette sagesse archaïque. L'important, c'est de se convertir en athlète de la méditation pour recevoir cette connaissance directement du propre Maître intérieur de chacun, c'est-à-dire de son Intime.

–Samael Aun Weor, *Le Cinquième Évangile*, conférence
"Interrogations gnostiques révélées"–

Lorsque la Conscience s'éveille, nous pouvons voir, entendre, toucher et ressentir les mystères de la vie et de la mort. Lorsque la Conscience s'éveille, nous pouvons nous souvenir de nos existences passées et voir à l'avance dans le pur Akasha, à travers la profonde méditation, les vies futures. Lorsque la Conscience s'éveille, nous sommes préparés pour le Sunyata, l'expérience directe du Vide Illuminateur.

–Samael Aun Weor, *Le Cinquième Évangile*, conférence
"L'origine du Moi à la lumière de la Gnose"–

POUR CONNAÎTRE LA VÉRITÉ

Que recherchons-nous avec la méditation ? Expérimenter ce qu'est la vérité. Cependant, il est urgent de pouvoir nous émanciper des fonctionnalismes de l'intellect. Nous sommes conditionnés. Il est nécessaire de connaître notre conditionnement pour nous libérer de l'intellect. On est admiratif quand on est dans un état de Samadhi, au-delà du corps, des affects et du mental.

–Samael Aun Weor, *Le Cinquième Évangile*, conférence
"L'Univers et ses mystères en l'absence du mental"–

Nous avons besoin de nous rendre maintes fois indépendants du mental et d'entrer dans le courant du son, dans le monde de la musique, dans le monde où résonne la parole des Elohim, là où règne sans aucun doute la Vérité.

Mais tant que nous sommes embouteillés dans le mental, que pouvons-nous savoir de la Vérité ? Ce que les autres disent ; mais nous, que savons-nous ? L'important ce n'est pas ce que les autres disent, mais ce que nous expérimentons par nous-mêmes. Notre problème est donc de savoir comment nous sortir du mental ; nous avons besoin de science et de sagesse pour nous émanciper.

–Samael Aun Weor, *Le Cinquième Évangile*, conférence
"Le deuxième joyau du Dragon Jaune"–

Il faut comprendre la nécessité de l'expérience directe du réel; il faut que les frères s'entraînent vraiment à la méditation.

Il est seulement possible d'atteindre l'expérience de la vérité à travers la technique de la méditation. Ce n'est qu'en l'absence du mental que nous pouvons expérimenter le réel, et lorsque nous l'expérimentons réellement, nous arrivons à ressentir en nous un élément qui nous transforme radicalement.

–Samael Aun Weor, *Le Cinquième Évangile*, conférence
"Ressources pour atteindre le Vide Illuminateur"–

Il n'est pas possible d'expérimenter le Réel, la vérité, ce qui, assurément, nous intéresse tous, si nous ne parvenons pas à sortir l'Essence de l'ego. Une essence embouteillée dans l'ego ne peut expérimenter le réel. Elle devra toujours vivre dans le monde des rêves, dans le centre intellectuel, dans le centre instinctif, dans l'émotionnel, dans le centre moteur ou dans le sexuel, mais elle ne pourra, en aucune manière, s'échapper pour expérimenter la vérité.

Le grand Kabîr Jésus a dit : *"connaissez la vérité et elle vous rendra libres"*. La vérité n'est pas une question de théories, ce n'est pas croire ou ne pas croire, ce n'est pas non plus une question de concepts ni d'opinions, on ne peut tirer des conclusions concernant la vérité. Mais, qu'est-ce qu'une opinion ? c'est la projection d'un concept avec le doute et la crainte que la vérité soit autre chose. Et qu'est-ce qu'un concept ? Simplement un raisonnement élaboré et convenablement projeté par le mental, qui peut coïncider ou non avec telle ou telle chose.

Mais, pouvons-nous être sûrs qu'un concept ou qu'une opinion émise par l'intellect soit précisément la vérité ? Non. Qu'est-ce donc qu'une idée ? Une idée peut être magnifique. Par exemple, nous pourrions-nous faire ou nous forger une idée par rapport au soleil. Elle pourrait être plus ou moins exacte, plus ou moins fausse, mais elle n'est pas le soleil. De même, nous pourrions aussi nous forger de multiples idées concernant la vérité.

Quand on demanda à Jésus-Christ ce qu'est la vérité, il resta silencieux. Quand on posa la même question au bouddha Gautama Sakyamuni, il tourna le dos et s'en alla. Car la vérité ne peut être définie avec des mots, un coucher de soleil non plus. Quelqu'un peut avoir une grande extase quand le soleil est sur le point de se coucher dans les splendeurs d'or, sur la cordillère, et tenter de communiquer cette expérience mystique à une autre personne, mais il est probable que cette autre personne ne ressente pas la même chose. De même, la vérité est incommunicable, elle n'est réelle que pour celui qui l'a expérimentée par lui-même.

–Samael Aun Weor, *Le Cinquième Évangile*, conférence "Enseignements fondamentaux sur la méditation"–

On doit se libérer du mental, mes chers frères, et ce n'est possible qu'avec la méditation profonde. La Conscience, malheureusement, est emprisonnée dans la prison du mental. Évidemment, tant que la Conscience est enfermée, l'expérience du réel s'avère impossible. Nous devons lutter pour notre liberté, mes chers frères. Rappelez-vous que chacun de vous est emprisonné, et ce qui est grave, c'est que vous ne vous rendez pas compte que vous êtes emprisonnés ; vous croyez être libres, mais vous ne l'êtes pas car vous êtes emprisonnés.

La prison du mental est horrible. Là, dans cette prison, est enfermée la Conscience, l'Âme, l'animique, ce qui vaut vraiment la peine en nous. Vous êtes dans une situation difficile, et vous ne vous rendez pas compte que vous êtes dans une situation difficile.

Voyez combien de gens se consacrent à fortifier les barreaux de cette prison. Ils mettent des annonces dans les journaux : que telle école vous confère des pouvoirs extraordinaires sur le mental, qu'on nous développe la force mentale, qu'ils ont des techniques extraordinaires pour dominer tout le monde, au moyen du mental, etc.

C'est-à-dire que ceux qui sont prisonniers font de la publicité pour que les autres restent prisonniers, quelle horreur ! Malheureusement, c'est ainsi.

Vous tous, mes chers frères, vous devez comprendre intégralement la nécessité de vous libérer du mental pour expérimenter dans le domaine du réel ; et cela, je répète, n'est possible que lorsque le mental est calme, lorsque le mental est en silence.

–Samael Aun Weor, *Le Cinquième Évangile*, conférence "Avantages et merveilles du silence mental"–

Beaucoup de gens croient en Dieu et beaucoup de gens sont athées. Il y a aussi beaucoup d'individus qui ni ne croient, ni ne croient pas ; ces derniers tâchent de bien se comporter dans la vie au cas où Dieu existerait. Nous disons que croire en Dieu ne signifie pas avoir expérimenté cela qui est la vérité, cela qui s'appelle Dieu. Nous disons que nier Dieu ne signifie pas avoir expérimenté cela qui est la vérité, cela qui s'appelle Dieu. Nous disons que douter de l'existence de Dieu ne signifie pas avoir expérimenté la vérité. Nous devons expérimenter cela qui peut nous transformer radicalement, cela que beaucoup appellent Dieu, Allah, Tao, Zen, Brahma, Inri, etc.

Le mental du croyant est embouteillé dans la croyance, et cette dernière n'est pas l'expérimentation de cela qui est la vérité, Dieu, Allah ou quel que soit le nom qu'on veuille lui donner. Le mental athée est embouteillé dans l'incrédulité, et cette dernière n'est pas non plus l'expérience de cela qui est la vérité, Dieu, Brahma, etc. le mental de celui qui doute de l'existence de Dieu est embouteillé dans le scepticisme et celui-ci n'est pas la vérité. Ce qui est, cela qui est la vérité, Dieu, Allah, quel que soit le nom qu'on veuille donner à cela qui n'a pas de nom, est totalement différent de la croyance, de la négation et du scepticisme.

Tant le que mental est plongé dans n'importe lequel de ces trois facteurs de l'ignorance, il ne peut pas expérimenter cela que les chinois appellent le Tao, cela qui est divin, cela qui est la vérité, Allah, Brahma, etc. Celui qui a expérimenté une fois cela qu'on ne peut définir –car si on le définit on le défigure –, cela que certains appellent Dieu, passe évidemment par une transformation radicale, totale et définitive.

[...] Quand Pilate demanda à Jésus ce qu'était la vérité, Jésus resta silencieux. Quand ils posèrent la même question au Bouddha, il tourna le dos et se retira. La vérité est incommunicable comme est incommunicable la sublime Extase que nous sentons quand nous contemplons un beau coucher de soleil. La vérité est une question d'expérience mystique et c'est seulement à travers l'Extase que nous pouvons l'expérimenter. Tout le monde peut se permettre de donner son avis sur la vérité, mais la vérité n'a rien à voir avec les opinions. La vérité n'a rien à voir avec la pensée, la vérité est une chose que nous ne pouvons expérimenter qu'en l'absence du Moi. La vérité nous arrive comme un voleur dans la nuit et quand on s'y attend le moins. Réellement, la vérité est une chose très paradoxale : celui qui la connaît ne la dit pas et celui qui la dit ne la connaît pas. La vérité n'est pas une chose tranquille et statique, la vérité est l'inconnu de moment en moment. La vérité n'est pas un objectif que nous devons atteindre, la vérité est cachée au fond de chaque problème de la vie quotidienne. La vérité ne relève pas du temps ni à l'éternité, la vérité est au-delà du temps et de l'éternité. La vérité, Dieu, Allah, Brahma ou peu importe le nom qu'on veuille donner à cela qui est la Grande Réalité, est une série d'expériences toujours expansives et de plus en plus profondément significatives. [...]

Nous devons apprendre à méditer sagement, et à mesure que surgit dans le mental chaque pensée, chaque souvenir, chaque image, chaque idée, chaque concept, etc., nous devons la regarder, l'étudier, extraire de chaque pensée, souvenir, image, etc., le meilleur.

Quand le défilé des pensées s'est terminé, le mental reste tranquille et en profond silence. Alors l'Essence s'échappe et vient l'expérience de cela qui est la vérité. Notre système de concentration n'exclut rien, il est pleine attention, totale, intégrale ; notre système de concentration inclut tout et n'exclut rien ; notre système de concentration est le chemin qui conduit à l'expérience de la vérité.

–Samael Aun Weor, *Occultisme transcendantal*, chapitre 10–

AVOIR DE L'ENTHOUSIASME POUR LE TRAVAIL ÉSOTÉRIQUE

Il faut que vous appreniez à méditer profondément ; que vous sachiez méditer. Quand on a obtenu une véritable concentration, on parvient alors à un véritable bonheur…

Vous voyez : si je n'avais pas eu de mon vivant, pendant ma jeunesse, l'expérience du Vide Illuminateur, je ne vous parlerais pas à présent comme je vous parle… Cette expérience vécue ne s'est jamais effacée de ma Conscience, ni de mon Mental, ni de mon Cœur…

Il est possible que dans un de ces Samadhis, c'est-à-dire dans une pratique de Méditation Profonde, la Conscience d'un être humain puisse s'échapper de l'Ego pour expérimenter le bonheur du Vide Illuminateur.

Il est évident que si l'on y parvient, on travaillera avec plaisir sur soi-même ; on travaillera avec ardeur, parce qu'on aura expérimenté, avec certitude, en l'absence de l'Ego, cela qui est la Vérité, cela qui ne relève pas du temps, cela qui est au-delà du corps, des affects et du mental… […]

J'espère que vous réussirez à les motiver et à faire en sorte qu'ils travaillent sur eux-mêmes! […]

Il est bon de vivre la Grande Réalité un jour dans la vie. Parce que de cette façon, on se donne le courage de se battre. C'est l'avantage du Sunyata, c'est le plus grand avantage qui existe par rapport à l'expérience du réel.

–Samael Aun Weor, *Le Cinquième Évangile*, conférence "Métamorphose psycho-émotionnelle de l'homme"–

Tant qu'on n'a pas expérimenté directement ce qui n'est pas du temps, ce qui est la vérité, on n'aura pas cette énergie, cette ardeur, cette motivation, cette force continue dont on a besoin pour travailler intensément sur soi-même dans ces temps modernes. Les aspirants sont tièdes, ils ne travaillent pas sur eux-mêmes de façon continue, ardemment. C'est dû précisément au fait concret de n'avoir jamais expérimenté réellement ce qui est au-delà du corps, des affects et du mental, ce qui est la vérité. Il n'est pas possible avoir de la motivation continue pour le travail sur soi-même si on n'a pas expérimenté au préalable le réel.

Cela qui ressent et souffre au plus profond de son propre Être est le seul à pouvoir expérimenter directement ce qui n'est pas du temps. C'est cela qui est de ce côté-ci de la rive, ici dans la vallée du Samsara, qui souffre.

Cela qui est de l'autre côté de la rive est ce n'est pas du temps. Cela est cela et toi tu ne le connais pas. L'Être de l'Être est au-delà du Moi, dans le Jardin de l'Amour, dans ce qui n'est pas du temps. L'Être de l'Être est très loin du corps, des affects et du mental.

Nous, les frères du Service, souffrons beaucoup pour ces pauvres humanoïdes qui vivent dans cette vallée d'amertumes, nous voulons les emmener de l'autre côté de la rive.

–Samael Aun Weor, *Le Cinquième Évangile*, conférence "À la rencontre de la Talité"–

L'expérience de la vérité à travers la méditation est prodigieuse. Si l'on a expérimenté la vérité, on ressent la force de persévérer dans le travail sur soi-même.

De brillants auteurs ont parlé du travail sur le soi-même, sur le moi, sur le moi-même, et il est évident qu'ils ont bien fait d'en avoir parlé ainsi, mais ils ont oublié quelque chose : l'expérience de la vérité.

Tant qu'on n'a pas expérimenté le réel, on ne se sent pas le courage, on ne se sent pas assez de force pour travailler sur le soi-même, sur le moi-même. Quand on est vraiment passé par cette expérience mystique, on est différent : rien ne peut nous arrêter dans notre aspiration a la libération. On travaillera inlassablement sur soi-même pour obtenir vraiment un changement radical, total et définitif.

Vous comprendrez maintenant, mes chers amis, pourquoi la salle de méditation est tellement indispensable. Franchement, je suis assez triste de voir que, malgré tout ce que j'ai écrit sur la méditation dans plusieurs "message de Noël" des années précédentes, dans les pays Sud-Américains et d'Amérique Centrale, il n'existe pas encore de salles de méditation alors qu'elles devraient déjà exister.

Que se passe-t-il ? Il y a de l'indolence ! Pourquoi cette indolence ? Par manque de compréhension ! Il est indispensable de comprendre que le pauvre "animal intellectuel", erronément appelé "homme", a besoin de souffle, il a besoin de quelque chose qui l'anime dans la lutte : des stimulations pour le travail sur lui-même.

Le pauvre "animal intellectuel" est faible par nature et il se trouve dans une situation extrêmement désavantageuse : l'ego est très fort et la personnalité terriblement faible. Laissé ainsi, seul, c'est à peine s'il peut marcher. Il a besoin de quelque chose qui l'encourage à travailler, il a besoin d'un soutien intime. Ce n'est possible que grâce à la méditation.

Je ne veux pas dire que vous allez tous, d'un seul coup de faucille, expérimenter le vide Illuminateur. On ne peut évidemment parvenir à cette expérience qu'à travers différents degrés. Le dévot sentira de plus en plus l'impulsion intime de l'Être. Il vivra diverses expériences plus ou moins lucides, et enfin, le jour viendra où il aura la meilleure des expériences : l'expérience directe de la grande réalité. Alors, il recevra le Tao.

–Samael Aun Weor, *Le Cinquième Évangile*, conférence "La conquête du Vide Illuminateur"–

Mes chers frères, il ne fait aucun doute que la dissolution du Soi est souvent une tâche ardue et difficile. C'est pourquoi l'expérience du réel, en l'absence du Moi, en l'absence de l'esprit, est très utile et nécessaire, car en faisant l'expérience de la vérité, nous accumulons en nous certaines forces qui nous permettent de lutter avec plus d'avantage contre le Moi ; contre le moi. [...]

Lorsque nous faisons l'expérience de la vérité, nous ressentons une formidable impulsion intérieure qui nous permet de lutter avantageusement contre le Soi, contre Moi-même, contre le Soi et de le désintégrer. Et précisément pour cela, nous devons apprendre à former le Vide Illuminant.

—Samael Aun Weor, *Le Cinquième Évangile*, conférence
"Moyens pour atteindre le Vide Illuminateur"—

Au milieu de la solitude et du silence, au milieu de la douleur et de l'abandon, face à l'ennui et à la vacuité, il ne reste qu'une seule voie : celle de la méditation. Quand le mental est tranquille, quand le mental est en silence, advient le nouveau. Il faut que le processus de la pensée s'épuise durant la méditation. Une fois ce processus épuisé, survient alors le nouveau.

Si nous réussissons à ce que l'irruption du Vide Illuminateur survienne dans notre mental, nous recevrons l'Illumination et cela nous réconfortera énormément. *"Dans les périodes de rigoureuse tentation"*, dit Fray Miguel de Molina, dans son *Guide Spirituel, il faut s'immerger en nous-mêmes, en profonde méditation"*. Donc, celui qui veut sortir triomphant de la Nuit Spirituelle, qu'il se livre à la méditation profonde. C'est tout.

—Samael Aun Weor, *Le Cinquième Évangile*, conférence
"Concepts gnostiques transcendantaux"—

COMME BASE DE L'AUTORÉALISATION

Lecteur patient, il ne fait aucun doute qu'il est impossible **de faire le chemin intérieur** si nous ne sommes pas disciplinés dans l'utilisation de la méditation. "La méditation est le pain quotidien des sages", a affirmé le V.M. Samael Aun Weor dans ses innombrables conférences. C'est ce que les grands hommes dans le monde ont démontré par leur exemple: Bouddha Siddhartha Gautama, Lao-Tse, Confucius, Jésus le Grand Kabîr, Gibran Khalil Gibran, Krishna, Moïse, Zoroastre, Tson-Ka-Pa, etc., etc., etc. La technique de la méditation leur a permis non seulement de **s'étudier** et de **s'auto-découvrir**, mais également de percer les mystères de la vie et de la mort.

—Kwen Khan Khu, *Emblèmes rose-croix de Daniel Cramer dévoilés*—

La méditation est une grande partie de l'essence du travail intérieur. Sans la méditation, il est impossible de mener à bien une étude sérieuse sur le travail intérieur, pour parler en termes gnostiques. Sans la méditation, nous ne pouvons pas calibrer notre progression vers l'Être.

–Kwen Khan Khu, interview "La Science de la Méditation"–

Un missionnaire gnostique, qui fait le troisième facteur, qui fait une mission et travaille dans l'Alchimie, mais ne pratique pas et ne travaille pas dans la méditation, que peut-il accomplir ou faire dans cette vie ? Des choses à moitié faites. Un travail psychologique à moitié fait, un travail alchimique à moitié fait, car le scanner qui nous permet de réviser le travail est la méditation, l'analyse et la méditation.

Celui qui ne prend pas de temps d'analyser et de méditer, où va-t-il obtenir les informations pour savoir comment il va ?

Bien qu'il donne quarante conférences par jour pour quarante personnes différentes et transmute ses énergies, s'il ne possède pas une discipline d'intériorisation et de méditation, il ne sait pas où il va. Et il est possible qu'à un moment donné, son propre rythme, sans l'aide de la méditation et de l'intériorisation, lui fasse défaut.

–Kwen Khan Khu, interview "La Science de la Méditation"–

CONSÉQUENCES DU FAIT DE NE PAS MÉDITER

Dans le cas de l'homme commun et courant, et dans notre cas à nous, les membres de la Gnose, il s'avère que si nous nous sacrifions pour les autres et travaillons dans l'Alchimie, dans les Mystères de Vulcain, mais que nous n'avons pas de section dédiée au suivi du Moi, à la relaxation, à l'observation de nos pensées, à l'observation de nos émotions –tout cela durant la méditation– eh bien il est indéniablement très probable que même le travail d'Alchimie deviendra lent, et le propre travail dans le troisième facteur se fera avec colère, avec des objections, avec de l'envie, en espérant quelque chose en échange... Bref, au final nous n'aurons rien fait.

Quand votre serviteur eut l'opportunité de poser des questions au Maître Samael à ce sujet, il fut catégorique dans sa réponse –cela, quiconque lit *Les réponses données par un Lama* peut le constater aujourd'hui– : *"Les gnostiques devraient pratiquer la méditation plusieurs heures par jour, et ce, durant toute leur vie"*, disait l'Avatar. Et il ajoutait : *"Incontestablement celui qui ne médite pas ne dissout pas l'Ego, car il ne peut pas le comprendre."* Il est d'abord nécessaire de prendre conscience de ce sur quoi l'on médite pour ensuite le dissoudre...

–Kwen Khan Khu, *Gnose, mystères et révélations*, chapitre 6–

PRÉPARATION PSYCHOLOGIQUE POUR LA MÉDITATION

LA MÉDITATION COMME PHILOSOPHIE DE VIE

Il est essentiel que la personne, accompagnée du désir de vaincre la science de la méditation, réalise un travail de pratiques d'observation de soi, de transformation d'impressions, de runes –pour recevoir des énergies ou des fluides supérieurs–, de danses de derviche s'il les connaissait, qui les aideraient. Calmer la psyché, utiliser le verbe correctement –pour ne pas se nourrir d'une mauvaise utilisation du verbe–, le mental avec des images ou des scènes négatives. Sélection de ce que vous recevez à travers la vie extérieure...

Si un étudiant est sur Internet toute la journée et veut ensuite être un athlète des sciences en méditation, la seule chose que je puisse garantir est un échec retentissant. Si un étudiant veut accéder à la conquête de la science de la méditation mais reste toujours au dernier film réalisé à Hollywood, aux commentaires d'émissions de télé-réalité, aux derniers magazines de mode pour hommes ou pour femmes, car quand obtiendrez-vous le contrôle de la science de la méditation? Jamais.

Donc, une chose est le travail psychologique que nous devons faire, et le travail d'autoanalyse et de réflexion de nos états psychiques déplaisants, et de nos prières au Divin Féminin Éternel, lui demandant de désintégrer tel ou tel moi avec ses forces enflammées et fohatiques, avec l'Asana Sacrée, ou dans ce que les gnostiques appellent la pratique de l'Arcane A.Z.F. Une chose est tout cela et une autre chose est de conquérir, également, des niveaux dans la technique de la méditation. [...]

Alors bien sûr, tout ce thème est très intéressant.

Il faut prendre la méditation comme une philosophie de vie, et il faut faire attention que cette philosophie ait ces ingrédients.

Je ne dois pas me charger pendant la journée de nombreuses impressions, parce que quand je vais aller méditer, je vais payer la facture, je veux dire par-là, d'impressions désagréables.

Je dois maintenir la majeure partie du temps le contrôle de mon verbe, parce que cela va se payer quand je vais vouloir méditer, je dois maintenir la personnalité passive parce que sinon l'état de Pratyhara va me coûter davantage, d'écarter les pensées, les émotions, les sentiments, les souvenirs...

Tout est lié. Ce n'est pas : je vais méditer et puis voilà, non ! C'est une bêtise et une fantaisie, nous, nous devons progresser sur des réalités concrètes.

Alors, tout ça, comme vous le voyez ou comme nous le voyons tous, est une philosophie de vie et elle se conquiert à coup de burin et de marteau, à coup de persévérance et de constance.

Et il faut comprendre la transcendance pour que nous comprenions la nécessité d'accorder une place à la méditation dans notre vie.

Si on ne comprend pas ça, nous serons toujours à la périphérie dans la science de la méditation, rêvant que nous méditons quand en réalité nous ne faisons rien.

–Kwen Khan Khu, interview "La Science de la Méditation"–

Pour avoir une mental simple ? Bon, eh bien pour avoir un mental simple il faut prendre en compte plusieurs choses : un, sélectionner nos lectures ; deux, sélectionner nos impressions. Nous devons divorcer de tout ce qui appartient à la sphère du centre émotionnel inférieur et du centre instinctif-moteur.

Tout ce qui est football, boxe, Formule 1, défilés de mode, etc.

Tout ce qui est banal, nous devons nous séparer de ça.

Toutes les lectures insubstantielles, qui sont majoritaires, il faut s'en séparer. Il faut mener une vie de recueillement, une vie de mantralisation, pour activer nos sens psychiques ou chakras. Il faut intensifier nos prières, la prière dans le travail, nos pratiques... Tout ça fera que notre mental va, peu à peu, s'adoucir.

Il faut éviter d'entrer dans des batailles intellectuelles, parce que ça fortifie le mental. Quand quelqu'un adore se battre avec quelqu'un pour avoir raison, il est perdu.

Celui-ci ne va jamais réussir à avoir la quiétude mentale. Alors, il faut fuir ce qui implique des confrontations.

Il faut fuir cela, la compétition, la confrontation, il faut s'éloigner de ce type d'ambiances.

–Kwen Khan Khu, interview "La Science de la Méditation"–

NE PAS ÊTRE IDENTIFIÉ DURANT LA JOURNÉE

Nous devons en finir avec la bataille des ANTITHÈSES MENTALES. Nous sommes complètement habitués à toujours réagir face aux impacts qui blessent notre mental à travers les cinq sens.

Exemple: nous voyons une maison de couleur blanche et IMMÉDIATEMENT notre mental se rappellera d'une maison blanche que notre grand-mère avait quand nous étions enfants, qui fut ensuite peinte en noir... Et si nous ne sommes pas en ÉTAT D'ALERTE, notre MENTAL commencera AUTOMATIQUEMENT –IDENTIFIÉ– à développer une histoire sur cette maison blanche.

Nous commencerons à nous poser des questions absurdes : "Qui vivra là-bas ? Y aura-t-il encore des gens qui y vivront ? Seront-ils des gens du pays ou des étrangers ?", etc., etc., etc., et nous commencerons ainsi à faire un film du simple fait d'avoir observé UNE MAISON DE COULEUR BLANCHE.

Le mental est ainsi. Le mental aime entrer en RÊVERIES.

Il est difficile de trouver une personne qui ne pense pas à tout ce qu'elle voit pendant qu'elle marche. C'est un exercice que nous devrions tous pratiquer, MARCHER SANS ENTRER DANS LA CONVERSATION MENTALE. Cela s'appelle MARCHER SANS NOUS IDENTIFIER À RIEN NI PERSONNE, en d'autres termes : VIVRE LE MOMENT D'INSTANT EN INSTANT...

–Kwen Khan Khu, conférence "Le silence mental"–

La méditation est liée à beaucoup de choses. Le Maître dit : *"Celui qui veut conquérir la science de la méditation doit commencer par calmer la personnalité et détendre le corps physique"*, maintenir la personnalité passive et relaxer le corps physique. C'est la base.

De sorte qu'une personne qui est tous les jours extériorisée, et qui veut entrer instantanément en méditation, eh bien, c'est une aberration.

Alors, il faut avancer en cultivant, parallèlement à la technique de la méditation, des états de travail psychologique intérieur.

Alors, bien sûr, la méditation n'est pas une chose déconnectée du reste de notre travail, elle fait partie intégrante de notre travail.

Et celui qui veut parvenir à la technique de la méditation, qui veut devenir un athlète de la méditation, peut déjà commencer par faire un travail d'auto-observation permanent, efficace ! Une auto-analyse.

Cela n'implique pas d'entrer dans des niveaux profonds de méditation, mais de se détendre dans un canapé confortable et analyser les actes de la journée, détecter au moyen de l'analyse, quand on s'est identifié, à quel moment on s'est identifié, quel centre a été le plus perturbé pendant cet état d'identification égoïque, était-ce le mental, le centre moteur ?

Est-ce qu'on a voulu donner un coup de poing à quelqu'un ? Est-ce que les mains, les jambes, se sont misent à trembler ? Était-ce le centre émotionnel ? Et on s'est mis à crier, à gémir ou à pleurer. Et là, on doit analyser, c'est une analyse purement rationnelle, et c'est nécessaire.

Après avoir fait une analyse rationnelle, mentale, on l'accompagne de la prière dans le travail.

Alors, nous pouvons réaliser ce que nous appelons, dans la Gnose, l'Asana Sacrée, et avec l'Asana Sacrée nous demandons à la Mère Divine de nous permettre de désintégrer ces états auxquels nous nous sommes identifiés, dans les centres qui ont été affectés.

Ensuite, si nous travaillons dans la Forge de Vulcain, nous demanderons de nouveau à la Mère Divine Kundalini d'utiliser sa force flammigère pour attaquer dans ces centres qui nous ont affectés, les états égoïques auxquels nous nous sommes identifiés.

De cette façon, nous préparons le terrain pour que notre psyché se calme et lorsque nous adoptons la posture du corps –Asana–, [...] la relaxation des muscles et des nerfs, la recherche de la quiétude mentale –nous l'obtiendrons de plus en plus, et par la suite, quand le mental est calme, nous entrons en contemplation, dans l'état de "Dhyâna".

C'est pourquoi, si nous jetons un regard sur le monde oriental, les mystiques ont consacré leur vie à rechercher le Vide Illuminateur. Ils l'ont pris, comme tu viens de le dire, comme un mode de vie, comme une chose fondamentale dans leur vie, tu comprends ?

Alors, malheureusement dans le monde occidental, à cause du rythme de vie que nous menons, du fait que nous donnons trop d'importance au paiement du loyer de la maison, de l'électricité, de l'eau, du téléphone, etc., de l'entretien de la voiture..., cela nous oblige à vivre d'une telle sorte que nous devons être intelligents pour voler du temps au temps.

—Kwen Khan Khu, interview "La Science de la Méditation"–

CONSCIENCE DANS LES ACTIVITÉS QUOTIDIENNES

L'école, nous l'avons partout, nous devons seulement savoir en tirer parti, savoir nous entraîner en donnant de plus grandes et de meilleures opportunités à la Conscience pour qu'elle travaille de façon continue à chaque instant, jusqu'à ce qu'elle s'éveille totalement. L'école, nous l'avons partout, nous devons seulement savoir en profiter convenablement, sagement. Nous l'avons dans notre maison, au bureau, à l'atelier, à l'usine, dans l'entreprise, dans la rue et de partout, même dans le temple, avec les compagnons d'étude, avec les enfants, avec les parents, avec l'épouse, avec les neveux, les petits-enfants, les cousins, les proches, les amis, etc., etc.

Tout gymnase psychologique, aussi dur soit-il, aussi difficile nous paraisse-t-il, nous est indispensable. Tout le secret, c'est de ne permettre ni aux sentiments ni au mental d'intervenir dans les aspects pratiques de notre vie.

Nous devons toujours permettre à la Conscience d'agir, de commander, de travailler, de parler, de faire et d'exécuter toutes nos activités quotidiennes. Ainsi, nous nous préparons harmonieusement à la méditation.

—Samael Aun Weor, *Le Cinquième Évangile*, conférence "Enseignements fondamentaux sur la méditation"–

LA PHILOSOPHIE DE LA MOMENTANÉITÉ

Le contrôle mental nous permet de détruire les entraves créées par la pensée. Pour obtenir la quiétude et le silence du mental, il est nécessaire de savoir vivre d'instant en instant, de savoir profiter de chaque moment, de ne pas doser le moment.

Prenez tout de chaque moment, parce que chaque moment est fils de la Gnose, chaque moment est absolu, vif et significatif. La momentanéité est une caractéristique particulière des Gnostiques. Nous aimons la philosophie de la momentanéité.

–Samael Aun Weor, *Révolution de la Dialectique*, chapitre 3–

VIVRE L'INSTANT

Joshu demanda au Maître Nansen : Qu'est-ce que le Tao ?

La vie ordinaire ! répondit Nansen. Comment faire pour vivre selon elle ?

Si tu essaies de vivre selon elle, elle te fuira N'essaie pas de chanter cette chanson, laisse-la se chanter elle-même. Est-ce que par hasard l'humble hoquet ne vient pas de lui-même ? Souvenez-vous de cette phrase : *"La Gnose se vit dans les faits, se fane dans les abstractions et il est difficile de la trouver encore dans les pensées les plus nobles".*

On demanda au Maître Bokujo : *"Devrons-nous nous habiller et manger tous les jours ? Comment pouvons-nous échapper à tout cela ?"* Le Maître répondit : *"Nous mangeons, nous nous habillons." "Je ne comprends pas, dit le disciple." "Alors, habille-toi et mange",* dit le Maître.

Voilà, précisément, l'action libre des opposés. Nous mangeons ? Nous nous vêtons ? Pourquoi faire un problème de cela ? Pourquoi être en train de penser à d'autres choses alors que nous sommes en train de manger ou de nous vêtir ? Si tu es en train de manger, mange, si tu es en train de t'habiller, habille-toi, et si tu es en train de marcher dans la rue, marche, marche, marche, mais ne pense pas à autre chose, fais uniquement ce que tu es en train de faire, ne fuis pas ce que tu es en train de faire, ne fuis pas les faits, ne les remplis pas de tant de sens, symboles, sermons et avertissements. Vis-les sans allégories, vis-les avec le mental réceptif, d'instant en instant.

–Samael Aun Weor, *Vers la Gnose*, chapitre 1–

FACTEURS IMPORTANTS ET RECOMMANDATIONS

PATIENCE ET PERSÉVÉRANCE

Tout d'abord, il est important que nous soyons constants. Tout d'abord, il est important que nos objectifs soient sincères. Si nous prenons la méditation comme si on achetait une montre et pendant un mois, nous avons la fièvre de la montre, mais après un mois la fièvre a passé, alors nous n'avons rien fait. La méditation doit être capturée chaque jour un peu plus.

–Kwen Khan Khu, interview "La Science de la Méditation"–

Si vous me demandez quels ingrédients peuvent nous aider à avancer plus rapidement dans ce domaine, il existe une réponse, le Maître Samael la donne : "Avant tout –dit le Maître– il faut être patients. Les impatients, échouent dans ce domaine", parce que l'Ego nous a tous habitués à épier et à trouver de petites choses, et le sujet de la méditation est un sujet très sensible, un sujet si délicat, que l'Ego est une entrave, un empoté, un maladroit, qui ne sait pas traiter ce sujet. Nous sommes, presque toujours, Ego pur et dur. Alors, on doit s'armer de patience. On doit beaucoup utiliser le bistouri de la réflexion, on doit s'armer de patience pour espérer que le mental, à force de l'observer sans prendre parti pour lui, va se calmer. Il est possible que le premier mois, rien ne se calme, il se peut que le second mois non plus, peut-être qu'au bout de six mois non plus, mais il se peut que le huitième mois, il arrive un jour où quand nous commençons à essayer d'écarter les pensées, nous soyons surpris par une quiétude soudaine que nous n'attendions pas, et ce jour-là, vlan ! Nous avons alors un petit Samadhi.

Alors, c'est le premier ingrédient : il faut être patient.

Ensuite, le Maître dit : *"Il faut être persévérant"*. Ceux qui ne sont pas persévérants, ici même, dans la méditation, auront des difficultés, car pour atteindre la quiétude de cet âne qu'est le mental, il faut être persévérants, parce que domestiquer le mental..., c'est comme un cheval sauvage. Et nous tous, dans les films ou dans la vie réelle, nous avons vu ce qu'est un cheval sauvage. Il n'est pas facile de dresser un cheval sauvage, cela prend du temps.

Même les experts peuvent passer un an ou deux à calmer un cheval sauvage, mais il voudra toujours se rebiffer, jusqu'au jour où il se calmera. Le mental est comme ça.

–Kwen Khan Khu, interview "La Science de la Méditation"–

Sans aucun doute, la patience est une vertu liée à cela que nous appelons âme, et, comme d'autres vertus, elle naît du travail psychologique que nous-mêmes faisons chaque jour de notre existence.

Nous devons avant tout affirmer qu'en étudiant, moyennant la Kabbale phonétique, le mot PATIENCE, nous observerons qu'il y a en lui deux termes très intéressants, à savoir : paix et science. Frères et sœurs, c'est seulement dans la paix de du mental que la fleur de la science ou de la Conscience peut jaillir.

–Clarifications du V.M. Kwen Khan Khu–

Le Maître dit : *"Ce qui se passe habituellement, c'est que nous, les frères, nous n'avons pas la patience quotidienne, arrivés à cet état, d'observer la psyché"*. Le premier jour, nous n'obtiendrons rien, nous nous lèverons de là et cent mille scènes auront défilé et nous serons mal ; ce n'est pas grave. Le quinzième jour, ce sera pareil, les six premiers mois, idem. Mais il s'avère qu'un jour, quand on s'y attendra le moins, la psyché, que nous aurons observé de façon impartiale, comme elle est tellement bizarre, ce jour-là, des liens se seront détachés et il s'avère que, sans que nous l'ayons voulu ni recherché –parce que quand il y a convoitise, il y a association de pensées–, alors le mental restera tranquille et n'enverra plus de pensées. Et nous entrerons dans un état appelé Dhyana, qui signifie contemplation. Quand nous y parviendrons, dit le Maître, nous devrons rester tranquilles: ne rien désirer, ne rien demander, seulement rester silencieux. Et dans cet état de Dhyana, de contemplation, il arrive généralement qu'on passe de l'Extase au Samadhi.

–Kwen Khan Khu, interview "La Science de la Méditation"–

Les Samnyasin de la pensée acquièrent la Conscience permanente dans la Rose ignée de l'univers.

Il est nécessaire d'acquérir la plus profonde sérénité, il est urgent de développer la patience et la ténacité.

Il faut rester indifférent devant la louange et le blâme, devant la victoire et la défaite.

Il est nécessaire d'échanger le processus du raisonnement par la beauté de la compréhension.

Il est indispensable de faire un inventaire de tous nos défauts, et de consacrer deux mois à chaque défaut, jusqu'à ce qu'on en ait fini avec tous les défauts. Celui qui essaie d'en finir avec tous les défauts en même temps ressemble au chasseur qui veut chasser dix lièvres à la fois, il n'en prend alors aucun.

Pour arriver à être un maître du Samadhi, il est indispensable de cultiver une riche vie intérieure.

–Samael Aun Weor, *Rose Ignée*, chapitre 17–

Le chemin de la méditation profonde implique beaucoup de patience. Les impatients ne parviendront jamais à triompher. Il n'est pas possible de vivre l'expérience du vide Illuminateur tant que l'impatience existe en nous. Le moi de l'impatience doit être éliminé après avoir été compris. Que ce soit clairement compris ! Si on agit de cette façon, on recevra le Tao, c'est évident.

–Samael Aun Weor, *Le Cinquième Évangile*, conférence "La conquête du Vide Illuminateur"–

Il faut persévérer, il faut être tenace. Il se peut qu'au début nous n'obtenions rien, mais, à mesure que le temps passera, nous sentirons que nous devenons de plus en plus profonds et finalement, un jour, l'expérience du vide Illuminateur fera irruption dans notre mental. [...]

La persévérance est indispensable. Il faut travailler quotidiennement à fond jusqu'à ce que l'on obtienne le triomphe total.

–Samael Aun Weor, *Le Cinquième Évangile*, conférence "La conquête du Vide Illuminateur"–

FRÉQUENCE DES PRATIQUES DE MÉDITATION

Nous devons pratiquer la méditation gnostique quotidiennement, que vous puissiez pratiquer seul ou accompagné. [...]

Tous les frères gnostiques, en groupes, devraient s'asseoir pour méditer. Chaque groupe gnostique devrait pratiquer cette technique de méditation avant ou après les rituels.

Vous pouvez aussi et devriez pratiquer la technique de la méditation à la maison, quotidiennement. Ceux qui peuvent faire une sortie sur le terrain devraient le faire pour méditer dans le silence de la forêt.

–Samael Aun Weor, *Vers la Gnose*, chapitre 9–

Dans l'Inde sacrée des Védas, les yogis pratiquent la méditation interne quatre fois par jour. Dans notre monde occidental, à cause de la vie quotidienne, on ne peut pratiquer la méditation qu'une fois par jour. C'est suffisant. L'important, c'est de pratiquer tous les jours, sans manquer un seul jour.

–Samael Aun Weor, Le Livre Jaune, chapitre 12–

HORAIRES POUR LA MÉDITATION

Le Maître Samael dit : *"Quel est la meilleure heure pour méditer ? Celle où notre corps nous demande de nous reposer"*. Alors, profitant de cet état de relaxation que le corps nous demande, nous pouvons, dans cet état, atteindre la méditation.

–Kwen Khan Khu, interview "La Science de la Méditation"–

Il faut pratiquer tous les jours. À quelle heure ? À l'instant où nous nous sentons dans le bon état d'esprit pour le faire. Tout spécialement quand nous avons sommeil, en profiter pour méditer.

–Samael Aun Weor, Le Cinquième Évangile, conférence
"La conquête du Vide Illuminateur"–

La méditation doit être réalisée à dix heures du soir. On doit aussi méditer au lever du jour. Si l'étudiant pratique à dix heures du soir et au lever du jour, il progressera très rapidement.

–Samael Aun Weor, Le Livre Jaune, chapitre 13–

Akasha est le principe de l'éther. Vayu est le principe éthérique de l'air. Tejas est le principe éthérique du feu. Prithvi est le principe éthérique de l'élément Terre. Apas est le principe de l'eau. Il y a deux tattvas secrets appelés Adi et Samadhi, qui vibrent durant les aurores et sont excellents pour la méditation interne. Avec eux, on parvient à l'Extase ou Samadhi. Nous n'allons pas développer maintenant ce sujet des tattvas, car ils ne sont utiles que pour les étudiants avancés.

–Samael Aun Weor, Introduction à la Gnose, chapitre 3–

Les dévots ne doivent pas méditer l'estomac plein. Il faut qu'ils se débarrassent du péché de la gourmandise.

–Samael Aun Weor, *Le Livre Jaune*, chapitre 13–

OUBLIER LE TEMPS

Ensuite, le Maître dit : *"Celui qui veut prendre le sentier de la méditation, doit oublier le facteur temps."* Ceux qui disent on médite avec une montre quelque part sur le tapis de la salle de méditation, et qu'après une heure le réveil sonne, qu'ils sachent que ça, ce n'est pas méditer.

–Kwen Khan Khu, interview "La Science de la Méditation"–

Ce que nos étudiants viennent faire dans nos salles de méditation, dans la Gnose ou dans n'importe quelle école, là-bas, les gens, même si mes paroles ne plaisent pas à beaucoup, c'est se relaxer un peu. Pourquoi ? Premièrement, parce qu'ils ne peuvent pas disposer d'un temps indéfini pour méditer, si bien qu'ils sont déjà conditionnés par l'élément temps. Et cela signifie que c'est l'épée de Damoclès qui est là, de façon subconsciente, c'est une épée, et ça, ça empêche la personne d'entrer dans des niveaux profonds de méditation. C'est la première chose.

Deuxièmement, les personnes, quand elles viennent dans notre salle de méditation, elles ne viennent pas, la plupart du temps, avec un travail psychologique organisé, ordonné, qui leur permettrait alors, d'avoir une personnalité tranquille et un corps physique détendu. Et cela, évidemment, empêche toute personne d'obtenir rapidement la tranquillité mentale.

–Kwen Khan Khu, interview "La Science de la Méditation"–

L'expérience du vide Illuminateur est l'antithèse : elle est intemporelle, elle est au-delà du temps et du mental.

Le temps, c'est toute la multiplicité du moi. Le moi c'est le temps. Ainsi donc, le temps est subjectif, incohérent, lourd, pesant ; il n'a pas de réalité objective.

Quand on s'assied dans une salle de méditation ou simplement chez soi pour méditer, quand on veut pratiquer cette technique, on doit oublier le concept temps et vivre dans un éternel instant. Ceux qui s'adonnent à la méditation et qui sont suspendus à l'horloge n'obtiennent évidemment pas l'expérience du vide Illuminateur.

Si l'on me demandait combien de minutes par jour devons-nous consacrer à la méditation : si c'est une demi-heure, ou une heure, ou deux... Je ne donnerais pas de réponse ! Parce que si quelqu'un entre en méditation et est préoccupé par le temps, il ne pourra pas expérimenter le vide Illuminateur, parce que celui-ci ne relève pas du temps.

Ce serait une chose semblable à un oiseau qui tenterait de voler mais serait attaché par une patte à une pierre ou à un bâton : il ne pourrait pas voler, il y aurait une entrave. Pour expérimenter le vide Illuminateur, nous devons nous libérer de toute entrave.

–Samael Aun Weor, *Le Cinquième Évangile*, conférence
"La conquête du Vide Illuminateur"–

Disciple. *En définitive, Maître, celui qui ne médite pas, ne dissout pas l'Ego ?*

Maître. Non, il ne peut pas le comprendre. S'il n'y a pas de compréhension, comment pourrait-on dissoudre l'Ego ? Tout d'abord, il est nécessaire de se rendre conscient de ce sur quoi on médite, pour ensuite le dissoudre.

Disciple. *Puisqu'il en est ainsi, croyez-vous que l'étudiant gnostique doive méditer tous les jours ?*

Maître. Les gnostiques devraient pratiquer la méditation au moins quatre à six heures par jour ; pratiquer le matin, l'après-midi, le soir et pratiquement toute la nuit jusqu'à l'aube. Ils devraient le faire tout au long de la vie, et s'ils procèdent ainsi, ils vivront une vie profonde et s'autoréaliseront. Sinon, ils mèneront une vie superficielle, vide, une vie anecdotique, quelque chose comme une flaque sans profondeur. Nous savons bien que les rayons du soleil assèchent la flaque d'eau au bord du chemin, et ce qui reste, c'est de la pourriture. Les lacs profonds, riches en poissons et en vie, sont très différents. Nous devons donc apprendre à vivre profondément et on y parvient par la méditation.

> **Disciple.** *Maître, un jour, on a demandé à un instructeur combien de temps devait durer une méditation, et il a répondu dix minutes. Que pensez-vous de cette réponse ?*

Maître. Toute méditation doit durer des heures : trois, quatre, cinq, six heures. Dans le Vide Illuminateur, le temps n'existe pas. Le manque de profondeur chez les aspirants est ce qui nuit à nos petits frères.

> **Disciple.** *Vous voulez dire qu'il n'y a pas de sérieux chez les aspirants à la Gnose ?*

Maître. C'est clair et évident ! La méditation doit être intense, profonde, prolongée...

–Samael Aun Weor, *Le Cinquième Évangile*, conférence "Les réponses données par un Lama"–

COMBINER LA MÉDITATION AU SOMMEIL

Le Maître dit qu'un autre ingrédient est le sommeil. Il dit : "Le facteur sommeil est important, la méditation sans sommeil endommage le cerveau, elle le détruit". Et le Maître dit : *"Tout au long de la journée, si nous sommes en constante auto-observation, à un certain moment, le corps nous invite au recueillement."* Si on profite de cet instant pour se détendre, notre corps va nous aider de manière naturelle et spontanée à pouvoir entrer en relaxation, qui ensuite débouchera sur une bonne méditation. Alors, ceux qui veulent méditer en forçant le cerveau à méditer, d'après ce que dit le Maître, endommagent leur cerveau. Alors, il faut prendre en compte le facteur sommeil.

Il est clair, dit le Maître, que ce ne doit pas être un sommeil trop lourd, qui se termine en assoupissement, disons, absurde, et on est alors totalement inconscient, mais un sommeil sur lequel on chevauche, et ça c'est très important, car c'est un sommeil qu'on va conduire.

Et ce sommeil, pourquoi devons-nous nous servir de ce sommeil ?

Parce que le sommeil, comme mécanisme cérébral de notre corps, aide à ce que le subconscient s'ouvre, et alors il est plus facile de l'étudier, et de manière spontanée.

Alors, il faut profiter du facteur sommeil.

Alors, vous voyez, n'est-ce pas ? Patience, persévérance, éviter le facteur temps, calmer la personnalité pendant la journée, maintenir le corps détendu la majeure partie de la journée, le facteur sommeil...

Tous ces ingrédients font qu'on va se rapprocher de plus en plus de la méditation.

–Kwen Khan Khu, interview "La Science de la Méditation"–

Dans la méditation, on doit combiner intelligemment la concentration avec le sommeil. L'union du Sommeil et de la concentration produit l'illumination.

De nombreux ésotéristes pensent que la méditation ne doit en aucune façon se combiner avec le sommeil du corps, mais ceux qui pensent ainsi se trompent parce que la méditation sans le sommeil abîme le cerveau.

On doit toujours utiliser le sommeil combiné à la technique de la méditation, mais un sommeil contrôlé, un sommeil volontaire, pas un sommeil incontrôlé, pas un sommeil absurde, méditation et sommeil combinés intelligemment.

Nous devons avoir le pas sur le sommeil et ne pas laisser le sommeil avoir le pas sur nous. Si nous apprenons à avoir le pas sur le sommeil, nous aurons triomphé. Si le sommeil a le pas sur nous, nous aurons échoué. Mais, il faut utiliser le sommeil !

La méditation, je le répète, combinée au sommeil et à la technique, conduira nos étudiants au Samadhi, à l'expérience du vide Illuminateur.

–Samael Aun Weor, *Le Cinquième Évangile*, conférence "La conquête du Vide Illuminateur"–

Gardez vos paupières closes pendant la méditation. Que votre véhicule physique s'assoupisse délicieusement. La méditation sans sommeil détruit le cerveau et endommage le mental. La méditation profonde, dûment combinée au sommeil, mène à l'Extase, au Samadhi. Combinez le sommeil à la méditation dans des proportions harmonieuses. N'oubliez jamais la Loi de la Balance. Vous avez vraiment besoin de cinquante pour cent de sommeil et de cinquante pour cent de méditation. Pratiquez la méditation lorsque vous vous sentez prédisposé au sommeil normal.

Le boulanger qui veut faire du pain doit savoir combiner les différentes quantités d'eau et de farine. Si le boulanger met plus d'eau que de farine, il n'obtiendra pas de pain. Si le boulanger met beaucoup de farine et peu d'eau, il n'obtiendra pas de pain non plus. Il en va de même pour le processus de la méditation. Si nous mettons plus de sommeil que de méditation, nous tomberons dans l'Inconscience. Si nous mettons plus de méditation que de sommeil, nous endommageons le mental et le cerveau. Toutefois, si nous savons combiner harmonieusement sommeil et méditation, nous obtiendrons ce qu'on appelle le Samadhi, l'Extase.

Ceux qui prétendent méditer en éliminant radicalement le sommeil, ressemblent à celui qui tente de faire démarrer une voiture en appuyant violemment sur les freins.

Un autre exemple vous permettra de mieux clarifier tout cela. Imaginez un instant un cavalier sur son cheval. Si le cavalier veut faire avancer le cheval, il devra lâcher du lest. Mais si, au lieu de cela, il tire les rênes et blesse la bête avec les éperons, alors il fera quelque chose d'absurde : le pauvre animal va s'agiter, se cabrer, il va gémir et sans doute désarçonner violemment le cavalier.

Il va arriver exactement de même au dévot qui essaie de méditer en éliminant le rêve.

–Samael Aun Weor, Le Cinquième Évangile, conférence "À la rencontre de la Talité"–

Un jour, nous avons entendu, de la bouche même d'un Swami hindou, une affirmation insolite. Ce Maître expliquait à son auditoire la nécessité du Hatha-Yoga, comme indispensable pour atteindre les hauteurs du Samadhi. Ce yogi disait que beaucoup de personnes n'avaient rien obtenu dans la méditation interne, malgré leurs efforts prolongés et un entraînement quotidien. Ce Swami estimait que cet échec était dû au fait que le Hatha-Yoga était exclu.

Nous sommes franchement en désaccord avec cette affirmation du vénérable Swami. Ceux qui, après dix ou vingt ans d'efforts, n'ont pas obtenu l'Illumination avec la pratique de la Méditation interne, doivent en chercher la cause dans le manque du facteur demi-sommeil. Il est essentiel de savoir combiner la Méditation au demi-sommeil.

–Samael Aun Weor, Le Livre Jaune, chapitre 11–

LIEUX POUR MÉDITER

Vous pouvez vous allonger sur votre lit, ou sur la terre parfumée, ou où vous voulez. Il est délicieux de s'allonger pour méditer dans les champs fleuris ou dans le charmant bruissement des forêts de pins ancestrales où chantent les oiseaux. L'ascète gnostique peut aussi s'étendre sur les rochers des montagnes ou sur les falaises du vent orageux. Les roches amies réconfortent les ascètes gnostiques.

–Samael Aun Weor, Le Cinquième Évangile, conférence "À la Rencontre de la Talité"–

LA CHAMBRE À COUCHER

On doit toujours disposer d'une chambre spéciale pour travailler avec la science Jinas. Cependant, quand on ne peut disposer de cette pièce spéciale, alors la chambre à coucher, l'alcôve elle-même, peut être transformée en un véritable sanctuaire. En gardant la chasteté, tout fonctionne très bien.

On doit fumiger la chambre tous les jours avec les cinq parfums. Ces cinq parfums sont les suivants : Encens, Myrrhe, Aloès, Soufre et Camphre.

Il faut peindre sur le seuil de la pièce le signe du Pentagramme, l'Étoile à cinq branches. Les deux rayons inférieurs doivent être dirigés vers l'extérieur. La branche supérieure doit être vers l'intérieur. On peut dessiner cette étoile avec du charbon. On peut aussi peindre un Pentagramme sur un cadre en vitre et le placer ensuite à la tête du lit. Dans ce cas, l'angle supérieur se trouvera vers le haut et les angles inférieurs vers le bas.

La pièce ou la chambre doit être décorée avec des objets de couleur jaune. Nattes ou tapis jaunes, lumière jaune, décorations jaunes, etc.

Il est bon que l'Initié, en plus de son short jaune, ait une robe de chambre de couleur jaune.

À l'intérieur de la chambre ou de la pièce de travail, il y aura toujours les images du Christ, du Bouddha et de la Vierge. Celle-ci est représentée soit comme Isis, soit comme la Mère Cosmique de l'Inde, ou Marie, ou Tonantzin, ou tout simplement comme la Colombe blanche de l'Esprit Saint. Toutes ces images ne représentent aucune personne divine ou humaine, mais simplement Dieu-Mère. Nous savons bien que Dieu comme Père est Sagesse et comme Mère est Amour. Comme Père, il réside dans l'Œil de la Sagesse situé dans l'entre-sourcils. Comme Mère, il réside dans le Temple-Cœur. Le Serpent sur la Verge représente également la Divine Mère.

On doit choisir soigneusement le symbole que nous préférons et l'utiliser dans la chambre de travail.

On doit avoir un autel dans la chambre, et du feu sur l'autel. Il doit toujours y avoir le feu dans la maison d'un Initié. [...]

Les Bouddhas utilisent un manteau jaune. La couleur du Monde Mental est le jaune. Quand l'homme se libère de ses quatre corps de péché, il est un Bouddha. Tout Bouddha revêt un manteau jaune. Le rayon du Christ, c'est l'or jaune. [...]

La science du Mental constitue véritablement *le Livre Jaune*. C'est *le Livre Jaune* parce que c'est la science du Mental.

L'Initié doit se retirer tous les jours à dix heures du soir pour travailler dans la science du Mental.

L'Initié doit éviter soigneusement tout genre de discussion et de querelle avec les gens incrédules qui ne font rien, ni ne laissent faire, qui veulent que le monde marche selon leurs pédantes affirmations, remplies de bêtises et de méchanceté de la pire espèce.

Les dévots doivent se laver tous les jours. La chambre doit toujours être ordonnée, soignée, propre. [...]

Il doit toujours y avoir des fleurs dans la pièce de travail. Les fleurs, les parfums, les images symboliques, la bonne musique, contribuent à ce qu'il y ait une atmosphère imprégnée de Sagesse et d'Amour.

–Samael Aun Weor, *Le Livre Jaune*, chapitre 14–

RELAXATIONS FRÉQUENTES

Il est important de nous consacrer au moins deux ou trois fois pendant la journée à se détendre. Où que nous soyons, essayons de prendre environ dix minutes pour fermer les yeux, respirer profondément et mettre de côté tout souci. Cet exercice simple nous aidera au moment des pratiques de méditation à nous détendre et à nous concentrer plus facilement.

LA RESPIRATION

Évitez de respirer trop profondément et rapidement pendant les pratiques pour éviter une hyperventilation des poumons; Cela peut provoquer des douleurs à la poitrine et de la fatigue, des effets totalement opposés à ceux recherchés dans la pratique

La façon correcte de respirer est d'utiliser le diaphragme et l'abdomen, et non la paroi thoracique. L'ancien courant de yoga fondé par Patanjali* recommande de respirer en trois étapes, comme méthode pour se détendre et apprendre à avoir une respiration correcte: inhalation, expiration et pause, en effectuant chacune de ces trois étapes dans des périodes égales.

UNE BOUGIE

Il est conseillé d'allumer une bougie dans la chambre à coucher lors de pratiques ésotériques. Le feu crée un environnement propice au mysticisme et fait que nos prières atteignent les Mondes Internes.

MUSIQUE

La musique classique, la musique calme et harmonieuse est une aide très importante dans le processus de méditation. Le son est une vibration et les vibrations sublimes calment l'esprit et préparent l'étudiant à entrer en méditation.

–Les auteurs–

---

*. *L'ancien sage Patanjali recommande également, dans ses anciens Yoga-Sutras, de pratiquer le Pranayamas "exercices de respiration profonde" entre la première étape d'Asana et la deuxième étape de Pratyahara. Pour plus d'informations, voir le chapitre* Le Pranayama *du présent livre.*

LES 5 ÉTAPES DE LA MÉDITATION

La Méditation comporte cinq phases :

1.- Asana: posture du corps physique ; le corps doit demeurer en position absolument confortable.

2.- Pratyahara: observation des pensées sans identification.

3.- Dharana concentration. Nous devons écarter du mental toute espèce de pensée terrestre. *"Les pensées terrestres doivent tomber mortes devant les portes du Temple."* Il faut concentrer le mental vers le dedans uniquement, en notre Intime.

4.- Dhyana méditation. Le disciple doit méditer à ce moment en l'Intime. L'Intime est l'Esprit. *"Rappelez-vous que vos corps sont le temple du Dieu vivant et que le Très-Haut demeure en vous."* Le disciple doit s'assoupir profondément, en essayant de converser avec son Intime.

5.- Samadhi : extase. Si le disciple est arrivé à s'assoupir en méditant en son Intime, il entre alors dans l'état de Samadhi et peut voir et entendre des choses ineffables et converser avec les Anges familièrement. C'est ainsi que s'éveille la Conscience de sa léthargie millénaire. C'est ainsi que nous pouvons acquérir la véritable sagesse divine, sans avoir besoin d'endommager les pouvoirs du mental avec la bataille des raisonnements ou avec le vain intellectualisme.

La méditation est le pain quotidien du sage.

–Samael Aun Weor, *Manuel de Magie pratique*, chapitre 21–

PREMIÈRE ÉTAPE : ASANA

"POSTURE ET RELAXATION DU CORPS"

POSTURE CONFORTABLE

La première étape s'appelle en terme sanskrit "Asana", et équivaut à la position que nous adoptons pour méditer. C'est important à clarifier, car dans le monde occidental, nous avons des idées préconçues figées dans le mental par les manuels de Yoga, par ce qu'a dit tel ou tel guruji, et, en réalité, en vérité, la position du corps, pour méditer, ne doit pas être seulement cette position si connue du lotus.

Le Président de la Gnose contemporaine, lui-même, notre Vénérable Maître Samael Aun Weor, a souligné l'importance que le corps soit relaxé.

J'ose dire, sans vouloir pécher par orgueil ni audace, que même à la cime d'un arbre, si je trouve la manière de relaxer ma colonne vertébrale et qu'aucun muscle ne me gêne, je peux méditer ; n'importe qui peut le faire.

–Kwen Khan Khu, interview "La Science de la Méditation"–

Le corps doit être dans une position confortable qui peut être maintenue tout au long de la pratique. Pour cela, la relaxation doit être complète et profonde. Aucun muscle ne doit être en tension. Nous devons être en mesure de méditer sans ressentir le corps physique. Nous pouvons aider à la relaxation en contrôlant la respiration.

–Clarifications du V.M. Kwen Khan Khu–

FAIRE UN BILAN DU CORPS

Après avoir adopté une posture confortable, à l'aide de la concentration, le mystique doit s'assurer que tous ses muscles et ses nerfs sont détendus grâce à ce que nous appelons un bilan que nous faisons sur le corps à l'aide de notre esprit. Nous observons avec l'esprit chaque partie du corps que nous relaxons.

–Kwen Khan Khu, interview "La Science de la Méditation"–

S'ASSEOIR DANS UN FAUTEUIL

Pour une méditation correcte, nous pouvons également nous asseoir dans un fauteuil confortable avec les bras et les jambes bien relaxés, le corps en général bien relaxé, aucun muscle n'étant en tension.

–Samael Aun Weor, *Le Cinquième Évangile*, conférence "Enseignements fondamentaux sur la méditation"–

POSITION DE L'HOMME MORT

Que le dévot s'allonge en position de cadavre. Qu'il place les bras de chaque côté du corps, les appuyant sur le lit ou sur le sol –où il se trouve étendu sur le dos–. Les jambes seront bien étirées, comme celles des cadavres, et l'on joindra les talons en séparant la pointe des pieds à droite et à gauche en forme d'éventail.

–Samael Aun Weor, *Le Livre Jaune*, chapitre 13–

POSITION DE L'ÉTOILE FLAMMIGÈRE

Que le dévot s'allonge dans la position de l'étoile flammigère, en ouvrant les jambes et les bras de chaque côté avec le corps bien relaxé. Nous prenons alors la forme de l'étoile à cinq pointes. C'est la position du Maître. Les Grands Maîtres utilisent cette position pour la méditation interne. Devant cette forme, les ténébreux fuient, pleins de terreur. Quand le Maître se lève, il laisse là son empreinte flammigère qui fait fuir les ténébreux.

–Samael Aun Weor, *Le Livre Jaune*, chapitre 13–

POSITION DE PADMASANA

Avant tout, le plus important, c'est de savoir méditer. Il faut apprendre la technique correcte. Dans le monde oriental, on insiste beaucoup sur les positions de Padmasana avec les jambes croisées. Mais nous, nous ne sommes pas des orientaux et nous pouvons méditer selon nos coutumes et nos manières ; en plus, les Orientaux ne méditent pas tous avec les jambes croisées. En tout cas, chacun doit adopter la position qui lui convient le mieux. Celui qui veut méditer avec les jambes croisées, eh bien, qu'il le fasse, nous n'allons pas le lui interdire, bien que ce ne soit pas la seule asana pratique pour la méditation. [...]

Chacun est chacun et la seule chose qu'on doit faire, c'est de chercher la position la plus confortable, sans se limiter à aucune règle ou modèle d'asana ou de système. Il convient, par contre, de bien relaxer le corps, c'est indispensable quelle que soit la position, afin que le corps soit à l'aise, c'est évident.

–Samael Aun Weor, *Le Cinquième Évangile*, conférence "Enseignements fondamentaux sur la méditation"–

POSITION DE VIPARITA KARANHI MUDRA

L'étudiant dévot lève les jambes, en maintenant la tête sans oreiller sur le sol, sur une natte, sur le lit, sur une couverture, sur un tapis, ou comme il sent que c'est le plus commode pour lui. Bien, ensuite, bien-sûr, avec cette position les jambes levées et la tête en bas, le sang monte donc à la tête.

Maintenant, pensez à ce qu'est un sang enrichi d'hormones sexuelles, eh bien, c'est extraordinaire ! Un sang de ce type va faire travailler différentes zones du cerveau, divers centres ; il va faire sortir la lymphe stagnante –lymphe qui doit passer dans les réservoirs d'en bas, du bas-ventre, etc.– qui va être distribuée par ses canaux corrects. Et le plus intéressant de tout –et c'est ce que je veux que vous sachiez–, c'est que ce sang va préparer le trône, écoutez bien, le trône pour le soleil resplendissant, pour un soleil atomique, logoïque, qui existe réellement à la naissance du nombril. Pensez à ce que cela signifie, mes chers frères, c'est extraordinaire !

J'ai ici une certaine carte dont je vais maintenant me servir pour enseigner aux frères ; une certaine carte Zen très utile... Mais, pour l'instant, je me limite seulement à dire que ce sang enrichi, en coulant vers le cerveau, prépare le trône. Où est le trône ? Il est exactement dans le pédoncule cérébral, dans le centre collecteur des impulsions afférentes qui contrôle tous les mouvements nerveux organiques, etc., etc., de l'organisme physique.

Bien, lorsque ce soleil resplendissant –qui se trouve à la naissance du nombril– monte pour occuper sa place dans le pédoncule cérébral, dans le centre collecteur d'impulsions afférentes, le mental se retrouve alors sous le contrôle de ce soleil resplendissant, illuminé de l'intérieur, avec un soleil à l'intérieur –pensez à ce que c'est d'avoir un soleil spirituel à l'intérieur–, et la lune –qui occupe aujourd'hui ce centre collecteur d'impulsions afférentes et qui nous gâche l'existence, en conditionnant le mental, en le rendant lourd, pesant, réactionnaire, stupide– descend inévitablement pour occuper la place qui est occupée aujourd'hui par le Soleil à la naissance du nombril.

Il y a alors un changement : le soleil à la naissance du nombril passe au pédoncule cérébral ; la lune qui est dans le pédoncule cérébral passe à la naissance du nombril. Ce changement du soleil et de la lune dans l'organisme est donc précisément, mes chers frères, ce qui s'appelle : Viparita-Karanhi-Mudra...

Le mental est, normalement, ce qui torture le plus la vie de tous les étudiants, de tous les néophytes, de tous les aspirants au Chemin ; ce qui fait que la vie est réellement amère comme le fiel, car personne n'est heureux avec le mental.

Si le mental est contrôlé par le Soleil Spirituel, alors nous nous libérons, nous sortons de ce malheur, nous devenons totalement illuminés. Mais, aujourd'hui, qu'est-ce qu'il y a dans le mental ?

Ce qui est situé dans ce pédoncule cérébral, dans ce centre collecteur d'impulsions afférentes, dans la racine même du palais, c'est malheureusement une Lune atomique, lourde comme toutes les lunes, grossière comme toutes les lunes, morte comme toutes les lunes, remplie d'impulsions fornicatrices épouvantables, horribles, de scepticisme, de matérialisme, de grossièreté...

Sortir cette lune du cerveau et la placer à la naissance du nombril, c'est beaucoup mieux ; et sortir le soleil qui est en bas, à la naissance du nombril, et lui faire occuper la place que cette lune occupe aujourd'hui, c'est-à-dire au centre même du cerveau, à la racine du palais, dans le pédoncule cérébral, dans le centre collecteur d'impulsions afférentes, est donc un grand triomphe, car on va alors devenir illuminé à l'intérieur −radieux, actif, dynamique, rempli de splendeur et de félicité−, et on peut y arriver grâce au Viparita-Karanhi-Mudra. Oui !

Mais, au moment où l'on fait cette pratique, il faut prier le Logos, parce que c'est le Logos qui se trouve au fond du Soleil, derrière le Soleil physique qui nous illumine. C'est lui qui peut véritablement amener la lumière à notre cerveau, c'est lui qui peut attraper ce soleil situé à la naissance du nombril et le faire passer au pédoncule cérébral. C'est lui qu'il faut supplier.

Heureusement, nous avons un médiateur, quelqu'un qui prie pour nous. Je veux me référer expressément à la Divine Mère Kundalini, au Serpent Igné de nos pouvoirs magiques. Indubitablement, Elle, Elle, je le répète, prie alors pour nous. Nous pouvons la supplier durant le Viparita-Karanhi-Mudra pour qu'elle intercède pour nous, pour qu'elle supplie le Logos, dans son langage pur, dynamique, d'or ; pour qu'elle l'appelle, pour qu'elle l'invoque, pour qu'il vienne réaliser cette opération en nous.

Il est clair, mes chers frères, que ce processus ne se réalise pas du jour au lendemain ; ce n'est pas "de la tarte", ce n'est pas juste boire un verre d'eau ; tout coûte un sacrifice.

Le Viparita-Karanhi-Mudra, bien entendu, est une pénitence. Oui, une pénitence très sacrée, au moyen de laquelle nous pouvons éliminer beaucoup de karma supérieur –je ne me réfère pas au Karma inférieur, commun et courant, mais au Karma Supérieur, à celui qui appartient à la Loi de la Katance, à celui qui a d'autres tribunaux, à celui-ci qui, pour finir, juge les Dieux–. Mais tout le monde a du Karma Supérieur et nous pouvons l'éliminer. Et lorsqu'il est enfin complètement éliminé, il est alors évident que se réalise le changement Soleil-Lune, que se réalise ce que nous pourrions appeler "le changement de polarités", le "Viparita-Karanhi-Mudra".

Le Viparita-Karanhi-Mudra est donc une pénitence. Nous ne devons pas dédaigner la pénitence. Nous utilisons non pas l'ancienne pénitence de l'Âge du Poisson, mais la nouvelle pénitence, celle de l'Ère du Verseau : une pénitence scientifique, ésotérique, mystique, artistique, hautement transcendante et transcendantale, qui opère des changements et des merveilles dans tous les centres psychophysiologiques de notre organisme. C'est ainsi qu'est l'Ère du Verseau !

Pensez à la pénitence du point de vue scientifique, non pas à cette pénitence absurde des gens du Moyen Âge, non, mais à celle qui est scientifique. Rappelez-vous que l'Autoréalisation Intime de l'Être n'est possible qu'au moyen de travaux patients, de travaux conscients et de souffrances volontaires. Donc, travaux conscients et souffrances volontaires, je le répète. [...]

Il existe un Viparita-Karanhi-Mudra court. Le court se pratique chaque fois que l'on fait la série des Six Rites.

Mais, il y en a un long qui se pratique exclusivement la nuit, avant de se coucher. Ce long est très fort : il s'agit de maintenir les jambes à la verticale durant trois heures, c'est dur, n'est-ce pas ? Oui, vous pouvez vous aider d'un mur. On s'assoit près du mur, juste au bord du mur, contre le mur dirions-nous, on lève ses jambes et on les maintient, aidé du mur. Je répète : mais sans oreiller, pas d'oreiller, pour que le sang se précipite à la tête...

Indubitablement, personne ne pourrait commencer pendant trois heures, non ! Personne ne tiendrait autant. On commence la pratique pendant une minute et on l'allonge peu à peu, au fil du temps et des années, jusqu'à ce qu'un jour, enfin, on puisse pratiquer trois heures quotidiennement.

Celui qui arrive à pratiquer quotidiennement trois heures le Viparita-Karanhi-Mudra, eh bien, je vais vous dire : il conquiert la mort, il devient immortel, à condition de pratiquer une absolue chasteté, n'est-ce pas ? Est-ce que vous m'avez compris ? Et il réalise, c'est clair, plus de merveilles et de prodiges, mais il faut commencer par une minute chaque jour, lentement, peu à peu. C'est clair, mes chers frères...

Pendant qu'on pratique le Viparita-Karanhi-Mudra, on fait une méditation et une prière, en suppliant, en priant la Divine Mère Kundalini d'invoquer le Troisième Logos, de l'appeler, de lui demander qu'il réalise le changement pour que le soleil qui est à la naissance du nombril passe au centre du cerveau, à la racine même du palais, dans les profondeurs où se trouve le pédoncule cérébral, le centre collecteur d'impulsions afférentes.

On la supplie aussi d'implorer le Logos, de lui demander de sortir cette lune, qu'il l'arrache du pédoncule cérébral et qu'il la fasse passer à la naissance du nombril car nous voulons être illuminés, transformés, avec un mental qui ne nous torture plus l'existence, avec un mental au service de l'Esprit. Compris ?

Après six mois de cette pratique, les personnes d'un certain âge doivent se réjouir un peu, car un processus magnifique commence alors : les cheveux blancs vont disparaître, les rides aussi, avec le temps et les années, vont disparaître, jusqu'à ce qu'arrive enfin le moment où il n'y aura plus ni rides ni cheveux blancs, c'est clair ! Ce que ces personnes ne voient pas, c'est que leur sang enrichi en hormones va fortifier leur cerveau, enrichir toutes ces zones du cuir chevelu pour que leurs cheveux blancs disparaissent. Un sang riche enrichit aussi la chevelure. Les tissus usés –qui forment les rides– se transforment par la création de nouvelles cellules, car le sang afflue vers tout ce qui est la tête, le visage, etc., etc., etc., et se transforme en un processus de rajeunissement. Donc, ceux qui veulent rajeunir, qu'ils rajeunissent. Ici, ils ont les pratiques !…

De sorte que là interviennent deux aspects : le rôle purement physique de rajeunissement de l'organisme, et le rôle psychique, le changement de polarités. Par conséquent, ces exercices servent à l'éveil de la Conscience. C'est pourquoi j'ai toujours dit que nous sommes éminemment pratiques, que nous luttons pour l'éveil de la Conscience et que nous avons des méthodes et des moyens appropriés, efficaces pour l'éveil.

–Samael Aun Weor, *Le Cinquième Évangile*, conférence
"Facteurs déterminants pour la santé physico-animique"–

RELAXATION DU CORPS

Bon, bon, relaxez vos corps. Asseyez-vous bien, asseyez-vous bien, mes chers frères, qu'aucun ne soit mal assis, aucun dans une position inconfortable ; le plus confortablement possible. Ne croisez pas les jambes l'une sur l'autre, car ce n'est pas bon. Jambes et bras détendus, je répète, bien détendus. Qu'aucun muscle ne soit comprimé, que tous les muscles soient bien détendus, bien relaxés. N'en faites pas un problème, s'il vous plaît, n'en faites pas un problème ; c'est une chose vraiment simple, bien s'asseoir. Vous pouvez le faire facilement, sans beaucoup de travail.

Voyons voir, voyons voir, voyons voir… Êtes-vous relaxés ? Cela ne demande pas beaucoup de travail ; vous devez uniquement être sûrs qu'aucune partie de votre corps ne soit en tension, c'est tout. Quant aux mains, placez-les comme vous voulez ; ne vous accrochez pas aux détails, car si vous vous accrochez aux détails physiques, ces détails deviennent un autre obstacle pour le mental ; de nouveaux problèmes, en plus de ceux que nous avons déjà, n'est-ce pas ?

Bon, je crois que nous sommes prêts. Maintenant fermez les yeux. Pour faire cette pratique, on peut tolérer un petit peu de sommeil pour le physique ; à condition que la Conscience ne dorme pas, tout va bien. Beaucoup d'écoles croient qu'on ne doit pas endormir le corps physique. Elles se trompent. Quand on est en méditation, il est préférable que le corps physique ne dérange pas, et il ne dérange pas quand il est endormi, car un corps physique éveillé est très gênant, il dérange beaucoup.

Moi-même, quand je suis dans les Mondes Internes, je suis très content, très heureux si le corps est bien endormi. Mais quand le corps physique est réveillé, je me maintiens là-bas grâce à la pure volonté ; bien sûr, d'une manière plus inconfortable, c'est évident. Donc, les véhicules physiques peuvent s'endormir, et c'est mieux ; l'important, c'est que la Conscience ne s'endorme pas, qu'elle soit vigilante comme la sentinelle en temps de guerre. Compris ?

–Samael Aun Weor, *Le Cinquième Évangile*, conférence
"Avantages et merveilles du silence mental"–

RELAXATION À L'AIDE DE LA RESPIRATION

Le disciple doit être placé dans une position confortable, qu'il soit assis ou en décubitus dorsal, à l'envers. Choisissez de préférence la position de l'étoile cosmique, où l'étudiant, allongé sur le sol, ouvre les bras et les jambes pour former une étoile –la vue doit être vers le ciel.

Dans toutes les positions ci-dessus, l'élève se concentrera sur la respiration en prenant conscience de son corps physique.

Expira, retiendra et inspirera avec un rythme respiratoire uniforme. Tout d'abord, l'étudiant inspirera en comptant de un à douze. Il se poursuivra plus tard avec la rétention, en comptant également de un à douze. Ensuite, il expirera, comptant à nouveau de un à douze en même temps qu'il distendait son corps physique, le relâchant, le libérant de tout inconfort.

Répétez cet exercice autant de fois que nécessaire jusqu'à ce que votre corps soit totalement détendu.

–Clarifications du V.M. Samael Aun Weor–

Pour normaliser le centre moteur, il est conseillé de détendre complètement le corps. Commencez par détendre les nerfs du cerveau, les muscles du visage, les coins des lèvres, le cou, les bras, les mains, le tronc, le ventre, les jambes, les pieds ; et respirer en profondeur, profondément.

–Samael Aun Weor, Le Cinquième Évangile, conférence
"Précisions sur le Travail Psychologique"–

LA LUMIÈRE JAUNE RELAXANTE

Dans une position confortable, vos mains seront placées de manière à ne pas être en tension. Relâchez les muscles du visage, pour que la mâchoire n'exerce pas de pression, c'est-à-dire pour que les dents ne soient pas serrées. Les muscles des paupières seront détendus avec une grande tranquillité, semblables à de petits nuages posés sur nos yeux.

Ensuite, on visualisera une belle couleur jaune vif, enveloppant délicatement les pieds comme de la soie. D'abord le pied droit, elle enveloppe complètement : la peau, les muscles, les os qui sont inclus dans le pied droit qu'ils constituent. Ensuite, continuez avec la jambe droite. Puis la gauche, du pied à la hanche. Les deux jambes sont enveloppées de cette couleur jaune.

Maintenant, continuons avec la région du ventre, le pelvis est complètement enveloppé par cette couleur jaune, tout est relaxé tranquillement sans tension. Puis cette substance jaune se répand dans toute la région du tronc, toute la région du thorax se détend en acquérant tranquillement un certain type d'élasticité qui achève ces tensions de la vie quotidienne.

Ensuite, elle enveloppe toute la main droite, l'avant-bras,

Ainsi, tout le corps physique est enveloppé de la couleur jaune et totalement détendu le bras, puis continue avec le bras gauche. Ensuite, elle continue avec le dos, la colonne vertébrale, le cou, pour finalement passer à la tête et au visage.

—Clarifications du V.M. Samael Aun Weor—

IMAGINATION AVEC LES PETITS NAINS

Imaginez que vos pieds sont faits de matière subtile et qu'il s'en échappe un groupe de petits nains. Imaginez que vos mollets sont pleins de petits nains joueurs qui sortent un à un et que, au fur et à mesure qu'ils sortent, les muscles deviennent de plus en plus flexibles et élastiques. Continuez avec les genoux en faisant le même exercice. Poursuivez avec les cuisses, les organes sexuels, le ventre, le cœur, la gorge, les bras, les muscles du visage et de la tête, dans l'ordre successif, en imaginant que ces petits nains s'échappent de chacune des parties de votre corps, laissant les muscles complètement relaxés.

—Samael Aun Weor, *Introduction à la Gnose*, chapitre 2—

DEUXIÈME ÉTAPE: PRATYAHARA

"INTÉRIORISATION ET RELAXATION MENTALE"

QU'EST-CE QUE PRATYAHARA?

Pratyahara. Cela signifie en sanskrit "concentration de pensée". C'est précisément cette partie qui définit, dirons-nous, le triomphe ou l'échec de la méditation. C'est là que de nombreuses personnes ne parviennent pas à franchir cette porte, car dans l'état de Pratyahara, il faut beaucoup de patience pour écarter les pensées illusoires qui parviennent au mental, les souvenirs, les désirs... et cela ne se réalise pas du jour au lendemain. Voilà ce que signifie, Pratyahara.

–Kwen Khan Khu, interview "La Science de la Méditation"–

L'OBSERVATION DU MENTAL

Pratyahara consiste à observer, sans attaquer ni rejeter, les différentes pensées qui défilent dans le mental.

On pourrait dire que ces deux choses sont faciles, mais le hic du problème, c'est de savoir si la méditation va être efficace ou non. Et nous souffrons de quelque chose dont nous avons besoin:

nous devons faire preuve de patience pour observer sereinement le carrousel des pensées.

Que signifie observer sereinement ? Observer, ce n'est pas prendre parti de quoi que ce soit ni de qui que ce soit. Ainsi, celui qui prend automatiquement parti pour quelque chose est déjà embrouillé.

Quand nous allons méditer, le moins que nous puissions dire, c'est: *"Je vais méditer"*, car alors la psyché est déjà préparée et dit: *"Quoi? Méditer? Ça veut dire…. Pas du tout…"*. Et voilà.

Le mental, malheureusement, est comme un étang qui, au moindre galet, produit déjà des vagues. Il faut simplement se détendre et commencer, dit le Maître, à observer les pensées sereinement. Voilà comment la psyché se vide.

–Kwen Khan Khu, interview "La Science de la Méditation"–

Pratyahara est l'observation des pensées sans s'identifier à elles. Nous devons voir les pensées comme si elles étaient une chose étrangère à nous, comme si nous regardions un film, mais sans nous oublier nous-mêmes, sans nous identifier aux images que nous voyons sur l'écran du mental. Vous devez observer chaque pensée une à une et essayer de comprendre qui les a produites, ce qu'elles veulent de nous, pourquoi elles apparaissent dans notre mental… Cette compréhension de chaque image nous permettra de découvrir nos inquiétudes, nos peurs, nos désirs, nos ressentiments, etc. Cette compréhension profonde de chaque pensée nous amènera à comprendre que, même si cette pensée semble importante, elle constitue un obstacle entre nous et le réel, et qu'elle fait partie d'un mécanisme qui veut nous lier à la roue du Samsara, que cette mémoire appartient au Moi, appartient au temps et à la relativité. Et quand cette compréhension viendra, le Moi qui aura projeté la scène s'affaiblira et nous laissera en paix. Ensuite, nous continuerons d'observer le mental jusqu'à ce qu'une autre scène arrive. Encore une fois, armés de beaucoup de patience, nous reviendrons à l'étudier pour la comprendre. Vous devez observer, comprendre et dissoudre chaque image. Ne soyez pas pressés d'y arriver. Atteindre Pratyahara prend du temps, et plus encore si pendant la journée nous n'avons pas été en rappel de l'Être et que notre mental a été agité. Nous pouvons aider ici avec certains des exercices que Maître Samael donne pour calmer le mental, tels que le mantra WU, le mantra HAM SAH, le mantra GATE GATE PARAGATE PARASAMGATE BODHI SWAHA, etc. Si, avec ce patient exercice d'observation, de compréhension et de dissolution, le mental est toujours agité, nous devons faire appel au deuxième joyau du Dragon Jaune et lui reprocher vivement de nous laisser tranquilles.

–Clarifications du V.M. Kwen Khan Khu–

FAIRE TAIRE LE MENTAL

La méditation a un long processus pour son développement. Alors, la première chose par laquelle il faut commencer, c'est apprendre à tranquilliser et à faire taire le mental. Si ce n'est pas acquis, nous ne pourrons faire aucun type de méditation et encore moins, atteindre des objectifs de la méditation aussi minimes soient-ils. Alors, il faut passer par la partie ennuyeuse de calmer le mental, et cela s'obtient seulement, selon les paroles du Maître Samael, dans la phase de Pratyahara en observant les pensées qui vont défiler dans notre mental, sans lutter contre elles ni prendre parti pour elles, ni dialoguer avec elles. Nous devons nous transformer en simples spectateurs du défilé des pensées. Ce processus peut durer longtemps, ou pas. Ça dépend parfois des aides internes que notre Être Réel fait sur nous, ça dépend du travail sur soi que la personne ramène d'autres existences, et ça dépend de nombreux facteurs, par exemple, dans la vie quotidienne cette personne mène une vie très agitée, et, bien sûr, après ça, elle voudrait tout à coup avoir le mental en silence ! Alors, bien sûr, il y a de nombreux facteurs qui influent sur l'aboutissement du silence mental intérieur. Mais le silence est une condition requise essentielle si on veut faire une méditation

–Kwen Khan Khu, interview "La Science de la Méditation"–

Il ne s'agit pas de combattre les pensées qui arrivent, pour que le mental soit calme, non. Il s'agit d'observer ces pensées, de les comprendre, d'observer ces désirs et de les comprendre, d'observer et de comprendre tous les souvenirs qui viennent au mental. Lorsqu'on comprend tout cela, on ne dit plus un mot.

–Clarifications du V.M. Kwen Khan Khu–

DÉCOUVERTE DE L'ÉTAT MENTAL

Premièrement, il faut devenir pleinement conscients de l'état mental dans lequel nous nous trouvons avant que surgisse n'importe quelle pensée. Observer sereinement notre mental, porter une grande attention sur toute forme mentale qui fait son apparition sur l'écran de l'intellect. Il est péremptoire de nous transformer en gardiens de notre propre mental durant toute activité agitée, et de nous arrêter un instant pour l'observer.

–Samael Aun Weor, *La Révolution de la Dialectique*–

DÉCOUVERTE DE L'INATTENTION

Il est nécessaire, mes chers frères, de se mettre, avant tout, dans une position confortable. Je sais que dans le Lumisial, dans la salle de méditation, il faut être assis, oui, mais avec le corps physique relaxé ; aucun muscle ne doit être en tension. Chez soi, c'est différent : là on peut s'allonger sur son lit, en forme d'étoile flammigère, –position à cinq pointes–, c'est-à-dire jambes et bras écartés, corps relaxé et entrer en méditation ; ou position de l'homme mort, la fameuse "savasana" orientale, la posture du cadavre : talons joints, bras le long du corps, le corps complètement relaxé, etc. Mais, je répète, dans le Lumisial, en salle de méditation, nous devons être assis, évidemment, oui, mais avec le corps relaxé. Cela étant compris, mes chers frères, entrons donc dans la technique proprement dite de la méditation.

Fermons les yeux. Il est préférable qu'ils soient fermés pour que les sensations du monde extérieur, les perceptions, enfin, tous les objets du monde physique, les personnes, les choses, ne nous distraient pas. Maintenant il convient d'être attentif, d'avoir le mental calme, en silence à l'intérieur et à l'extérieur.

Je répète : cela n'est possible qu'en étant attentif à ce que nous sommes en train de faire, non, parce que si vous n'êtes pas attentifs, comment votre mental va-t-il être calme et en silence ? Une pensée vous arrive, il vous en arrive une autre, un désir, n'importe quoi, et le mental n'est plus calme ni en silence. Malheureusement, frères, être attentifs n'est pas si facile. Ce que nous pourrions appeler "inattention" arrive inévitablement.

Il y a donc deux états : celui de l'attention et celui de l'inattention, compris ? Si nous voulons être attentifs, l'opposé arrive, l'inattention. Et qu'est-ce qui cause l'inattention ? Évidemment, les Mois que nous portons en nous, n'est-ce pas ? Des souvenirs, des désirs, des émotions, des passions, des évènements de la journée, du mois ou de l'année, des rappels, des rancœurs, des ressentiments, etc. ; c'est évident. Que faire alors avec toute cette multiplicité du Moi ? Que faire avec cette inattention ? Observez-la, mes chers frères, observez-la.

Quand on observe, sereinement, toutes les phases de l'inattention, quand on les regarde vraiment de façon détaillée et sans prendre parti pour ceci ou pour cela, dans cette même observation de ce qui est inattentif, survient l'attention réelle. Quand celle-ci surgit, le mental reste calme et en silence. [...]

Je ne cesse de clarifier -et en cela je ne veux économiser aucune sorte d'efforts- que le problème de chacun de vous, assis ici, dans la salle de méditation, consiste, précisément, en l'inattention. Vous voulez tous être attentifs. Malheureusement, nous n'y arrivons pas ; n'importe quoi vous distrait : le chant d'un grillon jusqu'au boulet de canon, une voiture qui passe dans la rue, ou le dernier souvenir d'il y a à peine un instant, probablement, quand vous étiez en train de parler avec votre copine ou avec votre copain, ou peut-être avec une fiancée, etc.

Généralement, l'agitation de la journée laisse tellement de traces au fond du mental que quand vient l'heure d'être attentif, on n'y arrive pas ; et c'est là que nous devons vraiment comprendre cette technique, observer l'inattention, c'est-à-dire observer attentivement ce qu'il y a d'inattentif en nous. Quand on observe, je répète, même si je suis las de répéter autant, tous les détails de l'inattention, il est évident qu'il y a par conséquent attention. [...]

Voyez, par exemple, frères, ce qui arrive quand on s'extasie en contemplant un tableau de la nature, ou un film qui nous intéresse, ou une femme bien-aimée, ou une aube, un crépuscule. Si on y est vraiment plongé, en ces instants-là, il y a pleine attention. [...]

Quand le mental est violemment calmé, il n'est pas calme : il lutte pour s'activer dans ses profondeurs les plus profondes ; et quand on fait taire violemment le mental, il n'est pas non plus en silence : il crie dans ses profondeurs. Bref, de la sorte, ce chemin s'avère stérile.

Le calme et le silence doivent survenir de façon pure et spontanée. Ils surviennent quand cette procession de souvenirs, de passions, de désirs, de défauts, etc., s'achève. Alors, c'est dans ces moments-là, que la Conscience parvient à sortir de la bouteille pour expérimenter ce qui est réel, ce qu'est la vérité. Ainsi, mes chers frères, en connaissant cette technique, tous réunis en plein sanctuaire, nous devons méditer.

Je ne vais pas vous dire que le travail est facile. Il est évident que ce travail est difficile, néanmoins il n'est pas impossible, et il conduit ostensiblement à l'Illumination mystique. Celui qui se connaît lui-même, ne l'oubliez-pas, connaît l'Univers et les Dieux. [...]

Commencez par observer ce qui arrive dans votre mental, et avec la plus grande attention, prêtez attention, attention, attention...

Soyez attentifs à ce que vous avez d'inattentif. Ce que vous avez d'inattentif, ce sont les désirs qui apparaissent, les émotions, les passions, les souvenirs des choses de la journée, d'hier, d'avant-hier, etc. Observez, observez, observez, s'il vous plait, observez ce qui apparaît dans votre mental. Observez, et avec la plus grande attention, observez, soyez attentifs à tout ce qui apparaît. Mais comprenez, oui, comprenez ce qui apparaît, mes chers frères, comprenez-le et oubliez-le ; et si quelque chose de nouveau arrive, eh bien comprenez-le et oubliez-le ; et si une autre chose nouvelle arrive, eh bien comprenez-la et oubliez-la. Voyons voir, entrez, entrez, donc, en méditation. Endormez vos corps physiques un peu plus, mais avec la Conscience alerte, alerte, n'est-ce pas ?, alerte...

–Samael Aun Weor, *Le Cinquième Évangile*, conférence
"Avantages et merveilles du silence mental"–

Par conséquent, durant la méditation, nous devons compter sur beaucoup de facteurs si nous voulons arriver à la quiétude et au silence du mental. Nous avons besoin d'étudier le désordre, car c'est ainsi seulement que nous pouvons établir l'ordre. Il nous faut savoir ce qu'il y a d'attentif en nous et ce qu'il y a d'inattentif.

Lorsque nous entrons en méditation, notre mental est toujours divisé en deux parties : la partie qui fait attention –la partie attentive– et la partie inattentive.

Ce n'est pas dans la partie attentive qu'il faut mettre l'attention, mais précisément dans ce qu'il y a d'inattentif en nous. Quand nous réussissons à comprendre profondément ce qu'il y a d'inattentif en nous et à étudier les méthodes pour que l'inattentif devienne attentif, nous obtenons alors la tranquillité et le silence du mental. Cependant, nous devons être judicieux dans la méditation. Nous devons nous juger nous-mêmes, pour savoir ce qu'il y a d'inattentif en nous. Nous avons besoin de nous rendre conscients de ce qu'il y a d'inattentif en nous.

–Samael Aun Weor, *Le Cinquième Évangile*, conférence
"Le deuxième joyau du Dragon Jaune"–

L'ÉTAT PASSIF DU MENTAL

La pensée négative est la forme de pensée la plus élevée. La pensée positive conduit à l'erreur. J'entends, par pensée positive,

le fait de projeter. J'entends, par pensée négative, le fait de ne pas projeter, un mental calme. Quand le mental est calme, quand le mental est en silence, il reçoit des informations cosmiques. C'est ce qui compte, ce qui importe.

–Samael Aun Weor, <i>Le Cinquième Évangile</i>, conférence
"La grandeur de la pensée négative"–

Le "penser négatif" : cela terrorise les positivistes du mental, mais pourtant la forme négative du mental est la plus éloquente. Ne pas penser est la forme la plus élevée de la pensée.

Quand le processus de la pensée s'est épuisé, il advient quelque chose de nouveau. Cela, il faut savoir le comprendre. Un mental qui ne projette pas, un mental passif mis au service de l'Être, est un instrument efficace, parce que le mental est fait pour être réceptif, pour servir d'instrument passif et non d'instrument actif.

Le mental en soi est féminin et tous les centres doivent fonctionner harmonieusement en accord avec la symphonie universelle de la sérénité passive. Dans ces conditions, nous ne devons permettre ni au mental ni aux sentiments de prendre part aux diverses circonstances de notre existence. [...]

Il est clair que l'état passif du mental, du sentiment et de la personnalité exige une formidable activité de la Conscience. Cela nous indique que plus la Conscience reste active, mieux c'est pour atteindre l'éveil de celle-ci, parce qu'ainsi la Conscience, en étant en activité permanente, devra inévitablement s'éveiller.

–Samael Aun Weor, <i>Le Cinquième Évangile</i>, conférence
"Enseignements fondamentaux sur la méditation"–

LE MENTAL COMME UN LAC PAISIBLE

La relaxation mentale doit être parfaite. Toute idée, désir, pensée, etc., qui traverse le mental à un moment donné, produit des tensions et cela n'est pas la relaxation. La relaxation parfaite du mental exclut les désirs, les idées, les pensées, les souvenirs, les passions, etc. Vider le mental, le transformer en un puits profond et sans fond est vraiment le relaxer.

Le mental superficiel est semblable à une flaque d'eau sur la route: lorsque ses eaux s'évaporent sous les rayons solaires, il ne reste plus que de la boue et de la pourriture. Le mental profondément détendu est merveilleux; C'est comme un lac insondable où vivent d'innombrables poissons et où il y a de la vie en abondance.

Quand quelqu'un jette une pierre dans un lac paisible et serein, il y a des vagues scintillantes qui vont du centre à la périphérie. C'est la réaction de l'eau à l'impact du monde extérieur. De même, nous dirons que le mental relaxé est comme un lac paisible et serein où se reflète le panorama de l'univers. Les impacts provenant du monde extérieur, lorsqu'ils tombent dans le lac du mental, génèrent des vagues qui vont du centre à la périphérie. Ces vagues agitent le mental des anachorètes et les conduisent à l'échec. Le mental doit être contrôlé depuis le centre pour qu'il ne réagisse jamais aux impacts provenant du monde extérieur.

–Samael Aun Weor, *Le Cinquième Évangile*, conférence "Enseignements fondamentaux sur la méditation"–

COMPRENDRE LE MANQUE DE PERTINENCE DE LA PENSÉE

Le plus important, c'est d'apprendre à savoir de quelle manière nous devons faire sortir la Conscience du mental et de l'Ego, comment nous allons extraire la Conscience du sentiment, quand nous soumettons le mental et le sentiment, car, évidemment, nous brisons des chaînes, nous sortons de ce cachot fatal, de cette prison. Dans ces conditions, nous nous préparons à la méditation.

–Samael Aun Weor, *Le Cinquième Évangile*, conférence "Enseignements fondamentaux sur la méditation"–

Après avoir obtenu la relaxation du corps physique, il est nécessaire de relaxer le mental. La relaxation s'obtient aussi avec l'aide de l'imagination. Observez toutes les pensées qui vous viennent à l'esprit, tous les souvenirs qui vous assaillent, toutes les inquiétudes, etc. Étudiez-les pour connaître leur origine. L'étude de tout cela vous révélera beaucoup de choses : elle vous fera connaître vos défauts, vos erreurs. Vous saurez ainsi comment travaille votre Moi, votre Ego. Analysez chaque défaut ; essayez de comprendre chaque défaut dans tous les niveaux du mental. Étudiez chaque pensée, souvenir ou émotion qui vous assaille. Comprenez chaque pensée. Imaginez ensuite un abîme profond. Jetez chaque pensée étudiée, chaque souvenir, inquiétude, etc., dans cet abîme. Ainsi, votre mental demeurera tranquille et silencieux. Dans la quiétude et le silence du mental, vous pourrez voir et entendre l'Intime. Il est le Maître intérieur. Il est votre Dieu interne.

–Samael Aun Weor, *Introduction à la Gnose*–

Malheureusement, le mental vit dans un bavardage incessant, il n'est jamais tranquille un instant. Nous n'avons même pas appris à penser sans mots, et c'est regrettable. Nous avons besoin d'une langue pour penser. Il serait intéressant de savoir penser sans avoir besoin de mots...

–Samael Aun Weor, *Le Cinquième Évangile*, conférence "Moyens pour atteindre le Vide Illuminateur"–

QUESTIONS ET RÉPONSES

Disciple. *Vénérable Maître, vous dites que par l'Être, on atteint l'équilibre des centres, mais ensuite vient le jeu de la personnalité et le conflit du mental. De quelle manière ce conflit du mental pourrait-il être conjurer pour parvenir à la non-intervention du mental et à la véritable action de l'Être pour tenter de trouver un équilibre en nous ?*

Maître. Quand on parle de relaxation, il faut le comprendre intégralement, parce que si nous allons relaxer exclusivement les muscles –qui sont toujours en tension–, nous n'avons pas compris intégralement le processus de la relaxation. Il s'agit de relaxer, non seulement les muscles ou les nerfs du corps, mais aussi le mental. Quand le mental est tranquille, quand le mental est en silence, quand il ne projette plus rien, quand il est en état réceptif, intégral, alors survient le nouveau. Mais le nouveau ne survient jamais tant qu'existent un mental qui projette et un corps en tension.

De sorte que pour que le mental puisse ne pas avoir de conflit, ne serait-ce que durant quelques instants, il faut qu'il y ait une relaxation physique et mentale. Alors ces conflits disparaissent pour un instant et, pendant cet instant, l'Être surgit en nous. C'est un moment de vide dont l'Être profite pour le remplir, et alors advient le nouveau. Peu à peu, l'Être se met, lentement, à réaliser l'union de tous les centres de la machine organique ; et les conflits entre les trois cerveaux, Intellectuel, Émotionnel et Moteur, vont disparaître. Pendant quelques secondes, quelques minutes, nous pouvons recevoir des messages des Mondes Supérieurs. Mais, il faut de la constance dans le travail ; c'est le chemin à suivre.

–Samael Aun Weor, *Le Cinquième Évangile*, conférence "Le mystère de l'intégration de l'Être"–

Disciple. *Quand nous disons que nous devons dominer le mental, qui doit le dominer ?*

Maître. L'Essence ! L'Essence, la Conscience doit dominer le mental.

Disciple. *Donc, en éveillant la Conscience nous avons plus de pouvoir sur le mental ?*

Maître. Oui, bien sûr, si nous devenons conscients de ce qu'il y a d'inconscient en nous. [...]

Pendant la méditation, je le répète, il y a deux parties : celle qui est attentive et celle qui est inattentive. Nous avons besoin de nous rendre conscients de ce qu'il y a d'inattentif en nous et, en nous en rendant conscients, nous pouvons vérifier que l'inattention a beaucoup de facteurs.

Disciple. *Maître, je suis attentif à vos explications, mais quelle est la partie de moi-même qui n'est pas attentive, qui ne fait pas attention, c'est ce que je ne comprends pas. J'essaye de me libérer du mental ; le fait que je capte mes pensées, les images* qui me viennent et que je les analyse pour voir quels doutes elles contiennent, est-ce cela qu'on appelle l'attention ?

Maître. Là, il y a de l'attention, mais l'inattentif est ce qui est formé par le subconscient, par l'incohérent, par la quantité de souvenirs qui surgissent dans le mental, par les mémoires du passé qui l'assaillent sans cesse, par les déchets de la mémoire, etc.

Disciple. *Faut-il les rejeter ?*

Maître. Il ne faut ni les rejeter ni les accepter, mais devenir conscients de ce qu'il y a d'inattentif, et ainsi l'inattentif se retrouve attentif de façon naturelle et spontanée ; l'inattentif reste attentif.

Disciple. *Maître, est-ce qu'on peut aussi faire cela dans la vie pratique, quand nous arrive une mauvaise pensée, peut-on faire une méditation dans le courant de notre vie quotidienne ?*

Maître. Bien sûr que oui, celui qui possède de la pratique le fait simplement. Il fait de la vie courante une méditation continue. Il médite non seulement au moment où il se trouve dans sa maison ou dans un sanctuaire ou dans un Lumisial, mais aussi il peut profiter du courant de sa vie quotidienne pour convertir sa vie, en fait, en une constante méditation. C'est ainsi que vient réellement la Vérité.

–Samael Aun Weor, *Le Cinquième Évangile*, conférence "Le deuxième joyau du Dragon Jaune"–

Disciple. *Maître, vous venez de nous dire que la méditation c'est, concrètement, "laisser le mental en blanc". Mais il y a une autre perspective de méditation qui est, au contraire, très dynamique, qui est de se concentrer et de penser à un sujet, ce qui indique une dynamique mentale. Est-ce que cela veut dire qu'il y a deux types de méditation ?*

Maître. Il existe de nombreux types de méditation, mais si nous voulons appréhender le Réel, si nous voulons expérimenter la Vérité, si nous voulons sentir dans notre psyché cet élément qui transforme radicalement, nous avons besoin de la quiétude et du silence du mental. Il ne s'agit pas de mettre le mental en blanc, parce que cela est véritablement absurde, ce qui est requis, c'est d'arriver à la quiétude et au silence du mental, et cela est différent. Mais, mettre le mental en blanc, c'est, au fond et même, –pardonnez-moi le terme–, stupide. Il nous faut quelque chose de plus que cette stupidité : il faut la quiétude et le silence du mental. Quand le processus de la pensée s'est épuisé, le mental reste tranquille et en silence et alors survient le nouveau.

Pour que le mental reste tranquille, il ne s'agit pas de combattre les pensées qui arrivent, non. Ce dont il s'agit, c'est d'observer ces pensées, de les comprendre, observer ces désirs et les comprendre, observer et comprendre tous les souvenirs qui arrivent au mental.

À mesure qu'on comprend tout ce qui parvient à l'entendement, on peut alors le transcender. En un mot, supposons que le souvenir d'une scène de colère à la maison surgisse dans notre mental. Que faire ? Tenter de la comprendre. Et après l'avoir comprise, que faire ? L'oublier ! Puis surgit un autre souvenir : une conversation avec notre parrain ou avec notre marraine, ou avec notre voisin. Que faire ? Le rejeter ? Absurde ! Alors que faire ? Méditer et comprendre. Une fois compris, oublie-le...

Que faire s'il surgit le souvenir d'une partie de football ? Le rejeter ? Non ! Que faire ? Je le répète : comprendre sa futilité, sa vanité. Une fois compris à fond, oublie-le. Et ainsi, tout ce défilé de pensées, de désirs, de sentiments, de souvenirs, etc., a un début et une fin.

Quand ce film de souvenirs, de désirs, de pensées, d'émotions, etc., s'achève, le mental reste tranquille et silencieux, alors advient le nouveau.

Et s'il ne vient pas ? Disons que si rien ne nous arrive malgré que nous croyions que nous sommes bien tranquilles et silencieux, que se passe-t-il ? Simplement, nous n'avons pas atteint la tranquillité absolue dans tous les niveaux du mental. Alors, il ne nous reste pas d'autre solution que de descendre à des niveaux plus profonds.

Je veux dire par là qu'après avoir atteint la tranquillité dans le niveau purement intellectuel, nous devons alors passer à la tranquillité dans le deuxième niveau : réprimander le mental, lui demander pourquoi il ne veut pas être tranquille, pourquoi il ne veut pas se taire. Le mental répondra par des pensées absurdes, par une image quelconque. Nous devons tenter de faire comprendre au mental les futilités qu'il ressent ou sa vanité. Et, une fois cela atteint, nous passons au troisième niveau. Comprendre donc, faire comprendre, à ce troisième niveau, la nécessité d'être tranquille. Et ainsi de suite, de niveau en niveau, jusqu'à atteindre le 49ème.

Si nous réussissons, si nous parvenons à ce que chacun des 49 niveaux obéisse, alors le mental restera tranquille et silencieux. Le résultat sera que l'Essence se désembouteillera de l'intellect pour expérimenter ce qui transforme radicalement : le nouveau, le réel. Donc, de cette manière, nous parviendrons peu à peu à sortir victorieusement de la Nuit Spirituelle.

Il ne s'agit donc pas de "mettre le mental en blanc", je le répète, car c'est complètement absurde, mais d'obtenir la tranquillité et le silence du mental, ce qui est différent. Et si, malgré toutes ces pratiques, le mental ne veut pas rester tranquille et silencieux, nous devrons le réprimander, le gronder, lui montrer son erreur, et même le châtier et, à la fin, il ne lui restera pas d'autre solution que d'obéir, il restera tranquille et silencieux, et nous entrerons en Extase, en Samadhi. L'Essence se libérera de l'intellect pour expérimenter le réel. C'est ainsi, véritablement ainsi, que nous réussirons à sortir de la Nuit Spirituelle.

–Samael Aun Weor, *Le Cinquième Évangile*, conférence "Enseignements fondamentaux sur la méditation"–

TROISIÈME ÉTAPE : DHARANA

"CONCENTRATION"

QU'EST-CE QUE DHARANA ?

Dharana est la concentration intense. La pensée peut maintenant se concentrer sur quelque chose de concret. C'est l'étape de l'imagination. Si nous nous concentrons sur une partie de l'Être, nous devons l'imaginer de manière vivante avec tous les détails possibles, imaginez l'environnement dans lequel elle se trouve, etc. Si nous nous concentrons sur une pyramide égyptienne pour sortir en astral, nous devons essayer de tout voir comme si nous y étions, imaginer les pierres, percevoir leur texture, etc.

–Clarifications du V.M. Kwen Khan Khu–

DEUX TYPES DE CONCENTRATION

Certaines personnes ont une idée de la vérité et d'autres personnes ont d'autres idées. Chacun a ses propres idées sur la vérité, mais la vérité n'a rien à voir avec les idées : elle est totalement différente de toutes les idées. Il y a beaucoup de personnes dans le monde qui croient avoir la vérité, sans l'avoir jamais expérimentée dans la vie. Ces gens, généralement, veulent enseigner la Vérité à ceux qui l'ont déjà expérimentée maintes fois. L'expérience de la vérité est impossible sans la sage concentration de la pensée. Il y a deux types de concentration : le premier type est Exclusiviste et le deuxième type est Plénier, total : Non-Exclusiviste. La véritable concentration n'est pas le résultat d'un choix, avec toutes ses luttes : il ne s'agit pas de choisir telles ou telles pensées. Croire que cette pensée-ci est bonne et que celle-là est mauvaise ou vice versa, me dire qu'il ne faut pas penser à cela, mais qu'il est mieux de penser à cela, etc., crée en fait des conflits entre l'attention et la distraction, et là où il y a conflits, il ne peut y avoir de calme et de silence du mental. [...]

Notre système de concentration n'exclut rien et inclut tout d'une façon pleine, totale et entière. Notre système de concentration est le chemin qui nous conduit à l'expérience de la vérité.

–Samael Aun Weor, *Occultisme transcendantal*, chapitre 10–

CONCENTRATION SUR L'INTIME

Nous devons écarter le mental de toutes sortes de pensées terrestres. *"Les pensées terrestres doivent tomber mortes devant les portes du Temple."* Nous devons concentrer le mental uniquement à l'intérieur, dans sur notre Intime.

–Saael Aun Weor, Manuel de Magie pratique, chapitre 22–

La concentration est une technique. La Maîtresse H.P.B., dans La Voix du Silence, dit textuellement ceci :

> *"Avant que l'âme puisse entendre, l'image –l'homme– devra être aussi sourde aux rugissements qu'aux murmures, aux barrissements de l'éléphant qu'au bourdonnement argentin de la luciole dorée.*
>
> *Avant que l'âme puisse comprendre et se rappeler, elle devra être unie au silence parlant, de même que la forme que doit prendre l'argile est d'abord unie à la pensée du potier."*

[...]

Soyez exigeant avec votre Maître Interne, il doit vous enseigner les choses les plus ineffables. Si votre concentration est intense, vous pénétrerez alors au cœur des merveilles du Cosmos et apprendrez des choses impossibles à décrire avec des mots.

–Samael Aun Weor, *Cours zodiacal*–

TECHNIQUES POUR AUGMENTER LA CAPACITÉ DE CONCENTRATION

Il est recommandé de pratiquer régulièrement les exercices expliqués ci-dessous pour augmenter la capacité de concentration. De cette façon, pendant la méditation, il leur sera plus facile d'entrer dans cette étape de Dharana.

CONCENTRATION SUR LA FLAMME D'UNE BOUGIE

Notre vue doit fixer la flamme de la bougie, ainsi que notre audition, notre goût, notre odeur et notre toucher. On regarde comment cette flamme danse, et le bruit qu'elle provoque par ses mouvements, la chaleur qu'elle dégage, l'odeur qu'elle dégage, etc. Dans notre mental, il ne doit y avoir que la flamme de la bougie. Chaque pensée qui apparaît sur l'écran de du mental sera brûlée par cette flamme et disparaîtra immédiatement. Nous devons arriver à ressentir une partie de cette flamme et à chercher jusqu'à ce que nous puissions voir ce qui anime et donne vie au feu –ce sont les salamandres–.

Avec cette pratique, on atteint la concentration parfaite de la pensée.

–Clarifications du V.M. Samael Aun Weor–

CONCENTRATION SUR UN DESSIN

Ouvrez vos yeux et fixez votre attention sur le cercle qui entoure le point. Concentrez-vous profondément sur celui-ci. Dirigez votre attention sur le point central et concentrez-vous dessus.

N'oubliez pas que, même si nous restons dans cet exercice de concentration, nous devons être vigilants pour éliminer et écarter de notre mental toute idée, pensée, image, son, etc. qui ne correspond pas au sujet, à l'objet ou au lieu de concentration du moment.

–Clarifications du V.M. Samael Aun Weor–

CONCENTRATION SUR UN VERRE AVEC DE L'EAU

Correctement relaxés, nous fixons notre attention sur la surface d'un verre transparent rempli d'eau. Nous devons maintenir notre attention sur cette surface sans être distrait un instant. Au bout d'un moment, on peut observer à la surface de petites figures qui s'agitent. Si nous persévérons, nous percevrons des formes qui, avec le temps, seront liées aux phénomènes qui surviennent autour de nous.

Cette pratique a la particularité de développer la clairvoyance et, en plus, de développer la concentration.

–Clarifications du V.M. Samael Aun Weor–

LES BATTEMENTS DU CŒUR

Assis confortablement, détendez complètement le corps physique du bout des pieds au sommet de la tête.

Essayez de voir un à un, avec les yeux de l'imagination, des os, des muscles, des nerfs, des artères, des cellules, des atomes, etc.

Puis concentrez-vous sur les battements du cœur. Ensuite, faite passer ces battements au bout du nez, vous devriez les sentir là. Ensuite, à l'oreille droite, la main droite, le pied droit, le pied gauche, la main gauche, l'oreille gauche, le nez encore et le cœur. Vous réaliserez alors que vous pouvez maîtriser battements du cœur à volonté.

Faites cette pratique au moins quarante-cinq minutes par jour.

–Samael Aun Weor, *Mystères Mayas*, chapitre 21–

DÉVELOPPEMENT DE LA CONCENTRATION AVEC LE MANTRA "S"

Avant de commencer l'exercice, nous recherchons comme toujours une position confortable: le dos droit, mais sans tensions, les épaules, le visage, les mains, l'abdomen..., nous détendons complètement tout le corps pendant quelques minutes, puis nous commençons l'exercice.

Profondément concentrés sur le cœur et accompagné du silence mental, nous imaginons le chakra Anahata et comment, de ce centre magnétique, naît un mince fil blanc, bleu électrique, qui monte lentement lorsque nous inspirons le prana doucement par le nez et expirons en prononçant doucement le mantra SSSSSSS. Le fil imaginaire doit ensuite monter jusqu'à atteindre le chakra du larynx –Vishuddha–, et il est activé.

Nous répétons cet exercice doucement et lentement plusieurs fois –10 à 20 fois– en inspirant par le nez puis, en expirant, nous prononçons le mantra SSSSSSS et imaginons toujours le fil énergétique qui monte du chakra du cœur au chakra du larynx et est plongé dans une paix et une tranquillité toujours plus profondes.

Ensuite, nous nous concentrons sur le chakra du larynx –Vishuddha–. Nous imaginons que le fil énergétique bleu-blanc en ressort et que, lentement, au moment où nous prononçons le mantra SSSSSSS, il monte vers le chakra Ajna, dans l'entre-sourcils.

Ensuite, nous referons de même pour faire passer le fil magnétique de l'entre-sourcils à la glande pinéale ou chakra Sahasrara.

Nous le répéterons autant de fois que nous le voudrons, profondément détendus, sans hâte et le mental complètement détendu. En inspirant par le nez, nous continuerons à nous concentrer sur le chakra et sur le fil qui monte lorsque nous prononçons le mantra SSSSSSS en douceur.

Lorsque nous déciderons d'arrêter l'exercice, nous serons détendus pour entrer en méditation.

–Clarifications du V.M. Kwen Khan Khu–

Nota : Dans cette phase du Dharana ou "concentration", nous vous recommandons de vous concentrer sur quelque chose en particulier en fonction du type de méditation ou de pratique que vous souhaitez effectuer. Nous pouvons faire appel à différentes techniques et nous concentrer par exemple sur un mantra, une partie de l'Être, une prière, un exercice d'imagination, une rétrospection, etc. Pour des exemples plus précis, consultez le chapitre "Pratiques" du présent livre.

QUATRIÈME ÉTAPE : DHYANA

"MÉDITATION OU CONTEMPLATION"

QU'APPELLE-T-ON DHYANA ?

Dhyana est une méditation profonde, une immobilité absolue du corps et du mental. La concentration est si parfaite qu'elle nous permet de passer maintenant à une connaissance inspirée. Nous avons complètement oublié le corps et l'endroit où il se trouve. Dans une pratique avec l'Être, nous serions pleinement identifiés avec lui ; nous le prierions et nos paroles ne seraient pas le fruit du mental, elles viendraient de l'âme elle-même, inspirées par l'Esprit. Le centre émotionnel supérieur vibre ici intensément. Il n'y a pas de temps. Il y a une paix profonde.

–Clarifications du V.M. Kwen Khan Khu–

Après avoir prononcé les mantras, il faut rester en silence, en observant tout ce qui apparaît là. Et comme nous avons fait l'exercice de transmutation et que nous avons mantralisé, alors, cela fait que le mental devient de plus en plus calme...

Ensuite, la quatrième phase ou la quatrième étape s'appelle "Dhyana", ce qui veut dire "quiétude et contemplation". Cette phase apparaît après avoir écarté les multiples pensées qui, à l'intérieur de notre mental, se disputent sans arrêt, qui parlent et papotent. Arrivé là, le mystique entre dans un état de silence et de quiétude mentale. Le mental est calme à l'extérieur, à l'intérieur, en haut, en dessous, sur les côtés, et en silence. Cela s'appelle "Dhyana" ou "contemplation". [...]

Et le Maître dit : "Quand on est dans un état de quiétude, il ne faut rien désirer, il ne faut rien convoiter, il ne faut rien vouloir, parce que n'importe quel petit désir, angoisse ou pensée qui apparaît brise l'état de contemplation et l'Extase ne se produit pas ". Parce que, quand il y a le silence complet dans le mental, alors c'est toujours l'Être qui parle, la Conscience.

–Kwen Khan Khu, interview "La Science de la Méditation"–

ÊTRE SPECTATEUR DU MENTAL

Quand quelqu'un se propose de méditer pour chercher, par exemple, le sens profond d'un Moi, après avoir appris à se mettre dans une position adéquate, après avoir détendu les muscles et les nerfs, il entre dans l'analyse, n'est-ce pas, de ce qu'il veut chercher.

Cette analyse, au début, est rationnelle, et une fois l'analyse rationnelle épuisée, qui fait partie de cette étape de Pratyahara, la personne doit s'écarter de cette analyse et attendre l'état de contemplation qui est Dhyâna.

Cet état de contemplation ne va pas venir rapidement, d'autres pensées viendront après l'analyse qui n'ont rien à voir avec ce qu'elle recherche, d'autres désirs, d'autres souvenirs.

Il faut avoir la patience de saint Job, pour observer sans critiquer les pensées, observer sans entrer dans un dialogue avec le mental, observer quoi que ce soit, une chanson qui apparaît, le souvenir d'un voyage avec la grand-mère, un désir, quoi que ce soit, et la personne ne doit pas s'identifier avec cela. Elle doit être comme une spectatrice.

Il arrivera un moment, dit le Maître Samael, où le mental va se fatiguer de ce bavardage parce qu'il ne peut pas dialoguer avec nous, et quand le mental ne dialogue pas avec nous, il jette l'éponge, tout seul, il se fatigue.

Je l'ai dit, ce n'est pas du jour au lendemain.

Alors, quand le mental s'est épuisé dans son processus de penser, la tranquillité arrive. Nous nous établissons en Dhyâna, et si la tranquillité est bonne, soyez sûr que cette analyse que nous avons faite sur ce Moi X, aura une réponse. Et quelle sera la réponse ? Il se peut que la réponse vienne à travers une vision, ou à travers un état d'intuition qui envahit la personne, parce que tout cela fait partie de l'Extase.[...]

Il se peut que la personne qui veut faire une méditation pour investiguer sur un Moi X, comme pour le cas dont nous venons de le dire. Après avoir fait les analyses et être restée dans l'attente de la tranquillité du mental, elle n'obtienne rien, que faire ? Jeter l'éponge avec le sentiment d'avoir échoué, ou quoi ? Il faut alors répéter l'expérience le jour suivant. C'est pourquoi, on l'appelle la Discipline de la méditation, car l'information qu'on n'a pas eue aujourd'hui, peut-être qu'on l'aura demain.

—Kwen Khan Khu, interview "La Science de la Méditation"—

Tout d'abord, le gnostique doit obtenir la faculté d'arrêter le cours de ses pensées, la capacité de ne pas penser. Seul celui qui obtient cette capacité pourra, réellement, entendre la Voix du Silence. Lorsque le disciple gnostique obtient la capacité de ne pas penser, il doit alors apprendre à concentrer la pensée sur une seule chose. La troisième étape est la méditation correcte. Cela apporte au mental les premiers éclairs de la nouvelle Conscience.

—Samael Aun Weor, *Le Mariage Parfait*, chapitre 18—

Le silence mental est ultra nécessaire pour transformer notre mental en un miroir dans lequel notre ÊTRE ou notre MÈRE DIVINE reflète ses messages pour notre propre bien ; ils nous envoient leurs messages sacrés, les véritables souvenirs de nos existences passées, etc. etc.

Cependant, le silence mental a un terrible ennemi devant lui et cet ennemi n'est autre que la bataille des antithèses.

–Kwen Khan Khu, interview *"Le silence mental"*–

LA VOIX DU SILENCE

Quiconque apprend à apaiser le mental, à le concentrer le mental et à prier peut pratiquer une méditation parfaite et atteindre les sommets de la contemplation intérieure. [...]

Celui qui atteint une concentration parfaite peut méditer sur son Dieu interne. Réfléchissez sur votre Dieu interne, identifiez-vous à lui, vivez en lui.

–Samael Aun Weor, *Introduction à la Gnose*–

Imitez les enfants innocents pendant la méditation intérieure profonde. Reconquérez l'enfance dans l'esprit et dans le cœur. Vivez d'instant en instant, de moment en moment, sans le poids douloureux du passé, sans se soucier de l'avenir.

Relaxez le mental. Videz-le de toutes sortes de pensées, désirs, passions, etc. N'acceptez aucune pensée dans votre mental.

"Avant que la flamme d'or puisse brûler d'une lumière sereine, il faut prendre soin de mettre la lampe à l'abri de tout vent. Les pensées terrestres doivent tomber mortes aux portes du temple." Le mental doit être tranquille à l'intérieur, à l'extérieur et au centre. Ainsi, en méditation profonde et avec le mental détendu, vous expérimenterez le réel.

–Samael Aun Weor, *Le Cinquième Évangile*, conférence *"À la Rencontre de la Talité"*–

Maintenant, remettez-vous-en totalement à votre Dieu, chacun à son Dieu intérieur. Oubliez ce monde vain et dense, et tout ce qui a trait à la mondanité. Abandonnez-vous dans les bras de votre Dieu intérieur profond.

Désillusionnez-vous totalement du monde, ressentez une grande désillusion pour les choses du monde. Complètement désillusionné du monde, remettez-vous-en à votre Dieu, à votre Dieu intérieur. Il doit y avoir une grande désillusion du monde pour s'en remettre à son Dieu.

–Samael Aun Weor, *Le Cinquième Évangile*, conférence
"Importance de transférer la Conscience au Vide"–

LA PLEINE ATTENTION

Or, la pleine attention, mes chers frères, nous donne précisément la lucidité de l'Esprit ; la pleine attention nous mène à un calme naturel, spontané en soi, du mental ; la pleine attention nous mène à un silence très beau, très profond du mental. Ce qui est curieux, c'est que quand on est vraiment attentif, quand on est réellement en silence, on ne se rend même pas compte qu'on est en méditation. Ce calme et ce silence sont si naturels qu'on oublie qu'on est en train de pratiquer un exercice. Oubli béni, car quand cela arrive, survient l'Illumination, le Samadhi.

Voyez, par exemple, frères, ce qui arrive quand on s'extasie en contemplant un tableau de la nature, ou un film qui nous intéresse, ou une femme bien-aimée, ou une aube, un crépuscule. Si on y est vraiment plongé, en ces instants-là, il y a pleine attention.

Ce sont ces moments-là dont nous avons besoin pour parvenir réellement à l'Illumination. Il faut créer, dans la méditation, le contexte favorable pour une telle attention, si pleine, et on crée ce milieu favorable lorsqu'on observe profondément l'inattentif. Alors ainsi, arrive l'attention naturelle, et c'est ce qui est indispensable pour atteindre la véritable Illumination intérieure mystique, profonde.

–Samael Aun Weor, *Le Cinquième Évangile*, conférence
"Avantages et merveilles du silence mental"–

SAMAEL AUN WEOR
KWEN KHAN KHU

MENTAL PASSIF ET CONSCIENCE ACTIVE

Quand nous arrivons, en l'absence de l'Ego, à expérimenter la vérité, nous pouvons constater un élément qui transforme radicalement. C'est un élément de très haut voltage. C'est possible, mais il faut savoir comment y arriver : en faisant travailler la Conscience pour qu'elle remplace complètement le mental et le sentiment, que ce soit elle, la Conscience, incorporée, intégrée en nous, qui fonctionne. Nous devons avoir un mental passif, un sentiment passif, une personnalité passive, mais une conscience totalement active. Comprendre cela est indispensable, c'est urgent pour pouvoir être des pratiquants de la méditation.

–Samael Aun Weor, *Le Cinquième Évangile*, conférence
"Enseignements fondamentaux sur la méditation"–

OBSERVATION SEREINE OU MO-CHAO

Mettre le mental en blanc est une chose passablement superficielle, vide et intellectuelle. Nous avons besoin d'une réflexion sereine si nous voulons véritablement obtenir la quiétude et le silence absolu du mental.

Le mot chinois *Mo* veut dire "silencieux, serein" ; Chao signifie "réfléchir, observer". Mo-Chao peut donc se traduire par "réflexion sereine" ou "observation sereine".

Il s'avère toutefois évident que dans le gnosticisme pur, les termes sérénité et réflexion ont des acceptions beaucoup plus profondes et qu'on doit par conséquent les comprendre selon leurs connotations spéciales. Le sens de serein transcende ce que l'on entend normalement par calme ou tranquillité ; il implique un état superlatif qui fait partie du monde suprasensible, au-delà des raisonnements, des désirs, des contradictions et des mots ; il désigne une situation qui est hors de l'agitation mondaine.

De même, le sens du mot réflexion est au-delà de ce que l'on entend toujours comme étant la contemplation d'un problème ou d'une idée. Il ne s'agit pas ici d'activité mentale ou de pensée contemplative, mais plutôt d'un genre de conscience objective, claire et réfléchissante, toujours illuminée dans sa propre expérience.

C'est pourquoi le mot serein représente ici la sérénité du non penser, et réflexion signifie la Conscience intense et claire.

La réflexion sereine est la Conscience claire dans la tranquillité du non penser.

Lorsque règne la sérénité parfaite, on obtient la véritable illumination profonde.

–Samael Aun Weor, *Traité ésotérique de magie runique*, chapitre 17–

Toute cette technique se résume en deux principes :

1.- réflexion profonde

2.- sérénité formidable.

Cette technique de la méditation, avec sa non-pensée, fait travailler la partie la plus centrale du mental, celle qui produit l'Extase.

Rappelez-vous que la partie centrale du mental est ce qui s'appelle la Bouddhata, l'Essence, la Conscience.

Quand la Bouddhata s'éveille, nous restons illuminés. Nous avons besoin d'éveiller la Bouddhata, la Conscience.

–Samael Aun Weor, *La Révolution de la Dialectique*, chapitre "La révolution de la méditation"–

L'ÉMANCIPATION DU DUALISME MENTAL

La pratique quotidienne de la méditation nous transforme radicalement. Les gens qui ne travaillent pas à l'annihilation du Moi vivent en flirtant d'école en école, ils ne trouvent pas leur centre permanent de gravité et meurent en ayant échoué, sans avoir obtenu l'Autoréalisation intime de l'Être. L'éveil de la Conscience n'est possible qu'au moyen de la libération et de l'émancipation du dualisme mental, de la bataille des antithèses, de la tumeur intellectuelle. N'importe quelle lutte subconsciente, infraconsciente ou inconsciente se convertit en un obstacle à la libération de l'Essence.

Toute bataille antithétique, aussi insignifiante et inconsciente soit-elle, accuse, dans les enfers atomiques de l'homme, des points obscurs et méconnus. Observer et connaître ces aspects infrahumains de soi-même est indispensable pour obtenir l'absolue quiétude et le silence du mental. Ce n'est qu'en l'absence du Moi qu'il est possible d'expérimenter et de vivre la Révolution Intégrale et *La Révolution de la Dialectique*. Le Blue Time, ou Thérapeutique du repos, a des règles de base sans lesquelles il serait impossible de nous émanciper des fers mortifiants du mental.

–Samael Aun Weor, *La Révolution de la Dialectique*, chapitre *"Blue Time* ou la Thérapeutique du repos"–

CALME ET VÉNÉRATION

Nous devons apprendre à vivre toujours dans le présent, car la vie est un instant toujours éternel. Notre mental doit être converti en un instrument flexible et délicat pour l'Intime. Notre mental doit être converti en un enfant.

Durant les pratiques de méditation interne, nous devons être dans le plus complet en repos intérieur, car toute agitation du mental, toute attitude d'impatience trouble le mental et empêche la perception des images intérieures.

Dans le monde physique, toute activité est accompagnée du mouvement de nos mains, de nos jambes, etc., mais dans les Mondes Internes, nous avons besoin du repos le plus profond, du calme le plus absolu pour recevoir les images internes qui viennent au mental comme une grâce, comme une bénédiction.

Il est indispensable que nos disciples cultivent la belle qualité de la vénération. Nous devons vénérer profondément toutes les choses sacrées et divines. Nous devons vénérer profondément toutes les œuvres du Créateur. Nous devons vénérer profondément les Vénérables Maîtres de la Fraternité Blanche Universelle. Le respect et la vénération nous ouvrent complètement les portes des Mondes Supérieurs.

–Samael Aun Weor, *Rose ignée*, chapitre 17–

LA CINQUIÈME ÉTAPE: SAMADHI

"EXTASE OU ILLUMINATION"

QU'EST-CE QUE LE SAMADHI?

Le Samadhi est la Conscience libre, l'expérience du réel, l'Extase mystique. De l'inspiration, nous passons à l'intuition. Dans le cas d'une pratique avec l'Être, nous intuitionnons ses conseils et ses enseignements en réponse à notre prière. Nous intuitionnons ce qu'il veut de nous. Dans un profond Samadhi, nous pouvons même nous dédoubler pour être devant Lui dans une expérience transcendantale. Dans le cas d'une pratique consistant à expérimenter le Vide Illuminateur, nous pouvons entrer dans ce vide. C'est l'Extase de l'âme, quelque chose que les mots ne pourront jamais décrire...

–Clarifications du V.M. Kwen Khan Khu–

Et il apparaît ensuite la dernière partie, la dernière phase, qui est l'irruption dans le Vide, c'est-à-dire l'Extase ou Samadhi.

Tout cela, bien que je le dise ici très rapidement, comporte des degrés et des degrés. On va atteindre des degrés de relaxation corporelle, des degrés de relaxation mentale, car je l'ai déjà dit et je le répète, la quiétude du mental ne se fait pas du jour au lendemain, d'un jour à l'autre. Il y a également des degrés de contemplation. La contemplation dure très peu de temps au début. Plus tard, elle peut durer une demi-heure, plus longtemps, etc. Et les extases aussi. On commence par de petites extases, petites ; ensuite, elles se prolongent, et c'est pourquoi, il y a des niveaux et des niveaux de Samadhi. Il existe le Samadhi, le Nirvikalpa-Samadhi et ensuite vient le Maha-Samadhi, le Grand Samadhi.

–Kwen Khan Khu, interview "La Science de la Méditation"–

L'Être s'exprime quand la voie est dégagée, quand le mental est calme, survient alors, une Révélation, qui peut être sur le travail psychologique que nous réalisons, sur la façon dont nous marchons sur le chemin, sur ce que nous devons étudier davantage, ça peut être une expérience mystique hors du corps ...

Le Samadhi peut se transformer en une expérience mystique hors du corps, ou par un état où la personne, sans être hors du corps, a le mental contrôlé par le Père, et le Père lui révèle dans une sorte de vision, non provoquée par la personne mais par l'Être lui-même, une vérité sur quelque chose ou sur quelqu'un.

–Kwen Khan Khu, interview "La Science de la Méditation"–

L'Extase est un état de béatitude, un état qui n'appartient pas au mental ni à l'Ego, c'est un état que procure l'esprit divin, l'Être Réel, à la personne. Dans cet état de béatitude, eh bien, la personne sent, ou une très grande intuition, ou une voix qui lui parle à l'intérieur, ou une voix qui lui murmure à l'oreille, ou un état où elle se sent entre le monde physique et le monde astral, ou un dédoublement astral et une expérience mystique transcendantale. Dans n'importe lequel de ces spectres, de ces états, peut être que la réponse, sur ce qu'il est en train de travailler, supposons que ce soit un état de colère, l'Ego de la colère, ait sa cause non pas dans la colère, mais dans l'orgueil, l'amour-propre. C'est l'enseignement que lui a donné cette méditation. Alors, il s'avère qu'il travaillait l'Ego de la colère et cet état concret de colère qu'il a étudié, lui a démontré, lui a dit, lui a fait ressentir et expérimenter, qu'en réalité celui qui l'a trompé c'est un Moi de l'orgueil, qui se manifeste en nous comme un état de colère, parce que l'Ego se métamorphose. Alors, nous voyons donc que celui-ci a un processus.

–Kwen Khan Khu, interview "La Science de la Méditation"–

La technique de la méditation nous permet d'atteindre les hauteurs de l'Illumination. [...]

Une première étude dans la technique de la méditation est l'antichambre de cette paix divine qui surpasse toute connaissance.

La manière la plus élevée de penser, est de ne pas penser.

Quand on atteint la quiétude et le silence du mental, le Moi avec tous ses désirs, passions, appétences, peurs, affections, etc., s'absente.

C'est seulement en l'absence du Moi que l'Essence –la Bouddhata– peut s'éveiller pour s'unir à l'Intime et nous mener à l'Extase. [...]

La quiétude et le silence du mental ont un seul but : libérer l'Essence du mental, pour que celle-ci, fusionnée avec la Monade, ou l'Intime, puisse expérimenter ce que nous appelons la Vérité.

Pendant l'Extase et en absence du Moi, l'Essence peut vivre librement dans le monde du brouillard de feu, expérimentant la Vérité.

Lorsque le mental se trouve dans un état passif et réceptif, absolument tranquille et en silence, la Bouddhata ou l'Essence du mental se libère et survient l'Extase. [...]

En état d'Extase, nous pouvons étudier les grands Mystères de la Vie et de la Mort. Il faut étudier le Rituel de la Vie et de la Mort, en attendant que l'Officiant arrive –l'Intime, l'Être–.

On peut expérimenter la joie de l'Être uniquement en l'absence du Moi. L'Extase survient uniquement en l'absence du Moi. Lorsqu'on atteint la dissociation de la mécanique mentale, survient ce que les Orientaux appellent : "l'éclatement de la bourse", l'irruption du vide ; il y a alors un cri de joie parce que l'Essence –la

Bouddhata– s'est échappée de la lutte des opposés et participe alors à la communion des Saints.

C'est uniquement en expérimentant l'Extase que nous savons ce qu'est la Vérité et la Vie. C'est uniquement en l'absence du Moi que nous jouissons du bonheur de la vie dans son mouvement. […]

L'Extase n'est pas un état nébuleux mais un état de stupéfaction transcendante associé à une parfaite clarté mentale.

–Samael Aun Weor, Vers la Gnose, chapitre 9–

Indiscutablement, après un certain temps d'entraînement psychologique, ils parviennent à séparer l'essence de l'Ego, en d'autres termes, à extraire du moi de la psychologie expérimentale l'essence vive, la "Bouddhata", comme on l'appelle au Tibet.

Cette Bouddhata, cette essence, complètement libérée de l'Ego, peut expérimenter le réel, peut se précipiter dans le Vide Illuminateur. Celui-ci, en Orient, reçoit le nom de Satori.

–Samael Aun Weor, Le Cinquième Évangile, conférence
"Paramètres alchimiques et psychologiques du Vide"–

Ainsi, l'objectif de ces pratiques est d'arriver à expérimenter un jour la vérité ; c'est pour cela qu'il y a ces pratiques. Il s'agit d'apprendre à écouter le mantra qui résonne dans toute la création ; ce mantra, chacun le prend pour lui. Le corps est endormi, mais l'Essence, la Conscience doit se désembouteiller pour atteindre cette expérience mystique du réel.

Il est nécessaire d'arriver à expérimenter ce qui n'est pas du temps, ce qui est au-delà du corps, des affects et du mental ; voilà ce qu'est la vérité. Il est nécessaire que la Conscience se désembouteille, s'échappe de l'Ego, car en l'absence de l'Ego, on expérimente la vérité. Nous devons atteindre l'expérience du Vide Illuminateur. En fait, le Vide Illuminateur est réellement bien au-delà du corps, des affects et du mental.

–Samael Aun Weor, Le Cinquième Évangile, conférence
"Importance de transférer la Conscience au Vide"–

DIFFÉRENTES SORTES DE SAMADHI

L'étudiant s'assoupit profondément. Le sommeil est le pont qui nous permet de passer de la méditation au Samadhi.

Il y a plusieurs sortes de Samadhi :

1.- SAMADHI ASTRAL.
2.- SAMADHI MENTAL.
3.- SAMADHI CAUSAL.
4.- SAMADHI CONSCIENTIF.
5.- SAMADHI DE L'INTIME.
6.- SAMADHI DU CHRIST.

Dans le premier Samadhi nous entrons seulement au plan astral. Avec le second Samadhi, nous voyageons dans le corps mental à travers l'espace. Avec la troisième sorte de Samadhi, nous pouvons fonctionner sans véhicule matériel d'aucune espèce dans le monde de la volonté. Avec la quatrième sorte de Samadhi, nous pouvons voyager dans le corps bouddhique à travers l'espace. Avec la cinquième sorte de Samadhi, nous pouvons nous mouvoir sans véhicule d'aucune espèce dans l'Intime, dans le monde du Brouillard de Feu. Avec la sixième sorte de Samadhi, nous pouvons fonctionner dans le Christ.

Il existe une septième sorte de Samadhi pour les grands Maîtres du Samadhi. Alors, nous pouvons visiter les nucléoles mêmes sur lesquels est fondé l'Univers. Ces nucléoles, pour parler de manière allégorique, sont les trous par où nous pouvons observer la terrible majesté de l'Absolu.

–Samael Aun Weor, *Mystères du Feu*, chapitre 13–

LE MAHA-SAMADHI OU VIDE ILLUMINATEUR

Grâce à l'attention on peut accélérer ou diminuer les pulsations du deuxième cœur et les battements du premier cœur.

Le Samadhi, l'Extase, le Satori, se succèdent toujours avec des pulsations très lentes, et dans le Maha-Samadhi les pulsations s'arrêtent.

Pendant le Samadhi, l'Essence, la Bouddhata s'échappe de la personnalité. Alors, elle fusionne avec l'Être et l'expérience du réel arrive dans le vide illuminateur.

–Samael Aun Weor, *Traité ésotérique d'astrologie hermétique*, chapitre 5–

Si l'on atteint la véritable quiétude profonde dans les 49 régions subconscientes, l'Extase sera inévitable, le satori viendra. En de tels instants, plongés dans le grand vide Illuminateur, nous nous sentirons comme une goutte se diluant dans l'océan et l'océan dans une goutte. La Conscience s'étendra de plus en plus, comme s'étend une goutte d'eau quand elle tombe dans la mer, qui sera de plus en plus ample, de plus en plus profonde.

Nous nous sentirons comme l'oiseau qui vole, le ruisseau chantant qui glisse sur son lit de roches, la petite fleur agitée par le vent, l'arbre solitaire qui pousse dans la plaine, la comète qui glisse rapidement comme une goutte de feu tombant dans un abîme sans fin, la Lune qui tourne autour de son centre de gravitation, l'atome, la molécule, l'oiseau qui tente de s'envoler à l'aube, le soleil qui naît à l'orient et qui, ensuite, se couche sur son lit de feu, à l'Occident.

Tout sentiment de séparativité disparaîtra. Nous vivrons, pour ainsi dire, dans un océan de lumière qui n'a pas de rives. La Conscience s'étendra de plus en plus. Quelques vagues se détacheront de cet océan d'une infinie variété de couleurs : les dieux Saints...

–Samael Aun Weor, *Le Cinquième Évangile*, conférence "Le pouvoir grandiose du calme mental"–

Nous avons besoin de nous échapper de l'intellect, de passer au-delà du corps, des sentiments et du mental. Durant la méditation, il faut que le mental reste tranquille à l'intérieur, au-dehors et au centre. Quand le mental est tranquille –à l'intérieur, à l'extérieur et au centre– advient le TAO, c'est-à-dire le réel. Si nous décidons de former le vide Illuminateur en nous, il est évident que nous parviendrons à expérimenter le Saint okidanock.

–Samael Aun Weor, *Le Cinquième Évangile*, conférence "Moyens pour atteindre le Vide Illuminateur"–

Il est évident que si le mental, dans les 49 régions, restait suspendu, évidemment l'essence se dégagerait, s'émanciperait, et, libérée de tous types d'attaches, elle pénètrerait dans le vide Illuminateur.

Il est bon que vous sachiez que c'est le Saint Okidanock lui-même, Omnipénétrant, omniscient, Omnicompréhensif. Si les lois de la nature se trouvent dans ce vide Illuminateur, alors ici, dans ce monde physique, nous voyons seulement une succession de causes à effets. Mais les lois en elles-mêmes, les lois de la nature, nous ne pourrons les découvrir telles qu'elles sont que dans le vide Illuminateur. Ici, nous ne voyons pas les choses comme elles sont vraiment, mais, dans le vide Illuminateur, nous connaissons les choses en elles-mêmes, *"la chose en soi"*, comme dirait le grand philosophe de Konigsberg, Monsieur Emmanuel Kant..., *"la chose en soi"*...

–Samael Aun Weor, *Le Cinquième Évangile*, conférence "Le pouvoir grandiose du calme mental"–

Dans ce grand Vide, nous passons au-delà de la personnalité, de l'individualité et du Moi. Dans ce grand Vide, nous sentons que notre Conscience communie avec tout ce qui est, avec tout ce qui a été et avec tout ce qui sera. Dans ces délicieux moments, nous expérimentons ce qui est réellement : nous vivons dans la fleur, nous vivons dans la montagne, nous vivons dans le petit oiseau timide qui vole dans le feuillage, nous vivons dans le poisson qui glisse dans la profondeur des eaux, nous vivons dans la goutte de rosée ou dans le soleil qui voyage à travers l'Espace infini : nous sommes tout ! Rappelez-vous que *"L'hérésie de la séparativité est la pire des hérésies"*, et là-bas, nous passons au-delà de cette hérésie. Mais comme notre Conscience, dans ces moments-là, se sent réellement comme étant l'oiseau, le quadrupède, l'arbre, le soleil, la lune, la boule de feu, etc., etc., nous craignons l'annihilation, et la terreur nous fait généralement perdre l'Extase. Mais si nous ne ressentons pas de terreur, alors, ce Vide, amplifiant de plus en plus notre Conscience, nous mène, finalement, vers le Sacré Absolu Solaire.

Là-bas, devenus des divinités ineffables, nous connaissons la vérité complète sur cet univers et sur tous les univers. Jésus Christ a dit : *"Connaissez la Vérité et elle vous rendra libres"*... En demeurant dans le Sacré Absolu Solaire, nous connaîtrons la vérité finale. Ce serait mon plus grand souhait et c'est mon plus grand souhait pour chacun de vous.

–Samael Aun Weor, *Le Cinquième Évangile*, conférence "Déclarations catégoriques du Patriarche"–

Nota : Voir également le chapitre intitulé "Le Vide Illuminateur" dans le présent livre.

ASSIMILATION DU SAMADHI

Dans le vide, l'Essence perçoit avec les facultés particulières de l'Être et tout ce qu'elle perçoit est transmis à la personnalité humaine.

Il est intéressant de savoir qu'à ce moment-là, les centres moteur et émotionnel s'unissent à l'intellectuel pour devenir réceptifs. Alors, ce que l'essence –en elle-même– expérimente dans cela qu'est le réel, dans cela qui est au-delà du temps, dans cela qui est au-delà du corps, des affections et du mental, vient jusqu'à la personnalité humaine, jusqu'au centre intellectuel...

Et quand s'achève l'Extase, le Satori des saints, le Samadhi, quand l'essence retourne au corps physique, au corps planétaire, tous les souvenirs restent donc dans le mental, dans l'entendement.

–Samael Aun Weor, *Le Cinquième Évangile*, conférence "Le pouvoir grandiose du calme mental"–

Ce qui est réel pour Essence n'intéresse pas les gens. Dans le Vide Illuminateur, l'Essence perçoit et transmet. Ce que l'Essence perçoit arrive à la personnalité humaine. Dans ces moments, les centres émotionnel et moteur s'unissent au centre intellectuel. Les expériences mystiques de l'Essence pendant l'Extase, captées par le centre intellectuel, informent aussi les centres émotionnel et moteur. Cela est dû à l'intégration des trois centres au cours de l'Extase profonde.

Grâce à tous ces processus psychiques, lorsque l'Extase se termine et que l'Essence retourne à l'intérieur du corps, les souvenirs de ce que nous avons vécu en absence du Moi ne sont pas perdus. En réalité, ce que l'Essence éprouve en l'absence du Moi-même est la félicité de ce qui n'est pas et qui pourtant est. Il est grand, le bonheur de la plénitude ; alors nous nous déplaçons au-delà du temps dans ce que personne ne comprend.

–Samael Aun Weor, *Le Cinquième Évangile*, conférence "À la Rencontre de la Talité"–

Ensuite, le mental, dans un état réceptif, capte les vibrations que l'Essence lui envoie. Et quand l'Extase est passée, nous gardons en mémoire le souvenir de tout ce que nous avons vécu dans cette région ineffable.

Bien sûr, lorsque nous dépassons le corps, les affects et le mental, nous faisons l'expérience d'un élément qui nous transforme radicalement.

–Samael Aun Weor, *Le Cinquième Évangile*, conférence "Déclarations catégoriques du Patriarche"–

LE SAMADHI AU MOYEN DU RÊVE

Plongés en profonde méditation, nous devons provoquer le sommeil ; ce sommeil profond nous conduira à l'état de Samadhi. Nous sortirons alors de notre corps sans savoir comment ni à quel moment. Nous entrerons ainsi dans les Mondes Internes.

Les rêves sont de véritables expériences internes. Si nous voulons étudier une plante, nous nous concentrons sur elle, nous méditons sur elle, nous provoquons le sommeil et nous nous endormons. Alors, dans une vision de rêve, nous verrons la plante transformée en un bel enfant, ou en une belle créature. Cette créature, c'est l'élémental de la plante. Nous pouvons converser avec cet élémental végétal. Nous pouvons nous informer sur les propriétés de cette plante, sur ses pouvoirs magiques, etc. L'élémental végétal répondra à nos questions et nous recevrons ainsi l'information désirée.

–Samael Aun Weor, *Mystères Majeurs*–

EN FINIR AVEC LE MOI POUR ATTEINDRE LE SAMADHI

Celui qui veut jouir du Samadhi doit d'abord très bien se relier avec les parties supérieures de son propre Être. Et pour y parvenir, il doit désintégrer les mois de l'autosuffisance, de l'orgueil et de la vanité. Vous voulez être illuminés ? Finissez-en avec l'autosuffisance, finissez-en avec l'orgueil, finissez-en avec la vanité ! Proposez-vous de désintégrer ces agrégats et alors vous serez illuminés.

–Samael Aun Weor, *Le Cinquième Évangile*, conférence "Illumination totale et Illumination partielle"–

LES DIX RÈGLES DE LA MÉDITATION

La méditation scientifique a dix règles de base, fondamentales, sans lesquelles il s'avérerait impossible de nous émanciper, de nous libérer des fers mortifiants du mental.

1re règle : Se rendre pleinement conscient de l'état d'âme dans lequel on se trouve avant qu'une pensée quelconque surgisse.

2e règle : Psychanalyse : faire une recherche, une enquête, une investigation sur la racine, l'origine de chaque pensée, souvenir, affect, émotion, sentiment, ressentiment, etc., à mesure qu'ils surgissent dans le mental.

3e règle : Observer sereinement notre propre mental, porter une attention totale à toute forme mentale qui fait son apparition sur l'écran de l'intellect.

4e règle : Tenter de se rappeler, de se remémorer cette sensation de contempler instant après instant, durant le cours ordinaire de la vie quotidienne.

5e règle : L'intellect doit adopter un état psychologique réceptif entier, unitotal, plein, tranquille, profond.

6ᵉ règle : Il doit y avoir une continuité de propos dans la technique de méditation : ténacité, fermeté, constance, obstination.

7ᵉ règle : Il s'avère agréable et intéressant d'être présent chaque fois qu'il est possible aux salles de méditation –Lumisials gnostiques–.

8ᵉ règle : Il est urgent, pressant, nécessaire de nous transformer en sentinelles de notre propre mental durant toute activité agitée ou mouvementée ; nous arrêter, ne serait-ce qu'un instant, pour l'observer.

9ᵉ règle : Il est indispensable, nécessaire de toujours pratiquer avec les yeux physiques fermés afin d'éviter les perceptions sensorielles externes.

10ᵉ règle : Relaxation absolue de tout le corps et sage combinaison de la méditation et du sommeil.

A.- Le principe de base, le fondement vivant du Samadhi –extase– consiste en une connaissance introspective préalable de soi-même. Il est indispensable de nous introvertir durant la méditation de fond. Nous devons commencer par connaître en profondeur l'état d'âme dans lequel nous nous trouvons avant qu'apparaisse dans l'intellect quelque forme mentale. Il est urgent de comprendre que toute pensée qui surgit dans notre entendement est toujours précédée d'une douleur ou d'un plaisir, d'une joie ou d'une tristesse, d'une sensation d'aimer ou de ne pas aimer.

B.- Réflexion sereine. Examiner, évaluer, s'enquérir de l'origine, de la cause, de la raison ou du motif fondamental de toute pensée, souvenir, image, sentiment, désir, etc., à mesure qu'ils surgissent dans le mental. On retrouve, dans cette règle, l'autodécouverte et l'autorévélation.

C.- Observation sereine. Porter une attention totale sur toute forme mentale qui fait son apparition sur l'écran de l'intellect.

D.- Nous devons nous transformer en espions de notre propre mental, le contempler en action, d'instant en instant.

E.- La Chitta –le mental– se transforme en Vritti –ondes vibratoires–. Le mental est comme un lac paisible et profond : une pierre y tombe, et des bulles se mettent à monter du fond. Toutes les diverses pensées sont autant de rides qui perturbent la surface de l'eau.

F.- Les personnes inconstantes, capricieuses, versatiles, changeantes, celles qui n'ont pas de fermeté ou de volonté, ne pourront jamais atteindre l'Extase, le Satori, le Samadhi.

G.- Il est évident que la technique de la méditation scientifique peut se pratiquer aussi bien de façon individuelle, isolée, qu'en groupes de personnes qui ont des affinités.

H.- L'âme doit se libérer du corps, des affects et du mental ; il s'avère évident, notoire, manifeste, que lorsqu'elle s'émancipe, se libère de l'intellect, elle se libère aussi de tout le reste.

I.- Il est urgent, indispensable, nécessaire d'éliminer les perceptions sensorielles externes durant la méditation intérieure profonde.

J.- Il est indispensable d'apprendre à relaxer le corps en vue de la méditation ; aucun muscle ne doit rester sous tension. Il est urgent de provoquer graduellement le sommeil à volonté. Il est évident, notoire, indiscutable que la sage combinaison du sommeil et de la méditation produit ce qu'on appelle l'illumination.

RÉSULTATS

Sur le seuil mystérieux du temple de Delphes, il y avait une maxime grecque, gravée dans la pierre vive, qui disait *"Nosce te Ipsum"* : 'Homme, connais-toi toi-même, et tu connaîtras l'Univers et les Dieux'.

Il est évident, manifeste, clair que l'étude de soi-même, la réflexion sereine aboutit en dernière instance à la quiétude et au silence du mental.

C'est lorsque le mental est tranquille et en silence, non seulement au niveau superficiel et intellectuel mais aussi dans tous et chacun des quarante-neuf départements subconscients, c'est alors qu'advient le nouveau : l'Essence, la Conscience sort de sa bouteille, et l'éveil de l'âme, l'Extase, le Samadhi, le Satori des saints se produit.

L'expérience mystique du réel nous transforme radicalement. Les gens qui n'ont jamais expérimenté directement ce qu'est la vérité passent leur vie à papillonner d'école en école, ils ne trouvent pas leur centre de gravité cosmique et meurent comme des ratés, sans avoir atteint l'autoréalisation intime qu'ils ont tant désirée.

L'éveil de la Conscience, de l'Essence, de l'âme ou Bouddhata, n'est possible qu'en nous libérant, en nous émancipant du dualisme mental, de la bataille des antithèses, du remous intellectuel.

Toute lutte subconsciente, submergée, infraconsciente, inconsciente, devient une entrave à la libération de l'Essence –l'âme–.

Toute bataille antithétique, aussi insignifiante et inconsciente soit-elle, indique, accuse des points obscurs ignorés, inconnus, des enfers atomiques de l'homme.

Il s'avère indispensable de réfléchir sur ces aspects infrahumains du moi-même, d'observer ces points obscurs, de les connaître, pour atteindre la quiétude absolue et le silence du mental.

C'est seulement en l'absence du moi qu'il est possible d'expérimenter ce qui n'est pas du temps.

–Samael Aun Weor, *Traité ésotérique de magie runique*, chapitre 20–

ERREURS DANS LA MÉDITATION

LE SILENCE SUPERFICIEL DU MOI

Nous devons faire une différence entre un mental tranquille et un mental tranquillisé de force.

Nous devons faire une différence entre un mental silencieux et un mental rendu silencieux violemment.

Quand le mental est apaisé de force, il n'est pas réellement calme, il est bâillonné par la violence et, dans les niveaux les plus profonds de l'entendement il y a toute une tempête.

Lorsque le mental est rendu silencieux par la violence, il n'est pas réellement en silence et dans le fond il crie, il réclame et est désespéré.

–Samael Aun Weor, *Vers la Gnose*, chapitre 8–

Pendant la méditation profonde, nous avons besoin du calme et du silence total du mental, mais nous n'avons pas besoin de ce calme et de ce faux silence fabriqués par le Moi. Il ne faut pas oublier que le diable en disant la messe souhaite seulement tromper les gens les plus perspicaces. Il est logique de dire que si nous voulons faire taire le mental par la force, de force, si nous voulons le calmer en le torturant, en le ficelant, en étant mus par la convoitise d'expérimenter l'Être, nous n'arriverons qu'à des silences artificiels et à un calme arbitraire produites par le Moi.

–Samael Aun Weor, *Occultisme transcendantal*, chapitre 9–

Ce qui est difficile et laborieux, c'est d'obtenir le silence mental absolu à tous les niveaux du subconscient.

Obtenir la quiétude et le silence au niveau purement superficiel, intellectuel, ou dans quelques départements subconscients, n'est pas suffisant, parce que l'Essence continue à être submergée dans le dualisme submergé, infraconscient et inconscient.

–Samael Aun Weor, *La Révolution de la Dialectique*, chapitre 3–

L'ERREUR DE DIVISER L'INTELLECT

Celui qui veut réellement un silence légitime et non un faux silence, un calme véritable et non une fausse tranquillité, le mieux qu'il ait à faire, c'est d'être intègre, de ne pas commettre l'erreur de se diviser lui-même entre sujet et objet. Penseur et pensée, Moi et non-Moi, contrôleur et contrôlé, Moi supérieur et Moi inférieur, Moi et ma pensée, etc. Savoir méditer, c'est être sur le chemin de l'Illumination intérieure. Si nous voulons apprendre à méditer, nous devons comprendre qu'il n'existe aucune différence entre Moi et Ma Pensée, c'est-à-dire entre Penseur et Pensée.

Le mental humain n'est pas le cerveau. Le cerveau est fait pour élaborer la pensée, mais il n'est pas la pensée. Le mental est de nature énergétique et subtile, mais nous commettons l'erreur de nous auto-diviser en milliards de petits fragments mentaux, dont l'ensemble constitue le Moi pluralisé. Quand nous essayons de réunir tous ces fragments pendant la méditation, avec la saine intention d'être entiers, alors tous ces fragments se mettent à former un autre grand fragment avec lequel nous devons lutter et qui rend impossible la quiétude et le silence du mental. Nous ne devons pas utiliser la méditation pour nous diviser en un Moi supérieur et un Moi inférieur, Moi et Mes pensées, Mon mental et Moi, parce que le Mental et le Moi, mes Pensées et Moi, sont un tout, sont l'Ego, le Moi pluralisé, le Soi-Même, etc.

Quand nous comprenons véritablement que le Moi supérieur et le Moi inférieur, de même que Mes pensées et Moi, etc., ne sont tous que l'Ego, le Moi-Même, il est évident qu'au moyen de cette compréhension en profondeur, nous nous libérons de la pensée dualiste, et que le mental demeure alors véritablement calme et dans un profond silence. Ce n'est que quand le mental est réellement calme, dans un véritable silence, que nous pouvons faire l'expérience de ce qu'est la Réalité, de ce qu'est l'Être authentique, l'Intime.

Tant que le mental reste embouteillé dans le dualisme, il est totalement impossible pour nous d'être intègres.

–Samael Aun Weor, *Occultisme transcendantal*, chapitre 9–

Ce n'est qu'avec un mental calme et silencieux, lorsque nous sommes submergés dans une profonde méditation intérieure, que nous pouvons extraire du sépulcre de la mémoire subconsciente toute la poussière millénaire dont notre intérieur s'est chargé depuis les temps antiques. Le subconscient est mémoire, le subconscient est la noire sépulture, blanchie à l'extérieur, immonde à l'intérieur. Il n'y a rien d'agréable à voir la noire sépulture du subconscient avec tous les os et la poussière du passé. Chaque défaut caché dégage une puanteur à l'intérieur de la noire sépulture subconsciente, mais une fois qu'on l'a vu, il devient facile de le brûler et de le réduire en cendres. C'est ainsi que nous mourons d'instant en instant. Il faut sortir du sépulcre de la mémoire toute la poussière subconsciente. Ce n'est qu'avec le calme et le silence mental que nous pouvons extraire de la noire sépulture subconsciente toute la poussière du passé, pour la réduire en cendres avec le feu merveilleux de la compréhension profonde.

Beaucoup d'étudiants gnostiques, quand ils explorent le subconscient, commettent l'erreur de se diviser eux-mêmes entre intellect et subconscient, analyseur et analysé, sujet et objet, percepteur et perception, moi et mon subconscient, Moi et Non-Moi, etc. Ce type de division crée des antagonismes, des luttes, des batailles entre ce que je suis et ce qui est le subconscient, entre l'intellect et le subconscient ; de telles luttes sont absurdes, parce que moi et mon subconscient sont tous deux moi, sont tous deux le moi subconscient, car l'intellect aussi est subconscient. L'animal intellectuel est subconscient à quatre-vingt-dix-sept pour cent. L'homme-machine n'a pas encore éveillé sa conscience, c'est pour cela qu'il n'est qu'un homme-machine.

Quand le mental se divise entre intellect et subconscient, analyseur et analysé, etc., il se produit des antagonismes et des luttes, et où il y a antagonismes et luttes, il ne peut y avoir quiétude et silence du mental. Ce n'est qu'avec la quiétude et le silence mental parfait que nous pouvons extraire de la noire sépulture mentale subconsciente toute la poussière du passé pour la brûler et la réduire en poudre avec le feu de la compréhension. Ne disons pas : Mon moi a de la colère, de la convoitise, de la luxure, de l'orgueil, de la paresse, de la gourmandise, etc. Il est mieux de dire : J'ai de la colère, de la convoitise, etc.

–Samael Aun Weor, *Occultisme transcendantal*, chapitre 11–

LE CONFLIT MENTAL

Nous devons éviter le conflit entre l'attention et la distraction. Il existe un conflit entre la distraction et l'attention lorsque nous combattons contre ces assaillants du mental. Le Moi est le projecteur de ces assaillants mentaux. Où existe le conflit, n'existe ni quiétude, ni silence.

Nous devons annuler le projecteur à travers l'auto-observation et la Compréhension. Examinez chaque image, chaque souvenir, chaque pensée qui arrive au mental. Rappelez-vous que chaque pensée a deux pôles : le positif et le négatif.

Entrer et sortir sont deux aspects d'une même chose, la salle à manger et la salle de bains ; le haut et le bas, l'agréable et le désagréable, etc., sont toujours les deux pôles d'une même chose. Examinez les deux pôles de chaque forme mentale qui arrive au mental. Rappelez-vous que c'est seulement à travers l'étude des polarités que l'on arrive à la synthèse.

Toute forme mentale peut être éliminée au moyen de la synthèse. Supposons, par exemple : le souvenir d'une fiancée nous assaille. Est-elle belle ? Pensons que la beauté est l'opposé de la laideur, et que si dans sa jeunesse elle est belle, dans sa vieillesse elle sera laide. Synthèse : cela ne vaut pas la peine de penser à elle, elle est une illusion, une fleur qui se fanera inévitablement.

–Samael Aun Weor, *Vers la Gnose*, chapitre 8–

MENTAL EN BLANC

L'une des erreurs les plus courantes chez les étudiants en ésotérisme est d'essayer de mettre le mental en blanc. Mettre le mental à blanc signifie calmer de force le processus de pensée à un niveau très superficiel, tandis qu'aux niveaux les plus profonds, le mental continue à être agité. C'est un processus artificiel et nocif pour le mental. Nous ne recommandons pas cette technique, mais l'utilisation de mantras et de la méditation pour calmer le mental de manière naturelle et profonde.

–Clarifications du V.M. Kwen Khan Khu–

Presque toutes les écoles nous parlent du mental en blanc, mais nous devons discerner ce qu'est un mental serein et en silence durant la méditation, et ce qu'est le mental en blanc.

Tout ce qui est du mental en blanc s'avère, en fait, vraiment absurde, superficiel. Je suis allé dans des groupes où l'on disait aux assistants : *"Frères, mettez le mental en blanc"*. Pendant cinq ou dix minutes, les assistants mettaient tous le mental en blanc. Au bout de dix minutes : *"Maintenant, nous allons commencer une conférence"*. Total, c'était une question complètement absurde.

C'est trop inexact. Ce concept du mental en blanc est trop léger, c'est une flaque très peu profonde. Nous, nous allons plus loin dans ce thème. Nous allons à la quiétude et au silence du mental, et ce n'est pas superficiel mais profond.

Nous devons faire la différence entre un mental calme et un mental calmé. Il faut savoir faire la différence entre un mental en silence et un mental forcé d'être en silence.

Quand le mental est calme, il ne lutte pas, il n'y a pas de batailles en lui, il ne désire se libérer d'aucun type de lien, il se trouve dans une authentique plénitude. En revanche, quand le mental est calmé de force, violenté, il fait tout pour rompre ses liens, ses chaînes. Cette guerre, cette lutte, cette bataille, se produit dans les quarante-neuf niveaux du subconscient, infraconscient et inconscient. Alors, il n'y a pas de calme véritable. Quand le mental est en silence, il ne veut pas crier, il jouit de la sérénité. Mais quand le mental est réduit au silence par la force, alors il veut crier, il désire crier et, au fond, il crie réellement, et ses cris, ses sons, son incessant bavardage se produisent dans les niveaux très profonds de l'inconscient, de l'infraconscient et du subconscient. Ainsi, nous ne devons pas nous leurrer : faisons la différence entre un mental calme, et un mental calmé.

L'important est d'arriver au calme et au silence du mental. Ce calme et ce silence se produisent de manière spontanée, naturelle, pure et simple. Cependant pour parvenir à ce calme et à ce silence, on a véritablement besoin d'une profonde compréhension. Il suffit de se rendre compte que le processus de la pensée est terminé, et de se dire : *"Voilà, mon mental est en silence"*, pour qu'en réalité, il ne soit pas en silence. Il suffit de dire : *"Voilà, mon mental est en silence"*, pour qu'il ne soit plus en silence.

C'est pourquoi je dis que le calme et le silence du mental sont très naturels, très spontanés. Dans ces instants, il advient en nous ce qui est nouveau.

Souvent, nous arrivons au calme et au silence du mental précisément quand nous ne cherchons pas à y arriver. Parfois, nous nous extasions devant un beau coucher de soleil, devant le silence imposant de la nuit, devant le tonnerre de la tempête, devant de magnifiques tableaux, de belles peintures, etc., et en ces instants, réellement, nous parvenons au calme et au silence du mental. Ce qui est curieux est que cela se produit quand nous nous y attendons le moins. Il est donc nécessaire, frères, d'apprécier ces moments de spontanéité naturelle de la vie.

Il y a des moments délicieux, des moments réellement admirables, des secondes, qui semblent des siècles de calme et de silence. Dans ces instants, vient toujours à nous, le nouveau, cela qui est le réel, cela qui est au-delà du temps.

Lorsque nous voulons nous manifester, monter en haut de l'échelle, ressentir, le mental n'est alors plus tranquille ni en silence. Quand nous faisons des efforts pour arriver au calme et au silence du mental, dans cette même lutte, dans cet effort, il n'y a ni calme, ni non plus de silence.

Ainsi, pour parvenir au calme et au silence du mental, la lutte ne fonctionne pas et l'effort non plus. La force de la volonté peut-elle être utile pour nous ? Dans ce cas précis, non. Il s'avère que ce calme est si naturel... Vous avez certainement connu, un jour, un beau coucher de soleil, n'est-ce pas ? Une nuit merveilleuse au cours de laquelle vibrent les étoiles dans l'Espace infini. Ce sont des secondes où nous nous sentons enchantés, avec un plaisir exquis là à l'intérieur, avec une étrange volupté spirituelle, des minutes pendant lesquelles nous ne pensons pas, où nous nous trouvons tous dans un état de béatitude profonde et divine.

Dans ces moments-là, il y a du calme en nous. On a besoin de cela, du réel, bien que ce soit sous forme d'intuition, comme l'a dit Mr Emmanuel Kant, le philosophe de Königsberg, dans sa *Critique de la raison pure*. Ces secondes sont, bien sûr, très fugaces, mais elles laissent une marque indélébile dans l'âme. C'est l'instant parfait, celui qui vient servir de braise pour, plus tard, aviver, allumer le feu merveilleux de l'amour. Malheureusement, nous nous éloignons de ces moments de bonheur en raisonnant. L'intellect nous sort de notre état paradisiaque. Voilà le grand malheur. [...]

Vous voyez tous la différence qu'il y a, entre ce que vous appelez "mental en blanc" et ce qui est l'authentique calme et silence du mental.

Dans toutes les écoles, la première chose qu'ils disent à quelqu'un est : *"Bien, petits frères, nous allons mettre notre mental en blanc pendant environ cinq minutes"*. Vous voyez à quel point ces personnes sont superficielles, elles sont creuses. Ce "mental en blanc" est trop absurde, stupide si vous voulez –même si le terme leur semble dur– mais c'est ainsi. Ce que nous allons découvrir est plus que ça. Tous ces concepts sont trop superficiels, je le répète, c'est comme une flaque d'eau sur le chemin, comme un puits sans fond, trop superficiel, trop peu profond. Donc le calme et le silence du mental, c'est mieux. Il faut être profond.

–Samael Aun Weor, *Le Cinquième Évangile*, conférence "La nécessité de comprendre notre mental"–

L'EFFORT

Pour expérimenter la vérité, aucun effort n'est nécessaire. Les gens sont accoutumés à faire des efforts pour tout et ils supposent à tort qu'il est impossible d'expérimenter la vérité sans effort. Nous pouvons avoir besoin de l'effort pour gagner son pain quotidien ou pour faire une partie de football, ou pour porter un fardeau très lourd, mais il est absurde de croire que l'effort est nécessaire pour expérimenter ce qu'est la vérité.

La compréhension remplace l'effort quand il s'agit de comprendre la vérité cachée intimement dans le fond secret de chaque problème. [...]

Les désillusionnés, les désenchantés, ceux qui déjà ne veulent à peine plus penser, ceux qui ne peuvent pas résoudre un problème vital, rencontrent la solution quand leur mental est serein et tranquille, quand ils n'ont déjà plus aucun espoir.

Aucune vérité ne peut être comprise au moyen de l'effort. La vérité vient comme un voleur dans la nuit, quand on l'attend le moins.

Les perceptions extrasensorielles pendant la méditation, l'illumination, la solution d'un problème quelconque sont seulement possibles quand il n'y a aucun type d'effort conscient ou subconscient, quand le mental ne s'efforce pas d'être plus que ce qu'il est. L'orgueil également, se déguise en sublime, le mental s'efforce d'être plus que ce qu'il est. [...]

Nous devons expérimenter la Vérité de façon directe, pratique et réelle ; cela est seulement possible dans le calme et le silence du mental, et cela s'obtient par la méditation.

Expérimenter la Vérité est fondamental. Ce n'est pas au moyen de l'effort que nous pouvons expérimenter la vérité. La Vérité n'est pas le résultat, la Vérité n'est pas le produit de l'effort. La Vérité nous advient par la compréhension profonde.

Nous avons besoin d'effort pour travailler dans le Grand Œuvre, d'effort pour transmuter nos énergies créatrices, d'effort pour vivre, lutter et parcourir le chemin de la Révolution Intégrale, mais nous n'avons pas besoin d'effort pour comprendre la vérité.

–Samael Aun Weor, *La Révolution de la Dialectique*, chapitre 1–

Nous avons besoin du calme et du silence du mental, mais ce n'est pas possible en luttant, parce que dans la lutte, il n'y a pas de calme et encore moins de silence. Atteindre cet état de calme est indispensable [et on l'atteint] quand il n'y a pas d'effort ; l'effort est un obstacle au calme. Si nous voulons atteindre ce silence imposant et ce calme, nous n'avons pas besoin de nous diviser en morceaux, car le mental nous joue toujours le mauvais tour de se diviser lui-même sans arrêt. Nous divisons toujours entre ceci et cela ce qui s'est passé, ce qui est arrivé, ce qui viendra, ce qui est à moi, ce qu'ils m'ont dit, ce que j'ai dit. Ainsi divisés en autant de morceaux, il nous est impossible de parvenir au calme et au silence du mental.

Quelquefois, nous obtenons un certain état de calme et de silence, et cependant, nous ne ressentons rien, nous ne voyons rien, nous ne percevons rien. Que faire ? Que s'est-il passé ? Si vous étudiez ce cas pendant un moment, vous réaliserez peut-être que quelque chose ne va pas, que quelque chose vous est inconnu. Tant qu'on ignore quelque chose de soi-même, on n'arrive pas à connaître le réel en profondeur.

Si on se juge sévèrement, on pourra voir dans la méditation de nombreux souvenirs, désirs, passions, émotions qui se succèdent les uns aux autres dans une incessante procession. Les vaines pensées, les souvenirs, les désirs, etc., sont précisément les différents agrégats qui constituent le Moi, le Moi-même, le Soi-même. Total, en voyant nos propres souvenirs, désirs, émotions et passions, raisonnements, etc., qui surviennent dans le mental durant la méditation, nous sommes en train de nous connaître nous-mêmes. Nous devons comprendre, en particulier, chaque chose qui surgit dans la méditation, chaque idée, chaque désir, chaque souvenir, chaque passion ou émotion, et ensuite, l'oublier, bien sûr. Lorsqu'une chose est correctement comprise, elle disparaît du mental, il ne reste en lui aucun souvenir. Lorsque nous avons compris un désir, une pensée, une émotion, etc., pour le moment, il disparaît du mental.

–Samael Aun Weor, *Le Cinquième Évangile*, conférence "La nécessité de comprendre notre mental"–

OBSTACLES À LA MÉDITATION

LE SCEPTICISME

Il y a quelque chose qui doit être éliminé dans la méditation, c'est le scepticisme. Non seulement dans la méditation, mais aussi dans la vie pratique, sous tous ses aspects, parce que le scepticisme nuit au mental, empêche le calme, nous entrave. Le sceptique est démoniaque par nature. En tout cas, un médiocre est médiocre ! Aucun grand Homme, au cours de la vie, au cours des siècles, n'a été sceptique. Jusqu'à présent, on sait que tous les grands génies de l'Histoire ont été des hommes de foi. Ceux qui ont excellé en tant que médiocres au cours de la vie font partie de la société composée de sceptiques. Il doit donc y avoir la foi lorsque nous pratiquons la méditation, la foi dans tous nos travaux ésotériques. Ne doutez pas, ayez la foi parce que, comme l'a dit Jésus-Christ, *"Ayez la foi comme un grain de moutarde et vous déplacerez des montagnes."* La foi fait des miracles, des merveilles. Quand on a foi dans la méditation, on est sur le chemin de l'Illumination et on arrive inévitablement à l'Illumination.

–Samael Aun Weor, *Le Cinquième Évangile*, conférence "La nécessité de comprendre notre mental"–

L'ENTROPIE ET L'ENNEMI SECRET

Pour méditer, vous devez oublier le facteur temps. Et le Maître dit: Quand tu t'apprêtes à méditer, ne dis jamais: *"Je vais méditer"*. Tu sais pourquoi ? Parce que le Moi est tellement rusé et tellement actif dans notre psyché, que lorsqu'on dit : *"Je vais méditer"*, le Moi dit: *"Ah, eh bien, je vais faire en sorte que tu ne le fasses pas"*; et comme il y a des forces mécaniques de la nature, des forces aveugles et de nombreuses forces obscures dans un Kali-Yuga, il suffit qu'on veuille méditer et le dire à voix haute pour que de nombreux obstacles commencent à apparaître qui, étonnamment et incroyablement, se manifestent seulement à ce moment-là.

—Kwen Khan Khu, interview "La Science de la Méditation"—

Dès qu'il y a une démarche mentale, il y a un bâillon, et il suffit que nous disions au mental : *"Bon, je vais méditer une heure"* pour que le mental dise : *"Eh bien moi je te le dis, tu ne vas pas méditer parce que moi, je n'en ai pas envie"*, dit le mental, et la seule chose que la personne fait, c'est de se détendre et de penser, mais elle ne médite pas

—Kwen Khan Khu, conférence "La Science de la Méditation"—

Question. Comment l'Entropie nous affecte-t-elle dans le travail intérieur et dans nos désirs spirituels ?

V.M. Kwen Khan Khu. Bon, dans le travail intérieur, l'Entropie est purement et simplement l'ennemi numéro 1 à abattre. Si une personne ne se trouve pas en état d'alerte et en auto-observation permanente, l'Entropie cherchera, d'une manière ou d'une autre, à ce qu'elle s'éloigne du travail intérieur et, je le répète, l'Entropie en tant que loi mécanique et aveugle de la Nature, a des mécanismes terribles pour faire en sorte de nous éloigner du travail intérieur.

À plusieurs reprises, j'ai raconté que j'ai pu vérifier le cru réalisme de vouloir m'asseoir pour faire une pratique et sentir, à l'intérieur de moi, certains atomes entropiques se mettre en activité et s'allier avec certains de mes agrégats pour provoquer, dans le monde physique, des situations afin de me faire sortir de la pratique voulue. Et cela fut étonnant pour moi car, une fois, par exemple, j'ai voulu méditer et, une fois relaxé sur la chaise ou dans le fauteuil où j'étais, j'ai senti à l'intérieur de moi les atomes de l'Ennemi secret, les atomes malins du Moi du mouvement, atomes entropiques, et les agrégats qui voulaient utiliser ces atomes pour déplacer une personne afin qu'elle vienne frapper à ma porte et interrompre au passage ma méditation, et ce fut ainsi. Je me suis fait cette prophétie : *"Tu vas voir comment ces atomes malins que tu es en train de sentir vont chercher quelqu'un pour interrompre ta pratique"* ; et la prophétie s'est accomplie ! Quelques minutes après, quelqu'un frappa à la porte et m'empêcha de faire la pratique de méditation. De sorte que l'Entropie cherchera toujours mille et une manières pour nous empêcher de faire le travail intérieur, de rendre service à un frère gnostique qui nous appelle anxieux à minuit, prétextant mille excuses pour ne pas rendre service ; mais tout cela est, dans le fond, la Loi de l'Entropie travaillant dans notre corps mental, dans notre centre instinctif, dans notre centre moteur, pour nous empêcher d'aller rendre service à ce frère.

Il y aura toujours des excuses, et si nous ne rompons pas la mécanique, la Loi de l'Entropie va toujours gagner la bataille contre nous. Et évidemment, parce que nous ne faisons pas le travail intérieur, nos désirs spirituels vont être étouffés, les Mois vont se renforcer en nous fossilisant spirituellement et, par conséquent, nous ne recevrons pas de stimulations internes, nous ne recevrons pas d'expériences astrales pour nous motiver, nous ne recevrons pas d'inquiétudes provenant directement du Père, etc. [...]

> **Disciple.** *Quels facteurs psychologiques influencent-ils l'éloignement de la prière et de la méditation, éléments qui, comme nous le voyons, sont tellement importants pour obtenir la mort mystique ?*

V.M. Kwen Khan Khu. Les éléments les plus ténébreux que nous avons et qui nous empêchent de prier et de méditer, sont ces atomes de l'ennemi secret, c'est ainsi que l'appelait le Maître Samael, c'est-à-dire, la vibration même de nos Mois.

Il faut comprendre, et cela, je l'espère, se comprend réellement bien, que le simple fait de penser que nous allons méditer, entraîne automatiquement des atomes malins, ténébreux, maléfiques à se mettre en action. C'est comme un ressort automatique qui se déclenche, comme une alarme qui prévient le Moi, et immédiatement il se passe des choses pour nous empêcher de prier, de méditer, et cela n'est pas une allégorie, c'est littéral, c'est réel.

Supposons, par exemple, que surgisse en nous l'aspiration de faire une prière ; il est très probable que quand nous sommes déterminés à prier, à ce moment-là nous ressentons de la faim et, en faisant cas de ces vibrations, de ces atomes de l'ennemi secret, ici en rapport avec la gourmandise, nous allons au réfrigérateur, nous nous préparons un sandwich, et après le sandwich, nous avons envie de dormir; alors nous disons *"non, je ne suis pas disposé à prier parce que j'ai sommeil"*. Ou bien, nous allons faire une méditation et à ce moment-là, croyez-moi, c'est comme ça, les atomes de l'ennemi secret font en sorte que quelqu'un nous téléphone à cet instant précis et nous dit : *"Eh! Tu veux venir avec moi voir un film extraordinaire qui passe au cinéma ?"* Et nous, dans le dilemme de méditer ou d'aller au cinéma, nous décidons d'aller au cinéma et nous laissons de côté la méditation.

Vous pouvez le vérifier chaque fois que vous essayez de faire un travail sérieux et discipliné, les atomes de l'ennemi secret surgissent toujours pour nous empêcher d'avoir contact avec le Réel, avec le Divin, avec notre Être. [...]

Question: *Dans cet ordre d'idées, quels préjudices causés par la paresse as-tu observés chez le gnostique ?*

V.M. Kwen Khan Khu. Je voudrais dire franchement, que la paresse est un ennemi très fort que nous devons abattre. Par la paresse il y a des missionnaires qui ne veulent pas faire de mission. Ils sont jeunes et ne veulent pas profiter du potentiel de la jeunesse pour l'offrir dans l'Ère du Sacrifice Suprême pour l'humanité, et s'offrir au Père ; c'est déjà un problème.

Deuxième problème : ces missionnaires s'étant engagés devant la Grande Loi à se donner à leurs semblables pour que d'autres connaissent aussi le chemin de la libération, ne respectent pas leur engagement. La paresse nous amène indubitablement à la routine et la routine nous conduit à la mécanicité. Une personne qui n'imprime pas du dynamisme dans sa vie personnelle, ne peut pas non plus 1'imprimer au sein du groupe qu'il mène.

Nous ne devons pas être paresseux au moment de méditer et faire une méditation simplette, une méditation qui n'implique pas beaucoup efforts à l'assemblée. Nous ne devons pas être paresseux au moment de faire une chaîne parce que c'est 10h du soir, ou 11h du soir, ou 3h du matin. Le gnostique doit être ardent comme le feu, dit le Maître, comme les grandes créations de Rabelais, et ceci ne se voit pas.

La paresse nous empêche d'étudier la Doctrine, et ensuite s'ajoute l'amour-propre qui fait que nous pensons déjà connaître la Doctrine. En conséquence ce missionnaire continue à être, bien qu'il soit missionnaire, un ignorant en termes de Doctrine. La paresse ne nous permet donc pas d'effectuer des pratiques à minuit, qui sont très bonnes pour ensuite retourner se coucher et avoir des expériences supérieures de type transcendantal. La paresse ne nous laisse pas nous mettre en relation avec nos frères, parce que nous considérons n'avoir rien à apprendre d'eux. Comme vous le voyez, tout cela est toujours relié à l'amour-propre.

Par conséquent, je conseille de combattre la paresse, avec toutes les forces de notre âme, comme si notre vie en dépendait, car, en vérité, notre vie spirituelle, qui est la plus précieuse, en dépend.

–Kwen Khan Khu, *Gnose : Mystères et révélations*, chapitre 6–

ANTAGONISMES
À LA MÉDITATION

L'ALCOOL

Il n'est pas nécessaire de discuter longuement sur les effets de l'alcool. Son nom arabe lui-même –tout comme celui de l'étoile Algol qui représente la Tête de la Méduse, tranchée par Persée– veut dire tout simplement le démon. [...]

Au lieu de rendre un culte à l'exécrable démon Algol, il convient de boire le vin de la méditation dans la coupe de la parfaite concentration. La pleine attention, naturelle et spontanée, sans aucun artifice, à quelque chose qui nous intéresse est, en vérité, une concentration parfaite.

–Samael Aun Weor, *Le Mystère de la Floraison d'Or*, chapitre 22–

La méditation et l'ivresse sont les deux pôles opposés d'une même force. La méditation est positive. L'ivresse alcoolique est négative. Le gnostique rose-croix doit boire le vin de la méditation dans la coupe sacrée de la concentration. Nous devons nous maintenir éloignés de l'aspect négatif. Il ne faut pas tomber dans l'aspect négatif du mental. L'ivrogne s'engouffre dans les enfers atomiques de la Nature et se perd dans l'abîme. Mieux vaut boire du vin de la méditation dans la coupe sacrée de la concentration de la pensée.

Concentrons notre pensée sur notre Dieu intérieur. Méditons profondément sur lui durant des heures entières. Nous parviendrons ainsi au Samadhi, à l'Extase ineffable. Nous pourrons alors converser avec les dieux et pénétrer les grands mystères de la Nature. C'est bien mieux que le *delirium tremens*, par lequel l'ivrogne pénètre dans les enfers atomiques de la Nature pour vivre avec les démons de l'abîme.

Les visions du "delirium tremens" des alcooliques chroniques sont tout à fait réelles ; ce qu'ils voient dans ces visions existe réellement. Ils voient des larves, des démons et des monstres horribles qui ont une existence réelle dans les enfers atomiques de la Nature universelle. Ils pénètrent dans l'abîme et voient les entités de l'abîme, des entités perverses qui vivent dans les enfers atomiques de la Nature

–Samael Aun Weor, *Introduction à la Gnose*–

Cependant, nous ne devons pas être fanatiques. Celui qui n'est pas capable de prendre, par politesse, un verre de vin qui lui est offert dans une circonstance spéciale est aussi faible que celui qui ne sait pas contrôler la boisson et s'enivre. [...]

L'homme peut s'occuper de tout mais ne doit être victime de rien. Il doit être le roi et non l'esclave. Celui qui a pris un verre n'a pas commis de délit, mais celui qui a été l'esclave et la victime du verre, celui-là oui, a commis un délit. Le véritable Maître est le roi des Cieux, de la Terre et des Enfers.

–Samael Aun Weor, *Le Mariage Parfait*, chapitre 18–

LES DROGUES

Ivresse dionysiaque, Extase, Samadhi, s'avèrent évidemment indispensables lorsqu'il s'agit d'expérimenter ce qu'est la vérité, la réalité. Cette exaltation est possible à cent pour cent à travers la technique de la méditation.

Le psychédélisme est différent. Traduisez ce terme ainsi ; psyché : âme ; délie : drogue. Nous dirons spécifiquement que le psychédélisme est l'antipode de la méditation. L'enfer des drogues est à l'intérieur de l'organisme planétaire sur lequel nous vivons, sous l'épiderme même de la croûte terrestre. Les champignons hallucinogènes, les pilules, le L.S.D., la marihuana, etc., intensifient de façon évidente la capacité vibratoire des pouvoirs subjectifs, mais il est ostensible qu'ils ne pourraient jamais provoquer l'Éveil de la Conscience. Les drogues altèrent fondamentalement les gènes sexuels et cela est bien démontré scientifiquement. Comme conséquence de ces mutations négatives, génétiques, la naissance d'enfants monstrueux est évidente.

Méditation et psychédélisme sont incompatibles, opposés, antagoniques ; jamais ils ne pourraient se mélanger. Incontestablement, ces deux facteurs d'ivresse dionysiaque signalent, indiquent une rébellion psychologique.

Gnostiques et Hippies se sont lassés du vain intellectualisme de Mammon, ils se sont lassés de toutes ces théories, ils sont arrivés à la conclusion que le mental, en tant qu'instrument d'investigation, est trop misérable...

Zen ? Gnana-Yoga ? Cela est superlatif. Il existe à l'intérieur de nous, à l'état latent, des facultés de connaissance infiniment supérieures au mental. Au moyen de ces dernières, nous pouvons expérimenter directement la réalité, ce qui ne relève pas du temps.

Le Mouvement Hippie a préféré l'enfer des drogues, il s'est indubitablement défini de façon perverse. Nous, les gnostiques, complètement désillusionnés par l'intellectualisme niais de Mammon, nous buvons le vin de la méditation dans la coupe de la parfaite concentration.

–Samael Aun Weor, *Le Cinquième Évangile*, conférence "La bipolarité de l'onde dionysiaque"–

Quand les hippies ont constitué un mouvement de rébellion sociale, on les a appelés 'les rebelles sans cause', avec eux est apparue une mauvaise habitude, la mauvaise habitude de fumer de la marijuana.

Cette herbe, quand on la fume et qu'on l'inhale par les fosses nasales, frappe la glande pituitaire et la pinéale, et produit des états de rêveries qui déconnectent la personne de la réalité environnante. Alors, les hippies ressentaient une somnolence qui leur produisait la sensation d'un état de bien-être et de supériorité par rapport aux autres. Cette herbe va même jusqu'à produire, en impactant la glande hypophyse, et la pinéale, des étincelles de clairvoyance.

Mais cet état, étant produit artificiellement, ne dure pas longtemps, il dure le temps pendant lequel la personne est stimulée par l'herbe, et dès que la stimulation s'achève, la personne ressent une baisse de moral épouvantable, parce que c'était un état artificiel, et c'est pourquoi, ils reprennent un "joint" ou une cigarette de marijuana, et voilà comment ils deviennent toxicomanes. Cet état de somnolence que les hippies obtiennent pour se déconnecter de la réalité, nous les gnostiques nous l'obtenons avec le HAM-SAH, avec les mantras de transmutation et les mantras pour calmer le mental. Alors, nous pouvons percevoir des phénomènes de clairvoyance supérieure, non inférieure.

Les hippies, quand ils éveillaient la clairvoyance, voyaient des choses grotesques. Ils voyaient tout à coup des millions de cafards, et tout ce qui correspond à l'Astral inférieur. Ils voyaient des cavités, des trous énormes, des précipices, des monstres qui étaient leurs propres Mois. Parce qu'ils entraient dans le monde de l'hypersensibilité inférieure. Nous, nous entrons dans le monde de l'hypersensibilité supérieure, par le chemin de la transmutation et par le chemin de la mantralisation.

–Kwen Khan Khu, interview "La Science de la Méditation"–

QUESTIONS ET RÉPONSES

Disciple. *Comme c'est tellement d'actualité et que c'est en relation avec ce dont vous nous avez parlé, je voudrais vous poser la question suivante : la Conscience de ces jeunes du Mouvement hippie progresse-t-elle avec les drogues qu'ils utilisent ? Les expériences qu'ils obtiennent sous l'influence des drogues sont-elles semblables à celles obtenues par les Maîtres ?*

Maître. Ta question est intéressante, mon cher frère, et c'est avec le plus grand plaisir que je vais te donner une réponse complète et définitive. Le mouvement Hippie, comme je l'ai déjà dit, est polarisé de manière négative avec Dionysos. Nous, les gnostiques, sommes polarisés de manière positive. Voilà la différence. Nous autres, nous transmutons les énergies créatrices, nous les sublimons, nous les élevons jusqu'au cerveau, nous les amenons au cœur et à la Conscience. Eux, comme antithèse, au lieu de transmuter et de sublimer, ils se sont entièrement consacrés à la relaxation sexuelle, et ils ont pris le chemin de l'infrasexualité, ils sont en fait tombés dans la dégénérescence. Les homosexuels, les lesbiennes, les fornicateurs de toutes sortes, etc. abondent parmi eux.

L'aspect ivresse dionysiaque a quant à lui deux aspects, deux aspects : le positif et le négatif. Nous, les gnostiques, buvons le vin de méditation dans la coupe de la concentration parfaite et atteignons ainsi le Samadhi, l'Extase. Eux, les suiveurs du courant hippie, tombent dans l'ivresse dionysiaque, non pas par le chemin positif, mais par le chemin de la main gauche. Au moyen des champignons hallucinogènes, au moyen des pilules de LSD, de cocaïne, de morphine, etc., ils pénètrent dans les régions sublunaires, les profondeurs inférieures des mondes submergés, le courant ténébreux des Abysses. Voilà donc la différence.

–Samael Aun Weor, *Le Cinquième Évangile*, conférence
"Principes sacrés du feu secret"–

Disciple. *Existe-t-il quelques plantes stimulantes, comme la marijuana, qui servent à atteindre le dédoublement, par exemple, d'une manière plus rapide ?*

Maître. Les éléments des drogues sont nuisibles. Tenez compte du fait que la marijuana et beaucoup d'autres drogues sont subjectives à cent pour cent. Il est certain qu'au moyen des champignons hallucinogènes, au moyen du chanvre hindou, au moyen du L.S.D., ou acide lysergique, etc., on obtient des dédoublements, en effet, mais de type subjectif et inhumain. Ils se déroulent dans les infra-dimensions de la Nature et du Cosmos, ils ne conduisent pas à l'authentique Illumination objective transcendantale. Ce sont donc des échecs...

Ici, au Mexique nous avons le peyote ou peyotl, c'est très différent. Lui, par contre, coopère avec la méditation et il ne produit aucune accoutumance. Il est très exigeant : il faut être en état de chasteté. Le Peyotl n'aidera absolument pas les luxurieux, par exemple. Il a ses règles. Le Maître Huiracocha parle du Peyotl. Il raconte comment le Maître Rasmussen, dans le Temple de Chapultepec, l'a utilisé pour provoquer un dédoublement... C'est la seule plante recommandable, mais elle est pour les hommes chastes et à condition de ne pas en abuser. Un étudiant qui a voulu l'utiliser une troisième fois, après avoir reçu plusieurs instructions, fut rappelé à l'ordre par les Seigneurs du Karma : on lui a interdit de continuer à l'utiliser, d'en abuser, disons, pour être plus clair. Ainsi donc, le Peyotl est utile, mais il faut savoir l'utiliser, ne jamais en abuser. Quant aux autres drogues, je n'en dirai rien...

Nous ne pouvons pas considérer le Peyotl comme une drogue. C'est une plante inoffensive qui ne produit aucune accoutumance de quelque sorte que ce soit et qui coopère seulement avec la méditation, quand on sait méditer.

Quelqu'un pourrait consommer un kilo de Peyotl et n'avoir aucun résultat. Un autre pourrait en mastiquer un petit morceau, quelques grammes, et obtenir un résultat extraordinaire. Le tout, c'est qu'on sache méditer. Il coopère avec celui qui sait méditer et avec celui qui est vraiment chaste.

Mais comme on n'en trouve pas dans d'autres pays, nous ne pouvons naturellement pas le recommander, absolument pas, car comment faire si dans les pays d'Amérique du Sud on n'en trouve pas, ni non plus dans ceux d'Amérique centrale. On en trouve ici, au Mexique, mais avec difficulté…

Disciple. *Et le yagüe, Maître ?*

M. Eh bien, le yagüe est vraiment drastique. Pour les gens qui vivent dans le Putumayo et en Amazonie, là-bas en Colombie, il est très difficile d'en trouver. Celui qui veut vraiment obtenir du yagüe doit pénétrer dans les forêts les plus profondes, parce que le yagüe qu'on trouve dans les villes, ce n'est pas du yagüe. C'est une autre espèce de plantes, mais celles-ci ne mènent à rien. Le yagüe a aussi ses exigences : ils l'utilisent à un certain moment de la pleine lune, ils le mélangent au guarumo, ils le prennent, mais c'est là dans les forêts les plus profondes. Dans les villes, il est inutile d'essayer de prendre du yagüe. Le yagüe qu'ils apportent aux villes n'est pas yagüe. Ne perdez pas votre temps avec ces bêtises.

–Samael Aun Weor, *Le Cinquième Évangile*, conférence "Concepts gnostiques transcendantaux"–

RÉFLEXION ET TRANSFORMATION DES IMPRESSIONS

Comme condition de base, il est fondamental que la personne apprenne, avant tout, à faire taire le mental. Indépendamment, et parallèlement à cette discipline de faire taire le mental, l'Initié, la personne, le mystique, notre étudiant, réalisera d'autres pratiques d'auto-observation de ses émotions, de transformation des impressions. Parce que, lorsque nous ne transformons pas les impressions où se conserve et où s'accumule, toute la cochonnerie que nous recevons comme impressions ? Eh bien, dans le mental. Alors, si une personne ne transforme pas les impressions... Toute impression non transformée, se transforme, selon la Gnose, en de nouveaux Agrégats Psychologiques, qui entrent pour faire partie de l'espace psychologique abyssal que nous possédons. Alors, il est fondamental que la personne, parallèlement au désir profond de vouloir conquérir la Science de la méditation, comprenne que c'est quelque chose qui nous prend toute la vie.

–Kwen Khan Khu, interview "La Science de la Méditation"–

LA CAPACITÉ DE RÉFLÉCHIR

Bien que cela semble incroyable, le mode de vie que nous avons adopté dans cette fameuse civilisation nous a conduits jusqu'**à perdre la capacité de réfléchir**, nous rendant plus vulnérables face aux agressions de notre Ego animal.

Tout d'abord, nous devons savoir que ce mot : RÉFLÉCHIR comporte deux parties. Il y a d'abord la particule "re" qui en latin signifie 'retourner à' ; et ensuite l'autre partie formée par le mot "fléchir", signifiant 'activer', 'exercer', 'réviser', etc., etc., etc. De sorte que le mot RÉFLÉCHIR, nous invite à "exercer à nouveau, à fléchir à nouveau, les muscles de notre esprit", afin d'obtenir des détails sur les IMPRESSIONS qui nous sont arrivées tout au long de la journée...

Nous savons déjà qu'il y a des IMPRESSIONS POSITIVES ET NÉGATIVES, chacune d'elles a avec des charges énergétiques qui touchent directement d'abord nos sens, puis, nos agrégats psychologiques. C'est pourquoi la Gnose insiste sur la nécessité de transformer les IMPRESSIONS au moyen du filtre de la Conscience en restant toujours en ÉTAT D'ALERTE psychiquement. Cela nous permettra d'attraper l'impression avant qu'elle ne cause un impact dans notre multitude égoïque. Évidemment, rien de cela ne peut se faire si nous ne SOMMES PAS EN ÉTAT D'AUTO-OBSERVATION D'INSTANT EN INSTANT.

Ceci étant dit, même ainsi la plus grande partie de nos étudiants amoureux de la Gnose ne sont pas devenus des ATHLÈTES de l'auto-observation, et l'auto-observation, ne l'oublions pas, est une faculté qui s'est atrophiée en nous depuis des siècles. Il est nécessaire que cette faculté redevienne active en nous afin de pouvoir nous étudier de façon permanente.

Supposons maintenant qu'à un certain moment actuel, nous nous trouvions dans un supermarché en train de faire quelques courses. Quand nous avons décidé d'aller payer ce que nous avons pris ou acquis, nous nous sommes placés dans la file de gens et en arrivant à la demoiselle qui s'occupe de la caisse, elle nous reçoit avec courtoisie en nous disant : "Bonjour monsieur, comme vous avez une jolie chemise… !". Immédiatement, ces mots issus des lèvres de cette caissière sont une impression inattendue pour nous, et si nous ne sommes pas en ALERTE NOUVEAUTÉ, ils traversent automatiquement nos oreilles et iront heurter nos **agrégats psychologiques de l'orgueil, de la luxure et de l'amour-propre…**

Probablement, en réponse à cette impression et dans les conditions d'assoupissement de notre Conscience, nos agrégats psychologiques répondront ensuite à leur manière, en disant à la caissière des choses comme celles-ci : *"Bon, c'est parce que j'aime les choses agréables et bien faites, comme vous !!!"*, laissant ainsi entrevoir que la caissière nous plait, luxurieusement parlant bien sûr.

La caissière, ayant été entraînée à bien recevoir la clientèle, se mettra à rougir à cause de nos paroles et gardera un silence qu'elle accompagnera d'une attitude sérieuse pour nous faire comprendre que **nous avons mal interprété ses paroles concernant notre chemise…**

S'il s'agit alors d'une personne qui est en train d'essayer de SE DÉCOUVRIR ELLE-MÊME, elle devra prendre tout ce qui est arrivé comme un sujet d'étude pour l'AUTOCONNAISSANCE. Ainsi, dès le premier instant où elle le pourra, elle devra soumettre à RÉFLEXION tout ce qui est arrivé pour détecter en quoi elle a échoué en voulant **faire son travail intérieur…**

C'est là où l'étudiant doit chercher une position confortable dans le but de RÉFLÉCHIR. À cet effet, il relaxera ses muscles et une fois relaxé il commencera à REVIVRE AU RALENTI absolument toutes les images qui composèrent ces moments que nous avons passés dans le supermarché face à la caissière.

Il est indéniable qu'à cause du fait de NE PAS PRATIQUER quotidiennement la relaxation de notre psyché au moyen de la MÉDITATION, en tâchant de réviser en détail tout ce qui s'est produit, notre étudiant se verra asphyxié par des images qui s'entasseront dans son mental de façon écrasante. C'est pourquoi il est si nécessaire d'entrer en relaxation et en méditation constamment pour tranquilliser notre psyché, et ainsi quand nous voudrons réfléchir sur quelque chose, nous irons directement au fond du sujet qui nous préoccupe, sans devoir commencer par tâcher de tranquilliser l'âne de notre anatomie occulte.

Dans cette RÉVISION AU RALENTI DES FAITS, nous ne devons en aucun cas sous-estimer les détails de tout ce qui est arrivé. Nous devons tâcher de VOIR CLAIREMENT quelle était notre posture physique, de quelle manière nous avons immédiatement pensé concernant cette dame qui était à la caisse, qu'est-ce qui nous a le plus impacté chez cette femme : peut-être sa voix ?, ses vêtements ?, son aspect physique ?, son sourire ?... ; et nous devons également découvrir ce que nous avons senti dans notre centre émotionnel et dans notre centre sexuel...

En faisant cette RÉVISION DÉTAILLÉE de ce qui s'est produit, nous découvrirons en premier lieu notre AMOUR-PROPRE qui s'est senti très flatté par ces paroles. Cet AMOUR-PROPRE immédiatement, uni à NOTRE ORGUEIL, a voulu démontrer à la dame en question que nous sommes prêts à lui répondre et nous lâchons une phrase romanticoïde. Ensuite notre centre émotionnel, touché, mettra en place des **agrégats luxurieux émotionnaloïdes** qui nous feront sentir que nous sommes merveilleux et irrésistibles pour les autres, etc., etc., etc., ce qui n'est nulle autre chose qu'une fantaisie rapidement élaborée par nos agrégats de luxure...

Nous devrons également observer qu'elles furent les possibles réactions sexuelles qui se produisirent inconsciemment à l'intérieur de nous, car ces réactions prennent dans les Mondes Internes la forme de la dame en question, et nos propres agrégats luxurieux se chargeront de faire en sorte que ces images prennent vie et qu'elles nous fassent des propositions absurdes qui nous mènent peut-être à la perte de notre mercure philosophal.

Dans ces réflexions, il y a des frères qui ont sagement pris un papier et un stylo pour noter tout ce matériel anormal qu'ils trouvent durant le déroulement de ces scènes. Ainsi, ils font une liste des acteurs –égoïques– qui sont entrés en scène et ils peuvent continuer à méditer ensuite sur eux pour, après les avoir compris, supplier à Dieu Mère l'élimination de telles aberrations...

Il est indéniable que pour ces exercices de RÉFLEXION, il nous faut, comme toujours, l'ingrédient ultra-nécessaire de LA PATIENCE. C'est pourquoi le Grand Kabîr de Galilée nous a dit : **"En patience vous possèderez votre âme"**, ne l'oublions jamais.

L'exercice de notre pourcentage de Conscience à travers LES RÉFLEXIONS permettra, d'autre part, que celui-ci augmente, et nous aurons alors de plus en plus de forces morales et spirituelles pour combattre le monstre aux mille visages...

–Clarifications du V.M. Kwen Khan Khu–

Se remémorer de façon masochiste, de manière mécanique, les douleurs et tourments de notre existence sans le bistouri de la réflexion ni la confrontation logique, psychologique, afin d'extraire de ces évènements vécus par nous une synthèse superlative et instructive, s'avère réellement incongru, désagréable et, ce qui est pire encore, cela contribue au renforcement de cette monstruosité que nous traînons dans notre monde intérieur et qui est définie, dans le gnosticisme, comme le MOI.

Cependant, extraire, grâce au vif souvenir, des scènes de notre vie quotidienne qui forment, l'une après l'autre, une chaîne qui implique le fonctionnement d'une longue série d'agrégats psychiques indésirables, dans le but de les regarder par transparence au moyen de la méditation intérieure profonde, est hautement salutaire et nécessaire lorsqu'on veut travailler sur soi-même.

–Kwen Khan Khu, *Samael Aun Weor: L'Homme Absolu*, chapitre 26–

RECEVOIR AVEC PLAISIR
LES MANIFESTATIONS DÉSAGRÉABLES

Nous allons parler de la transformation de la vie, qui est possible si on se le propose profondément.

Transformation signifie qu'une chose se change en une autre différente. Il est logique que tout soit susceptible de changements. [...]

Il serait magnifique de transformer les impressions. La plupart des gens, comme on le voit sur le terrain de la vie pratique, croient que ce monde physique va leur donner ce à quoi ils aspirent et qu'ils recherchent. En réalité, c'est une terrible erreur. La vie, en elle-même, entre en nous, dans notre organisme, sous forme de pures impressions.

La première chose que nous devons comprendre, c'est la signification du travail ésotérique qui est est intimement liée au monde des impressions. [...]

Il y a des impressions qui ne sont pas très agréables, par exemple, les paroles d'une personne qui nous insulte, non ?

Pouvons-nous transformer les paroles de quelqu'un qui nous insulte ?

Les paroles sont ce qu'elles sont, alors, que pourrions-nous faire ? Transformer les impressions que de telles paroles produisent en nous et ceci est possible. L'Enseignement gnostique nous enseigne à cristalliser la Deuxième Force, le Christ en nous, par le postulat qui dit : *"Il faut recevoir avec plaisir les manifestations désagréables de nos semblables"*.

Dans ce postulat, on trouve la façon de transformer les impressions que produisent en nous les paroles d'une personne insultante. Recevoir avec plaisir les manifestations désagréables de nos semblables. Ce postulat nous mènera naturellement à la cristallisation de la Deuxième Force, le Christ en nous ; il fera en sorte que le Christ viendra prendre forme en nous. [...]

Les paroles d'un insulteur n'ont certainement pas plus de valeur que ce que leur donne l'insulté. Si bien que, si l'insulté ne leur donne pas de valeur, je répète, elles restent comme un chèque sans provision. Quand on comprend cela, alors on transforme les impressions de telles paroles, par exemple, en quelque chose de différent, en amour, en compassion pour l'insulteur et cela, naturellement, signifie une transformation. Ainsi, nous avons besoin de transformer sans cesse les impressions, non seulement les présentes, mais encore les passées et futures.

–Samael Aun Weor, *La Révolution de la Dialectique*, chapitre 1–

La thérapie –que nous avons besoin de connaître à fond pour éviter tout déséquilibre intérieur–, avec des répercussions extérieures, est de ne permettre au mental aucune sorte de réaction. Si quelqu'un nous blesse, ne pas permettre au mental de réagir. Si seulement quelqu'un pouvait blesser nos sentiments à chaque instant pour pouvoir nous entraîner beaucoup mieux ! Plus on nous insulte, mieux c'est pour notre entraînement, car nous aurons beaucoup d'opportunités pour ne permettre ni au mental ni aux sentiments de réagir, c'est-à-dire pour qu'ils n'interviennent ni ne rentrent dans aucune circonstance de notre vie.

Il est clair que l'état passif du mental, du sentiment et de la personnalité exige une formidable activité de la Conscience. Ceci nous indique que plus la Conscience reste active, mieux c'est pour atteindre l'éveil de celle-ci, parce qu'ainsi la Conscience, en étant en activité permanente, devra inévitablement s'éveiller.

Il me vient en mémoire, en cet instant, le bouddha Gautama Sakyamuni. Un jour, le grand bouddha était assis au pied d'un arbre, en profonde méditation, quand quelqu'un vint pour l'insulter ; il jeta contre le bouddha toute sa bave diffamatoire, il essaya de le blesser terriblement avec la parole. Le bouddha continuait à méditer mais la personne continuait à le provoquer, à l'insulter, à le blesser. Longtemps après, le bouddha ouvrit les yeux et lui demanda : *"Oh ! Mon frère ! Si on t'offre un cadeau et que tu ne le prends pas, à qui appartient ce cadeau ?"*. L'insulteur répondit : *"Et bien, à celui qui l'offre, c'est clair"*. Alors le bouddha lui dit : *"mon frère, emporte ton cadeau, je ne puis l'accepter"*. Et il continua à méditer.

–Samael Aun Weor, *Le Cinquième Évangile*, conférence "Enseignements fondamentaux sur la méditation"–

N'oubliez pas, mes frères, le miroir de l'Alchimie. Ce travail est un miroir ; on doit apprendre à se voir dans les autres.

Se voir dans les autres, c'est très important. Si nous voyons un ivrogne dans la rue : *Bon, c'est ainsi que je marche, c'est ainsi que je suis lorsque je suis ivre.* Si nous voyons un drogué : *Bon, c'est ainsi que je vais, ainsi que je suis.* Si nous voyons quelqu'un en colère, tonnant et tonitruant : *Quelle tête il fait : voilà comment je suis. Mais regarde cet idiot, comme il blasphème, comme il gesticule, comme il crie, comme il trépigne ; voilà comment je suis.* Et se voir comme ça, se voir dans les autres, c'est quelque chose de très important.

Nous voulons, par exemple, cesser de nous quereller avec quelqu'un ou cesser de faire des objections ? Devenons cette personne qui veut se quereller avec nous. Au travers de la méditation, changeons notre personnalité pour celle de cette personne qui est contre nous. Sentons que nous sommes cette personne et regardons-nous, notre propre personne, comme si nous étions étrangers ; sentons que nous sommes celle avec laquelle nous nous disputons, celle qui est la cause de nos problèmes ; imitons-la dans tous ses fonctionnements, ses gestes et ses paroles, ses façons et ses manières d'être. Sentons-nous, donc, pendant la méditation, identifiés à cette personne.

Si nous y réussissons, de ce fait, le désir de nous quereller disparaîtra. De ce fait, nous verrons alors notre personne comme quelque chose d'inconnu et nous comprendrons l'autre personne, parce que nous nous sommes identifiés à l'autre personne, et en la comprenant, alors tout sera passé ; le désir de faire des objections ou de se quereller s'arrête.

–Samael Aun Weor, *Le Cinquième Évangile*, conférence
"Règles de base de la gemme précieuse"–

LA COMPRÉHENSION IMPLIQUE LA TRANSFORMATION

Pour continuer ainsi, avec ces processus de transformation des impressions, je poursuivrai avec quelque chose de plus. Si, par exemple, l'image d'une femme luxurieuse arrive au mental ou surgit dans le mental, cette image est une impression, évidemment, nous pouvons transformer cette impression luxurieuse grâce à la compréhension. Il suffirait de penser que cette image est périssable, que cette beauté est, par conséquent, illusoire. Si nous nous souvenions, à cet instant, que cette femme doit mourir et que son corps va devenir poussière dans le tombeau ; si, avec l'imagination, nous voyions son corps en état de décomposition à l'intérieur du sépulcre, cela serait plus que suffisant pour transformer cette impression luxurieuse en chasteté. Ainsi, par cette transformation, il ne surgirait plus dans la psyché de Mois de luxure. [...]

Alors comment transformer les paroles d'un adulateur, ces impressions causées par la flatterie, de quelle manière ? Grâce à la compréhension ! Quand on comprend réellement qu'on n'est rien de plus qu'une créature infinitésimale qui vit dans un coin de l'Univers, de ce fait, on transforme alors par soi-même de telles impressions de louange ou de flatterie en quelque chose de différent. On convertit ces impressions, disons, en ce qu'elles sont : poussière, nuage de poussière cosmique, parce qu'on comprend sa propre position.

Nous savons bien que notre planète Terre est un grain de sable dans l'espace. Pensons à la Galaxie dans laquelle nous vivons, composée de milliers et de millions de mondes... Qu'est-ce que la Terre ? C'est une misérable particule de poussière dans l'Infini. Et nous ? Des organismes ou quasiment des micro-organismes de cette particule, pour ainsi dire...

Et alors ? Qu'est-ce qui peut surgir en nous avec ces réflexions ? L'humilité, bien sûr et celle-ci, évidemment, peut produire une transformation des impressions relatives à la louange, à la flatterie ou à l'éloge, c'est évident ; et, comme résultat, nous ne réagirons pas de manière orgueilleuse, n'est-ce pas ? Lorsque nous réfléchissons davantage à cela, nous voyons de plus en plus qu'une complète transformation des impressions est nécessaire.

–Samael Aun Weor, Le Cinquième Évangile, conférence
"Protection psychologique face aux impressions"–

EXERCICE RÉTROSPECTIF DES ACTIVITÉS QUOTIDIENNES

Que recherche-t-on avec la rétrospection ? L'animal intellectuel, en raison de la vie mécanique qu'il vit quotidiennement, s'oublie lui-même et tombe dans la fascination ; il marche la Conscience endormie, sans se rappeler ce qu'il a fait à l'instant de se lever, en méconnaissant ses premières pensées du jour, sa conduite et les lieux où il a été.

La rétrospection a pour finalité la prise de conscience de tous les comportements et actions du passé. En réalisant la rétrospection dans la méditation, nous ne mettrons pas d'objection dans le mental ; nous apportons le souvenir des situations du passé, depuis l'instant où commence la rétrospection jusqu'au moment de la vie que nous désirons. Nous devons étudier chaque souvenir sans nous identifier à lui.

–Samael Aun Weor, La Révolution de la Dialectique, chapitre 1–

Le but de cet exercice rétrospectif sur notre propre vie, c'est de nous auto-connaître, de nous auto découvrir, de reconnaître nos bonnes et mauvaises actions, d'étudier notre propre Ego lunaire, faire conscient le subconscient.

Il est nécessaire de parvenir de façon rétrospective jusqu'à la naissance et s'en souvenir. Un effort encore plus grand permettra à l'étudiant de connecter la naissance avec la mort de son ancien corps physique. Le sommeil combiné à la méditation et à l'exercice rétrospectif, nous permettra de nous souvenir de notre vie actuelle, de l'antérieure et d'existences passées.

L'exercice rétrospectif nous permet de devenir conscient de notre propre Ego lunaire, de nos propres erreurs. Rappelons-nous que l'Ego est un tas de souvenirs, désirs, passions, colères, cupidités, luxures, orgueils, paresses, gourmandises, amour à soi, rancunes, vengeances, etc.

Si nous voulons dissoudre l'Ego, nous devons l'étudier d'abord. L'Ego est à l'origine de l'ignorance et la douleur. Seul l'Être, Atman est parfait, mais lui, ne naît pas, ne meurt pas, ne se réincarne pas ; c'est ce qu'a dit Krishna dans la Bhagavad Gita.

–Samael Aun Weor, *Traité ésotérique d'astrologie hermétique*, chapitre 4–

Si nous vivions en pleine conscience chacun des actes de notre vie quotidienne, si nous comprenions la triple résonance de chacun des actes de notre vie quotidienne, si avant de nous abandonner au sommeil nous faisions un exercice rétrospectif pour rendre la Conscience consciente de tous les incidents survenus pendant la journée, alors, au cours des heures du sommeil, nous serions en vacances, absolument libres. Nous nous déplacerions consciemment dans notre corps astral. Nous agirions dans les Mondes Internes avec la Conscience éveillée.

Cependant, nous devons avertir que l'exercice rétrospectif doit être fait à travers la méditation profonde.

Reconnaître nos erreurs, nous repentir d'avoir commis ces fautes, prendre la résolution de ne plus les refaire. Ne pas condamner nos erreurs ! Ne pas justifier nos erreurs ! Lorsque nous les condamnons ou quand nous les justifions, c'est parce que nous ne les avons pas comprises. L'important, c'est de les comprendre consciemment. Lorsque nous prenons une Conscience consciente, totale et absolue, d'un défaut déterminé, alors ce défaut se désintègre, nous nous en libérons !

–Samael Aun Weor, *Traité ésotérique de théurgie*, chapitre 6–

SYSTÈME POUR TRANSFORMER LES IMPRESSIONS

Il est urgent et nécessaire de transformer les impressions quotidiennes avant de nous coucher, de la façon suivante :

- Relaxation absolue
- Arriver à l'état de méditation
- Revivre la scène comme elle a eu lieu
- Chercher en soi-même le Moi qui a occasionné le problème
- En observant sereinement, on placera l'Ego sur le banc des accusés et on procédera au jugement
- Demander la désintégration du Moi-problème à la Divine Mère Kundalini.

–Samael Aun Weor, *La Révolution de la Dialectique*, chapitre 1–

LE POUVOIR DE L'IMAGINATION

Dans le miroir d'Éleusis, les Initiés, en l'état de Manteia –Extase–, peuvent contempler leur resplendissant Intime face à face. Dans l'être humain, il existe un autre miroir merveilleux que le médecin gnostique doit apprendre à utiliser au moyen de la méditation profonde: ce miroir est l'imagination. Pour le sage, imaginer c'est voir; l'imagination est la clairvoyance, l'imagination est le miroir de l'âme, c'est le translucide à travers lequel on perçoit les images de la lumière astrale.

Le Maître Paracelse, en se référant à l'imagination, déclare :

"L'homme visible a son laboratoire [le corps physique], et là, l'homme invisible travaille. Le soleil a ses rayons, qu'il n'est pas possible d'attraper avec la main, mais qui sont assez forts s'ils sont réunis à l'aide d'une lentille pour éclairer des édifices.

L'imagination est comme un soleil: œuvrez dans votre monde, peu importe à quoi il ressemble. L'homme est ce qu'il pense : s'il pense au feu, il brûle ; s'il pense à la guerre, il combat. Par le pouvoir de la pensée, l'imagination devient un soleil."

–De virtute imaginativa–

L'imagination se développe à travers la volonté ; la volonté se renforce et se développe avec l'imagination.

–Samael Aun Weor, *Traité de médecine occulte et de magie pratique*, chapitre "Le serpent et le miroir"–

Pour le sage, imaginer, c'est voir ; l'imagination est le translucide de l'âme. Pour obtenir l'imagination, il faut apprendre à concentrer la pensée sur une seule chose. Celui qui apprend à concentrer sa pensée sur une seule chose fait des merveilles et des prodiges.

Le gnostique qui veut atteindre la Connaissance Imaginative doit apprendre à se concentrer et savoir méditer. Le gnostique doit provoquer le rêve durant la pratique de la méditation.

La méditation doit être correcte. Le mental doit être exact. Il faut une pensée logique et un concept exact pour que les sens internes se développent de façon absolument parfaite.

Le gnostique a besoin de beaucoup de patience, parce que tout acte d'impatience le mène à l'échec.

Sur le chemin de *la Révolution de la Dialectique*, il faut de la patience, de la volonté et une foi absolument consciente.

Un jour quelconque, parmi les rêves, surgit pendant la méditation un tableau éloigné, un paysage, un visage, un nombre, un symbole, etc. C'est le signal qu'on progresse déjà.

Le gnostique s'élève peu à peu vers la Connaissance Imaginative. Le gnostique retire peu à peu le voile d'Isis.

Celui qui éveille sa conscience est arrivé à la Connaissance Imaginative et se meut dans un monde d'images symboliques.

Ces symboles qu'il voyait quand il rêvait, quand il essayait de comprendre l'Ego pendant la méditation, il les voit maintenant sans rêver ; avant il les voyait avec la Conscience endormie, maintenant, il se déplace parmi eux avec la Conscience de veille, même quand son corps est profondément endormi.

–Samael Aun Weor, *La Révolution de la Dialectique*, chapitre 5–

L'IMAGINATION AU LIEU DE LA FANTAISIE

Il y a deux types d'imagination : il existe l'imagination mécanique et il existe l'imagination consciente. L'imagination mécanique ne sert à rien, c'est la fantaisie, et la fantaisie est formée des déchets de la mémoire, c'est pourquoi elle est inutile.

On a besoin de l'imagination consciente, de l'imagination active, de l'imagination intentionnelle. Ce type d'imagination, une fois développé, est grandiose, sublime. Ce type d'imagination développé a permis à Léonard de Vinci de peindre sur la toile *La Joconde* [...]

En regardant le tableau de Léonard De Vinci, vous voyez à quel point nous pensons tous qu'il s'agissait d'une relation fantastique, peut-être la mariée ou un membre de la famille. Mais il s'avère qu'heureusement nous sommes des alchimistes et nous connaissons le langage des alchimistes. De ce fait, nous pouvons affirmer de manière emphatique que La Joconde de Léonard de Vinci est sa propre Mère Divine Kundalini.

Et il l'a peinte ? Oui, monsieur, il l'a vue. Donc, s'il n'avait pas développé le translucide, comment aurait-il pu la voir ? Mais il avait développé le translucide, et plus encore : il avait gravi l'échelle de l'inspiration et avait également atteint le troisième échelon qui est celui de l'intuition.

L'imagination, l'inspiration et l'intuition sont les trois chemins obligatoires de l'initiation.

–Samael Aun Weor, *Le Cinquième Évangile*, conférence
"Les trois échelons de la connaissance initiatique"–

Rappelons-nous que l'imagination est féminine ; il n'est pas superflu de vous dire que la Volonté est masculine et que, dans la combinaison de ces deux polarités, se trouve la clé de tout pouvoir. Par conséquent, nous ne devons pas sous-estimer l'imagination ; il existe une tendance très marquée à sous-estimer l'imagination. Certains disent : *"Ça, ce sont des choses de l'imagination, je les accepte parce que..., ou c'est une chose de mon imagination"*, c'est-à-dire qu'ils ne savent pas apprécier la valeur de l'imagination.

Faites la différence entre l'imagination intentionnelle et l'imagination mécanique. L'imagination intentionnelle est le "translucide" qui nous permet de voir les grandes réalités des Mondes Internes. L'imagination mécanique est la fantaisie formée des résidus de la mémoire.

Nous faisons donc la différence l'imagination de la fantaisie. Sous-estimer l'imagination est absurde. Par conséquent, nous devons développer l'imagination, la cultiver...

–Samael Aun Weor, *Le Cinquième Évangile*, conférence "Le pouvoir de la foi consciente"–

LA FANTAISIE OU IMAGINATION MÉCANIQUE

Il est évident qu'il convient de faire une pleine différenciation entre ce qu'est l'imagination dirigée volontairement et ce qu'est l'imagination mécanique.

Indiscutablement, l'imagination dirigée est l'imagination consciente –pour le sage, imaginer c'est voir–. L'imagination consciente est le "translucide" ; en elle se reflètent le firmament, les mystères de la vie et de la mort, l'être, le réel...

L'imagination mécanique est différente : elle est formée par les déchets de la mémoire –c'est la fantaisie– et il convient de faire sur elle de profondes recherches.

Il est évident que les gens, avec leur fantaisie ou imagination mécanique, ne se voient pas eux-mêmes tels qu'ils sont, mais selon leur forme de fantaisie.

Il existe différentes formes de fantaisie : incontestablement, l'une d'elles consiste précisément dans le fait de ne pas se voir soi-même tel que l'on est. Peu de gens ont le courage de se voir eux-mêmes dans leur crue réalité. [...]

Voyez la dame qui s'arrange devant le miroir, qui maquille ses grands cernes, qui affine ses sourcils, qui met d'énormes faux-cils, qui met du rouge à lèvres, etc., regardez-la habillée à la dernière mode : comme elle se regarde devant son miroir, amoureuse d'elle-même ! Elle est convaincue d'être très belle... Si nous lui disions qu'elle est épouvantablement laide, elle se sentirait mortellement blessée dans sa vanité. Elle a une fantaisie terrible ; sa forme de fantaisie fait qu'elle se voit comme elle n'est pas, qu'elle se voit comme une beauté extraordinaire...

Alors, chacun a de lui-même une conception erronée, totalement erronée ; c'est terrible !

On peut se sentir génial, capable de dominer le monde avec d'éclatantes facultés intellectuelles, en être convaincu, mais si on se voyait dans sa crue réalité, on découvrirait que ce que l'on possède dans sa personnalité ne nous est pas propre, mais étranger ; que les idées que l'on a ne nous sont pas propres, mais qu'on les a lues dans tel ou tel livre, qu'on est rempli de terribles tares morales. Cependant, il y en a peu qui ont le courage de se dénuder face à eux-mêmes, pour se voir tels qu'ils sont.

Chacun a projeté une forme de sa fantaisie sur lui-même et, de cette manière, il ne s'est jamais vu lui-même tel qu'il est en réalité ; et c'est terrible, épouvantable...

Pour continuer ici, avec ces analyses, en pensant à voix haute pour les partager avec vous, nous dirons que tant que l'on ne dissoudra pas ces formes de la fantaisie, on demeurera très loin de l'Être. Mais à mesure que l'on éliminera de plus en plus toutes les formes de la fantaisie, l'Être se manifestera de plus en plus en nous-mêmes.

Quand on pénètre profondément dans ce qu'est la vie, on découvre que, franchement, on n'a pas vu le monde tel qu'il est véritablement. On l'a vu à travers les formes de sa fantaisie et rien de plus.

L'imagination mécanique… comme c'est grave ! Ces rêves de la fantaisie… car, quelquefois, celui qui fait ces rêves reste silencieux ; d'autres fois, il en parle et, d'autres fois, il veut les mettre en pratique.

Il est évident que, dans le troisième cas, la question est grave, car lorsqu'un rêveur veut arriver à convertir ses rêves en réalité, il commet des folies épouvantables parce qu'en fait ses rêves ne coïncident pas avec la mécanique de la vie et alors il se retrouve à faire des folies. [...]

En continuant, donc, avec ces analyses, nous voyons clairement que l'imagination mécanique ou fantaisie nous maintient donc très loin de la réalité, de l'Être, et c'est vraiment malheureux.

Les gens déambulent dans les rues en rêvant, ils sont dans leurs Fantaisies, ils travaillent en rêvant de leurs Fantaisies, ils se marient en rêvant, vivent une vie en rêvant et meurent en rêvant dans le monde de l'irréel, de la fantaisie. Ils ne se sont jamais vus eux-mêmes, jamais ; ils ont toujours vu une forme de leur Fantaisie. [...]

Ainsi, à mesure qu'on va éliminer tout ce qu'il y a de fantaisie en nous, l'imagination consciente deviendra de plus en plus active et l'imagination mécanique ou fantaisie disparaîtra peu à peu, jusqu'à ce qu'il n'en reste plus rien.

–Samael Aun Weor, *Le Cinquième Évangile*, conférence "L'imagination comme pouvoir, la fantaisie comme maladie"–

MÉMOIRE CONSCIENTE CONTRAIREMENT À LA MÉMOIRE MÉCANIQUE

Il faut distinguer la mémoire mécanique de la mémoire du travail ésotérique gnostique. La mémoire mécanique nous mène à des conclusions erronées. Êtes-vous sûrs de vous rappeler réellement votre vie telle qu'elle a été ? Je ne vous questionne pas sur vos vies passées, mais sur la présente. Impossible ! Il y a des choses qui apparaissent déformées dans la mémoire mécanique.

Si, étant petit, bien qu'étant né dans une classe moyenne, on a vécu pour le moins dans une maison propre, soignée, ayant joui de pain, vêtements et refuge et qu'on a vu quelques pièces de monnaie, il peut se produire qu'avec le temps et les années, on ait gardé dans sa mémoire mécanique quelque chose de déformé.

Parce que pour un enfant, quelques billets semblent être des millions ; de petites barrières autour du jardin ou de la garde-robe peuvent nous paraître colossales, étant donné que notre corps est petit.

Par conséquent, il ne serait pas étonnant qu'une fois grands, nous disions : *"Quand j'étais petit, je vivais à tel endroit. Ma maison était magnifiquement aménagée, avec de grands murs, des tuiles bien rangées. Que de lits, quelle merveilleuse table, que d'argent !"* C'est un souvenir mécanique, infantile et absurde. Par conséquent, la seule mémoire réelle est celle du travail.

Si, au moyen de l'exercice rétrospectif, nous nous proposions de nous rappeler notre enfance, nous verrions que cette maison –d'enfants de classe moyenne– n'était pas le palais que nous pensions auparavant, mais une humble demeure d'un père travailleur et sincère ; que les sommes fabuleuses qui nous entouraient étaient à peine un peu d'argent pour payer le loyer de la maison et acheter au jour le jour le nécessaire.

La Mémoire Mécanique est plus ou moins fausse et si nous regardons le cas des fameux "tests" psychologiques... Si un groupe d'entre-vous fait une excursion à Yucatan et qu'il voit exactement les mêmes monuments et les mêmes pierres, de retour ici chacun de vous donnera une version différente. Qu'est-ce que cela prouve ? Que la mémoire mécanique est infidèle ; elle est inutile. […]

Voilà la mémoire mécanique : elle est inutile, parce que dans la mémoire mécanique, il existe la fantaisie, mémoire mécanique et fantaisie sont très semblables.

Alors, comment contrôler la fantaisie ? Il n'y a qu'un seul moyen de la contrôler : par la mémoire-travail. Si la mémoire mécanique, par exemple, nous fait voir notre vie comme elle ne fut pas et comme elle n'a pas été, au moyen du travail nous allons décortiquer notre propre vie et la découvrir telle qu'elle est.

Alors, que veut dire ceci ? Que la mémoire que nous gardons une fois le travail réalisé, nous permet de contrôler la Fantaisie, de l'éliminer, de l'éliminer radicalement. [...]

Il faut détruire la Fantaisie. Au lieu de la fantaisie, nous devons avoir l'imagination consciente, l'imagination dirigée –la fantaisie est une imagination mécanique– et, au lieu de la mémoire mécanique, nous devons avoir la mémoire du travail ésotérique, la mémoire consciente.

Celui qui, par exemple, pratique l'exercice rétrospectif –pour revoir sa vie– en finit avec la mémoire mécanique et établit en lui la mémoire consciente, la mémoire-travail. Celui qui, au moyen de l'exercice rétrospectif, peut se rappeler ses vies antérieures, en finit avec la Fantaisie. Il acquiert alors la mémoire-travail.

Par conséquent, la mémoire-travail et l'imagination consciente nous permettront d'arriver très loin sur le chemin de l'auto-découverte.

–Samael Aun Weor, *Le Cinquième Évangile*, conférence "L'imagination comme pouvoir, la fantaisie comme maladie"–

CLAIRVOYANCE ET LA PSEUDO-CLAIRVOYANCE

Il y a la Clairvoyance et la pseudo-clairvoyance. L'étudiant gnostique doit différencier clairement ces deux formes de perception ultrasensorielle.

La Clairvoyance est fondée sur l'objectivité. La pseudo-clairvoyance est fondée sur la subjectivité. On entend par "objectivité", la Réalité spirituelle, le Monde spirituel. On entend par "subjectivité", le monde physique, le monde de l'illusion, ce qui n'a pas de réalité. Il existe aussi une région intermédiaire, le Monde Astral, qui peut être objectif ou subjectif selon le degré de développement spirituel de chacun. On appelle pseudo-clairvoyance, la perception imaginaire, la fantaisie, les hallucinations provoquées artificiellement, les rêves absurdes, les visions astrales qui ne coïncident pas avec les faits concrets, la lecture de nos propres pensées projetées inconsciemment dans la Lumière astrale, la création inconsciente de visions astrales interprétées ensuite comme d'authentiques réalités, etc.

Il y a aussi dans le domaine de la pseudo-clairvoyance, le mysticisme subjectif, le faux mysticisme, les états pseudo-mystiques qui n'ont rien à voir avec le sentiment intense et clair mais se rapprochent plutôt de l'hystérie et de la pseudo-magie. En d'autres termes, les fausses projections religieuses projetées inconsciemment dans la lumière astrale et, en général, tout ce qui, dans la littérature orthodoxe, reçoit le nom de "beauté" –séduction–.

–Samael Aun Weor, *Le Mariage Parfait*, chapitre 18–

INTERPRÉTATION DES IMAGES SYMBOLIQUES

C'est pourquoi vous pourrez voir clairement que tant que quelqu'un possède les agrégats psychiques à l'intérieur de lui, même s'il jouit de la capacité de l'Extase, du Samadhi, il interprétera tout mal, il fera des interprétations erronées. L'Ego se chargera d'interpréter ce qu'il perçoit, ce qu'il sent et il le traduira selon ses propres préjugés, selon ses idées préconçues ou concepts, etc.

C'est pourquoi il est nécessaire, afin de se transformer en investigateur compétent, de désintégrer les agrégats, parce que si on ne les désintègre pas, on marchera sur le chemin de l'erreur, on interprétera tout mal dans les Mondes Supérieurs.

–Samael Aun Weor, *Le Cinquième Évangile*, conférence "Illumination totale et Illumination partielle"–

Les images astrales réfléchies dans le miroir magique de l'imagination ne doivent jamais être traduites littéralement, car elles sont des représentations symboliques des idées archétypiques et elles doivent être utilisées de la même manière qu'un mathématicien utilise les symboles algébriques. Il n'est pas inutile d'affirmer que ce genre d'idées descend du monde de l'Esprit Pur.

Il est certain que les idées archétypiques qui descendent de l'Être sont toujours merveilleuses, et nous informent soit sur l'état psychologique de tel ou tel centre de la machine humaine, soit sur des sujets ésotériques très intimes, soit sur de possibles succès ou dangers, etc., toujours enveloppés du voile du symbolisme. Percer tel ou tel symbole astral, telle ou telle scène ou figure, dans le but d'en extraire l'idée essentielle, n'est possible qu'à travers la méditation de l'Être logique et comparative.

–Samael Aun Weor, *La doctrine secrète d'Anahuac*, chapitre 18–

Les messages qui descendent du monde de l'Esprit pur prennent une forme symbolique dans le plan astral. On interprète ces symboles en se basant sur la Loi des analogies philosophiques, sur la Loi des analogies des contraires et sur la Loi des correspondances et de la numérologie. Étudiez le *Livre de Daniel* et les passages bibliques du patriarche Joseph, fils de Jacob, pour apprendre à interpréter vos expériences astrales.

–Samael Aun Weor, *Tarot et Kabbale*, chapitre 56–

PREMIÈRES EXPÉRIENCES INTERNES

Si le yogi persévère dans la méditation interne, s'il est constant, tenace et infiniment patient, après quelque temps apparaissent les premières perceptions clairvoyantes.

Au début, seulement des points lumineux, ensuite apparaissent des visages, des scènes de la Nature, des objets, comme dans les rêves, en ces moments de transition entre la veille et le sommeil. Les premières perceptions clairvoyantes transportent d'enthousiasme le disciple. Ces perceptions lui démontrent que ses pouvoirs internes commencent à entrer en activité.

Il est urgent que l'étudiant ne se lasse pas. Il faut énormément de patience. Le développement des pouvoirs internes est quelque chose de très difficile. Réellement, nombreux sont les étudiants qui commencent, mais très peu parmi eux ont la patience de saint Job. Les impatients ne réussissent pas à faire un seul pas sur le sentier de la Réalisation. Les pratiques ésotériques de cette sorte sont pour les gens très tenaces et patients. [...]

La répétition incessante, continue, tenace, finit par faire tourner les chakras et, après quelque temps, commencent les premières perceptions clairvoyantes et clairaudientes.

Les taches lumineuses, les scènes de lumière, les figures vivantes, les sons de cloches, les voix de personnes ou d'animaux, etc., indiquent avec exactitude que l'étudiant progresse dans le développement de ses pouvoirs internes. Toutes ces perceptions apparaissent dans les moments où, plongés en profonde méditation, nous nous trouvons assoupies.

De nombreuses variétés de lumière commencent à apparaître, avec la pratique de la méditation interne. Au début, le dévot perçoit des lumières blanches et très brillantes. Ces lumières correspondent à l'œil de la Sagesse, qui se situe entre les deux sourcils. Les lumières blanches, jaunes, rouges, bleues, vertes, ainsi que les éclairs, le soleil, la lune, les étoiles, les étincelles, les flammes, etc., sont des particules formées d'éléments suprasensibles –particules tantriques–.

Lorsqu'apparaissent de petites billes lumineuses resplendissantes, de couleur blanche et rouge, c'est le signe absolument sûr que nous progressons dans la pratique de la concentration de la pensée. Arrivera le moment où le dévot réussira à voir les Anges ou les Archanges, les Trônes, les Puissances, les Vertus, etc. L'étudiant voit aussi ordinairement parmi ses songes, durant la méditation, des temples grandioses, des rivières, des vallées, des montagnes, de beaux jardins enchantés, etc.

Pendant les pratiques de méditation, certaines sensations étranges, qui remplissent parfois le dévot de crainte, se présentent habituellement. Une de ces sensations est un courant électrique dans le chakra du coccyx. Dans le Lotus aux mille pétales situé dans la partie supérieure du cerveau, on peut aussi ressentir certaines sensations électriques. Le dévot doit alors vaincre la peur s'il veut progresser dans le développement de ses pouvoirs internes.

Il y a des personnes qui ont des visions après quelques jours de pratique. D'autres personnes commencent à avoir les premières visions après six mois d'exercices quotidiens.

Dans la première période d'entraînement journalier, nous ne sommes en relation qu'avec les êtres du plan astral. Dans la seconde période de l'exercice ésotérique, nous sommes en relation avec les êtres du monde mental. Dans la troisième période nous sommes en relation avec les êtres du monde purement spirituel. C'est alors que nous commençons réellement à nous convertir en investigateurs compétents des Mondes Supérieurs.

Le dévot qui a commencé à avoir les premières perceptions des Mondes Supérieurs doit être, au début, comme un jardin scellé par sept sceaux. Ceux qui vont partout en racontant aux autres tout ce qu'ils voient et entendent, échouent dans ces études parce que les portes des Mondes Supérieurs se ferment à eux.

Un des dangers les plus graves qui guettent le dévot, c'est la vanité et l'orgueil. Beaucoup d'étudiants se remplissent d'orgueil et de vanité lorsqu'ils commencent à percevoir la réalité des mondes suprasensibles ; ils se qualifient alors eux-mêmes de Maîtres et, sans avoir atteint le plein développement de leurs pouvoirs internes, ils commencent à juger les autres faussement, en se basant sur leurs perceptions clairvoyantes incomplètes.

Le résultat de ce comportement erroné est que le dévot se charge en outre de beaucoup de Karma parce qu'il devient un calomniateur du prochain et remplit alors le monde de larmes et de douleur.

L'étudiant qui a eu les premières perceptions clairvoyantes doit être comme un jardin scellé par sept sceaux, jusqu'à ce que son Maître interne l'initie dans les Grands Mystères et lui donne l'ordre de parler.

Une autre des fautes graves qui attendent tous ceux qui se soumettent à la discipline ésotérique est de mépriser l'imagination.

Nous avons appris que l'imagination est la translucidité, le miroir de l'âme, la divine clairvoyance. Pour le dévot, imaginer, c'est voir. Quand le chakra frontal commence à tourner, les images qui viennent à la translucidité deviennent brillantes, resplendissantes, lumineuses.

Le dévot doit bien faire la différence entre l'imagination et la fantaisie. L'imagination est positive. La fantaisie est négative, nuisible, dommageable pour l'esprit car elle peut nous conduire aux hallucinations et à la folie.

Tous ceux qui veulent éveiller la clairvoyance tout en méprisant l'imagination, tomberont dans la même absurdité que ceux qui veulent pratiquer la méditation avec une absence de sommeil. Ces gens échouent dans le développement de leurs pouvoirs internes. Ces gens violent les lois naturelles, et le résultat inévitable est l'échec.

Imagination, inspiration, intuition, sont les trois chemins obligatoires de l'Initiation. D'abord apparaissent les images, et, à la fin, nous pénétrons dans un monde purement spirituel.

–Samael Aun Weor, *Le Livre Jaune*, chapitre 12–

LES TROIS ÉTAPES VERS L'ILLUMINATION

L'IMAGINATION, L'INSPIRATION ET L'INTUITION

Imagination, inspiration et intuition sont les trois chemins obligatoires de l'Initiation. On parvient à ces trois cimes ineffables au moyen de la Concentration, de la Méditation et du Samadhi. Celui qui a atteint les cimes ineffables de l'intuition est devenu un Maître du Samadhi.

–Samael Aun Weor, *Rose Ignée*, chapitre 17–

IMAGINATION

Pour le Sage, imaginer c'est voir. L'Imagination est la translucidité de l'Âme.

L'important est d'apprendre à concentrer sa pensée sur une seule chose.

Celui qui apprend à penser à une seule chose peut accomplir merveilles et prodiges.

Le disciple qui veut parvenir à la Connaissance Imaginative doit savoir méditer profondément.

Voici le meilleur exercice pour atteindre la Connaissance imaginative : assis devant une plante, nous nous concentrons sur elle jusqu'à oublier tout ce qui n'est pas cette plante. Puis, fermant les yeux, nous nous assoupissons en gardant dans notre imagination la forme, l'aspect de la plante, sa structure, son parfum et sa couleur.

L'étudiant doit susciter le sommeil pendant cette pratique ; tout en glissant dans le sommeil, il méditera profondément sur la constitution interne du végétal.

Il imaginera les cellules vivantes de la plante. La cellule végétale possède un protoplasme, une membrane et un noyau. Le protoplasme est une substance visqueuse, élastique et transparente très semblable au blanc d'œuf –une matière albuminoïde–. Le disciple assoupi doit méditer sur les quatre éléments fondamentaux du protoplasme de la cellule végétale ; ces quatre éléments sont : le carbone, l'hydrogène, l'oxygène et l'azote –ou nitrogène–.

La membrane est une substance merveilleuse et incolore qui s'avère totalement insoluble dans l'eau. Cette substance est la fameuse cellulose.

Toujours bien concentré, le disciple imaginera le noyau de la cellule comme un infime corpuscule où palpite la grande vie universelle. À l'intérieur du noyau, il y a le filament nucléaire, le liquide nucléaire et les nucléoles, le tout entouré de la membrane nucléaire. Les nucléoles sont des corpuscules infinitésimaux pleins d'éclat et de beauté, produits résiduels des réactions incessantes de l'organisme végétal.

Le disciple bien concentré doit imaginer avec toute la précision logique requise, toutes les substances minérales et les combinaisons organiques qui s'effectuent harmonieusement dans le protoplasme cellulaire de la plante. Pensez aux granules d'amidon et à la prodigieuse chlorophylle sans laquelle il serait impossible à la plante d'effectuer des synthèses organiques parfaites. La chlorophylle se présente sous une forme granulée, avec un pigment d'une belle couleur jaune –xanthophylle– et elle est fixée dans des corpuscules appelés chloroplastes. Sous les rayons solaires, la chlorophylle se colore de ce vert si précieux du végétal. La plante entière est une communauté cellulaire d'une perfection incalculable. L'étudiant méditera sur la perfection de la plante et sur tous ses savants processus organiques, dans un état de béatitude mystique et de ravissement devant tant de beauté.

Le mystique ne peut que s'extasier en observant tous les phénomènes de nutrition, d'échange et de reproduction de chaque cellule végétale.

Contemplons le calice d'une fleur : nous y voyons ses organes sexuels. Ici se trouvent les étamines avec leur pollen, l'élément reproducteur masculin. Là il y a le pistil ou gynécée, le très précieux organe féminin, avec son ovaire, son style et son stigmate.

L'ovaire est un sac rempli d'ovules. Les étamines –l'organe mâle– peuvent occuper différentes positions par rapport au pistil : insertion en dessous de l'ovaire, autour de l'ovaire ou au-dessus de l'ovaire.

La fécondation s'effectue par la fusion des gamètes féminins et des gamètes masculins. Le pollen, gamète masculin, après être sorti de l'anthère, parvient au stigmate de la fleur et finit par atteindre l'ovaire où l'ovule, gamète féminin, l'attend anxieusement.

La graine est le sublime ovule qui, après avoir été fécondé, se transforme et grossit, puis tombe en terre, donnant naissance à une nouvelle plante. Que l'étudiant remonte maintenant à l'époque où la plante sur laquelle il est en train de méditer n'était encore qu'une petite tige délicate sortant à peine de terre. Qu'il l'imagine croissant lentement jusqu'à la voir, à l'aide de l'imagination, produisant des branches, des feuilles et des fleurs.

Qu'il se rappelle aussi que tout ce qui naît doit mourir : il imaginera ainsi le processus de la mort de la plante ; ses fleurs se fanent, ses feuilles sèchent et le vent les emporte, et il ne reste à la fin que quelques branches sèches. Ce processus de la naissance et de la mort est admirable. Lorsqu'on médite sur tout ce processus de la naissance et de la mort d'une plante, quand on médite sur cette merveilleuse vie du végétal, si la concentration est parfaite et si le sommeil est devenu profond, alors les chakras du corps astral tournent, vibrent et se développent.

La méditation doit être correcte. Le mental sera bien concentré. Il faut que la pensée soit logique et la conception exacte, afin que les sens internes se développent de façon absolument parfaite.

Toute incohérence, tout manque de logique et d'équilibre mental obstrue et endommage l'évolution et le progrès des chakras, disques ou fleurs de lotus du corps astral. L'étudiant doit faire preuve de beaucoup de patience parce que la moindre réaction d'impatience le conduira à l'échec. Nous avons besoin de patience, de volonté, de ténacité et d'une foi absolument consciente. Un beau jour, au milieu des songes surgira pendant la méditation un tableau lointain, un paysage de la grande nature, un visage, etc. C'est le signe que nous progressons. L'étudiant s'élève ainsi lentement à la Connaissance imaginative. Il déchire peu à peu le voile d'Isis. Un jour, la plante sur laquelle il médite disparaît et il voit, à la place du végétal, un bel enfant. Cet enfant est l'Élémental de la plante, l'âme végétale.

Plus tard, sa Conscience s'éveillera pendant son sommeil et alors il pourra dire : *"Je suis en corps astral."* C'est ainsi que sa Conscience s'éveille peu à peu. Tout en cheminant sur cette voie, le disciple acquiert, à un moment donné, la "Conscience continue".

Lorsque l'étudiant jouit d'une conscience permanente, il ne rêve plus, il ne peut plus rêver, parce que sa Conscience est éveillée. Alors, tandis que son corps est en train de dormir, il se meut consciemment dans les Mondes Supérieurs.

La méditation exacte éveille les sens internes et produit une transformation totale des corps internes. Celui qui éveille sa conscience est arrivé à la Connaissance imaginative. Il se promène dans le monde des images symboliques.

Ces symboles qu'il voyait avant lorsqu'il rêvait, il les voit maintenant sans rêver ; avant il les voyait avec la Conscience endormie, à présent il se déplace parmi eux avec la Conscience de l'état de veille, pendant que son corps physique se trouve profondément endormi. En parvenant à la Connaissance imaginative, l'étudiant voit les symboles mais ne les comprend pas. Il comprend que la nature tout entière est une écriture vivante qu'il ne connaît pas. Il lui faut s'élever à la Connaissance inspirée pour pouvoir interpréter les symboles sacrés de la grande nature.

–Samael Aun Weor, *Notions fondamentales d'endocrinologie et de criminologie*, chapitre 22–

INSPIRATION

Nous allons étudier à présent l'Inspiration.

La connaissance inspirée nous confère le pouvoir d'interpréter les symboles de la grande nature. L'interprétation des symboles est très délicate. Beaucoup de clairvoyants, nous l'avons vu, sont devenus des meurtriers ou sont tombés dans le délit de la calomnie publique pour n'avoir pas su interpréter correctement ces symboles.

Les symboles doivent être analysés froidement, sans superstition, sans malice ni défiance, ni orgueil, ni vanité, sans fanatisme ni préjugé, sans préconceptions, sans haine ni envie, ni convoitise, ni jalousie, etc. Tous ces défauts relèvent du Je, du Moi, de l'Ego réincarnant.

Lorsque le Moi intervient, traduisant, interprétant les symboles, il altère alors la signification de l'écriture secrète et le clairvoyant risque de tomber dans le délit, ce qui peut le conduire en prison.

L'interprétation doit être rigoureusement analytique, hautement scientifique et essentiellement mystique. Il faut apprendre à voir et à interpréter sans l'intervention du Je, en l'absence du Moi.

Beaucoup de mystiques trouvent étrange que nous, les frères du mouvement gnostique international, parlions de la divine clairvoyance avec le Code pénal à la main. Ceux qui pensent ainsi considèrent la spiritualité comme une chose qui n'a aucune relation avec la vie quotidienne. Ces personnes marchent mal sur la Voie, elles sont dans l'erreur, elles ignorent que dans les Mondes Supérieurs chaque Âme est le résultat exact de la vie quotidienne que nous menons tous dans cette "vallée de larmes".

Si nos paroles, nos pensées et nos actes ne sont pas corrects, ne sont pas justes, alors le résultat apparaît dans les Mondes Internes et la Loi tombe sur nous.

La Loi est la Loi. L'ignorance de la Loi ne dispense personne de l'accomplir. Le pire péché est l'ignorance. Enseigner à celui qui ne sait pas est une œuvre miséricordieuse. Sur les épaules du clairvoyant pèse toute la formidable responsabilité de la Loi.

Il faut savoir interpréter les symboles de la grande nature en l'absence absolue du Moi. Nous devons cependant intensifier l'autocritique, car lorsque le Moi du clairvoyant pense qu'il sait beaucoup de choses, il se sent alors lui-même infaillible, omniscient, savant, et le clairvoyant va même jusqu'à s'imaginer qu'il voit et interprète en l'absence du Moi. Les clairvoyants de ce genre fortifient tellement le Moi qu'ils finissent par devenir des démons terriblement pervers. Quand un clairvoyant de cette sorte voit son propre Dieu interne, il traduit sa vision selon son critérium ténébreux et s'exclame : "Je vais très bien".

Il faut savoir interpréter en nous basant sur la loi des analogies philosophiques, sur la loi des correspondances et de la Kabbale numérique. Nous recommandons incidemment le livre, *La Kabbale mystique* de Dion Fortune. C'est un livre merveilleux ; étudiez-le !

Celui qui a de la haine, du ressentiment, de la jalousie, de l'envie, de l'orgueil, etc., ne réussira pas à s'élever au deuxième échelon qu'on appelle la Connaissance inspirée. Lorsque nous nous élevons à la Connaissance inspirée, nous saisissons et comprenons qu'il n'existe pas de relation accidentelle des objets entre eux. En réalité, tous les phénomènes de la nature et tous les objets se trouvent intimement et organiquement reliés, dépendant intérieurement les uns des autres et se conditionnant mutuellement. Aucun phénomène de la nature ne peut être compris intégralement si nous le considérons de façon isolée. [...]

    La Connaissance inspirée nous permet de connaître l'interrelation entre tout ce qui est, ce qui a été et ce qui sera. [...]

    Nous considérons la vie comme un tout intégral. L'objet est un point dans l'espace qui sert de véhicule à une somme déterminée de valeurs. La Connaissance inspirée nous permet d'étudier l'intime relation existant entre toutes les formes et valeurs de la grande nature. [...]

    La vie tout entière est énergie déterminée et déterminante. La vie est sujet et objet à la fois. Le disciple qui veut parvenir à la Connaissance inspirée doit se concentrer profondément sur la musique. *La Flûte enchantée* de Mozart nous rappelle l'Initiation égyptienne. *Les Neuf Symphonies* de Beethoven et plusieurs autres grandes compositions classiques nous élèvent aux Mondes Supérieurs. Le disciple, profondément concentré sur la musique, devra s'absorber en elle comme l'abeille dans le miel, produit de tout son labeur. Lorsque le disciple a atteint la Connaissance inspirée, il doit alors se préparer pour la Connaissance intuitive.

–Samael Aun Weor, Notions fondamentales
d'endocrinologie et de criminologie, chapitre 22–

INTUITION

    Le monde des intuitions est le monde des mathématiques. L'étudiant qui veut s'élever au monde de l'intuition doit être mathématicien ou, du moins, avoir certaines notions d'arithmétique. Les formules mathématiques confèrent la Connaissance intuitive.

    L'étudiant doit se concentrer sur une formule mathématique et méditer profondément sur elle. Puis, il videra son mental et le mettra à blanc ; il attendra alors que son Être interne lui enseigne le concept renfermé dans la formule mathématique. Par exemple, avant que Kepler ait énoncé publiquement son fameux principe, à savoir que les carrés des temps des révolutions planétaires autour du soleil sont proportionnels aux cubes de leurs distances au soleil, la formule existait déjà, elle était contenue dans le système solaire, même si les savants ne la connaissaient pas. L'étudiant peut se concentrer mentalement sur cette formule, vider son mental, s'assoupir avec le mental en blanc et attendre que son propre Être interne lui révèle tous les secrets merveilleux que renferme la formule de Kepler.

La formule de Newton concernant la gravitation universelle peut également servir pour nous exercer dans l'intuition. Voici cette formule : *Les corps s'attirent entre eux de façon directement proportionnelle à leur masse et inversement proportionnelle au carré de leur distance.* Si l'étudiant pratique avec ténacité et avec une suprême patience, son propre Être interne l'enseignera et l'instruira dans l'œuvre. Il étudiera alors aux pieds du Maître, il s'élèvera à la Connaissance intuitive. Imagination, Inspiration, Intuition sont les trois chemins obligatoires de l'Initiation. Celui qui a gravi les trois échelons de la Connaissance directe est parvenu à la Supraconscience. Dans le monde de l'intuition nous ne rencontrons que l'Omniscience. Le monde de l'intuition est le monde de l'Être, est le monde de l'Intime.

Le Moi, le Je, l'Ego ne peut pas pénétrer dans ce monde. Le monde de l'intuition est l'Esprit universel de Vie. Le monde de la Connaissance Imaginative est un monde d'images symboliques. L'Inspiration nous confère le pouvoir d'interpréter les symboles. Dans le monde de l'intuition nous voyons le grand Théâtre cosmique et nous sommes les spectateurs. Nous assistons au grand drame de la vie. Dans ce monde, tout le drame qui est représenté sur la scène cosmique se réduit à d'implacables opérations mathématiques. C'est là l'amphithéâtre de la Science cosmique. À partir de cette région des mathématiques, nous voyons qu'il existe des masses physiques au-dessus et en dessous des limites de la perception sensorielle externe. Ces masses sont invisibles ; seule la clairvoyance permet de les percevoir. La matière est de l'énergie condensée. Quand la vibration est très lente, la masse est en dessous des limites de la perception sensorielle extérieure. Quand le mouvement vibratoire est très rapide, la masse est au-dessus des limites de la perception sensorielle extérieure. Avec le télescope nous ne pouvons voir que les masses dont le degré de vibration se trouve à l'intérieur des limites de la perception sensorielle externe. Au-dessus et en dessous des limites de perception sensorielle, il existe des mondes, des systèmes solaires et des constellations peuplés de toutes sortes d'êtres vivants. Ce qu'on appelle matière est de l'énergie qui s'est condensée en une infinité de masses. Ce que peuvent percevoir les sens de la perception externe, c'est très peu. Le matérialisme dialectique et la métaphysique s'avèrent aujourd'hui tout à fait révolus et dépassés. Nous, les frères du mouvement gnostique, nous empruntons un chemin différent [...]

Ceux qui parviennent à la Supraconscience deviennent de véritables clairvoyants illuminés. Aucun authentique clairvoyant ne se glorifie de ses facultés. Aucun clairvoyant légitime ne dit qu'il est clairvoyant. Lorsqu'un véritable clairvoyant voit quelque chose d'important, il donne son opinion en s'appuyant sur toute sa culture et en faisant preuve d'un suprême respect du prochain. Il ne dit jamais : *Je vois...*, mais plutôt : *Nous avons eu l'idée, nous estimons...* ou encore : *Nous avons appris...* C'est ainsi que tous ceux qui ont atteint les cimes ineffables de la Supraconscience se distinguent par leur noblesse, leur humilité, leur modestie. [...]

Ceux qui atteignent les hauteurs de la Supraconscience pénètrent dans l'Amphithéâtre de la Science cosmique. Le triple chemin de la Science, de la Philosophie et de la Mystique cosmique révolutionnaire nous conduit aux régions ineffables de la Grande Lumière. La Gnose –ou Gnosis– est supérieurement scientifique, hautement philosophique et transcendantalement mystique.

–Samael Aun Weor, *Notions fondamentales d'endocrinologie et de criminologie*, chapitre 22–

EXPLICATIONS PRÉCISES SUR LES TROIS ÉTAPES

Assis dans un fauteuil confortable, le corps parfaitement relaxé, ou couché dans son lit, le corps relaxé et la tête vers le Nord, on doit imaginer quelque chose : par exemple, la croissance d'une plante, d'un rosier. Il a été soigneusement semé dans une terre noire et fertile ; imaginons que nous l'arrosons avec l'eau pure de vie et en continuant ce processus imaginatif, transcendantal et transcendant à la fois, visualisons-le dans son processus de croissance : comment la tige Assis dans un fauteuil confortable, le corps parfaitement relaxé, ou couché dans son lit, le corps relaxé et la tête vers le Nord, on doit imaginer quelque chose : par exemple, la croissance d'une plante, d'un rosier. Il a été soigneusement semé dans une terre noire et fertile ; imaginons que nous l'arrosons avec l'eau pure de vle et en continuant ce processus imaginatif, transcendantal et transcendant à la fois, visualisons-le dans son processus de croissance : comment la tige pousse enfin, comment elle se développe merveilleusement ; comment surgissent les épines sur cette tige et comment, finalement, poussent plusieurs branches. Imaginons comment, à leur tour, ces branches se couvrent de feuilles, jusqu'à ce qu'enfin apparaisse un bouton qui s'entrouvre délicieusement –c'est la rose–.

En état de Manteia, comme disaient les Initiés d'Éleusis et pour parler à la grecque et peut-être même à l'orphique, nous dirons qu'il convient même de sentir en nous-mêmes l'arôme délicieux qui s'échappe des pétales rouges ou blancs de la précieuse rose.

La deuxième partie du travail imaginatif consiste à visualiser très clairement le processus de la mort de toutes les choses.

Il suffit d'imaginer comment ces pétales odorants vont peu à peu se faner et tomber, sans vie ; comment ces branches, autrefois fortes, deviennent, quelque temps après, un tas de bois mort, et finalement arrive l'ouragan, le vent, et il entraîne toutes les feuilles et toutes les branches.

C'est une méditation profonde sur le processus de la naissance et de la mort de toute chose. Si cet exercice est pratiqué assidûment, tous les jours, il est clair qu'il arrivera, à la longue, à nous donner la Perception Intérieure profonde de ce que nous pourrions appeler le monde astral.

Avant tout, il est bon d'avertir tous les étudiants que n'importe quel exercice ésotérique, y compris celui-ci, requiert de la part du disciple une continuité de propos, car si nous pratiquons aujourd'hui et demain non, nous commettons une très grave erreur. Ce n'est qu'en ayant vraiment de l'application dans le travail ésotérique qu'on peut développer cette faculté précieuse de l'imagination...

Si, une fois, pendant la méditation, surgit dans notre Imagination quelque chose de nouveau, de différent de la rose, c'est le signe évident que nous sommes en train de progresser. Au début, les images manquent de couleurs, mais, à mesure que nous allons travailler, elles vont se revêtir de multiples enchantements et couleurs ; c'est ainsi que nous progresserons dans le développement intérieur profond. En avançant un peu plus en la matière, l'imagination nous mènera vers le rappel de notre vie et de nos vies antérieures.

Il est indiscutable que celui qui a développé en lui-même la Faculté Imaginative pourra essayer de capter ou d'appréhender, avec ce diaphane ou translucide, les derniers instants de son existence passée ; dans ce miroir translucide de son imagination se reflétera alors son lit de moribond s'il est mort dans son lit, car, entre parenthèses, quelqu'un peut mourir sur un champ de bataille ou dans un accident...

Il sera intéressant pour lui de voir les êtres chers qui, dans son existence précédente, l'ont accompagné dans ses derniers instants, qui ont écouté ses cris de douleur à l'heure suprême.

En continuant ce processus si merveilleux relié à l'imagination, il pourra essayer de connaître, non seulement les derniers instants de son existence précédente, mais les instants d'avant, bien avant, les dernières années, les avant-dernières, sa jeunesse, son adolescence, son enfance, et en venir ainsi à récapituler précisément toute son existence passée.

De la même façon, et menant ce travail plus loin, cela nous permettra aussi de capter chacune de nos vies antérieures et ainsi pourrons-nous en venir, par expérience directe, à vérifier la réalité de la loi de l'éternel retour de toutes les choses.

Mais, ce n'est pas précisément l'intellect qui peut vérifier ces réalités. Avec l'intellect, nous pouvons discuter sur un thème, l'affirmer ou le nier, mais cela n'est pas une vérification. Ainsi donc, je vous invite à la compréhension...

L'imagination vous ouvrira les portes des Paradis Élémentaux de la Nature. Si nous tentons, par l'imagination, de percevoir un arbre, si nous méditons sur lui, nous verrons qu'il est composé d'une multitude de petites cellules ; nous percevrons sa physiologie, ses racines, ses fruits ; mais aussi, nous arriverons à approfondir un peu plus, et nous verrons directement la vie intime de l'arbre. Il n'y a pas de doute que celui-ci possède ce que nous pourrions appeler essence ou âme.

Lorsqu'une personne, en état de Manteia, de Samadhi, d'Extase ou de Ravissement perçoit la Conscience d'un végétal, elle découvre, avec une parfaite clarté, que celui-ci est assurément une créature élémentale, une créature qui a de la vie, non perceptible pour les cinq sens, non perceptible pour les capacités de l'intellect, totalement exclue du domaine Mystique Sensoriel, mais par contre, parfaitement perceptible pour le Translucide.

Il s'avère intéressant de pouvoir arriver, dans des étapes ultérieures, à converser, à nous entretenir avec cet élémental.

Évidemment, dans la quatrième verticale, il y a des surprises insolites. L'Éden, dont nous parle la Bible, est indubitablement cette même Quatrième Dimension de la Nature ; le Paradis Terrestre est la Quatrième Coordonnée ; les Champs Élysées, la Terre Promise où lait et miel jaillissent des rivières d'eau pure de vie, voilà précisément la Quatrième Dimension de notre planète Terre.

L'imagination créatrice, le translucide, le miroir mirifique de l'âme, bien développé avec une efficience appropriée, au moyen de règles ésotériques exactes, nous permet indubitablement de vérifier ce que j'affirme ici avec insistance.

Je vous invite donc clairement à l'analyse superlative de tout cela. Je vous invite au développement de cette faculté cognitive, connue depuis toujours comme étant l'imagination. C'est une faculté extraordinaire...

Dans la Quatrième Verticale, nous découvrons des temples extraordinaires ; ceci, parce que la vie élémentale est classifiée par le Logos ; par exemple, l'une est la famille des orangers et l'autre celle des eucalyptus. Il existe des temples de la Nature pour chaque famille végétale.

Les Devas cités dans les textes théosophiques, pseudo-ésotériques ou occultistes gouvernent la vie élémentale. Ces Devas sont des Hommes parfaits, au sens le plus complet du terme, des Initiés qui savent manipuler les Lois de la Nature.

L'Imagination Créatrice permet donc à quelqu'un de vérifier par lui-même que la Terre n'est pas un organisme mort, quelque chose de rigide, une croûte physique dépourvue de vie. L'Imagination Créatrice lui permet de savoir par lui-même que la Terre est un organisme vivant.

À cet instant, il me vient en mémoire cette affirmation néo-platonicienne qui dit que l'Âme du Monde se crucifie sur Terre... Cette Âme du Monde est un ensemble d'Âmes, un ensemble de vies qui palpitent et qui ont une réalité.

Pour les Hyperboréens, les volcans, les mers profondes, les filons des métaux, les gorges des montagnes, le vent violent, le feu flamboyant, les bêtes féroces rugissantes ou les oiseaux n'étaient que le corps des Dieux...

Ces Hyperboréens ne voyaient pas la Terre comme quelque chose de mort ; pour eux, le monde était quelque chose de vivant, un organisme qui avait la vie et l'avait en abondance. On parlait alors l'orto très pur de la langue divine qui coule comme une rivière d'or sous l'épaisse forêt du Soleil...

Celui qui savait jouer de la Lyre, tirait de celle-ci les plus étranges symphonies... En ce temps-là, la Lyre d'Orphée n'était pas encore tombée, mise en pièces, sur le pavé du Temple.

C'était une autre époque ; c'était l'époque de l'ancienne Arcadie où l'on rendait un culte aux Dieux de l'Aurore et où l'on fêtait toute naissance par des fêtes mystiques transcendantales...

Si vous développez de manière efficace la faculté de l'imagination, vous pourrez non seulement vous souvenir de vos vies antérieures, mais vous pourrez également vérifier spécifiquement ce que je suis en train d'exprimer ici, avec une entière clarté, de façon didactique.

Mais, l'imagination en elle-même et par elle-même n'est que le premier échelon ; un second échelon, plus élevé, nous mène à l'inspiration.

La faculté de l'Inspiration nous permet de converser, face-à-face, avec toute particule de vie élémentale ; la faculté de l'Inspiration nous permet de sentir en nous-mêmes la palpitation de chaque cœur.

Imaginons de nouveau, un instant, l'exercice du rosier. Si, après avoir tout fait, si, après avoir terminé la méditation sur la naissance et la mort de ce rosier –une fois les branches et les pétales de la fleur disparus–, nous voulons en savoir plus, nous aurons alors besoin de l'Inspiration...

La plante est née, elle a donné des fruits, elle est morte, et ensuite, que se passe-t-il ? Nous avons alors besoin de l'Inspiration pour savoir quelle est la signification de cette naissance et de cette mort de toutes les choses.

La faculté de l'Inspiration est encore plus transcendantale et elle nécessite une dépense d'énergie plus grande ; il s'agit de laisser de côté le symbolisme sur lequel nous avons médité, de capter sa signification intérieure et, pour cela, il nous faut la faculté de l'émotion, le centre émotionnel.

Le centre émotionnel vient alors valoriser le travail ésotérique de la Méditation ; le Centre Émotionnel nous permet de nous sentir inspirés et ensuite, étant inspirés, nous connaîtrons la signification de la naissance et de la mort de toute chose...

Avec l'imagination, nous pourrons vérifier la réalité de l'existence antérieure ; avec l'Inspiration, nous pourrons capter la signification de cette existence : sa raison, sa cause, son pourquoi...

L'inspiration est donc un pas au-delà de la faculté de l'imagination créatrice. Avec l'imagination nous pouvons vérifier la réalité de la Quatrième Verticale, mais l'inspiration nous permettra de capter sa profonde signification.

Pour finir, au-delà de la faculté de l'imagination et de la faculté de l'inspiration, nous devons atteindre les cimes de l'intuition. Ainsi donc, l'imagination, l'inspiration et l'intuition sont les trois échelons de l'initiation...

L'intuition est quelque chose de différent. Revenons à l'exemple du rosier. Il n'y a pas de doute qu'à l'aide du processus de l'imagination, durant l'exercice ésotérique transcendantal et transcendant, nous avons vu les processus, nous avons vu la façon dont croît le rosier, dont il a donné des fruits et, pour finir, comment il est mort et s'est transformé en un tas de bois...

L'inspiration nous permettra de connaître la signification de tout cela, mais l'intuition nous mènera à la réalité spirituelle de cela ; nous pénétrerons alors, grâce à cette précieuse faculté superlative, dans un monde spirituel exquis ; nous nous trouverons face-à-face, non seulement avec l'Élémental –vu à l'aide de l'imagination–, avec l'Élémental du rosier, mais plus encore : nous nous trouverons face à l'Étincelle Virginale, à la Monade Divine ou Particule Ignée Suprême du rosier ; nous pénétrerons dans un monde où nous rencontrerons les Elohim créateurs, cités par la Bible de Moïse, la Bible hébraïque, nous verrons toute la Troupe Créatrice de l'Armée de la Parole, c'est-à-dire que nous rencontrerons le Démiurge Créateur de l'Univers...

C'est cette intuition-là qui nous permettra de converser face à face avec les Archanges, avec les Trônes et ils ne seront plus pour nous une pure spéculation, une croyance, mais une réalité palpable, manifeste.

L'intuition nous permettra d'accéder aux Régions Supérieures de l'Univers et du Cosmos. Au moyen de l'intuition, nous pourrons étudier la Cosmogenèse, l'Antropogenèse, etc.

L'intuition nous permettra de pénétrer dans les temples de la Fraternité Blanche Universelle, dans les Temples des Elohim, Prajapatis, Kumaras ou Trônes...

L'intuition nous permettra de connaître la Genèse de notre monde. Grâce à l'intuition, nous pourrons assister à l'Aurore même de la Création ; savoir, non pas par ce qu'en a dit quelqu'un, mais par voie directe, comment a surgi ce monde du Chaos, de quelle façon il a été créé, de quelle manière il a fait son apparition dans le concert des mondes...

L'intuition nous permettra donc de savoir de manière spécifique et directe ce qu'ignorent les brillants intellectuels de l'époque...

Il existe beaucoup de théories en ce qui concerne le monde, l'Univers, le Cosmos, et elles passent de mode constamment comme les remèdes des pharmacies, comme les modes féminines ou masculines.

Une théorie est suivie d'une autre, puis d'une autre et encore d'une autre et, finalement, l'intellect ne fait que spéculer et rêvasser joliment, sans jamais pouvoir expérimenter le Réel ; mais l'intuition nous permet de connaître le Réel ; c'est une faculté cognitive transcendantale.

Il est grandiose de pouvoir assister au spectacle de l'Univers, de se sentir pour un temps à l'écart de la Création ; de regarder le monde comme si c'était un théâtre et qu'on soit spectateur ; de vérifier comment une comète sort du Chaos, comment n'importe quelle unité cosmique surgit donc du Non Être –qui est l'Être Réel–.

C'est l'intuition qui nous permet de savoir que la Terre existe à cause du Karma des Dieux, car autrement, elle n'existerait pas ; c'est l'intuition qui nous permet de vérifier la crue réalité de ce Karma.

Assurément, ces Elohim, Prajapatis ou Pères qui, dans leur ensemble, constituent le Divin, ont agi dans un cycle de manifestation passé, bien avant que la Terre et le Système Solaire aient surgi à l'existence. [...]

Lorsqu'on fait l'une de ces affirmations devant un groupe de gens instruits, devant les érudits intellectuels, devant ceux qui sont habitués à jongler avec le Mental, devant les fanatiques des syllogismes, des prosyllogismes et des ésyllogismes du rationalisme subjectiviste, il est évident qu'on s'expose à la moquerie, au sarcasme, à l'ironie, à la vexation, à la satire, car cela ne peut jamais être admis par le Rationalisme Subjectif de l'intellect ; ce que je suis en train de dire ne peut être accessible qu'à l'intuition.

Si un jour, vous voulez arriver réellement à l'illumination, à la perception du Réel, à la connaissance complète des Mystères de la Vie et de la Mort, vous devrez incontestablement gravir les merveilleux degrés de l'imagination, de l'Inspiration et de l'intuition. Le simple rationalisme ne pourra jamais vous amener à ces expériences intimes, profondes...

En aucune manière nous ne nous prononcerions contre l'intellect ; ce que nous voulons c'est spécifier ses fonctions et ce n'est pas un délit.

Indubitablement, l'intellect est utile à l'intérieur de son orbite ; hors de son orbite, je répète ce que j'ai déjà dit en commençant cette conférence, il est inutile. Mais, si nous sommes des fanatiques de l'intellect et que nous refusons carrément de monter les échelons de l'imagination, nous n'arriverons jamais –c'est indéniable– à Penser Psychologiquement.

Celui qui ne sait pas penser psychologiquement reste attaché, de manière absolument exclusive, au domaine mystique sensoriel et, en fait, il peut même devenir un fanatique de la Dialectique Marxiste...

Seul le penser psychologique ouvrira le mental intérieur, c'est évident. En fait, celui qui a gravi les échelons de l'inspiration et de l'intuition a indubitablement ouvert les merveilleuses portes du mental intérieur : les intuitions surgissent alors de l'intérieur et elles s'expriment à travers le mental intérieur, c'est-à-dire que le mental intérieur sert de véhicule aux intuitions.

Ce mental intérieur est la raison objective même qui a été clairement définie par un Gurdjieff, par un Ouspensky ou un Nicoll.

Posséder la Raison Objective, c'est avoir ouvert le Mental Intérieur, et le Mental Intérieur fonctionne exclusivement à l'aide des Intuitions, des données de l'Être, de la Conscience, de ce qui est superlatif, éthique, de ce qui est transcendantal et Transcendant en nous et de nulle autre manière...

–Samael Aun Weor, *Le Cinquième Évangile*, conférence "Fonctionnalismes secrets du mental illuminé"–

LIBÉRATION DE L'INTELLECT

Il est donc nécessaire que vous compreniez tous la nécessité de commencer à monter, ne serait-ce que sur le premier échelon, celui de l'imagination.

Commencer au moins par-là, car si vous commencez à faire le premier pas sur le sentier de l'imagination, plus tard vous ferez le pas vers l'inspiration et, beaucoup plus tard, vers l'intuition.

Mais ne restez pas embouteillés dans l'intellect, sans rien de plus, car l'intellect n'est qu'un échelon très inférieur. Il est nécessaire que vous fassiez un pas ; car il y a un autre pas à faire qui est celui d'entrer au niveau de l'imagination, et, bien plus tard, on fera l'autre pas qui mène au niveau de l'inspiration, et, beaucoup plus tard, l'autre pas qui mène au royaume de l'intuition.

Il ne faut pas rester embouteillé dans l'intellect. C'est l'erreur de beaucoup de ceux qui échouent dans ces études, car ils ne restent absorbés que dans l'intellect, et l'intellect ne peut jamais nous conduire à l'illumination. Quand ? Croyez-vous peut-être que l'intellect peut conduire quelqu'un à l'illumination ? Ces pseudo-ésotéristes ou pseudo-occultistes qui sont restés embouteillés dans l'intellect parviennent à la vieillesse sans avoir rien fait, ils ont complètement échoué dans ces études.

Ainsi, ne restons donc pas dans l'intellect. Non, commençons une fois pour toutes à faire un pas vers le royaume de l'imagination. Peu à peu, vous allez comprendre cela de façon pratique, vous avancerez ainsi de plus en plus...

–Samael Aun Weor, *Le Cinquième Évangile*, conférence
"Les trois étapes de la connaissance initiatique"–

LE DÉVELOPPEMENT DES TROIS ÉTATS

Durant ces pratiques de méditation, les chakras du corps astral de nos disciples entrent en activité et le disciple commence alors à percevoir les images des mondes suprasensibles. Au début, le disciple ne perçoit que des images fugaces. Plus tard le disciple perçoit totalement toutes les images des mondes suprasensibles. Cette première étape de la connaissance appartient à la connaissance "imaginative". Le disciple contemple alors beaucoup d'images qui sont pour lui énigmatiques, car il ne les comprend pas. Mais au fur et à mesure qu'il persévère dans ses pratiques de méditation interne, il sent progressivement que ces images suprasensibles produisent en lui certains sentiments de joie ou de douleur. Le disciple se sent alors inspiré en présence de ces images intérieures, et il comprend la relation qui existe entre différentes images ; il s'élève alors à la connaissance inspirée. Plus tard, en voyant n'importe quelle image intérieure on connaît instantanément sa signification et le pourquoi de chaque chose ; c'est le troisième échelon de la connaissance, connu sous le nom de connaissance intuitive.

–Samael Aun Weor, *Rose ignée*, chapitre 17–

EXEMPLE PRATIQUE DE FOI CONSCIENTE

Il se peut que vous ayez entendu parler de l'existence de l'Atlantide, mais que vous n'en soyez pas convaincus ; vous recevez cela comme une information. Peut-être que vous l'acceptez, mais, en réalité, vous n'êtes certains de rien.

De sorte que, pour arriver à savoir si l'Atlantide a existé, vous aurez besoin, avant tout, de vérifier cette information, d'étudier où se situait l'Atlantide. Qu'elle ait été située dans l'océan Atlantique, c'est bien ! Mais quelles preuves physiques, quelles données y a-t-il ? Quelles sont ses légendes, ses traditions, etc.

Une fois en possession de toutes ces données, il nous faut alors les vérifier. Comment le ferons-nous ? Par la technique de la Méditation. Nous devrons nous coucher dans notre lit –si possible la tête au Nord–, le corps complètement relaxé, les yeux fermés, au moment où nous nous sentons prédisposés au sommeil, nous devons alors nous concentrer résolument sur l'Atlantide, en combinant l'imagination à la volonté en vibrante harmonie. [...]

Si nous nous concentrons convenablement, je le répète, sur l'Atlantide, avec le corps relaxé, en imaginant vivement le Continent Atlante, si nous unissons la Volonté et l'imagination en vibrante harmonie –en voulant voir l'Atlantide–, si nous pratiquons quotidiennement, en nous imaginant là-bas, dans l'Océan Atlantique, en voyant un groupe d'îles merveilleuses et, parmi elles, celle de Poséidon avec les sept portes en or massif, etc., si nous pratiquons vraiment, qu'arrivera-t-il ? Un jour, parmi tant d'autres, nous verrons l'Atlantide...

À l'évidence, il y a trois Phases dans la Connaissance Initiatique : premièrement, l'imagination ; deuxièmement, l'inspiration ; troisièmement, l'intuition. Imagination, Inspiration et Intuition sont les trois chemins obligatoires de l'Initiation. Nous nous imaginerons, intensément, dans le Continent Atlante, tel qu'il se trouvait là-bas dans l'océan qui porte son nom –les villes avec leurs remparts, etc.– Et notre Volonté sera de vouloir voir et notre imagination sera d'être en attente, dans un état réceptif, pour voir ce qui parvient à l'imagination.

Un jour ou l'autre, des lueurs de l'Atlantide commenceront à arriver à l'imagination, et les images de ce vieux continent seront de plus en plus vivantes. Nous verrons ses habitants, ses villes, et, si nous sommes persévérants dans l'exercice, le jour arrivera où nous pourrons voir parfaitement le Continent Atlante dans sa totalité. Ces lueurs nous donneront la Foi, mais cette Foi augmentera lorsque nous passerons au deuxième aspect que l'on appelle : inspiration.

En étant inspirés, nous sentirons en nous ce que fut l'Atlantide ; nous connaîtrons sa vie et ses tragédies. Un troisième degré nous amènera à l'intuition. Et alors, grâce à l'intuition, nous pourrons donc, non seulement voir de manière clairvoyante et arriver à sentir nous-mêmes les vives émotions des gens, etc., du Continent Atlante, mais aussi nous pourrons alors étudier dans sa totalité la vie de ce continent, de cette humanité, dans les archives scellées de la nature, dans les Registres Akashiques. Quand cela arrivera, nous aurons beaucoup plus de Foi. Ainsi, nous voyons comment la Foi est susceptible de se développer.

Quelqu'un peut avoir Foi en quelque chose et ne pas l'avoir pour autre chose. Celui qui veut avoir Foi en tout devra étudier profondément, expérimenter et ensuite, comme résultat de l'étude et de l'Expérience Directe, viendra la Compréhension. Et, comme conséquence ou corollaire de cette Compréhension, adviendra la Foi qui, comme je vous l'ai déjà dit, a évidemment ses racines dans le Troisième Logos. C'est ainsi que la Foi se développe peu à peu, à base d'étude et d'expérience… […]

La Foi consciente ne peut être uniquement élaborée ou fabriquée –je l'ai déjà dit– qu'à base d'étude et d'expérience directe. De là provient la compréhension que nous donne le Logos et, comme résultat ultime, la Foi qui a évidemment ses racines dans le Logos.

Donc, la Foi Consciente se développe d'instant en instant, de moment en moment. Il pourrait arriver que tu sois rempli de Foi et, cependant, tu douteras qu'une molécule de cuivre –dans les atomes, par exemple– ait un centre de gravitation très spécial ; que cette molécule serve pour ainsi dire de centre de gravité pour que là, les Forces Cosmiques évoluent et involuent. Tu pourrais dire : *"La théorie est bonne, mais moi je n'en suis pas certain"*..., et, cependant, être rempli de Foi, mais, dans ce détail-ci, ne pas l'avoir à un moment donné. Alors, il te faudra étudier la constitution de cette molécule de cuivre, mais l'étudier attentivement, du point de vue physique et ensuite l'étudier à travers la Méditation : couché dans ton lit, le corps relaxé, imaginer vivement la molécule, "en voulant la voir", c'est-à-dire unir l'imagination –qui est féminine– à la Volonté –qui est masculine–, pour tenter de découvrir la vie de cette molécule. À un moment donné, avec l'Inspiration, le jour où tu t'y attends le moins, tu arriveras à voir comment les forces cosmiques gravitent dans cette molécule, évoluant et involuant. Résultat : ta Foi augmentera, tu auras une nouvelle Foi Consciente en une chose en laquelle tu n'avais pas Foi, alors que tu avais Foi en beaucoup d'autres choses.

–Samael Aun Weor, *Le Cinquième Évangile*, conférence "Le pouvoir de la foi consciente"–

LA COMPRÉHENSION

Bien, la première chose qu'il faut prendre en compte, c'est que la méditation est une discipline. Personne ne peut dire : *"Je vais méditer immédiatement, parce que j'ai besoin d'arriver à la compréhension de ce Moi aujourd'hui "*, ce sont des stupidités. [...]

Justement je voudrais vous dire la chose suivante : quand quelqu'un se propose de méditer pour chercher, par exemple, le sens profond d'un Moi, après avoir appris à se mettre dans une position adéquate, après avoir détendu les muscles et les nerfs, il entre dans l'analyse, n'est-ce pas, de ce qu'il veut chercher.

Cette analyse, au début, est rationnelle, et une fois l'analyse rationnelle épuisée, qui fait partie de cette étape de Pratyahara, la personne doit s'écarter de cette analyse et attendre l'état de contemplation qui est Dhyana. [...]

En complète méditation, nous recevons de l'information sur comment nous sommes, sur comment nous marchons.

Peut-être avons-nous supplié la Mère Divine pendant un mois avec des exercices, avec des asanas, sur la compréhension de telle chose, et un jour parmi tant d'autres, alors qu'on ne se souvenait même plus qu'on avait besoin de cette compréhension, surgit dans le mental, par la volonté du Père, la compréhension que nous avions sollicitée.

Et la compréhension arrive comme le hoquet, la compréhension n'est pas produite par le mental.

Le mental analyse la thèse, l'antithèse, mais il ne donne pas la synthèse.

La synthèse donne la compréhension.

Qu'est-ce que la compréhension ? C'est un cadeau, c'est un pouvoir.

Qui donne la compréhension ? L'Essence, la Conscience, le cœur, l'intuition. Aujourd'hui, ce que nous comprenons sous une forme, demain nous le comprenons plus profondément. La compréhension est élastique, elle s'allonge. Plus notre mental se calme, et plus nos analyses sont profondes, la compréhension vient comme réponse à nos inquiétudes. Mais ne prétendons pas obtenir la compréhension par le raisonnement, c'est absurde.

Le mental a sa limite, la raison a ses limites. Avec la raison, nous arrivons à l'analyse, point ; ne cherchons pas plus, parce qu'il n'y a rien de plus.

Le reste vient par surcroît, comme une éructation. La compréhension arrive comme une éructation, qui vient de l'intérieur vers l'extérieur.

C'est comme le rire. Nous ne rions pas quand nous voulons.

Le rire, s'il est naturel, est spontané. Quand on rit sans en avoir envie, les gens s'en rendent compte, et ils se rendent compte qu'on fait une grimace ; en réalité, ils rient de nous

Alors, ceci est important. La compréhension jaillit du cœur, elle appartient au cœur, pas au mental. C'est pourquoi, parfois, la nature de la femme étant plus délicate que celle de l'homme –pas toujours, parce que de nos jours il y a beaucoup de femmes qui sont pires que les hommes, à notre époque, mais par nature, la femme est plus délicate que l'homme –donc, comme elle est moins contaminée, parfois la femme comprend de manière directe l'état dans lequel est son mari, sans passer par beaucoup d'analyses, simplement elle observe attentivement et alors, jaillit le feu de la compréhension, et elle sait ce qui lui arrive.

Elle ne doit pas faire un exercice philosophique à propos du mari s'il est avocat ou non, ou journaliste, ou à quelle heure il est rentré, à quelle heure il est arrivé...

Non, non, elle l'observe simplement et elle sait ce qui se passe, elle sait, sur la base de cette compréhension, si ce jour-là, elle peut lui parler de telle chose ou non, si le climat est tendu ou s'il ne l'est pas, etc.

–Kwen Khan Khu, interview "La Science de la Méditation"–

La compréhension n'est pas fille de la raison comme le croient les intellectuels.

La méditation fait que notre esprit redevient intuitif, à la longue, à la longue. À la longue nous pensons avec le cœur et nous sentons avec le mental. On dit que les anciens Égyptiens vivaient ainsi.

Pour les Égyptiens, le cœur était le siège de la pensée, et ça, penser avec le cœur, c'est très joli. Mais, depuis que la philosophie aristotélicienne grecque est entrée et nous a envahis, nous restons embouteillés dans l'utilisation excessive du raisonnement mécanique, qui conduit seulement à des crises internes.

–Kwen Khan Khu, interview "La Science de la Méditation"–

Quand il s'agit de comprendre tout ce qui émerge dans le mental, nous voyons, en fait, le livre du Moi. Ainsi, le Moi est un livre de plusieurs volumes, et à mesure que l'on va se connaître soi-même, on va connaître ce qui est réel. C'est pourquoi je dis que lorsque le mental est "apparemment" immobile et silencieux et que rien ne surgit de nouveau, c'est parce que quelque chose n'a pas été compris, c'est parce que les stimuli des choses luttent encore : sur des concepts, sur des idées, etc., au plus profond de soi, dans les tréfonds les plus intimes, et à cause de cela, l'Illumination ne vient pas. Tant qu'il y a un conflit en soi, il n'est pas possible que le nouveau, le réel, vienne nous rendre visite.

Alors, il est nécessaire de nous auto-explorer plus profondément pour voir ce qui se passe, ce qui existe à l'intérieur de nous, et que nous n'avons pas compris. À la fin, nous découvrons ce que c'est, et lorsque nous découvrons et comprenons, nous pouvons alors voir que quelque chose de nous se dissout ; en quelques secondes, l'expérience et la vision du divin arrivent. Nous avons des moments de béatitude quand on arrive à avoir des moments de calme et de silence.

Il est donc très important de se connaître par la méditation, parce que, dans le temple de Delphes, en Grèce, il était écrit : *"Nosce te ipsum"* : 'Homme, connais-toi toi-même et tu connaîtras l'Univers et les Dieux'. Il n'est pas possible de connaître l'Univers et les dieux si nous ne nous connaissons pas profondément. Le but de toute cette méditation est de nous connaître nous-mêmes pour ensuite avoir la joie de connaître l'Univers et les Dieux.

Quand nous travaillons sur le processus qui consiste à examiner les désirs, les émotions et les passions qui apparaissent sur l'écran du mental, nous sommes aussi en train de nous connaître nous-mêmes. Par conséquent, la connaissance profonde et non superficielle, est essentielle.

—Samael Aun Weor, *le Cinquième Évangile*, conférence
"La nécessité de comprendre notre mental"—

L'ÊTRE ET LE SAVOIR

Quand il y a un parfait équilibre entre l'Être et le savoir, survient la compréhension. Quand le savoir est plus grand que l'Être, survient le fripon de l'intellect, comme conséquence ou corollaire d'un tel comportement. Quand l'Être est plus grand que le savoir, il en résulte le saint stupide.

Mais si nous combinons l'Être et le savoir de façon absolument équilibrée, alors, de là survient la flamme de la compréhension.

Maintenant, pour que l'Être et le savoir atteignent un équilibre parfait, on a besoin de la technique de la méditation.

–Samael Aun Weor, *le Cinquième Évangile*, conférence
"Paramètres alchimiques et psychologiques du Vide"–

Il doit y avoir une union complète de l'Être et du savoir. Et quand je dis "savoir", il s'agit d'un défaut psychologique, prenons celui de l'adultère. Nous ne pouvons pas savoir si nous n'entrons pas en profonde une méditation. Il est évident que si nous parvenons à prendre conscience du défaut en question, l'Être et le savoir seront unis.

Eh bien, et du résultat de l'union de l'Être et du savoir, la moyenne différentielle résulte, c'est-à-dire la quantité mathématique exacte: l'individu est parvenu à la compréhension.

–Samael Aun Weor, *Le Cinquième Évangile*, conférence
"Intégration de l'Être et du savoir"–

La compréhension créatrice se développe à partir du pur discernement ; il ne peut pas y avoir de compréhension si on n'établit pas un parfait équilibre entre l'Être et le savoir. Quand l'Être est plus grand que le savoir, on devient comme le disait Gurdjieff, un "saint stupide". Quand le savoir est plus grand que l'Être, on devient, comme je le dis, *un fripon de l'intellect*. Le monde est actuellement gouverné par des fripons, d'où l'état chaotique dans lequel se trouve l'humanité. Établir l'équilibre entre l'Être et le savoir est indispensable ; on établit l'équilibre entre l'Être et le savoir sur la base de la méditation. Si nous étudions, par exemple, un verset de la Bible, que nous le gravons uniquement ici, en n'utilisant pour cette étude que le centre informatif, le centre qui enregistre, l'intellect, il est alors évident que nous allons mal, que nous sommes en train d'épuiser ce Centre. Mais, si nous étudions ce verset biblique et qu'ensuite nous nous absorbons en méditation profonde dans le but de nous rendre conscients, par Illumination, de la profonde signification de ce verset, il se fait alors, pour ainsi dire, un échange entre l'Être et le savoir ; le savoir se fond dans l'Être et l'Être se fond dans le savoir, et, de cette fusion si intégrale, jaillit la flamme vivante de la compréhension.

–Samael Aun Weor, *le Cinquième Évangile*, conférence "Fondements psychologiques de la fausse personnalité"–

COMPRÉHENSION INTELLECTIVE ET COMPRÉHENSION PROFONDE

En tout cas, dans cette question de la compréhension, il y a beaucoup et beaucoup de degrés, d'échelons et d'échelons, de systèmes et de systèmes ; différents niveaux. Car très souvent, on a étudié un livre et on croit l'avoir compris, on le lit un an plus tard, et il s'avère qu'on se rend compte qu'on ne l'avait pas compris.

Vous avez vu, par exemple, mon livre *Le Parsifal Dévoilé*, n'est-ce pas ? C'est un livre à étudier toute sa vie. Cependant, il y a beaucoup de gens qui croient l'avoir compris. Mais quand ils le relisent, ils se rendent compte qu'il leur manquait une meilleure compréhension à son sujet. Mais quand ils le relisent, ils se rendent compte qu'ils ont besoin de mieux le comprendre. Bref, cette question de la compréhension est une chose très élastique.

Vous me demandez des exemples concrets sur la compréhension. Je ne vais vous en donner qu'un, avec le plus grand plaisir, que j'ai expérimenté en moi-même, car j'aime parler de ce que j'ai moi-même expérimenté.

Par exemple, un jour, me trouvant sous terre dans la chambre de réflexion du Summum Supremum Sanctuarium, je décidai, mes chers frères, de comprendre cette Stance de Dzyan, où on nous parle du premier instant lié à la fécondation des eaux chaotiques. Intellectuellement, j'avais toujours compris que le feu féconde les eaux de la vie, c'est évident. Intellectuellement, j'avais compris que le Troisième Logos avait fécondé les eaux chaotiques à l'aube de l'existence pour que surgisse le Cosmos, mais je n'avais pas appréhendé sa signification profonde. J'ai eu besoin du calme et du silence du mental.

En ces instants, la Maîtresse Helena Petrovna Blavatsky me rendit visite et me dit : *"Le Troisième Logos dit à son épouse : 'Va, féconde la matière chaotique pour que surgisse la vie, mais c'est à toi de voir'."* Elle me racontait cela, oui, mais il manquait quelque chose : que je le revive ce drame, le revivre, et j'y parvins grâce au Samadhi. Je fus témoin de l'aurore de la Création ; je vis l'instant où le Premier Logos fit émaner de lui-même le Troisième ; je vis l'instant où le Premier Logos commanda au Troisième, en lui disant : *"Va et féconde ton épouse, la matière chaotique, pour que surgisse la vie, mais c'est à toi de voir."* Je fus témoin de cette scène. Et c'est évident que j'ai eu alors l'appréhension de sa profonde signification. Cet Ancien s'inclina, révérencieux, vêtu d'un manteau bleu, et commença ensuite le grand travail avec les rituels du feu. Est-ce que vous avez compris ?

Dans le premier cas, j'avais seulement une information intellectuelle ; dans le deuxième, il y avait appréhension profonde. Dans le premier cas, j'avais une compréhension purement informative ou intellectuelle ; dans le deuxième, une véritable compréhension profonde. [...]

Il est clair que j'ai toujours su que le feu féconde les eaux de la vie, c'est évident, et toute personne ayant étudié l'ésotérisme le sait, mais, dans ma présente réincarnation, il me fallait en prendre plus conscience, c'est-à-dire appréhender la profonde signification de cette vérité. Je suis parvenu à saisir cette profonde signification dans la chambre de réflexion du Summum Supremum ce qu'elle fit, fut de me répéter ce qui était écrit dans sa cosmogenèse. Nous pouvons souligner ceci : *"Le Troisième Logos féconda les eaux chaotiques pour que surgisse la vie"*. Nous le répétons, nous le simplifions. Cependant, ce n'était pas tout, j'avais besoin d'aller au fond des choses, et j'y parvins. J'ai réellement assisté ou, plutôt, j'ai revécu l'aurore du Maha-Manvantara. Je dis que je l'ai revécu parce que, au nom de la vérité, je dois vous dire que je fus assurément témoin de l'aurore du Maha-Manvantara.

Mais, dans ma présente réincarnation, j'avais besoin de revivre ce souvenir transcendantal, divin. Et je vis parfaitement quand le Premier Logos fit émaner le Troisième Logos, quand il lui parla en lui disant : *"Va, féconde la matière chaotique pour que surgisse la vie, mais c'est à toi de voir."* Il lui a donné la liberté d'obéir ou de désobéir.

Et le Troisième Logos s'est incliné révérencieusement devant le Premier Logos. Ce Troisième Logos était vêtu de belle manière, avec son manteau bleu jusqu'au sol, sa tunique blanche. Quelle beauté sur son visage ; ses yeux bleus où se reflétait tout le panorama de l'Infini ; ce nez aquilin, ces lèvres fines et délicates, tout à fait resplendissant, magnifique. Je fus témoin de cela, comme je fus témoin du travail rituel qui fut réalisé dans les sept temples du chaos.

Bon, en expérimentant ce qui est transcendantal, eh bien, j'ai appréhendé, j'ai saisi la profonde signification de cette vérité écrite dans la cosmogenèse et que tous les petits frères des diverses écoles répètent, mais qu'ils ne sont pas réellement parvenus à vivre ou à expérimenter de façon intime, compris ?

–Samael Aun Weor, *Le Cinquième Évangile*, conférence "Avantages et merveilles du silence mental"–

COMPRENDRE LE MOI

Bon. Je dis que la méditation est indispensable, car la méditation est le système, la méthode pour pouvoir recevoir des informations ; à travers la méditation, on peut également comprendre ses défauts ; quand on médite sur tel ou tel défaut, quand on médite sur telle ou telle erreur psychologique, on est évidemment en train de s'efforcer de les comprendre, et c'est à travers la méditation profonde qu'on arrive à les comprendre. Le défaut découvert, une fois compris, doit être éliminé.

Mais, avant d'éliminer un défaut, il faut d'abord le comprendre à travers la méditation profonde, et c'est ainsi seulement qu'on pourra l'éliminer. Il n'est pas possible d'éliminer un défaut s'il n'a pas été compris au préalable ; et ce n'est pas possible de le comprendre au préalable si on n'a pas médité profondément sur lui ; la méditation profonde nous permet de comprendre tel ou tel défaut. Par conséquent, la méditation est le pain du sage ; par la méditation, on peut apprendre beaucoup de choses, on peut s'autodécouvrir ; la méditation est la méthode de l'autodécouverte. Et nous savons que dans l'autodécouverte, il y a aussi l'autorévélation ; et il serait absurde de se prononcer contre la méditation. La méditation quotidienne, je le répète, c'est le pain des sages.

—Samael Aun Weor, *Le Cinquième Évangile*, conférence "Les trois calcinations alchimiques"—

QUESTIONS ET RÉPONSES

Disciple. Vénérable Maître, pourriez-vous nous apprendre une clé pour éveiller progressivement la compréhension ?

Maître. La compréhension ne s'éveille que par la méditation. Si nous voulons comprendre que nous avons tel ou tel défaut, comprendre la signification profonde du défaut que nous voulons vraiment éliminer, évidemment, par la méditation, nous pouvons le comprendre, par la méditation.

Mais, je pense que nous devons aller plus loin que la simple compréhension. Nous devons connaître la signification profonde du défaut comprise. Et pour atteindre la signification profonde, il faut inévitablement une méditation intérieure profonde et profonde.

Si nous en venons à saisir la signification profonde d'un défaut, nous comprendrons non seulement le défaut en lui-même, mais aussi la contrepartie psychologique du défaut: la vertu qui y est contenue et qui, en tant qu'antithèse, l'a contenue. Atteindre la signification profonde est une chose extraordinaire.

—Samael Aun Weor, *Le Cinquième Évangile*, conférence "Contact avec l'héritage de la lumière"—

Disciple. *Vénérable Maître, avons-nous besoin de connaître une technique de méditation pour comprendre le Moi ?*

Maître. Non, pour cela, pas besoin de technique. Quand tu commences à y penser, à n'importe quoi de la vie, tu n'as pas besoin de techniques. Lorsque tu es intéressé par quelque chose, tu es intéressé, et si tu veux savoir pourquoi tu es en colère, tu n'as pas besoin de beaucoup de technique, mais tu es intéressé, si tu veux savoir "et en outre, tu en as le droit".

Alors, après qu'on ait été intéressé, on en vient à méditer d'une manière si naturelle qu'on n'y pense même pas.

Autrement dit, on ne réfléchit pas à la façon dont on va méditer. On est intéressé à comprendre un Moi, et c'est bon. Savoir pourquoi il s'exprime de certaines manières et à un certain moment, et pourquoi d'autres fois, il ne s'exprime pas, etc., ainsi que dans de nombreuses autres occasions

Alors, quand on l'a compris, on demande alors à la Divine Mère Kundalini de lui donner du "chicharron", et elle le lui donne. Pour cela, vous n'avez pas besoin d'être aussi savant.

–Samael Aun Weor, *Le Cinquième Évangile*, conférence "Rencontre avec les sœurs gnostiques"–

Disciple. *Maître, excusez-moi, comme la compréhension de chaque Moi est indispensable pour l'éliminer, pourriez-vous nous donner un exemple de ce qu'est la compréhension d'un quelconque Moi ? Car dans cette question de la compréhension, il y a beaucoup de niveaux et il est bien important de comprendre clairement le concept de ce qu'on appelle compréhension profonde. J'aimerais un exemple, Maître.*

Maître. Bon, mon cher frère B., bien sûr, nous parlons sérieusement de la pratique de la méditation en général dans les Lumisials. La pratique de la méditation pour la dissolution du Moi est autre chose ; c'est un sujet différent, non ? Cependant, je dois vous dire, en fait, qu'il y a différents degrés de compréhension. J'entends par compréhension profonde quand on est parvenu à appréhender, à saisir la profonde signification de telle ou telle chose, ou de tel ou tel défaut de type psychologique. Cependant, quand on n'est pas arrivé aussi loin, quand on comprend seulement le processus de la colère, ou de l'égoïsme, ou de la haine, par exemple, et rien d'autre, mais qu'on n'a pas, réellement, saisi leur intime signification profonde, il y a une certaine compréhension, mais ce n'est pas la compréhension profonde, c'est la compréhension superficielle. [...]

Il est indubitable, par exemple, que nous pouvons comprendre ce qu'est la colère, savoir que nous avons de la colère, avoir réellement compris tous ses processus psychologiques en nous : comment la colère se développe, quelles sont ses origines, pourquoi la colère surgit en nous à un moment donné, etc., et cependant, bien qu'on l'ait compris, ne pas être parvenu à saisir la profonde signification de la colère. Quand on a capté la signification profonde de la colère, eh bien tout change.

Par exemple, supposons que tu conduis ta voiture et quelqu'un, avec une autre voiture, te heurte. Bien sûr, tu as un moment d'accès de colère, et ça te dérange, n'est-ce pas ? Tu arrives chez toi, tu médites pour en connaître la cause. Tu découvres probablement que c'est à cause d'un manque de patience, un manque de sérénité de ta part, un manque de contrôle de soi, rien de plus. Jusque-là, tu as compris. Saisir la profonde signification de cette colère est une chose qui va beaucoup plus loin, car si tu saisis la profonde signification de cette colère, tu peux découvrir qu'elle n'est, en elle-même, rien d'autre que le résultat de l'ignorance. Tu viens de découvrir avec un étonnement mystique que ce choc a pu avoir été produit par la Loi du Karma, mais tu ignorais la Loi du Karma, tu ignorais que tu devais cette dette karmique.

Si tu arrives à voir ça, c'est parce que tu as capté la profonde signification. De quoi ? De la Colère ? Oui, de la colère. Tu as découvert que cette colère était fondée sur l'ignorance, tu ignorais la Loi du Karma. En voyant comment le karma agit, en lisant dans les registres akashiques de la nature [...]

Disciple. *Maître, vous avez dit que la compréhension n'est pas du mental, et ensuite, d'autre part, vous nous avez dit quelque chose sur la compréhension intellectuelle. Qu'est-ce que cela, Maître ? Pouvez-vous l'expliquer ?*

Maître. Bon, mon cher frère, apparemment il y a une contradiction, n'est-ce pas ? Cependant, soulignez le mot intellectuel. Soulignez-le et allez au fond. Je veux avant tout que vous compreniez, avant tout, profondément, la signification de tout cela. Quand j'ai dit compréhension intellectuelle, je ne me suis réellement pas limité à l'intellect, non ; j'ai voulu aller bien au-delà du simple intellect, c'est pourquoi je vous dis : soulignez. Mais comme naturellement l'intellect est l'instrument de manifestation ici, dans le monde physique, car il sert de véhicule à la Conscience –bien que celle-ci soit prisonnière à l'intérieur de l'intellect lui-même, il sert toujours de véhicule–, c'est pour cela que j'ai parlé d'information ou de compréhension intellectuelle. Je vous ai parlé d'une manière conventionnelle, parce que la compréhension, je répète et je souligne, n'est pas intellectuelle. Mais je précise : l'intellect sert d'instrument à la Conscience. Naturellement, il sert quand il veut servir, n'est-ce pas, quand on parvient à dominer le mental. Malheureusement, très rares sont ceux qui savent dominer le mental. Compris ?

–Samael Aun Weor, *Le Cinquième Évangile*, conférence "Avantages et merveilles du silence mental"–

LA MÉDITATION ET LA MORT DU MOI

Le Moi est un excellent livre, un livre aux nombreux tomes. Ce n'est que par la technique de la méditation interne que nous pouvons étudier ce livre.

–Samael Aun Weor, *Tarot et Kabbale*, chapitre 21–

Cette clé, tel un joyau précieux, est la principale arme avec laquelle combattent le "Moi" pluralisé ces aspirants à l'Illumination perpétuelle. Le nom de cette clé ou de cet artifice n'est autre que la MÉDITATION.

–Kwen Khan Khu, *Samael Aun Weor: L'Homme Absolu*, chapitre 12–

Le Vide Illuminateur est un but, par contre, la méditation sur les agrégats psychiques est quelque chose qui a aussi sa technique et ses processus. Malheureusement, nous n'avons pas encore compris que pour faire une méditation profonde –dans ce cas, sur un certain agrégat–, nous avons besoin, avant, d'avoir atteint la quiétude du mental jusqu'à un certain point, du moins. Ce qui se pratique dans les associations, dans la Gnose, au niveau mondial, c'est davantage une relaxation qu'une méditation, et une relaxation du mental, jusqu'à un certain point, mais, au fond, ce n'est pas une méditation. [...]

Indubitablement, les gens dans les associations parviennent tout au plus, malheureusement, à une relaxation corporelle qui évacue un peu le stress de la journée, ou que ce soit une méditation dirigée, ou une méditation sans commentaires, uniquement en écoutant une musique. Mais pour aller au-delà, cela implique une technique quotidienne, chez nous. C'est pour cela que le Maître disait que la méditation est le pain quotidien du sage. Alors, nous avons besoin, dit le Maître, de nous relaxer deux fois par jour, dans un fauteuil confortable, ou dans la position de l'étoile sur le lit et après avoir passé l'état de relaxation musculaire des nerfs et des muscles, commencer à observer les pensées qui vont arriver au mental, et les chasser. Ce simple processus fait que le mental va se calmer progressivement. Pendant les premiers quinze jours, on ne peut pas noter de changement, après un mois non plus, mais après un mois et demi, ou deux mois à pratiquer tous les jours, simplement observer les pensées sans entamer une conversation avec elles comme celui qui regarde un film au cinéma, observant toute la chaîne de pensées qui vont et viennent, vont et viennent, et cette chaîne va se calmer peu à peu. Et alors, quand on a une certaine quiétude du mental, le jour où on se dispose à étudier profondément un état psychologique, avec cette quiétude du mental, d'abord nous commençons par analyser tous les éléments de cette manifestation égoïque que nous voulons étudier à un moment donné: le lieu où nous sommes, le centre de la machine qui est affecté, les autres centres qui ont été touchés par cette impression négative du Moi, et l'état dans lequel nous restons... Ensuite, c'est possible donc, que nous fassions une supplique, pendant cette même méditation, à la Divine Mère, et ensuite nous n'avons qu'à rester à attendre sa réponse. Comment peut venir la réponse si nous sommes uniquement dans la phase de Dharana ou juste en train d'entrer en Pratyahara, c'est-à-dire, en train de parler et parler avec le mental ? Jamais la réponse ne va venir. Pour que la réponse vienne, nous devons avoir le mental, disons, un peu habitué à être calme. Alors, après cette analyse dont nous venons de parler, nous restons en silence, concentrés sur notre cœur, nous profitons de l'état du sommeil, dont le Maître dit qu'il est fondamental, et par une expérience astrale ou par un état entre veille et sommeil, entre le monde physique et le monde astral, nous recevons un symbole, ou nous recevons dans ce cas une information directe, ou bien une voix nous parle à l'oreille, etc. Cela est ce qui se réfère à une méditation sur un état psychologique.

–Kwen Khan Khu, Gnose : Mystères et révélations, chapitre 15–

LA VIE EN SOCIÉTÉ

Ce n'est pas en nous isolant de nos semblables que nous pouvons découvrir nos défauts. Seule la vie avec les autres nous permet de nous autodécouvrir ; dans la vie en commun nous pouvons surprendre nos défauts car ils affleurent alors dans notre personnalité humaine, et surgissent au dehors. Dans la vie en société il y a autodécouverte et autorévélation. Lorsque nous découvrons un défaut, nous devons d'abord l'analyser intellectuellement et ensuite le comprendre dans les divers tréfonds du mental par la technique de la méditation.

Il est nécessaire de nous concentrer sur le défaut découvert et de méditer sur lui avec la résolution de le comprendre en profondeur.

On doit combiner la méditation avec le demi-sommeil ; ainsi, par la vision profonde, nous devenons conscients du défaut que nous nous appliquons à comprendre ; une fois ce défaut dissous, il nous arrive quelque chose de nouveau ; il est essentiel d'être en état d'alerte-perception, d'alerte-nouveauté pendant la méditation interne.

Pour recevoir ce *quelque chose de nouveau*, chaque défaut doit être changé en quelque chose de nouveau. C'est ainsi que l'homme devient vraiment sage, c'est le chemin de la Sagesse.

–Samael Aun Weor, *Cours ésotérique de Kabbale*–

COMPRENDRE LES SENSATIONS

Celui qui veut annihiler le désir doit auparavant analyser intellectuellement les sensations et ensuite les comprendre en profondeur ; il est impossible de comprendre profondément, avec l'intellect, le concept renfermé dans une sensation, car l'intellect n'est ni plus ni moins qu'une minime fraction du mental. Si nous voulons comprendre profondément tout le contenu substantiel d'une sensation déterminée de n'importe quel type, nous avons indispensablement besoin de la technique de la méditation interne, car il est urgent de comprendre profondément l'action des sensations dans tous les niveaux du mental.

–Samael Aun Weor, *Cours ésotérique de Kabbale*–

ANALYSER L'OBSERVÉ AVEC LA MÉDITATION

Nous avons besoin d'observer l'observé. Je le répète : nous devons observer l'observé, et c'est là l'observation consciente de nous-mêmes.

L'observation mécanique de nous-mêmes ne nous conduira jamais à rien –elle est absurde, inconsciente, stérile–. Ce qu'il nous faut, c'est l'auto-observation Consciente de soi-même. C'est ainsi seulement que nous pourrons véritablement nous autoconnaître afin de travailler sur nos défauts.

Avons-nous ressenti de la colère à un instant donné ? Nous allons observer l'observé ! –la scène de la colère– peu importe que nous le fassions plus tard, mais nous allons le faire. Et en observant l'observé, ce que nous avons vu en nous, nous saurons si cela fut réellement de la colère ou non, car cela a pu être provoqué par une syncope nerveuse que nous avons prise pour de la colère. Avons-nous été soudainement envahis par de la jalousie ? Alors, nous allons observer l'observé ! Qu'avons-nous observé ? Peut-être notre femme se trouvait-elle avec un autre type ? Et, si c'est une femme, peut-être a-t-elle vu son mari avec une autre femme et ressenti de la jalousie ? En tout cas, très sereinement et dans une profonde méditation, nous observerons l'observé pour savoir si, réellement, il y a eu ou non de la jalousie. Quand nous observerons l'observé, nous le ferons au travers de la méditation et de l'autoréflexion évidente de l'Être. Ainsi, cette observation devient consciente. Lorsqu'on se rend conscient de tel ou tel défaut de type psychologique, on peut le travailler avec le Feu.

–Samael Aun Weor, Le Cinquième Évangile, conférence "Rigueur ésotérique de la Semaine Sainte"–

MÉTHODOLOGIE DE LA MORT PSYCHOLOGIQUE

La plus grande joie pour le gnostique, c'est de célébrer la découverte de l'un de ses défauts.

Défaut découvert, défaut mort. Quand nous découvrons un défaut, nous devons le voir sur scène comme quelqu'un qui regarde le cinéma, mais sans juger ni condamner.

Il n'est pas suffisant de comprendre intellectuellement le défaut découvert, il est nécessaire de nous immerger dans une profonde méditation intérieure pour saisir le défaut dans les autres niveaux du mental.

Le mental a beaucoup de niveaux et de profondeurs et tant que nous n'aurons pas compris un défaut dans tous les niveaux du mental, nous n'aurons rien fait et celui-ci continuera à exister comme un démon tentateur au fond de notre propre subconscient.

Quand un défaut est intégralement compris dans tous les niveaux du mental, alors, celui-ci se désintègre quand on désintègre et réduit en poussière cosmique le Moi qui le caractérise.

C'est ainsi que nous mourons d'instant en instant. C'est ainsi que nous établissons en nous un centre de conscience permanent, un centre de gravité permanent.

–Samael Aun Weor, La Révolution de la Dialectique, chapitre 1–

Il faut avoir de l'ordre dans le travail et de la précision dans l'élimination des défauts. Par exemple : se sont manifestés à quelqu'un, pendant la journée, le défaut de la luxure le matin, celui de l'orgueil dans l'après-midi et celui de la colère le soir. Indubitablement, nous voyons une succession de faits et de manifestations. Donc, nous nous demandons : comment et sur quel défaut qui s'est manifesté pendant la journée devons-nous travailler ?

En réalité et en vérité, la réponse est simple. Quand vient le soir ou l'heure de la méditation, avec le corps relaxé, nous nous mettons à pratiquer l'exercice rétrospectif sur les faits et manifestations de l'Ego pendant la journée. Une fois qu'ils seront reconstruits, ordonnés et dénombrés, nous procéderons au travail de compréhension.

D'abord, nous travaillerons sur un événement égoïque auquel nous pourrons dédier quelques 20 minutes ; puis, sur un autre fait psychologique auquel nous pourrons dédier 10 minutes, et enfin 15 minutes sur une autre manifestation. Tout dépend de la gravité et de l'intensité des événements égoïques.

Après avoir ordonné les faits et manifestations de la cathexis isolée, du moi-même, nous pouvons les travailler le soir ou à l'heure de la méditation, tranquillement et avec un ordre méthodique.

Dans chaque travail sur tel ou tel défaut, événement et manifestation, entrent les facteurs suivants : découverte, jugement et exécution. À chaque agrégat psychologique, on applique les trois facteurs mentionnés ainsi : découverte, quand on l'a vu en action, en pleine manifestation ; jugement ou compréhension, quand on connaît toutes ses racines ; exécution, avec l'aide de la Divine Mère Kundalini, par la sage pratique de la Sur-dynamique sexuelle.

–Samael Aun Weor, *La Révolution de la Dialectique*, chapitre 1–

Diverses impressions arrivent au mental, divers événements : jalousie, colère, convoitise, luxure, haine, etc., etc., etc. C'est précisément sur le terrain de la vie pratique que nous pouvons nous auto-découvrir, car en relation avec nos amis, ou en relation avec les gens du travail, ou en relation avec les gens de la maison etc., nos défauts cachés affleurent spontanément et, si nous les voyons, nous pouvons alors parfaitement les comprendre à travers la méditation.

Un défaut qui a été compris dans tous les niveaux du mental, à travers la technique de la méditation profonde, doit être désintégré.

Il y a deux situations dans lesquelles on peut désintégrer n'importe quel agrégat psychique : un célibataire, quelqu'un qui n'a pas de prêtresse ou une femme qui n'a pas d'homme, en méditation, pourra comprendre n'importe quel défaut qu'il a observé dans la vie pratique et ensuite, il priera, il suppliera sa divine mère kundalini de désintégrer ce défaut, cet agrégat psychique qui le personnifie ; ce célibataire ou cette célibataire sera aidé –ou aidée– et la mère divine l'aidera...

Mais un célibataire –ou une célibataire– ne pourra éliminer que 50 % des éléments inhumains. Il est impossible qu'il parvienne à en éliminer 100 % parce qu'il y a certains agrégats très forts qui ne se désintègrent pas si facilement. Ils possèdent une chose : une constitution d'acier. Dans ce cas, il faut faire appel à des armes plus puissantes, il faut descendre à la neuvième sphère, travailler avec la Lance de longin ; c'est ainsi seulement, avec cette lance, que nous pouvons transpercer ces agrégats, les désintégrer.

Le pouvoir de la mère divine est renforcé avec le pouvoir électrique, avec cette force électrique sexuelle de l'être humain. Bien sûr, il est évident qu'un couple qui travaille dans la forge des cyclopes possède un pouvoir extraordinaire. La mère elle-même reçoit un pouvoir électrique extraordinaire quand on travaille dans la forge des cyclopes.

Son pouvoir étant renforcé, elle pourra désintégrer n'importe quel agrégat, le réduire en cendres. Mais je dois dire qu'il faut d'abord comprendre profondément l'agrégat qu'on veut désintégrer ; une fois compris, l'agrégat peut être dissout avec la pointe de la lance. La mère cosmique pourra empoigner cette arme d'Éros pour désintégrer l'agrégat en question et l'essence sera libérée.

À mesure que nous désintègrerons ces agrégats, l'essence s'éveillera. Et quand on sera parvenu à l'annihilation absolue de tous les agrégats, seule l'essence demeurera en nous. Cette essence, en elle-même, est belle, et de cette beauté émane alors ce qu'on appelle "amour", "fraternité", "sagesse", etc.

Évidemment, comme je l'ai déjà dit, annihiler ou désintégrer les défauts qui ressortent à l'œil nu, qui correspondent au monde de la Lune qui se voit, est une chose, et désintégrer ou annihiler les agrégats de la partie occulte ou cachée de la même Lune psychologique en est une autre.

En tout, il y a des degrés et des degrés. Tout d'abord, il faut commencer par l'aspect psychologique visible à l'œil nu, avec la face de la Lune qui se voit à l'œil nu, et ensuite on devra entrer dans un autre aspect, travailler avec les éléments inhumains qui sont cachés dans la partie occulte de la Lune, dans ce qu'on ne voit pas.

En tout cas, si on ne brise pas ces agrégats, alors, il n'est pas possible d'atteindre réellement l'éveil de la Conscience, qui est fondamental pour qu'on devienne un vrai et compétent chercheur de la vie dans les Mondes Supérieurs. Cette question est formidable ! Mais il est urgent de comprendre ce qu'on veut dire...

De sorte qu'il faut, mes chers frères, désintégrer les agrégats. Soit on en désintègre une partie à travers la simple méditation, en priant la mère divine, soit on désintègre la totalité dans la forge des cyclopes, avec la lance d'Achille.

Mais si quelqu'un ne désintègre pas ses agrégats, il est évident qu'il perd misérablement son temps.

–Samael Aun Weor, *Le Cinquième Évangile*, conférence "Illumination totale et Illumination partielle"–

LES TROIS ÉTAPES DE L'ÉLIMINATION DE L'EGO

L'élimination de l'Ego comporte trois facteurs définis. Rappelez-vous que, pendant la guerre, on découvre d'abord les espions, ensuite on les juge, et pour finir, on les emmène au peloton d'exécution. On doit faire de même avec les Mois ou éléments inhumains que nous portons à l'intérieur de nous : il faut d'abord les découvrir grâce à l'auto-observation psychologique ; ensuite, il faut les comprendre, et cela se fait au cours de la méditation profonde, à travers l'autoréflexion de l'Être ; quand on médite sur ses défauts, quand on les comprend, quand on fait appel à la réflexion de l'Être, alors on les comprend vraiment. Je ne suis pas en train de parler de méditations complexes et difficiles, je suis en train de parler de méditation naturelle, comme quand on découvre le défaut de la jalousie, qu'on sait qu'on l'a, qu'on se livre à la méditation pour le comprendre, qu'on médite sur ce défaut, qu'on arrive à la conclusion que ce défaut est absurde. L'élimination se fait à la fin.

–Samael Aun Weor, *Le Cinquième Évangile*, conférence "La Recherche de notre propre Réalité"–

Dans tous les cas, il faut une didactique, une technique psychologique, si on veut parvenir à la dissolution des divers éléments inhumains que nous portons internement. La vie pratique est réellement un gymnase psychologique où nous pouvons nous autodécouvrir. Au contact de nos amis, au contact de nos frères, au contact de nos collègues de travail, dans la rue, à la maison, etc., etc., etc., les défauts cachés que nous portons affleurent spontanément, et, si nous sommes alertes et vigilants comme la vigie en temps de guerre, alors nous les voyons.

Un défaut découvert doit être jugé au cours de la méditation profonde de l'être. C'est seulement au moyen d'une compréhension convenable que nous pourrons arriver à passer au-delà. Premièrement, l faut découvrir nos défauts psychologiques. Deuxièmement, il faut les comprendre dans tous les Niveaux du Mental. Troisièmement, il faut des désintégrer.

Si nous comprenons exclusivement tel ou tel défaut psychologique, personnifié par tel ou tel Moi –ou agrégat psychologique, comme on dit au Tibet– et que nous ne l'éliminons pas ou ne le désintégrons pas, alors celui-ci continuera, indubitablement, d'exister autour de nous comme un démon tentateur, guettant le moment indiqué pour s'installer dans les cinq cylindres de la machine organique.

Le "couteau" de la Conscience peut séparer n'importe quel Moi-défaut, mais il ne peut pas le désintégrer. Nous-mêmes, nous avons besoin de désintégrer nos défauts psychologiques, si nous voulons vraiment obtenir l'éveil merveilleux de la Conscience.

Le mental, à lui seul, ne peut altérer fondamentalement aucun défaut psychologique. Il peut le faire passer d'un niveau à l'autre de la compréhension, il peut le justifier ou le condamner, mais il ne pourra jamais l'altérer radicalement. Il nous faut un pouvoir supérieur au mental, un Pouvoir qui soit capable de désintégrer réellement n'importe quel défaut psychologique.

Quand nous avons vraiment compris un défaut découvert, alors nous sommes prêts pour sa désintégration. C'est le moment où nous devons invoquer Devi Kundalini Shakti. Elle seule, la Mère Cosmique, Elle seule, le Cobra Sacré des anciens Mystères, Elle seule pourra réduire en poussière cosmique n'importe quel défaut psychologique.

–Samael Aun Weor, *Le Cinquième Évangile*, conférence "La possible unité de l'homme"–

Une fois que nous serons devenus, disons, habiles dans l'Observation de nous-mêmes, alors viendra le processus de l'élimination. De sorte qu'il y a, à proprement parler, trois étapes concernant cette question :

Premièrement : l'observation ; deuxièmement : le jugement critique ; et troisièmement : l'élimination proprement dite de tel ou tel Moi psychologique.

En observant un Moi, nous devons voir comment, de quelle manière il se comporte dans le Centre Intellectuel et connaître tous ses "jeux" avec le mental ; deuxièmement, de quelle manière il s'exprime dans le cœur, par le biais des sentiments ; et troisièmement : découvrir son mode d'action dans les centres inférieurs –moteur, instinctif et sexuel–. Évidemment, dans le sexe, un Moi a une façon de s'exprimer ; dans le cœur, il a une autre façon ; dans le cerveau, une autre. Dans le cerveau, un Moi se manifeste par des questions intellectuelles : des raisonnements, des justifications, des réponses évasives, des échappatoires, etc., etc., etc. ; dans le cœur, par une souffrance, par une affection et, de nombreuses fois, apparemment, par de l'amour –quand il est question de luxure–, etc., etc., etc., et dans les centres moteur-instinctif-sexuel, il a une autre façon de s'exprimer –par une action, par un instinct, par une impulsion lascive, etc.–

Citons un cas concret : la luxure, par exemple. Un Moi de luxure devant une personne du sexe opposé peut se manifester, dans le mental, par des pensées constantes ; il pourrait se manifester, dans le cœur, par de l'affection, par de l'Amour apparemment pur, exempt de toutes taches, jusqu'à un tel degré qu'on pourrait parfaitement se justifier et dire : mais bon, je ne ressens pas de luxure pour cette personne, ce que je ressens, c'est de l'amour."

Mais, si on est observateur, si on fait très attention à sa machine et qu'on observe le Centre Sexuel, on arrive à découvrir que dans le centre sexuel il y a une certaine activité devant cette personne ; alors on arrive à constater qu'il n'y a pas une telle affection ou de l'amour, disons, qu'il n'y a pas un tel Amour pour cette personne, mais ce qu'il y a, c'est de la luxure...

Mais, voyez comme le délit est subtil ; la luxure peut parfaitement se déguiser en amour, dans le cœur, composer des vers, etc., etc., etc., mais c'est de la luxure déguisée... Si on est attentif et qu'on observe ces trois centres de la machine, on peut constater qu'il s'agit d'un Moi et, en découvrant qu'il s'agit d'un Moi, en connaissant ses "maniements" dans les

Trois centres –c'est-à-dire dans l'intellectuel, dans le cœur et le sexe–, alors on procède à la troisième phase. Qu'est-ce que la troisième phase ? L'exécution. C'est la phase finale du travail : l'exécution ! Alors on doit faire appel à la prière dans le travail. Qu'entend-on par *prière dans le travail* ? Dans le travail, la prière doit être basée sur l'intime rappel de soi-même... [...]

Plongé dans une profonde méditation, concentré sur sa Mère Divine Intérieure, on la suppliera d'éliminer de sa psyché –d'écarter et d'éliminer de sa psyché ce Moi qu'on veut désintégrer.

Un jour, nous avons dit qu'il y a quatre niveaux d'hommes ou, pour être plus clair, quatre états de conscience. Il se peut qu'à cet instant la Mère Divine agisse en décapitant ce Moi, mais ce n'est pas pour autant que tout le travail est fait ; la Mère Divine ne va pas le désintégrer instantanément dans sa totalité ; il faudra, si elle ne le désintègre pas entièrement, avoir de la patience ; par des travaux successifs, au fil du temps, nous parviendrons à ce que ce Moi se désintègre lentement, qu'il perde peu à peu du volume, qu'il diminue.

–Samael Aun Weor, *Le Cinquième Évangile*, conférence
"La délivrance de notre lumière intérieure"–

MÉDITER POUR COMPRENDRE ET PRIER POUR MENDIER

Entre ma Mère et moi, nous avons partagé le dur travail : je comprenais et elle éliminait.

Un défaut profondément compris était immédiatement éliminé par ma Mère. Jamais elle ne m'a abandonné. Jamais elle ne m'a laissé seul. J'ai appris à combiner la méditation à la prière. Je méditais pour comprendre. Je priais pour supplier. Attristé, le cœur contrit, réellement repenti, j'implorais, je demandais à ma Divine Mère, la priais très sincèrement d'éliminer le défaut psychologique qui au cours d'une méditation très profonde avait été intégralement compris.

–Samael Aun Weor, *Mon retour au Tibet*, chapitre 18–

CLARIFICATIONS

Il est également nécessaire de préciser qu'après l'Extase, bien que nous ayons reçu un terrible potentiel d'énergie, le Moi n'en est pas pour autant dissous, comme le croient erronément de nombreux étudiants d'occultisme.

La dissolution du Moi est seulement possible à partir d'une profonde compréhension et d'un incessant travail journalier en nous-mêmes d'instant en instant.

Nous expliquons tout cela pour que l'on ne confonde pas la méditation gnostique avec les pratiques ténébreuses du Subub et de beaucoup d'autres écoles de magie noire.

–Samael Aun Weor, *Vers la Gnose*, chapitre 9–

LE VIDE ILLUMINATEUR

QU'EST-CE QUE LE VIDE ILLUMINATEUR

Nous pouvons utiliser la méditation pour rechercher le Vide Illuminateur. Ce mot doit être compris, il faut le comprendre car, dans le monde occidental, nous prenons les choses au sens littéral, car nous sommes habitués à prendre tout à la lettre, mais pas ce qui va au-delà du mot, de la phrase ou de la lettre.

Le Vide Illuminateur signifie avoir le mental vide d'ordures et rempli de lumière. Quand quelqu'un expérimente le Vide Illuminateur, cela ne veut pas dire qu'il est sans rien, nous ne faisons pas référence au néant de la théorie chrétienne catholique, nous parlons d'un vide rempli de lumière. Ensuite, cela signifie que par la méditation, quelqu'un peut vider les 49 niveaux subconscients de la psyché de tout ce qui est insubstantiel, ce qui est égoïque. Et de quoi se remplit-on ? Des choses réelles, des phénomènes transcendantaux, des réalités éternelles. C'est ce qu'on appelle le Vide Illuminateur.

–Kwen Khan Khu, interview "La Science de la Méditation"–

Le Vide Illuminateur est très intéressant. Le Vide, est donc la conquête d'un état dans lequel nous restons vides de toute fatuité, de toute chose absurde, insubstantielle, et remplis de choses transcendantes. Quand on parle de Vide, on l'entend accompagné du mot Illuminateur : "un vide qui illumine".

Il est évident qu'un illuminé n'est pas un individu idiot, bête ou stupide ; c'est une personne illuminée, une personne qui est vidée des stupidités que tout le monde possède, il est illuminé par le Feu de l'Esprit, par la Lumière de l'Esprit. Alors, le Vide est le but des yogis experts dans la méditation.

–Kwen Khan Khu, interview "La Science de la Méditation"–

LE VIDE ILLUMINATEUR PERMANENT

Qu'est ce qui nous empêche d'arriver au Vide ? Qu'est-ce que c'est ? Eh bien, les Mois, les éléments de discorde qui maintiennent notre mental en un champ de bataille permanent. Nous les portons à l'intérieur. Ce sont les Mois.

Si les acteurs sont éliminés, il n'y a pas de drames à l'intérieur, ni de comédies, ni de tragédies, ni de souvenirs, ni de stupidités.

Les facteurs de discorde éliminés, que reste-t-il en nous ? La Paix. Et si cette Paix augmente, augmente, augmente, on augmente les niveaux de spiritualité en nous, alors, nous obtenons le Vide de l'école Hinayana appelé "Eau vive" parce qu'il est permanent.

Alors, vous voyez comme c'est intéressant un même phénomène vu sous deux angles : le Vide Illuminateur comme un simple phénomène, ou le Vide Illuminateur cristallisé de façon permanente.

Sur ce point, ceux qui ont connu le Vénérable Maître Samael ont vu qu'il avait le Vide Illuminateur de façon permanente, si non, expliquez-moi comment ce grand Être, quand parfois nous allions lui raconter un rêve que nous avions fait pour qu'il nous l'explique, quelquefois…, personnellement c'est arrivé qu'il me dise : *Tu viens me raconter ton rêve. Ton rêve était ceci, ceci, et cela. Et moi, je* restais simplement bouche bée, et je disais : *Comment est-ce possible ? Et pourquoi ça arrive ? Comment l'expliquer ?*

Quand une personne a le Vide Illuminateur, elle est en contact avec tout et avec tous. La nature et nous les êtres humains, nous sommes des livres ouverts pour cette personne, parce que la Conscience est illuminée, et quand il y a Illumination, il y a intuition, il y a clairvoyance, il y a polyvoyance, etc. Il y a interception de tout, et surtout de ce qui est Réel. Quand nous allions avec le Maître Samael au Musée National d'Anthropologie, à Mexico, la capitale, ou quand nous allions à San Juan de Teotihuacán, aux pyramides du Soleil et de la Lune, à l'allée des morts, si, dans le Musée National d'Anthropologie, il touchait un objet, une sculpture des olmèques, des toltèques ou des aztèques, et nous lui demandions : *Qu'est-ce que ça signifie, Maître, ce symbole ?*, rapidement, en une seconde, par pure Illumination, il disait : *Vous ne voyez pas ce que ça signifie ?*

Bien sûr, pour nous c'était évident quand il nous l'expliquait, mais s'il ne l'expliquait pas, c'était abstrait pour nous.

Mais il est vrai, quand il l'expliquait, on en comprenait très vite le sens courant, Ah, effectivement !

Et parfois, nous allions plus loin et nous lui disions : *Et ça, excusez-moi, qui l'a fait ?* Alors il touchait la pierre, se concentrait et disait : *Ça a été fait par le prêtre untel, et il l'a fait sur commande d'untel pour telle occasion.*

Il pénétrait dans les Registres Akashiques avec un naturel stupéfiant, pour rechercher le sens secret de la pièce, qui l'avait faite et pour qui elle avait été faite. C'est ce qu'on appelle le "Vide Illuminateur permanent".

Donc je crois que ça vaut la peine de lutter pour ces choses-là.

–Kwen Khan Khu, interview "La Science de la Méditation"–

EXPLICATIONS TRANSCENDANTALES SUR LE VIDE

Le vide est très difficile à expliquer parce qu'il est indéfinissable et indescriptible. Le vide ne peut pas être décrit ou exprimé au moyen des mots humains, parce que les différents langages qui existent sur la Terre peuvent seulement désigner des choses et des sentiments existants ; ce n'est en aucune manière une exagération d'affirmer que les langages humains ne sont pas adéquats pour exprimer les choses et les sentiments non existants et cependant extrêmement réels.

Essayer de définir le vide Illuminateur à l'intérieur des limites terriennes d'une langue limitée par les formes de l'existence est sans aucun doute stupide et erroné.

Il est nécessaire de connaître, d'expérimenter de façon vivante l'aspect illuminé de la Conscience.

Il est urgent de sentir et d'expérimenter l'aspect vide du mental.

Il existe deux sortes d'Illumination : la première est habituellement appelée "eau morte" parce qu'elle a des attaches. La seconde est louée en tant que "la grande vie", parce qu'elle est Illumination sans attache, Vide Illuminateur.

En cela, il y a des degrés et des degrés, des échelles et des échelles. Il est nécessaire d'arriver d'abord à l'aspect illuminé de la Conscience et, après, à la connaissance objective, au vide Illuminateur.

Le bouddhisme déclare : *"La forme ne diffère pas du vide, et le vide ne diffère pas de la forme ; la forme est le vide, et le vide est la forme".*

C'est à cause du vide que les choses existent et, du fait même que les choses existent, il doit y avoir le vide.

Le vide est un terme clair et précis qui exprime la nature non substantielle et non personnelle des êtres, et une indication, un signe, de l'état d'absence absolue du Moi pluralisé.

C'est seulement en l'absence absolue du Moi que nous pouvons expérimenter le réel, cela qui ne relève pas du temps, cela qui transforme radicalement.

Le vide et l'existence se complètent mutuellement, s'embrassent, s'incluent, jamais ne s'excluent, jamais ne se nient.

Les gens communs et ordinaires de tous les jours, les gens à la Conscience endormie, perçoivent de façon subjective des angles, des lignes, des surfaces, mais jamais les corps complets par l'intérieur et par l'extérieur, par le haut et par le bas, par devant et par derrière, etc., ils peuvent encore moins apercevoir leur aspect vide.

L'homme à la Conscience éveillée et au mental vide et illuminé a éliminé de ses perceptions les éléments subjectifs, il perçoit les corps complets, il perçoit l'aspect vide de chaque chose.

C'est la doctrine non discriminatoire de la voie du milieu, l'unification du vide de l'existence.

Le vide est cela qui n'a pas de nom, cela qui est réel, cela qui est la vérité et que quelques uns appellent le Tao, d'autres l'Inri, d'autres le Zen, Allah, Brahatman ou Dieu, peu importe comment on l'appelle.

L'Homme qui éveille la Conscience expérimente la terrible vérité qu'il n'est déjà plus un esclave et, avec douleur, il peut vérifier que les gens qui marchent dans les rues en dormant paraissent de véritables cadavres ambulants.

Si cet éveil de la Conscience devient continu au moyen du rappel intime de soi-même de moment en moment, on arrive alors à la Conscience objective, à la Conscience pure, à l'aspect vide du mental.

La Conscience illuminée est fondamentale pour expérimenter le réel et réduire le Moi pluralisé en poussière cosmique ; mais cet état est encore au bord du Samsara —le monde douloureux dans lequel nous vivons—.

Quand on est arrivé à l'état de conscience éveillée, on a accompli un pas formidable, mais l'Initié continue malheureusement égaré par l'idée moniste, il est incapable de rompre tous ces fils subtils qui le relient à certaines choses, à certains effets de type préjudiciable, il n'est pas arrivé sur l'autre rive.

Quand l'Initié délie les liens qui, d'une façon ou d'une autre, l'attachent à la Conscience illuminée, il arrive alors à la parfaite illumination, au vide Illuminateur, libre et entièrement insubstantiel.

Arriver au centre même du mental, arriver au vide Illuminateur, à la connaissance objective, est quelque chose d'extrêmement difficile, mais ce n'est pas impossible, tout gnostique peut l'obtenir s'il travaille sur lui-même.

Le vide Illuminateur n'est pas le néant, le vide est la vie libre en son mouvement. Le vide est ce qui est, ce qui a toujours été et ce qui sera toujours. Le vide et au-delà du temps et au-delà de l'éternité.

Le mental a trois cent mille clans ou centres réceptifs, et chaque clan doit vibrer au même ton sans aucun effort.

Le mental est de nature féminine et il est fait pour recevoir, assimiler et comprendre.

L'état naturel du mental est réceptif, calme, silencieux, comme un océan profond et tranquille.

Le processus de la pensée est un accident anormal dont la cause originelle se trouve dans le Moi pluralisé.

Quand le mental est vide de toute sorte de pensées, quand le mental est calme, quand le mental est silencieux, les trois cent mille clans vibrent alors au même ton sans aucun effort.

Quand le mental est calme, quand le mental est en silence, il nous advient le nouveau, cela qui est le réel.

—Samael Aun Weor, *Le Collier du Bouddha*, chapitre 17—

LE VIDE ILLUMINATEUR
ET LE SOLEIL SACRÉ ABSOLU

Je veux que vous compreniez qu'au-delà de ce soleil qui nous éclaire se trouve le Soleil Sacré Absolu. Celui-ci, en lui-même, est évidemment de nature spirituelle. C'est du Soleil Sacré Absolu que provient le Saint Okidanock, omniprésent, omniscient, omni-pénétrant. Pour parler en langage oriental, je dirais que le Saint Okidanock est l'incessant Souffle Éternel, inconnu de lui-même.

En chacun de nous, il y a donc un rayon qui nous connecte à la Grande Réalité, au Sacré Absolu Solaire. Cet Okidanock est le Souffle incessant, profondément inconnu de lui-même, c'est assurément le Vide Illuminateur. Dans ce grand Vide, nous trouvons les lois de la Nature. Ici, dans le monde de la forme dense, nous voyons seulement des causes et des effets, mais non les lois en elles-mêmes. Celles-ci, il faut les mettre en évidence, les vérifier, les connaître dans le Vide Illuminateur.

Si nous approfondissons un peu plus cette question, nous découvrons que du Saint Okidanock, du Souffle incessant, profondément inconnu de lui-même, proviennent trois facteurs ou, en d'autres termes, le Souffle incessant ou Okidanock, omniprésent et omni-pénétrant, se dédouble en trois aspects, en les trois forces primaires de la nature.

La première, nous pouvons l'appeler la "Sainte Affirmation". La deuxième, la "Sainte Négation". La troisième, la "Sainte Conciliation". Ce sont les forces positive, négative et neutre. Brahmâ, Vishnou et Shiva. Premier Logos, deuxième Logos, troisième Logos. Père, Fils et Esprit Saint, etc.

L'Okidanock, omniprésent et omnipénétrant, bien qu'il travaille dans les mondes, ne reste jamais enfermé dans les mondes. Pour que le Saint Okidanock s'exprime pleinement, il doit se dédoubler en les trois forces primaires, et celles-ci, bien qu'elles travaillent indépendamment durant la manifestation, sont cependant coordonnées par l'éternel Okidanock.

Par conséquent, pénétrer, dans ce Vide Illuminateur, au sein de ce souffle incessant, profondément inconnu de lui-même, est l'aspect fondamental de la méditation. Nous ne pourrions entrer dans le grand Vide si nous ne passions pas au-delà des trois forces primaires de la Nature et du cosmos. Y parvenir est vital, indispensable, urgent.

–Samael Aun Weor, *Le Cinquième Évangile*, conférence "Déclarations catégoriques du Patriarche"–

Nous verrons que ce grand vide Illuminateur, ce Saint okidanock, a un centre de gravitation, un centre de gravité qui n'est autre que le Soleil Sacré Absolu, le sacré absolu solaire duquel émane réellement le très Saint okidanock, Omnipénétrant, omniscient et Omnimiséricordieux.

Puis viendra quelque chose de merveilleux : transformés en lui, ou en fusion avec l'Ain Soph Paranishpanna –qui n'est autre que l'étoile atomique intérieure qui nous a toujours souri–, nous vivrons heureux dans le resplendissant soleil spirituel de minuit. Et ce sera là, précisément, que nous connaîtrons la vérité finale, et non ailleurs.

–Samael Aun Weor, *Le Cinquième Évangile*, conférence "Le pouvoir grandiose du calme mental"–

Si nous décidons de former le vide Illuminateur en nous, il est évident que nous parviendrons à expérimenter le Saint okidanock. [...]

Si aucune peur n'arrive à nous faire perdre l'Extase, nous pénétrerons courageusement dans le soleil sacré absolu. C'est là que nous expérimenterons la Vérité. Là-bas, nous connaîtrons les lois de la nature telles qu'elles sont.

Dans ce monde, nous ne connaissons que la mécanique des phénomènes, les associations mécaniques et les effets. Mais dans le Soleil Sacré Absolu, nous connaissons les Lois de la Nature telles qu'elles sont en elles-mêmes.

Tout l'univers est contenu dans le soleil sacré absolu –Omni-intelligent–. Là-bas, le passé et le futur fraternisent en un éternel maintenant, en un éternel présent. Là-bas, nous connaîtrons donc tout ce qui est, tout ce qui a été et tout ce qui sera. Là-bas, nous serons au-delà du temps et bien au-delà du mental.

Quand nous expérimentons la Vérité, nous sentons une formidable impulsion intérieure qui nous permet de lutter avantageusement contre le moi, contre le moi-même, contre le soi-même et de le désintégrer.

–Samael Aun Weor, Le Cinquième Évangile, conférence
"Moyens pour atteindre le Vide Illuminateur"–

AU-DELÀ DE LA RELATIVITÉ

Il convient de préciser ceci : il existe le mécanisme de la relativité dans lequel nous vivons tous. Il est évident que c'est très douloureux. On peut se rendre compte que dans la Relativité existe la Loi de Cause à Effet. Telle cause engendre tel effet ; il ne peut y avoir d'effet sans cause, ni de cause sans effet. Les Orientaux appellent cette loi "Karma". Ils disent que toute action a sa conséquence : une bonne action aura une bonne conséquence et une mauvaise action, disent les Orientaux, aura une mauvaise conséquence. Globalement, nous vivons dans un monde de causes et d'effets, d'actions et de conséquences.

Si nous arrivions à éliminer tous les agrégats psychiques dans les sept niveaux de l'Être, nous obtiendrions alors l'Illumination parfaite. Un tel homme sauterait pour tomber immédiatement dans le Vide Illuminateur.

Il y a, donc, deux aspects grandioses dans l'Univers : l'un est le Monde de la Relativité, l'autre le Vide Illuminateur. Évidemment, le Vide Illuminateur est au-delà du corps, des affections et du mental ; c'est une félicité inépuisable, une joie inconcevable. Toutefois, au-delà du Mécanisme épouvantable de la Relativité, dans lequel nous nous trouvons tous, et bien au-delà du Vide Illuminateur, se

trouve la Grande Réalité, la Talité la Vérité, Cela qui ne relève pas du Temps.

–Samael Aun Weor, *Le Cinquième Évangile*, conférence "Analyse du psychisme humain"–

Je veux que vous compreniez que nous vivons actuellement dans le monde de la relativité, dans l'univers de la relativité. Ici, tout est dualiste, il y a, dans tout, le pour et le contre, la thèse et l'antithèse, le bien et le mal. Ce monde est très douloureux, c'est un monde dualiste. En fait, il faut comprendre qu'à l'intérieur de ce monde relatif dans lequel nous vivons, il y a la douleur, l'amertume, la souffrance.

Le mécanisme de la relativité est conditionné par la Loi de Causalité Cosmique. Toute cause a son effet, tout effet a sa cause. Il n'y a pas de cause sans effet, il n'y a pas d'effet sans cause. Nous avons besoin de faire un pas de géant pour tomber dans le Vide Illuminateur et expérimenter la véritable liberté qui n'est pas du temps, qui est au-delà du corps, des affects, et du mental. Le Vide Illuminateur, j'insiste, est grandiose, c'est la vie, c'est l'unité de la vie libre dans son mouvement. Qu'y a-t-il au-delà de la mécanique de la relativité ? Le Vide Illuminateur.

Si toute chose se réduit à l'unité, à quoi se réduit l'unité de la vie ? Indubitablement à toute chose. Cela, on doit l'expérimenter. Cela, on le ressent dans le Vide Illuminateur. Là-bas, règne la véritable félicité, qui n'est pas du temps, la joie inépuisable au-delà du corps, des affects, et du mental.

Il existe de nombreux cieux et de nombreux mondes infernaux, et de nombreux supra-cieux et de nombreux infra-enfers. Les saints obtiennent le droit d'entrer dans n'importe quel ciel et de retourner à nouveau sur Terre. Les pervers s'enfoncent dans les infra-enfers. Mais, en fait, la joie véritable est au-delà des cieux et des enfers. La joie véritable est au-delà du mécanisme de la relativité. Pour synthétiser, nous dirons la chose suivante : le Vide Illuminateur et le mécanisme de la relativité sont le couple des opposés de la philosophie. Il faut passer bien au-delà du Vide Illuminateur et de la mécanicité de la relativité. Il faut faire un pas de géant pour se retrouver au sein de la Grande Réalité. La Grande Loi nous intéresse, la vie libre en son mouvement, au-delà du mécanisme de la relativité et au-delà du Vide Illuminateur.

–Samael Aun Weor, *Le Cinquième Évangile*, conférence "L'ineffable expérience du réel"–

CONNAÎTRE LA VÉRITÉ AU MOYEN DU VIDE

La vérité ne peut pas être décrite, elle ne peut pas être expliquée. Chacun doit l'expérimenter par lui-même, par la technique de la méditation. Dans le vide Illuminateur, nous expérimentons la vérité. C'est un élément qui nous transforme radicalement.

–Samael Aun Weor, *Le Cinquième Évangile*, conférence "La conquête du Vide Illuminateur"–

On a beaucoup parlé du vide Illuminateur. Il est clair que nous pouvons arriver à l'expérimenter par nous-mêmes. C'est dans ce vide que nous trouvons les lois de la nature telles qu'elles sont en elles-mêmes et non pas comme elles sont en apparence. Dans ce monde physique, nous ne voyons que la mécanique des causes et des effets, mais nous ne connaissons pas les lois de la nature elle-même, tandis que dans le vide Illuminateur, nous pouvons les reconnaître de manière naturelle, simple, telles qu'elles sont.

Dans ce monde physique, nous pouvons, de l'extérieur, percevoir des formes plates. Mais, comment pourrons-nous voir comment elles sont à l'intérieur, sur les côtés, etc. ? Dans le vide Illuminateur, nous pouvons connaître la vérité telle qu'elle est et non pas comme elle nous semble en apparence. Nous pouvons expérimenter la vérité d'une fourmi, d'un monde, d'un soleil, d'une comète, etc. l'essence, immergée dans le vide Illuminateur, perçoit, avec son centre spatial, tout ce qui a été, ce qui est et ce qui sera. Ses radiations arrivent à la personnalité et le mental les perçoit.

–Samael Aun Weor, *Le Cinquième Évangile*, conférence "Enseignements fondamentaux sur la méditation"–

Dans les textes anciens, on parle beaucoup du Saint okidanock, omniprésent, omni-pénétrant, omniscient : il émane naturellement du Soleil sacré absolu. Comment pourrions-nous parvenir à connaître en nous-mêmes le Saint okidanock si nous n'arrivons pas à pénétrer dans le vide Illuminateur, puisqu'on sait que le Saint okidanock se trouve dans le vide Illuminateur, qu'il est un avec le grand Vide.

Quand on se trouve en extase, on passe au-delà de la personnalité. Quand on se trouve dans le vide Illuminateur, en train d'expérimenter la réalité du saint okidanock, on est l'atome, la comète qui passe, le soleil, l'oiseau qui vole, on est la feuille, on est l'eau, on vit dans tout ce qui existe. La seule chose nécessaire, c'est d'avoir le courage de ne pas perdre l'Extase, parce qu'en sentant qu'on est dilué dans tout et qu'on est tout, on a peur de l'annihilation et on pense : Où suis-je ? pourquoi suis-je en tout ? Alors arrive le raisonnement, et, de ce fait, on perd l'Extase et, immédiatement, on se retrouve à nouveau plongé, enfermé une nouvelle fois dans la personnalité. Mais, si on a du courage, on ne perd pas l'Extase.

À cet instant, on est comme la goutte d'eau qui s'immerge dans l'océan, mais il faut aussi tenir compte que l'océan s'immerge dans la goutte d'eau. Le fait de se sentir le petit oiseau qui vole, la forêt profonde, le pétale de la fleur, l'enfant qui joue, le papillon, l'éléphant, etc., cela amène avec soi le raisonnement et la peur. à ce moment-là, on n'est rien mais on est tout. Cela produit donc de la peur et, par conséquent, l'expérience de la méditation échoue.

C'est donc dans le soleil sacré absolu qu'on arrive à connaître la vérité. Dans le soleil sacré absolu, il n'y a pas de temps. Là-bas le facteur temps n'existe pas. Là-bas l'univers est unitotal et les phénomènes de la nature se produisent hors du temps. Dans le soleil sacré absolu, nous pouvons vivre un éternel instant.

Là-bas, nous vivons au-delà du bien et du mal, transformés en créatures rayonnantes. C'est pourquoi lorsqu'on a expérimenté une fois la vérité, on ne peut être comme les autres qui vivent seulement de croyances, non. Là-bas, on expérimente la nécessité impérative et urgente de travailler ici et maintenant à l'autoréalisation intime de l'Être.

Expérimenter ou passer par le vide Illuminateur est une chose et nous auto-réaliser intimement en est une autre... C'est pourquoi il est nécessaire de savoir méditer, d'apprendre à méditer. Il est urgent de comprendre la méditation. J'espère que vous le comprenez, que vous vous exercez à la méditation pour pouvoir, un jour, désembouteiller l'essence et expérimenter la vérité.

Celui qui parviendra à désembouteiller l'essence et à la plonger dans le vide Illuminateur devra être différent, il ne pourra pas être comme les autres. C'est pourquoi il doit suivre un cours spécial. La personne sera différente et disposée à lutter au maximum dans le seul but de réaliser le vide Illuminateur en elle-même ici et maintenant.

En Orient, lorsqu'un disciple atteint ces expériences merveilleuses d'expérimenter la vérité et qu'il va en informer son gourou, celui-ci le frappe fortement avec ses mains. Il est clair que si le disciple n'a pas organisé son mental, il réagira donc contre le gourou, n'est-ce pas ? Mais, ces disciples sont très bien entraînés. Cela sert à équilibrer les valeurs et à mettre à l'épreuve le disciple pour voir comment il avance dans la mort de ses défauts.

J'espère que vous avez vraiment bien compris ce qu'est réellement la science de la méditation, pour que vous la pratiquiez intensément dans vos foyers et dans les temples de prière.

–Samael Aun Weor, *Le Cinquième Évangile*, conférence
"Enseignements fondamentaux sur la méditation"–

AUTORÉALISER LE VIDE EN SOI-MÊME

Il peut arriver aussi que, grâce à la méditation intérieure profonde, l'essence, le matériel psychique, soit désembouteillé de l'Ego, bien que ce soit momentanément, pour expérimenter cela qui est le Réel, cela qui ne relève pas du temps.

J'ai dit que quand l'Essence ou la Bouddhata agit en l'absence du Moi, du moi-même, du soi-même, elle fusionne intégralement, bien que ce soit momentanément, avec l'âme humaine, dans le Monde Causal et alors elle agit, disons, comme si elle était sous la forme bouddhique. Elle peut sentir en elle-même, vivre en elle-même, un "élément" qui transforme radicalement. C'est pourquoi la Méditation Zen, par exemple, et Chan s'avèrent si formidables : parce qu'elles permettent à l'Essence de se désembouteiller.

Si quelqu'un a expérimenté une fois, en lui-même, le Vide Illuminateur, il est différent des autres personnes ; il est indubitable que celui qui a ressenti une fois cet "élément" qui transforme, que cet individu a eu la chance de passer par une expérience grandiose qui le renforce dans ses profondeurs les plus intimes, qui lui donne du courage pour l'Autoréalisation, qui l'incite à une activité terrible contre le moi-même, le soi-même.

Parce qu'avoir expérimenté une fois le Vide Illuminateur en l'absence du Moi psychologique est une chose et avoir réalisé le Vide Illuminateur est autre chose.

Quelques-uns parlent du Tao. Mais, nous dirons qu'avoir visité le Tao en l'absence de l'Ego est une chose et réaliser le Tao en soi-même, ici et maintenant, est autre chose.

Nous devons, mes frères, nous devons réaliser le Tao. Il faut réaliser en soi-même ou Autoréaliser en soi-même le Vide Illuminateur. Et cela n'est possible, mes chers frères, qu'en travaillant intensément, en sachant vivre dans la vie pratique ; en ne permettant pas que le mental et les sentiments interviennent dans les diverses circonstances de la vie, en donnant toujours une opportunité à la Conscience pour que ce soit elle qui agisse et pas nous.

Quand nous procédons ainsi, nous nous plaçons en fait sur le chemin qui doit nous conduire de manière effective à l'éveil.

–Samael Aun Weor, *Le Cinquième Évangile*, conférence "Pédagogie du savoir vivre"–

Par conséquent, pour nous, cela vaut bien la peine de profiter des expériences pratiques de la vie pour l'autodécouverte ; sans elles, l'Autodécouverte ne serait pas possible...

Ces ermites du temps jadis, qui s'enfermaient dans les cavernes pour méditer, se nourrissant d'herbes, de racines de la forêt, réussirent à devenir des athlètes du Samadhi ; quelques-uns parvinrent même jusqu'au Satori ; le Vide Illuminateur fit irruption dans leur mental, mais ils ne purent jamais réaliser en eux-mêmes le Vide Illuminateur mes chers frères, expérimenter le Vide Illuminateur est une chose et autre chose est, en vérité, je vous le dis, réaliser en nous-mêmes le Vide Illuminateur.

En Orient, il y eut des saints, des mystiques, des ermites, qui expérimentèrent le Vide Illuminateur ; mais, étant donné qu'ils ne travaillaient pas sur eux-mêmes, étant donné qu'ils n'éliminaient pas les agrégats psychiques, ils ne purent réaliser en eux-mêmes le Vide Illuminateur.

Expérimenter la nature du Vide Illuminateur est utile, mes chers frères, très utile ; mais si nous restons seulement dans cet état de l'Être, si nous n'autoréalisons pas intérieurement le Vide Illuminateur, nous aurons perdu misérablement notre temps ; nous ne pourrons pas véritablement réaliser en nous-mêmes le Vide Illuminateur si, auparavant, nous ne travaillons pas à la désintégration de l'Ego, du moi-même, du soi-même. Ainsi donc, il vaut la peine de réfléchir profondément à toutes ces choses...

À mesure que nous désintégrerons en nous-mêmes l'Ego, la Conscience se libérera peu à peu ; et lorsque nous serons vraiment parvenus à la désintégration absolue du moi-même, la Conscience sera totalement libérée ; dès lors, le Vide Illuminateur aura été réalisé en chacun de nous...

Seuls ceux qui ont réalisé en eux-mêmes le Vide Illuminateur peuvent vivre dans les planètes du Christ. Sachez qu'autour de chaque soleil qui nous illumine gravitent les planètes du Christ ; elles sont de nature spirituelle, pas matérielle.

Il y a deux natures : l'une est instable, passagère, périssable —c'est la nature du monde physique— ; mais, il y a une autre nature : la nature des planètes du Christ qui est immortelle, immuable, impérissable, terriblement divine ; sur ces Planètes vivent les Humanités Divines et dans chaque créature de ces planètes demeure le Christ —le Christ resplendit en chaque créature—.

Mais, essayer de devenir un habitant des planètes du Seigneur sans avoir éliminé l'Ego est absurde ; vouloir éliminer l'Ego en renonçant aux expériences de la vie ou en protestant contre celles-ci ou en se désespérant ou en s'identifiant à chaque événement est stupide, parce que le matériel didactique pour l'Autoréalisation ne vient de nulle part, sinon des expériences de la vie.

Par conséquent, prenons chaque expérience, aussi douloureuse soit-elle, avec joie ; pensons qu'elle nous donne le matériel didactique suffisant pour l'Autoréalisation. Ne commettons pas l'erreur de nous identifier à un quelconque événement. Ne commettons pas non plus l'erreur de refuser un événement quelconque. Chaque expérience de la vie est utile... [...]

Lorsque quelqu'un a éveillé sa Conscience et a véritablement ouvert sa Raison Objective et que sa raison objective ou mental intérieur peut servir d'instrument à sa Conscience, alors l'Illumination de l'Être est absolue et elle dépasse tous les chakras ; elle va bien au-delà des chakras ; elle entre dans le domaine du Surhomme, du Bouddha, du Bouddha Illuminé. Je veux que les frères comprennent cet aspect intrinsèque, si profond ; je veux qu'ils comprennent également, pour cette raison, la nécessité de passer par l'annihilation bouddhique. S'ils agissent ainsi, ils ne le regretteront pas : ils ouvriront leur Mental Intérieur et arriveront à posséder l'Illumination.

Je ne veux pas dire que l'expérience du Vide Illuminateur ne soit pas possible avant ; elle est possible, mais, comme je vous l'ai déjà dit, une chose est l'expérience du Vide Illuminateur et autre chose la réalisation intime du Vide Illuminateur.

N'importe quel anachorète peut expérimenter le Vide Illuminateur, mais cela n'implique pas forcément l'Autoréalisation Intime du Vide Illuminateur.

Personne ne pourra réellement Autoréaliser le Vide Illuminateur en lui-même tant qu'il n'aura pas éliminé ou désintégré tous ces agrégats psychiques inhumains que nous portons à l'intérieur de nous...

–Samael Aun Weor, *Le Cinquième Évangile*, conférence
"La saveur vie et la saveur travail"–

Arriver à l'Illumination est possible, mais n'oubliez pas, mes chers amis, que l'Illumination, à son tour, a ses lois : la raison d'être de l'Illumination est le Dharma-dhatu, c'est-à-dire le Dharma. Si on s'est sacrifié pour les mondes, si on a véritablement créé ses Corps Existentiels Supérieurs, si on a véritablement dissout l'Ego, on mérite, bien sûr, de recevoir une récompense, un salaire... Parce que c'est seulement dans la région du Dharma-dhatu qu'est possible l'Illumination intérieure profonde.

Donc, comme ce qui est vital, c'est qu'un jour vous arriviez à l'Illumination, vous devez commencer, dès maintenant, à organiser votre psyché ; c'est évident.

Il faut que par nos travaux et grâce à l'Illumination, nous puissions un jour faire le grand saut et plonger dans le Vide Illuminateur.

–Samael Aun Weor, *Le Cinquième Évangile*, conférence
"Le pouvoir intuitionnel de l'homme psychologique"–

LE GRAND SAUT

Il faut que par nos travaux et grâce à l'Illumination, nous puissions un jour faire le grand saut et tomber dans le Vide Illuminateur.

Faites la distinction entre la Mécanique de la Relativité et le Vide Illuminateur. Ce qui est important, pour nous, c'est de nous échapper de ce Monde de la Relativité, de ce monde de causes à effets, de ce monde où règne la douleur...

Et ce n'est possible d'arriver à faire le Grand Saut pour plonger dans le Vide Illuminateur que si on désintègre l'Ego, si on le réduit en cendres, si on le convertit en poussière cosmique, si on organise sa psyché, si on façonne sa psyché ; ce n'est qu'ainsi qu'on peut y arriver.

Le Vide Illuminateur est notre aspiration la plus haute ; c'est la Grande Réalité, la vie libre en son mouvement, au-delà du corps, des sentiments et du mental. Indiscutablement, le Vide Illuminateur est le Suprême, la Vérité, la Vie ; il est ce qui est, ce qui a toujours été et ce qui toujours sera...

Si nous disons qu'il est le Suprême, nous devons comprendre cette parole : Suprême ou *Supremus* en latin. Suprême est l'inconditionné, ce qui échappe à la Mécanique de la Relativité, ce qui ne relève pas du temps, ce qui transcende les cinq sens ordinaires, ce qui n'est pas conditionné.

Mais, il y a une autre signification de *Supremus* : ce qui est terminé, ce qui est accompli. Dans sa première signification, Supremus est *originarium, l'original* ; dans sa seconde signification, en tant que *consummatum*, c'est ce qui est terminé, ce qui est parfait et ce qui est fini ; c'est pourquoi Jésus a dit : *Consommatum est, Tout est accompli..., Ce qui est très parfait* ; l'homme qui a atteint l'état de Dharmakaya ; le véritable Illuminé, celui qui est arrivé à l'Illumination ; celui qui a pu s'intégrer avec *l'Originarium* ; le véritable Bienheureux ou Libéré... Ce sont les deux significations de *Supremus*.

Il est souhaitable de parvenir à cet État d'Illumination Absolue Radicale dans le Vide Illuminateur ; mais, pour y parvenir, mes chers amis, nous devons commencer par organiser notre propre psyché ; pour cela, il faut vivre intelligemment, sagement ; autrement, alors ce ne sera pas possible.

–Samael Aun Weor, *Le Cinquième Évangile*, conférence "Le pouvoir de l'homme psychologique"–

Nous devons nous libérer de la Loi de l'Évolution, et aussi de la Loi de l'Involution ; nous devons faire le grand saut pour tomber dans le Vide Illuminateur.

Évidemment, il existe donc une antithèse entre la "Théorie de la Relativité" énoncée par Einstein et le Vide Illuminateur. Le relatif est relatif ; la Machinerie de la Relativité fonctionne avec la Loi des Opposés, avec le Dualisme, etc.

Dans la "lutte des antithèses" il y a de la douleur et cela n'est pas la Félicité. Si nous voulons l'authentique félicité, nous devons sortir de cette Mécanique de la Relativité, faire le Grand Saut, je le répète, pour tomber au sein du Vide Illuminateur.

J'ai expérimenté le Vide Illuminateur, dans ma jeunesse ; j'avais à peine 18 ans quand j'ai pu faire le Grand Saut : passer au-delà du temps et expérimenter cela qui ne relève pas du temps, ce que nous pourrions appeler l'expérience du Prajña-Paramita-Paramita, dans sa plus crue réalité.

Il n'est pas superflu de souligner le fait que j'ai pu répéter trois fois cette expérience. J'ai su alors ce qu'était le Sunyata, j'ai pu le vivre...

Dans le Vide Illuminateur, il n'existe aucune espèce de dualisme conceptuel. La Machinerie de la Relativité ne fonctionnerait pas dans le Vide Illuminateur ; la loi des combinaisons mutuelles et des associations mécaniques n'est pas possible dans le Vide Illuminateur. Toute la *Théorie de la Relativité* d'Einstein serait détruite dans le Vide Illuminateur.

Indubitablement, l'expérience du Vide Illuminateur n'est réalisable qu'en état de Samadhi... En état de Samadhi ou, en d'autres termes, en état de Prajña-Paramita...

Dans le Vide Illuminateur il n'existe aucune espèce de forme ; on pourrait dire que là-bas, on passe au-delà de l'Univers et des Dieux. Dans le Vide Illuminateur, on peut donner une réponse correcte à cette question : *Si tout l'Univers se réduit à l'Unité, à quoi se réduit l'Unité ?*

Cette réponse est impossible pour le mental logique ou, tout au moins, pour le mental qui fonctionne selon la logique formelle ; mais dans le Vide Illuminateur cette réponse n'est pas nécessaire ; là-bas, cette réponse est une réalité évidente, définie : *Si toutes les choses se réduisent à l'Unité, l'Unité aussi se réduit à toutes les choses...*

Alors, celui qui entre dans cet état de Maha-Samadhi vit, dirons-nous, dans toutes les choses, dépourvu de forme, et cela, en soi, est grandiose, sublime et ineffable...

Se submerger définitivement dans le Sunyata, c'est-à-dire dans le Vide Illuminateur définitif, n'est possible qu'au moyen du Grand Saut et à condition d'être définitivement passé par l'annihilation bouddhique totale ; dans le cas contraire, ce ne serait pas possible...

À cette époque, je n'étais pas encore passé par l'Annihilation bouddhique et, évidemment, à mesure que je m'approchais de la Grande Réalité, ma Conscience se développait de manière démesurée. Il est évident que dans cette situation, n'étant pas passé par l'Annihilation Bouddhique, je sentis une indicible terreur, raison pour laquelle je retournai à l'Univers de la Relativité d'Einstein...

Je le répète : par trois fois, j'ai expérimenté le Vide Illuminateur et j'ai su, dans le Sunyata, expérience transcendantale vécue, qu'il existe quelque chose au-delà du Vide ; quoi ? Ce qui s'appelle Talité, la Grande Réalité...

Je l'ai su par une intuition de type transcendantal, parce que dans le domaine de l'intuition ou dans le Monde de l'intuition, il y a différents degrés d'Intuition. Indiscutablement, le degré intuitionnel le plus élevé est celui du mental philosophique religieux ou philosophique mystique. C'est le type d'Intuition qui correspond au Prajña-Paramita.

Cette Faculté me permit donc de savoir qu'au-delà du Monde du Vide Illuminateur se trouve la Grande Réalité.

Bien, je veux vous affirmer, avec insistance, que ce Chemin de la Gnose conduit à la Grande Réalité. La Grande Réalité ou la

Talité –Sunyata, Prajña-Paramita– est au-delà de l'Univers de la Relativité, c'est-à-dire au-delà de cette Mécanique de la Relativité ; et au-delà, bien au-delà, du Vide Illuminateur...

C'est-à-dire que la Talité transcende ces deux opposés que j'appellerais : mécanique de la relativité et Vide Illuminateur. Le Vide Illuminateur n'est pas la dernière étape ; c'est l'antichambre de la Talité c'est-à-dire de la Grande réalité.

Lorsque je vous parle, ce n'est pas d'une manière purement théorique. Dans de précédents Maha-Manvantaras j'ai expérimenté la Talité et, étant donné que je la connais, je dois en rendre un vivant témoignage...

L'important pour nous est de passer par une suprême annihilation afin que la Conscience, devenue Bodhicitta et totalement éveillée, puisse faire le Grand Saut pour tomber dans le Vide Illuminateur ; un pas de plus et nous arriverons à la Talité.

–Samael Aun Weor, *Le Cinquième Évangile*, conférence "Métamorphose psycho-émotionnelle de l'homme"–

AU-DELÀ DU VIDE ILLUMINATEUR

Au-delà de la lumière, existe la Lumière de la lumière. Au-delà de l'intelligence, existe l'Intelligence de l'intelligence. Au-delà du feu, existe le Feu du feu.

Seul le plus haut degré d'intuition "Prajña-Paramita" peut expérimenter directement ce qu'on appelle Sunyata. Chaque Bodhisattva qui possède le corps glorieux du Nirmanakaya a expérimenté directement le Vide Illuminateur, le Sunyata. Bien au-delà du vide illuminateur et de la machinerie de la relativité, existe la Talité ; c'est le tout. Le Vide Illuminateur est l'antichambre de la Talité.

Celui qui expérimente le Vide Illuminateur, s'il ne revient pas terrorisé, entre dans la Talité. Le mystique recule, terrorisé, face au Vide Illuminateur s'il n'est jamais passé par l'annihilation bouddhique.

Dans l'océan de la lumière incréée, le Non-Être est l'Être Réel. On est réellement ce que l'on croit ne pas être. Être quelque chose qu'on croit ne pas être, c'est être réellement. Si toute chose se réduit à l'unité, à quoi se réduit l'unité ? Incontestablement, l'unité se réduit à toute chose. Dire cela avec emphase est facile, le comprendre, c'est un peu plus difficile, mais pas impossible. Le ressentir, l'expérimenter directement, vivre l'expérience, c'est presque impossible.

Ceux qui sont passés une fois par cette expérience mystique, savent ce qu'est le Vide Illuminateur. Seuls ceux-là, les quelques-uns, connaissent directement ce qui est au-delà du corps, des affects et du mental, ce qu'est la vérité.

Affirmer intellectuellement que nous sommes l'arbre, l'oiseau qui vole, le poisson, le soleil, les soleils, c'est très facile. S'identifier à l'arbre, à l'oiseau, au poisson, au soleil, aux soleils, pendant l'état d'extase et ensuite se sentir tout cela, c'est très simple et à la portée de tout mystique illuminé, vraiment très simple. Être réellement l'arbre, l'oiseau, le poisson, le soleil, les soleils, c'est presque impossible ; c'est Sunyata, l'expérience du Vide Illuminateur.

Pour une meilleure compréhension de nos lecteurs, nous dirons qu'une chose est de s'identifier à l'arbre et une autre bien différente d'être l'arbre. Dans le Sunyata —expérience directe du Vide Illuminateur–, on est réellement l'arbre, l'oiseau, le poisson, le soleil, les soleils, le monde, les mondes, tout ce qui est, ce qui a été et qui sera. Quand on a l'Ego, l'Essence retourne dans la bouteille, comme la lampe d'Aladin, à l'intérieur de l'Ego. Alors, on perd le Sunyata, l'expérience mystique du réel. C'est précisément dans le Sunyata que l'on expérimente directement ce qu'est la vérité. L'Essence, dans le Sunyata, se déplace librement au sein du Vide Illuminateur. La goutte plonge dans l'océan que personne ne comprend. Ce qui est réellement n'est jamais compris par ceux qui vivent dans le temps. Ce que l'Essence expérimente terrifie d'épouvante l'Ego. Être tout et ne pas être quelqu'un s'avère épouvantable pour ceux qui reculent face à l'Annihilation bouddhique. L'authentique félicité de l'Être horrifie l'Ego.

Dans le Sunyata, il y a un élément qui transforme radicalement. Quiconque expérimente le Sunyata travaillera intensément sur lui-même sans jamais défaillir.

Dans le Vide Illuminateur, on ressent ce qui ne peut être exprimé avec des mots. Ce qui est ressenti dans l'Être cause de la douleur à l'Ego. L'Être et l'Ego sont incompatibles. Ils sont comme l'eau et l'huile, ils ne peuvent jamais se mélanger.

Dans le Sunyata, la goutte se dilue de plus en plus dans le Grand Océan, elle s'étend terriblement. Où cela nous mènera-t-il ? L'ouragan hurle dans les gorges de la montagne, la mer fouette la plage, la terre tremble dans ses intimités... Tous ces incidents ne sont que fugaces, battements en vain, légères vibrations qui se perdent dans ce qui est au-delà du corps, des affects et du mental.

Dans le Grand Océan, la Conscience se dilue, se propage effroyablement ; elle est fleuve, elle est mer et bien plus que ça. Toute cette profondeur est terriblement divine ; des océans sans rivages... Les Dieux ne sont que des vagues de lumière dans l'Océan profond de ce qui n'a pas de nom.

La Conscience superlative de l'Être s'étend, s'amplifie terriblement et pressent qu'à la fin, elle devra se perdre dans quelque chose d'encore plus profond. Si l'Ego n'existait pas, toute possibilité de terreur serait plus qu'impossible. Malheureusement, l'Ego existe encore et craint l'annihilation bouddhique. C'est précisément le Moi-même qui transmet sa vibration perfide à la Conscience superlative de l'Être.

Alors le mystique s'exclame : *Et moi alors, qu'est-ce que je vais devenir ?* Le mystique craint de cesser d'exister ; il est horrifié, il sait qu'il doit se perdre dans la Talité, le Tout. C'est comme ça qu'on perd le Satori, l'Extase, le Samadhi et qu'on revient à l'intérieur du Moi-même. Bien peu résistent avec succès au Sunyata bouddhique !

En réalité, la Talité est bien au-delà de l'Univers, de la relativité. Incontestablement, la Talité est aussi bien plus au-delà du Vide Illuminateur. La machinerie universelle de la relativité et son contraire, le Vide Illuminateur, ne sont que les opposés de ce qui est, mais pourtant, n'est pas. La Talité est la synthèse de ces contraires, cela qui existe au-delà de toute existence possible.

Indubitablement, cela qui existe au-delà de toute existence possible, est réellement ce qui n'est pas en absolu pour le mental. Le Vide Illuminateur n'est que l'antichambre de la sagesse ; tu le sais.

–Samael Aun Weor, Le Cinquième Évangile, conférence "À la Rencontre de la Talité"–

LA CONSCIENCE COSMIQUE D'UN DHARMAKAYA

Que cherchons-nous à travers tout cela ? De toute évidence, nous cherchons quelque chose d'extrêmement important : nous cherchons vraiment à purifier la Conscience Cosmique qui est embouteillée en nous.

Il existe une grande Conscience, je me réfère à la Conscience Cosmique. Malheureusement, la Conscience Cosmique est embouteillée dans l'Ego. Il n'est possible de purifier la Conscience cosmique qu'en annihilant l'Ego ; celui qui ne se résout pas à passer par l'annihilation bouddhique ne pourra jamais obtenir la purification de la Conscience.

Il est évident qu'avec l'annihilation bouddhique, l'éveil de la Conscience devient un fait. Une Conscience éveillée est une Conscience purifiée au moyen de l'annihilation de l'Ego, c'est indiscutable.

En tous cas, le processus didactique, psychologique, dirons-nous, de la libération de la Conscience en nous a naturellement un nom dans le bouddhisme oriental : on l'appelle Alaya Vijnana. Cet Alaya Vijnana conserve une certaine relation avec le corps de la loi qui est le Dharmakaya.

Le Dharmakaya en lui-même, comme Substance-Être, est immortel, divin. Le Corps-Loi du Dharmakaya nous accorde ce que nous pourrions appeler l'omniscience. Si le corps de la Loi est appelé Dharmakaya, c'est parce qu'il est le résultat de formidables travaux effectués sur nous-mêmes et au-dedans de nous-mêmes, ici et maintenant.

Que le corps du Dharmakaya puisse s'immerger dans le Vide Illuminateur, et plus encore, qu'il puisse atteindre l'état de Talité qui est au-delà du Vide Illuminateur lui-même, c'est indéniable.

Celui qui possède le corps de Dharmakaya a atteint la réelle félicité et l'ultime vérité. Mais, il serait impossible d'arriver à posséder ce corps si nous ne travaillions pas sur la Conscience cachée en nous, sur cette Conscience qui se trouve enfermée dans l'Ego. Il est nécessaire de la désengorger, la désencombrer, la désembouteiller, par un travail sur nous-mêmes et il est impossible de provoquer un changement, en travaillant sur nous-mêmes, si nous n'avons pas auparavant commencé à changer notre façon de penser et de sentir.

Un individu qui reçoit cet enseignement et qui continue d'être embouteillé dans ses anciens processus intellectuels et émotionnels ne pourra engendrer aucun changement. Les changements sont nécessaires pour arriver au changement suprême. Vous devez comprendre que les agrégats psychiques de l'Ego agissent dans sept niveaux de l'Être.

Indiscutablement, le corps de Dharmakaya n'est que pour ceux qui ont atteint la partie la plus élevée de l'Être, pour ceux qui ont désintégré de façon absolue tous les agrégats psychiques ou tous les éléments inhumains qui existent dans les sept niveaux de l'Être. Seul un tel individu peut avoir le corps de Dharmakaya.

Mais, il faut bien différencier ce qu'est réellement l'Alaya Vijnana et ce qu'est le Sunyata. L'Alaya Vishyana nous maintient dans les processus purement psychologiques, dans le travail psychologique que nous devons accomplir sur nous-mêmes et à l'intérieur de nous-mêmes, ici et maintenant. Tant que quelqu'un est à l'intérieur des processus psychologiques de l'Alaya Vishyana, il pourra, en l'absence du cher Ego, qui entre parenthèses, n'a vraiment rien de cher, expérimenter ce qui ne relève pas du temps, ce qui est au-delà du corps, des affects et du mental, ce qu'on appelle, en

Orient, le Vide Illuminateur. Mais cette expérience ne signifie pas pour autant, je tiens à le préciser, que nous ayons vraiment réalisé en nous-mêmes le Vide Illuminateur.

Le Sunyata, c'est différent. Lorsque quelqu'un possédant le corps de Dharmakaya, qui est un degré au-delà de la Conscience absolument éveillée, s'immerge, non seulement dans le Vide Illuminateur, mais qu'il réussit à entrer dans la Talité, il sait indubitablement ce qu'est, en soi, le Sunyata.

Donc, l'Alaya Vijnana est un concept purement psychologique. Le Sunyata est indubitablement un concept ontologique. En tous cas, je veux que vous compreniez clairement, à travers ces réflexions, que cette épouvantable et terrible machinerie de la relativité est une chose, et que le Vide Illuminateur est une autre chose, absolument différente.

Tant que le mental logique continuera avec ses confrontations, à l'intérieur de cette terrible machinerie de la relativité, nous ne serons pas heureux. Pensons qu'une chose est le concept psychologique, en tant qu'Alaya-Vijnana, et autre chose le concept ontologique de Sunyata.

La Conscience, embouteillée dans les confrontations logiques de la "théorie de la relativité", ne pourra pas trouver la véritable félicité, parce que ce n'est pas dans la logique que nous pourrons trouver la félicité mais dans le Sunyata.

Lorsqu'on distinguera donc le concept psychologique du concept ontologique, on pourra peut-être penser à ce qui est épistémologique ou à l'épistémologie ou penser épistémologiquement.

Arriver à se défaire, à s'affranchir de la pensée logique pour reposer dans le Vide Illuminateur, c'est l'aspiration suprême que nous avons. Mais je précise qu'aujourd'hui nous définissons des buts, et que tant que nous serons embouteillés dans les confrontations logiques, nous ne pourrons vraiment pas savoir ce qu'est le Sunyata, car l'Alaya Vijnana n'est pas le Sunyata.

De façon similaire, je dirais ceci : je vous ai enseigné ce qu'est la méditation ; je vous ai dit, par exemple, que nous pouvons, pendant notre vie, expérimenter, en l'absence de l'Ego, ce qui ne relève pas du temps ; je vous ai même donné un mantra pour que vous travailliez avec lui, c'est évident...

Un jour quelconque vous pourrez atteindre cet état de bonheur. Parce que si notre Conscience se trouve dans une taverne, c'est là que nous serons ; si notre Conscience est sur la Place du Zocalo, à Mexico, c'est là que nous serons, et si nous déposons notre Conscience dans le Vide Illuminateur, c'est là que nous serons, évidemment.

Mais, avant de parvenir à expérimenter le Vide Illuminateur auquel nous aspirons tous, bien sûr, si nous travaillons, nous nous trouvons dans le monde des confrontations logiques. Mais, une chose est le concept du Vide Illuminateur et autre chose l'expérience du vide illuminateur.

Vous pouvez vider votre mental de toutes sortes de pensées, par exemple, pour faire le vide dans votre mental, le vide total, le zéro radical absolu, si vous le pouvez ; si vous le voulez, vous le pouvez, mais, tant qu'il y a dans votre mental, pendant la méditation, l'idée que vous voulez le Vide Illuminateur, alors le Vide continuera d'être pour vous un concept et rien de plus qu'un concept ; vous continuerez à fonctionner strictement à l'intérieur de l'Alaya-Vijnana.

Le jour où vous obtiendrez le vide du vide dans votre propre mental, qui n'est pas le rien comme le croient beaucoup d'ignorants instruits qui nous critiquent, alors vous serez vraiment parvenus de façon certaine et directe à l'expérience de Cela, de Cela qui est au-delà du corps, des affects et du mental.

Mais tant que le Vide continuera d'être pour vous un simple concept ou un désir ou une idée ou une chose à laquelle vous aspirez, vous ne l'expérimenterez pas. Cependant, lorsque vous parviendrez au Vide du Vide, dans cet état où vous ne vous rappellerez même plus que vous êtes en train de méditer, mais que vous aurez vraiment fait le Vide et que vous aurez oublié l'idée même du Vide, ce qui est bien différent, alors vous aurez expérimenté le Sunyata.

Bon, pourquoi est-ce que je vous expose toutes ces remarques aujourd'hui ? D'abord, puisqu'il n'est pas possible, pour le moment, que vous puissiez vous immerger au sein du Vide Illuminateur, je voudrais que vous connaissiez au moins le point où vous vous trouvez. En réalité et en vérité, vous vous trouvez, épistémologiquement parlant, dans l'Alaya Vijnana, travaillant pour atteindre un jour, grâce à l'annihilation bouddhique, la libération finale dans le Sunyata. C'est tout...

Cela demande, naturellement, beaucoup d'attention, car nous voulons vraiment que vous réussissiez tous un jour cette annihilation et que vous sortiez de tout ce qui est purement conceptuel pour entrer dans l'expérience de ce qui est Réel.

Une annihilation totale, absolue, est nécessaire. Il nous faut sortir, un jour, des confrontations purement logiques et expérimenter concrètement ce qui ne relève pas du temps.

De même que dans la vie, par exemple, nous devons épargner nos énergies pour créer le deuxième corps psychologique, qui est le Corps Astral, car si nous gaspillons nos énergies, la création du deuxième corps sera tout à fait impossible, de même nous devons, à travers cette didactique de l'Alaya, du Grand Alaya Universel ou Alaya Vijnana, annihiler peu à peu les agrégats psychiques. Au fur et à mesure que nous les annihilerons, les énergies s'accumuleront en nous et, assurément, ces énergies nous permettront ensuite la création du corps de Dharmakaya ...

Ceux qui assimilent le corps de Dharmakaya à une sorte "d'Ego-substance" marchent sur le chemin le plus erroné que l'on puisse imaginer. Il est impossible de créer le corps de Dharmakaya tant que nous avons l'Ego vivant ; il faut l'annihiler pour que la création du Dharmakaya devienne possible, grâce à l'économie des énergies, car chaque agrégat psychique implique un gaspillage d'énergie.

Celui qui réussit à créer le corps de Dharmakaya connaît incontestablement la Vérité ; il l'expérimente, non en dehors de lui-même, ni à droite ni à gauche, mais au centre et profondément ;

non dans un espace supérieur ou dans un espace inférieur, mais dans un espace intérieur encore plus profond.

Celui qui forme, qui fabrique le corps de Dharmakaya, au moyen du travail intérieur sur lui-même, au moyen de la désintégration de l'Ego, parviendra indubitablement à expérimenter le bonheur de vivre, il obtiendra l'authentique félicité qui ne relève pas du temps, car le corps de Dharmakaya est un Corps-Être et non un Ego-Être, comme le prétendent beaucoup d'ignorants instruits.

Ainsi, mes chers amis, il me semble donc que si, au lieu de nous incliner soit vers le courant de droite, soit vers le courant de gauche, nous faisons appel à la force neutralisante, à la troisième force qui est à l'intérieur de nous, celle-ci nous permettra d'arriver à la synthèse, à la Libération finale, à la vérité ultime et à la création du corps de Dharmakaya en chacun de nous.

Vous voyez donc dans quel but j'insiste sur la nécessité de changer la façon de penser et de sentir. Cela n'a qu'un seul objectif : provoquer un changement intérieur profond, grâce au travail ésotérico-gnostico-christique ; et, à mesure que ce changement s'effectuera, nous nous rapprocherons de plus en plus de la félicité des Dharmakayas. En dernière analyse, je désire que chacun de ceux qui sont ici présents travaillent sur eux-mêmes et fabriquent intérieurement, très profondément, le corps de Dharmakaya.

–Samael Aun Weor, *Le Cinquième Évangile*, conférence "Échelons vers l'Omniscience"–

LA MALADIE DU SATORI

Dans le monde oriental, on parle de façon très synthétique. Le Bouddhisme Zen ou CHAN, par exemple, nous dit seulement qu'il faut parvenir à la quiétude du mental, au silence du mental, dans le but d'obtenir un jour l'irruption du Vide Illuminateur. On nous dit que *dans le Satori, il y a la véritable félicité*. Dans les salles de méditation, on veut acquérir la quiétude du Mental –à l'intérieur, au dehors et au centre–. On nous dit que le *Mental doit rester comme un mur, absolument tranquille.* Bon, je me rends compte que, dans les salles de méditation du Japon, c'est vraiment très dur d'atteindre le Satori. Mais, cet état ne dure que quelques minutes ou, dans le plus grand ou le meilleur des cas, une ou quelques heures ; après quoi le mental redevient aussi agité qu'il a toujours été. On sort de cet état de félicité pour se présenter au Gourou –heureux, enivré par le Samadhi–. Naturellement, le Gourou intervient en administrant au disciple quelques gifles pour le faire sortir de cet état et le ramener à l'équilibre. Sans quoi, dit-on en pur Zen, il pourrait tomber dans la maladie du Satori. Il est évident que c'est un état d'exaltation mystique et qu'on y resterait des jours et des nuits entières et qu'on oublierait qu'on existe ; on perdrait son équilibre par rapport aux choses de l'existence ; mais ce qui est sûr, c'est qu'avec quelques gifles bien données, on sort alors de cet état et on retrouve son équilibre.

–Samael Aun Weor, *Le Cinquième Évangile*, conférence "Graves dommages des représentations mentales"–

Quand on revient d'un Samadhi de ce type, l'instructeur, le gourou doit intervenir. Normalement, le chela, l'anachorète est enivré par l'Extase. Pour qu'il puisse retrouver son équilibre, son maître le gifle. Bien sûr, ce sont des gens qui peuvent recevoir une gifle, n'est-ce pas ?

Je me demande si vous supporteriez qu'on vous gifle. Oh là là ! Le plus certain, c'est que vous n'y résisteriez pas. Pourquoi ? Parce que vous n'avez pas la discipline qu'on a dans le monde oriental.

Et si le gourou ne giflait pas le chela, qui se trouve enivré par l'Extase, on aurait tendance à penser qu'il resterait donc peut-être dans cet état durant le reste de sa vie et, bien sûr, il ne serait pas en harmonie avec l'équilibre du monde, non ? Alors son gourou le sort de cet état avec quelques gifles, avec quelques claques au visage.

–Samael Aun Weor, *Le Cinquième Évangile*, conférence "Paramètres alchimiques et psychologiques du Vide"–

ÊTRE MÛR POUR LE VIDE

Une autre fois, l'Abbé, le Maître d'un monastère, dit à ses disciples : *Demandez ce que vous avez à demander*. Un disciple dit : *Je veux demander quelque chose*, mais avant qu'il puisse faire sa demande, le Maître lui donna un coup sur la bouche avec son bâton ; ce n'est pas très agréable quand on reçoit un coup, n'est-ce pas ? Mais c'est la façon d'agir dans le Zen et dans le Chang Bouddhiste ; la question qu'il allait poser n'était pas correcte...

Un jour, un Maître arrive et il se présente dans une salle de méditation ; les disciples se prosternent devant lui, lui rendent culte, lui rendent hommage, et le Maître dit : *Pourquoi tout cela vient-il aussi tard ?* Un disciple répond par une bêtise, sans fondement, et le Maître le renvoie en lui disant : *Idiot, imbécile, sors d'ici, va-t-en, tu ne sers à rien... !* Ici, si quelqu'un dit une petite parole dure aux frères, ils réagissent terriblement. Cela, véritablement, n'a aucun sens... pour le *fils à papa...* Mais, il faut apprendre ce qu'est la discipline ésotérique.

Pour le Zen, c'est une Croix, mais la dialectique qui existe dans le Zen va au fond, elle va au Bouddha Intime de chacun. Par exemple, un étudiant désireux de savoir quelque chose, désireux d'atteindre le Satori, d'arriver à expérimenter un jour le "Vide Illuminateur", demanda, dans le Temple, au Maître :

–*Maître, qu'est-ce que le Vide Illuminateur ?*

Le Maître lui répondit par un terrible coup de pied dans l'estomac, vraiment terrible mais et pas plus. Le pauvre homme tomba par terre, et là, il s'évanouit mais il expérimenta le Vide Illuminateur. Quand il se leva, au lieu de perdre son temps à réagir, il embrassa son Maître et lui dit tout joyeux : *Enfin, j'ai expérimenté le Vide Illuminateur...!*

Heureusement, le Maître n'acheva pas son travail par une gifle, parce que quand on obtient le Satori, quand un disciple a expérimenté le Satori et qu'il se présente tout joyeux, tout content, toujours en état d'Extase, devant le Maître, le Maître le sort de cet état par une gifle ; c'est vrai, parce que sinon, on dit qu'il peut

attraper la maladie du Satori, c'est-à-dire qu'il reste comme malade pour le restant de sa vie ; alors, pour qu'il ne reste pas ainsi, on le gifle pour qu'il revienne.

Observez que le bouddhisme Zen va directement à l'Essence, à la Conscience, au Bouddha Intérieur, et cela, au fond, est transcendantal.

Comment pourrions-nous vous expliquer le thème de la Dialectique de la Conscience ? De quelle façon ? Bon, observez un poussin quand il est dans sa coquille et qu'il est prêt à sortir, en général, la poule l'aide, quand elle sent que le poussin commence à piquer la coquille. Elle donne quelques coups de bec sur la coquille, ce qui va aider le poussin qui veut sortir. Ainsi, de la même façon, quand quelqu'un est mûr pour le Satori, le Maître l'aide, même s'il doit lui donner un coup de pied, c'est clair. Cela paraît très dur, mais cela constitue la réalité du Zen, comme pour le poussin qui est prêt à sortir de sa coquille.

En tous cas, ce langage bouddhique du Zen et du Chang va directement à la Conscience, et c'est transcendantal, c'est une dialectique, mais ce n'est pas la dialectique formelle, pas une dialectique libre, pas ce type de dialectique, c'est la Dialectique de la Conscience, c'est clair.

Nous devons apprendre à regarder à l'intérieur de nous-mêmes. Il nous faut apprendre à voir dans notre nature interne. Quand nous y serons parvenus, nous nous convertirons alors en Boud-dhas. Comment pouvons-nous apprendre à voir dans notre nature interne, de quelle manière ? Eh bien, avant tout, nous devons développer la capacité de l'auto-observation psychologique. Comme je vous le disais hier soir, au fur et à mesure que quelqu'un s'auto-observe psychologiquement, il voit ses Mois, ses Agrégats Psychiques inhumains, il les élimine, les désintègre, les pulvérise avec l'aide de Devi Kundalini Shakti, parce que sans le Serpent Igné de nos pouvoirs magiques, il est impossible de désintégrer nos Mois.

–Samael Aun Weor, *Le Cinquième Évangile*, conférence "Essence bouddhique et chrétienne de la Gnose"–

LE VIDE ILLUMINATEUR ET LA PEUR

LA TERREUR DU VIDE ILLUMINATEUR

Il se peut qu'à un moment de notre vie –comme c'est arrivé au Maître Samael Aun Weor–, notre Réalité intérieure particulière, notre Être réel, profitant d'un jour de méditation, intervienne et que, dans une explosion mystique, Il nous emmène dans ce Vide avec une aide supplémentaire, supérieure.

C'est ce qui est arrivé au Maître Samael quand il avait dix-huit ans. Dans une de ces méditations, il a dit : *J'ai été aidé par ma Monade intérieure qui m'a emmené au-delà du mental, des affects, du souvenir, de l'antithèse ; j'ai senti que je me perdais dans un néant inconnu ; je me suis senti devenir un nuage, une pierre, une montagne. Et puis, comme je n'avais pas désintégré le Moi, le Moi a dit : Et où je vais finir, moi en tant que personne...?* Il lui a suffi de penser à lui et le charme s'est rompu. La peur l'a fait retourner à la bouteille à nouveau –comme le génie des *Contes des mille et une nuits*– aux 49 niveaux, et il est resté prisonnier et a perdu cette opportunité.

Deux ans plus tard, il eut de nouveau la même aide de l'Être qui voulait l'emmener à une Extase et de nouveau, il a eu peur. Ah, mais la troisième fois, il n'a pas voulu se laisser emporter par l'association mécanique égoïque à laquelle il pensait toujours en termes de peurs, de peurs et encore de peurs. Advienne que pourra ! Et il s'en est remis à l'Être et a expérimenté le Vide Illuminateur, il a expérimenté au-delà de toutes les dimensions de la nature et il a pu ressentir, en effet, la caractéristique de l'omniscience qu'octroie le Vide Illuminateur.

Combien de temps ce vide a-t-il duré ? Le Maître : *"Je ne saurais le dire, je peux seulement dire qu'après avoir expérimenté ce Vide Illuminateur, même si ça n'a duré que cinq minutes –bien sûr, ça a duré plus–, un élément psychologique est resté en moi me poussant pour le reste de ma vie à le rechercher"*.

Bien sûr, quelqu'un qui expérimente ce qu'est le monde divin, au-delà de toute confusion, entrave, mécanisme intellectuel, passions, défauts, souvenirs, etc., et qui ressent la liberté suprême et absolue, il est clair qu'il ne l'oubliera jamais et les désirs de l'âme seront d'y retourner à tout prix.

–Kwen Khan Khu, interview "La Science de la Méditation"–

J'expérimentai cette vérité il y a de nombreuses années au cours de la méditation ; malheureusement, je n'avais pas encore dissous à cette période le moi pluralisé, et la terreur perturba l'expérience. Je sentis que je me perdais définitivement dans le vide de l'annihilation bouddhiste ; océan de lumière infini, incompréhensible, au-delà du corps, des sentiments et du mental ; radical oubli du moi-même.

La Conscience, libérée de sa condition égoïque, se perdit telle une goutte dans la mer... le vide sembla se faire plus profond..., abîme terrifiant... Je cessai d'exister... Je me sentis être mondes, fleurs, oiseaux, poissons, soleils radieux, humble plante et arbre gigantesque, insignifiant insecte qui dure seulement l'espace d'un après-midi d'été et aigle rebelle. L'océan de mon être continuait encore à s'étendre ; l'impersonnalisation semblait chaque fois plus profonde. Il ne resta de ma forme humaine, pas même le souvenir ; j'étais tout et rien à la fois. Un pas de plus et qu'en serait-il de moi ? Oh quelle terreur ! et cet océan de mon être qui continuait à s'étendre encore plus, de manière effrayante. Et alors ma chère individualité, quoi ? Il est ostensible qu'elle était aussi condamnée à mort. Épouvante, terreur, panique, peur ! Soudain, je sentis que je me retrouvais en moi-même, je perdis l'Extase, je revins, tel le génie d'Aladin à sa bouteille ! J'entrai dans le temps, je restai embouteillé dans l'Ego ! Pauvre Méphistophélès, malheureux, il était tremblant de lâcheté ! Satan est comme ça. Il est évident que cet infortuné m'avait fait perdre le Satori bouddhiste, le Samadhi.

–Samael Aun Weor, *Mon retour au Tibet*, chapitre 25–

LE MOI DE LA PEUR.

Cependant, je dois vous dire que la première chose qu'il faut abandonner, pour pouvoir se plonger un long moment dans le vide Illuminateur, c'est la peur. Le moi de la peur doit être compris : nous savons bien qu'il est possible de le désintégrer si nous supplions la divine mère kundalini de manière véhémente. Elle éliminera ce moi.

Un jour, peu importe lequel, me trouvant dans le vide Illuminateur, au-delà de la personnalité, du moi, de l'individualité, immergé dans ce que nous pourrions nommer le "Logos", "Cela", je sentis que j'étais tout ce qui est, a été et sera. J'ai expérimenté l'unité de la vie libre en son mouvement. J'étais, alors, la fleur, j'étais la rivière qui, cristalline, coule sur son lit de roches, chantant son délicieux langage, j'étais l'oiseau qui se précipite dans les profondeurs insondables, j'étais le poisson qui nage délicieusement au milieu des eaux, j'étais la Lune, j'étais les mondes, j'étais tout ce qui est, a été et sera...

Le sentiment du moi-même, du moi, dut avoir peur. En effet, je sentis que je m'annihilais, que je cessais d'exister en tant qu'individu, que j'étais tout sauf un individu, que le moi-même allait mourir pour toujours.

Évidemment, je fus rempli d'une indicible terreur et je revins à ma forme. De nouveaux efforts ne permirent alors, une autre fois, l'irruption dans le Vide Illuminateur et je me sentis à nouveau confondu avec tout, être tout. En tant que personne, en tant que moi, en tant qu'individu, j'avais cessé d'exister.

Cet état de conscience devenait de plus en plus profond, de telle sorte que toute possibilité d'existence, –d'existence individuelle–, s'arrêtait, j'allais disparaître définitivement. Je ne pus résister plus longtemps et je revins à ma forme. Au troisième essai, je ne pus non plus y résister et je revins à ma forme. Je sais, depuis, que pour expérimenter le vide Illuminateur, que pour ressentir le tao en soi-même, il est nécessaire d'éliminer le moi de la peur, c'est indubitable. [...]

Si on élimine l'Ego de la peur, de la crainte, on pourra demeurer dans le vide Illuminateur sans aucune préoccupation. On sentira que son propre aspect individuel se dissout peu à peu, on se sentira vivre dans la pierre et dans la fleur, dans l'étoile lointaine et dans l'oiseau chanteur de n'importe quel monde ou planète, mais on n'aura pas peur. Et si on n'a pas peur, on gravitera finalement vers son origine, transformé –la Conscience, l'Essence– en une créature terriblement divine, au-delà du bien et du mal.

On pourra se poser sur le Soleil sacré absolu, et là-bas, dans ce soleil, en tant qu'Étoile microcosmique, on connaîtra tous les mystères de l'univers. Car il est bon de savoir que l'univers en lui-même, tout notre système solaire, existe dans l'intelligence du Soleil sacré absolu comme un éternel instant.

Tous les phénomènes de la nature se produisent à l'intérieur d'un éternel instant, dans l'intelligence du Soleil sacré absolu. Mais si on a peur, on perdra l'Extase et on retournera à la forme dense.

Les frères qui écoutent cette cassette doivent abandonner la peur...

Sur l'autre face de la cassette, je poursuivrai ces explications. Point à la ligne...

Bien, sur cette partie de la cassette se trouve l'autre explication ou les explications qui suivent.

Indéniablement, il ne suffit pas de dire : *je vais arrêter d'avoir peur* ! Il est nécessaire d'éliminer le Moi de la peur et celui-ci se dissout, strictement, avec le pouvoir de la Divine Mère Kundalini Shakti.

Il faut tout d'abord l'analyser, le comprendre, et ensuite invoquer Devi kundalini, notre divine mère cosmique particulière, pour qu'elle désintègre le moi de la peur. C'est ainsi seulement qu'on peut s'immerger dans le vide Illuminateur de manière absolue. Celui qui le fera gravitera vers le soleil sacré absolu. Là-bas, il connaîtra les merveilles de l'univers.

–Samael Aun Weor, *Le Cinquième Évangile*, conférence "La conquête du Vide Illuminateur"–

Je veux dire de manière emphatique [...], que l'expérience mystique du réel est généralement un événement transcendantal qui cause même de la terreur.

Il faut abandonner la peur pour pouvoir plonger, un moment, dans le vide Illuminateur dans le car, dans le vide Illuminateur, nous apprenons que nous ne sommes que des gouttes du grand océan. C'est dans le Saint okidanock que la goutte se perd dans l'océan et l'océan dans la goutte : alors, la Conscience se dilue, se dilate d'une manière si extraordinaire que nous arrivons à nous sentir transformés en arbres, en montagnes, en oiseaux, en mondes, en comètes qui glissent à travers l'Espace infini.

Dans le Saint okidanock, en se voyant transformé en arbre, en eau, etc., on ressent la peur d'être annihilé, et la peur de la mort est généralement insupportable. On perd le Samadhi, l'Extase et l'on revient au monde des formes. Mais si l'on a du courage dans ce monde et que l'on sait supporter cela sereinement, on comprendra qu'au-delà de toute aspiration, il y a la Grande Réalité qui est le soleil sacré absolu.

–Samael Aun Weor, *Le Cinquième Évangile*, conférence "Moyens pour atteindre le Vide Illuminateur"–

QUESTIONS ET RÉPONSES

Disciple. *Maître, comment faire pour dominer la peur quand nous sentons que nous tombons dans le vide Illuminateur durant la méditation ?*

maître. Il est nécessaire de combattre la peur en la soumettant à la désintégration jusqu'à ce qu'elle soit transformée en poussière cosmique, qu'il ne reste rien en nous de cette horrible entité de la peur. C'est pourquoi nous avons donné les techniques spécifiques pour désintégrer les défauts au moyen de la Lance et avec l'aide de la Mère divine particulière. J'en ai parlé amplement dans mon livre : *le Mystère de la Floraison d'Or.*

–Samael Aun Weor, *Le Cinquième Évangile*, conférence
"Enseignements fondamentaux sur la méditation"–

L'ERREUR DES YOGIS

—NE PAS TRAVAILLER L'EGO—

Il faut dire qu'il y a des gens, en Orient, qui, n'ayant pas désintégré le Moi, l'Ego, mais étant très persévérants dans ces techniques orientales, peuvent obtenir un jour le Vide, et à un tel point qu'elles désincarnent.

Ils perdent le contact avec le corps physique, et le corps physique meurt.

Ce que je suis en train de dire, je ne l'invente pas, ce sont les paroles du Vénérable Maître Samael.

Alors, la personne se désincarne dans une Extase, et bien sûr, celui qui se désincarne dans une Extase se désincarne sûrement en souriant.

Ceux qui sont là, restent abasourdis de voir que la personne est morte, et ils disent : *"Dieu l'a emporté"*, *"Il a eu un ravissement mystique"*, et ils en font un saint, là-bas en Orient, ils lui mettent des bougies et lui font des statues en bois, et il devient lui et sa statue un lieu de culte et de pèlerinage.

Et cette personne, où est-elle partie ? Avec l'état de Vide, il se peut qu'elle demeure dans le Monde Causal, dans le Monde Bouddhique, ou dans le Monde Atmique un temps, un temps.

Alors, là-bas, elle vit les délices du Monde Nirvanique, ou Paranirvanique, ou Mahaparanirvanique, point.

Un jour, les Juges de la Grande Loi, les Agents de la Loi, qui se déplacent dans toutes les dimensions, trouvent ce défunt dans ces régions, ils l'examinent, et s'aperçoivent qu'il a l'Ego vivant, parce qu'il ne s'est jamais dédié à s'étudier en profondeur. C'est un mystique qui, avec une discipline, s'est désembouteillé et s'est désincarné, mais il n'a pas désintégré le Moi, et il n'y trouvait peut-être pas d'intérêt.

Quand ils l'examinent, ils voient toutes ses monstruosités et lui disent : *Écoutez Monsieur, vous ne pouvez pas rester ici. Pourquoi non ?* Non, vous, votre niveau est différent, et en plus vous *devez retourner au monde physique parce que vous vous êtes désincarné avant l'heure, vous devez retourner à la roue du Samsara*, et ils le font naître, peut-être, à Brooklyn, aux États-Unis, ou dans le quartier de Queens, qui est l'un des pires de New York.

Il naît là parce que c'est ce qu'il mérite selon son Dharma, et entre dans une famille de gens qui n'ont rien à voir avec la spiritualité, et qui, peut-être, se bagarrent, crient, se combattent, consomment des drogues, il grandit... Et celui qui est vénéré dans un lieu d'Orient avec une statue de bois qu'on lui a sculptée, est maintenant un personnage qui marche par-là, barbu, mendiant, buvant de l'alcool dans une rue de Brooklyn, ou d'un quartier de Queens, parce qu'il a expérimenté le Vide merveilleusement mais il ne l'a pas cristallisé à vie.

–Kwen Khan Khu, interview "La Science de la Méditation"–

Dans le monde, il y a beaucoup de théories qui disent conduire à la libération. Il y a des théories dans le monde oriental : il y en a au Tibet, il y en a en Inde, en Chine etc. il y a des théories dans le monde occidental : des écoles de divers types, etc., mais nous, les gnostiques, nous aimons aller, disons, au grain, aux faits, c'est évident.

Par exemple, en Orient, –je me réfère maintenant spécifiquement au Tibet–, il existe et il a toujours existé des anachorètes, des yogis ou pénitents qui passent leur vie entière enfermés dans une caverne. Leur Gourou leur enseigne le sentier de la méditation intérieure profonde.

Ces ascètes austères obtiennent, grâce à beaucoup d'entraînement psychologique ou, disons, à beaucoup de judo psychique, l'irruption, dans leur mental, du Vide Illuminateur. [...]

S'il est bien vrai que certains de ces ascètes parviennent donc à continuer avec le Samadhi, la question de la libération persiste.

Lorsque n'importe lequel de ces anachorètes s'est désincarné, comme il est déjà vraiment accoutumé à désembouteiller l'essence, à la sortir de l'ego, à l'extraire du mental, à la faire passer, donc, dans le vide Illuminateur, il n'est pas difficile au pénitent de répéter cela après sa mort et il peut jouir, durant une période, de la joie du Samadhi.

Généralement, il s'immerge dans un état que nous appellerions "Maha-Samadhi" –c'est un état de félicité incomparable–.

Mais, tandis que l'essence est immergée dans le monde de l'esprit pur, en état de Maha-Samadhi, l'ego continue dans le monde astral, pour ainsi dire, au seuil de la vie, attendant le retour de l'essence et, à la fin, l'essence revient d'un tel état pour pénétrer à nouveau dans l'ego.

Une fois qu'elle se trouve à nouveau embouteillée dans le moi, survient la réincorporation, le retour, la renaissance dans une nouvelle matrice.

Ainsi, des gens qui, en Orient, passèrent pour des Saints, qui jouirent de pouvoirs extatiques à cause du Samadhi, mais qui, durant leur vie, ne se préoccupèrent jamais de la dissolution du moi, vivent aujourd'hui, dans le monde occidental, comme des

personnes communes et courantes. Certains de ces individus sont même des personnes vulgaires.

Car beaucoup de ces mystiques parviennent, à raison d'une rigoureuse pénitence, d'une discipline, etc., à désembouteiller l'essence chaque fois qu'ils le veulent pour jouir du Samadhi, mais, malheureusement, ils ne se préoccupent pas de la dissolution de l'Ego, d'annihiler l'Ego, de le réduire en poussière. À cause de ça, il arrive ce que je vous ai déjà dit : ils doivent revenir tôt ou tard.

Ainsi donc, ce qui nous intéresse plus que tout, c'est d'atteindre une libération réelle. Et cette libération réelle n'est pas possible si on n'annihile pas le moi, si on ne dissout pas le moi. de multiples théories peuvent exister dans le monde, mais, en réalité, je veux vous dire, de façon claire, qu'on ne pourra jamais atteindre l'émancipation absolue, la félicité authentique, si on ne passe pas au préalable par l'annihilation bouddhique.

Quand j'étudiais la théosophie, je me rappelle toute la terreur que ressentaient les instructeurs théosophes envers la doctrine bouddhiste de l'annihilation. Pour moi, elle m'a semblé une doctrine merveilleuse. Je considère que l'annihilation bouddhique est indispensable pour celui qui veut la libération.

Par "annihilation bouddhique", comprenez la dissolution du Moi de la psychologie. Évidemment, il faut détruire le moi-même, le Soi-même, l'Ego, parce que dans l'Ego se trouve la racine vivante de toutes nos souffrances, de toutes nos amertumes, de tous nos problèmes.

–Samael Aun Weor, *Le Cinquième Évangile*, conférence "Paramètres alchimiques et psychologiques du Vide"–

Il existe aussi le yoga Je ne veux pas me prononcer contre le Yoga, mais, par contre, je signalerai quelques dangers. Ceux qui font du hatha-Yoga, par exemple, croient que l'Autoréalisation Intime de l'Être est possible uniquement sur la base de simples postures de yoga ; c'est une idée fausse. Je ne veux pas non plus aller à l'autre extrême et dire que toute la gymnastique du Hatha-yoga est inutile, non ; il y a certaines gymnastiques du Hatha-Yoga qui peuvent être utiles pour la santé, pour le corps physique, mais elles ne pourront en aucune façon nous conduire à la Libération finale. Il s'agit de chercher des chemins ! Car il se trouve que l'humanité vit à l'intérieur d'un labyrinthe sans aucune issue : les uns veulent se libérer par le Yoga, les autres par le Spiritisme ou la Médiumnité, etc. ; d'autres pensent qu'ils deviennent des Sages en recevant des messages par l'intermédiaire des médiums. Mais, en conclusion, quoi ?

–Samael Aun Weor, *Le Cinquième Évangile*, conférence "Métaphysique gnostique révolutionnaire"–

Dans l'Himalaya, beaucoup d'anachorètes vécurent dans des cavernes et développèrent même quelques siddhis c'est-à-dire des pouvoirs. Ces ermites, à force de disciplines ésotériques rigoureuses, réussirent à atteindre le Samadhi et en jouirent alors, pénétrant dans l'Alaya de l'Univers et se perdant même, pendant quelques instants, dans le Suprême Parabrahatma.

Ce qui arriva réellement, c'est que, entraînés aux plus diverses disciplines du mental, ces cénobites réussirent à désembouteiller l'Essence, la Conscience et celle-ci, en l'absence de l'Ego, en vint à expérimenter cela qui ne relève pas du temps, cela qui est bien au-delà du corps, des sentiments et du Mental.

Alors, enivrés par le Soma du Samadhi, ils se crurent des Mahatmas ; ils ne travaillèrent jamais sur l'Ego ; ils ne se préoccupèrent jamais de désintégrer les différents agrégats psychologiques ; ils se spécialisèrent seulement dans le yoga de la méditation. [...]

Passée l'Extase, l'Essence retourna une fois de plus dans l'Ego, à l'intérieur du moi-même. Ensuite, ils revinrent, ils retournèrent, ils se réincorporèrent et, à l'heure actuelle, ils sont dans le monde occidental, des personnes vulgaires, communes et ordinaires, et, cependant, tant en Orient qu'au Tibet, on continue encore à les vénérer comme des saints

Il faut comprendre la nécessité de désintégrer l'Ego et ce ne sera pas possible si nous ne profitons pas des dures expériences de la vie...

–Samael Aun Weor, *Le Cinquième Évangile*, conférence "La saveur vie et la saveur travail"–

Au Tibet, il y a une multitude d'anachorètes qui s'enferment dans des cavernes à vie ; leurs Gourous leur ont enseigné diverses techniques de méditation ; certains sont devenus des athlètes, d'autres croient être déjà libérés, etc. Il y en a qui se nourrissent de simples orties, d'herbes qu'ils trouvent autour de leur caverne, voulant ainsi se transformer en Dieux. Chacun est libre de penser ce qu'il veut, mais moi j'aime élucider les mystères. Nous ne nions pas que quelques-uns de ces anachorètes soient devenus de véritables athlètes de la Méditation.

Dans cet état d'Extase, il arrive souvent que l'Essence du Yogi se désembouteille, s'échappe de l'Ego ; et, en l'absence de l'Ego, l'Essence peut s'immerger dans le Vide Illuminateur. Là, il y a absence d'hommes et de Dieux, mais on écoute les paroles de l'Éternel... Plongés en profonde, méditation ces saints expérimentent Cela qui ne relève pas du temps,

Cela qui est la Vérité. Mais, une fois passée l'Extase, le Samadhi, ils retournent une fois de plus dans la bouteille, comme le Génie d'Aladin, ils se remettent dans l'Ego pour continuer leur pénitence. Un beau jour, il est possible qu'ils s'échappent, pendant un Maha-Samadhi, qu'ils se désincarnent.

Comme l'Essence est déjà habituée, par la discipline, à s'échapper, à sortir de l'Ego, alors elle procédera de même à la mort du corps physique, et cette Essence pourra même voyager jusqu'aux planètes du Christ, des planètes qui tournent autour de notre Système Solaire, de la même façon que tournent les planètes physiques ; ainsi, ils jouiront d'un Samadhi délicieux.

Il se trouve que, dans les Planètes du Christ, il existe une autre Nature très différente de la nôtre. Ainsi, de la même façon que notre Nature, celle du monde physique, est soumise aux processus de naissance, croissance, développement et mort, la Nature des planètes du Christ qui tournent autour du Soleil est différente ; cette Nature est immuable, éternelle, elle n'est pas soumise aux changements ni à la mort. C'est pourquoi ceux qui vivent dans les planètes du Christ sont heureux, ils jouissent donc intérieurement des splendeurs du Christ Intime et vivent dans une Extase permanente.

Ainsi, ces Yogis "désembouteillés" jouiront quelque temps de la félicité des planètes du Christ : ils pourront flotter dans l'atmosphère ambiante ; mais ces yogis verront avec surprise qu'ils ne sont pas des habitants de ces mondes, qu'on leur permet une visite, mais que, en réalité, ils n'ont pas le droit de vivre là. Une si terrible réalité les amène à comprendre qu'ils sont encore incomplets, qu'ils ne sont pas libérés, comme ils le supposaient avant de mourir, et c'est avec douleur qu'ils retournent dans la bouteille, comme le Génie d'Aladin, c'est-à-dire dans l'Ego.

Ainsi, en Orient, au Tibet, il y en a beaucoup qui étaient considérés comme des saints, des Illuminés qui se sont désincarnés pendant un Maha-Samadhi, et que le peuple a vénérés comme des Dieux, et qui vivent maintenant dans le monde occidental, comme des personnes vulgaires, communes, ordinaires.

–Samael Aun Weor, *Le Cinquième Évangile*, conférence
"Métaphysique gnostique révolutionnaire"–

Je veux donc que vous sachiez que ce qui est fondamental, c'est la destruction des agrégats psychiques. Mais, que sont les agrégats psychiques ? Évidemment, ils sont la vive personnification de nos défauts psychologiques : colère, convoitise, luxure, envie, orgueil, paresse, gourmandise, etc., etc., etc. Au fil du temps, ces agrégats ont adhéré à notre psyché. Lorsque nous parlons d'un agrégat à l'ambassade d'Allemagne, nous parlons de quelqu'un qui s'est ajouté à l'ambassade. De même, lorsque nous parlons d'agrégats psychologiques, il faut penser à certains éléments indésirables, tels que le Moi de colère, de la peur, de la jalousie ou de l'orgueil, qui se sont ajoutés à notre psyché. Il y a de nombreux agrégats qui vivent dans notre intérieur ; des milliers et souvent même des millions.

–Samael Aun Weor, *Le Cinquième Évangile*, conférence
"Illumination totale et Illumination partielle"–

Quand on s'auto-observe soi-même, on voit à quel point les expériences sont utiles. Si nous nous retirions dans une caverne solitaire sans nous être autodécouverts, sans nous être connus nous-mêmes, sans avoir dissous l'Ego, le résultat serait l'échec le plus complet.

–Samael Aun Weor, *Le Cinquième Évangile*, conférence
"La saveur vie et la saveur travail"–

De sorte que, si on n'élimine pas l'Ego, on ne parvient pas à la Libération finale ; c'est la crue réalité des faits. Même si on pratique beaucoup d'exercices de yoga, même si on s'enferme dans des cavernes à l'écart du monde, en se nourrissant d'herbes, de plantes sauvages de l'endroit, etc., si on ne détruit pas l'Ego, on ne se libère pas !

–Samael Aun Weor, *Le Cinquième Évangile*, conférence
"Métaphysique gnostique révolutionnaire"–

RÉCITS DE MAÎTRES CHINOIS

LE MAÎTRE CHINOIS HAN SHAN

Il est nous parvenu un résumé de l'autobiographie du Maître chinois appelé Han Shan, qu'il vaut la peine de commenter pour une meilleure compréhension de ce *Message de Noël 1965-1966*.

Le Maître Han Shan naquit à Chuan, en Chine, dans la belle région chinoise de Nanking. La Mère Divine annonça en songes à une femme très humble de la région de Nanking qu'elle concevrait un enfant et elle conçut effectivement un bel enfant qui naquit le 12 octobre 1545. Cet enfant était le grand Maître chinois appelé Han Shan.

Alors que l'enfant n'était âgé que de douze ans, il était sur le point de mourir à cause d'une grave maladie, mais son humble mère remplie de foi, pria la Divine Mère Kundalini, lui demandant la guérison de l'enfant et lui promettant de tout son cœur que, si l'enfant guérissait, elle le confierait au Monastère pour qu'il se fît moine. Quand l'enfant guérit, sa bonne mère le fit inscrire au monastère Bouddhiste de la Longue Vie.

L'enfant Han Shan avait démontré très tôt qu'il était vraiment un Maître. Après la mort d'un oncle et la naissance du fils d'une tante, Han Shan commença à se préoccuper intensément de l'étude des mystères de la vie et de la mort. La mère de Han Shan fut vraiment très sévère avec cet enfant. Un jour, elle se dit : *"Je dois vaincre en lui son naturel trop délicat, pour qu'il puisse étudier comme il se doit"*.

À l'âge convenable, l'enfant entra au monastère et se convertit en un véritable dévot de Kwanyin, la Mère Divine. Un jour, il récita devant sa maman chinoise le Sutra de la Bodhisattva Kwanyin, en entier, et sa mère fut naturellement remplie d'un grand étonnement. La tradition raconte que quand le Maître Ta Chou Chao vit ce bel enfant, il s'exclama de joie : *"Cet enfant arrivera à devenir un Maître des hommes et des cieux"*. Quand le Maître en question interrogea l'enfant en lui demandant ce qu'il voulait devenir : un haut fonctionnaire public ou un bouddha, l'enfant répondit plein d'assurance : *"Je veux devenir un Bouddha."*

Encore jeune, Han Shan se sentit profondément désireux de suivre la carrière ésotérique. Après avoir lu la vie du grand Maître chinois Chung Feng, il se dédia définitivement à la vie spirituelle. La tradition dit que le Bouddha Amida lui apparut dans les Mondes Internes avec les Bodhisattvas Kwanyin et Ta Shih. Il ne fait pas le moindre doute que tout cela fut décisif pour que Han Shan se consacre pleinement à la vie ésotérique.

Han Shan adopta le nom de Ching Yin après avoir écouté une merveilleuse conférence sur les dix portes mystérieuses. Quand Ching Yin arriva à l'âge de vingt ans, le Maître du Monastère, son grand Maître, mourut. Mais avant de mourir, il appela à lui tous ses moines et leur dit : *"J'ai quatre-vingt-trois ans et je dois très bientôt abandonner ce monde. J'ai actuellement quatre-vingt disciples, mais le disciple qui aura à continuer mon œuvre est Han Shan –Ching Yin–. Après ma mort vous devrez lui obéir et respecter sa parole, sans tenir compte de son âge."* C'est ainsi que le Maître Han Shan commença dans le monde sa grande œuvre.

Alors qu'il étudiait le livre de Shao Lung et corrigeait les épreuves, il fut illuminé en lisant la phrase d'un Brahmane qui retourne chez lui après une longue absence et dont les voisins s'exclament : *Regardez, l'homme qui habitait ici autrefois vit encore.* Ce à quoi le vieux Brahmane répond : *Ô, non ! Je ressemble à un vieillard, mais en réalité je ne le suis pas* En lisant cela, Han Shan s'écria : *En réalité, les Dharma n'ont ni commencement ni fin.* Comme cela est vrai, comme cela est vrai !

Le Maître Fa Kuang fut celui qui instruisit profondément Han Shan sur la technique scientifique de la méditation. Il lui enseigna aussi la dissociation du mental, de la subconscience et des perceptions sensorielles, et comment se maintenir sur les sentiers sacrés de la connaissance pendant la méditation.

Les associations du mental pour former des phrases, des souvenirs, des images, des idées, des désirs, etc., constituent la cause fondamentale du bavardage mental incessant et de toute la bataille des antithèses. Si par la compréhension nous arrivons à la dissociation mentale, si par la compréhension nous arrivons à nous dissocier de tous les souvenirs subconscients, si par la compréhension nous arrivons à éliminer les éléments subjectifs de nos perceptions, alors il est clair que le mental reste tranquille et en silence, non seulement au niveau superficiel, mais aussi dans les niveaux plus profonds du subconscient.

Han Shan atteignit la quiétude et le silence du mental, et se convertit de fait en un Maître Illuminé de Perfection. Les vieux sages disaient : *Si tu ne permets pas que ton mental soit perturbé si tu écoutes pendant trente ans le bruit de l'eau qui coule, tu arriveras à la compréhension miraculeuse d'Avalokitesvara.* Han Shan se convertit en un athlète de la méditation interne et rien ne pouvait le perturber. Sa nourriture consistait en graines, légumes verts et racines, en quantité suffisante pour vivre. Han Shan se transforma en un véritable athlète du calme et du silence mental, et atteignit l'Illumination.

Le résultat ou la conséquence de l'Illumination, ce sont les pouvoirs que beaucoup convoitent, mais qui viennent au mystique sans qu'il ait besoin de les convoiter, quand il est réellement arrivé à l'Illumination. Han Shan raconte qu'un jour, après avoir mangé son pot-au-feu à base de racines, de légumes verts, etc., il sortit pour se promener, mais fut soudain surpris de voir qu'il n'avait ni corps, ni mental : il ne voyait plus qu'un Tout Illuminé, Parfait, Lucide et Serein. À partir de ce moment-là, tous les pouvoirs de clairvoyance positive, de clairaudience formidable, de télépathie, de superbe intuition, etc., s'éveillèrent totalement en lui, Han Shan, grâce au calme et au silence du mental, et comme conséquence de l'Illumination. Han Shan composa alors ce poème précieux transcrit par Chan Chen Chi :

> *Quand règne la sérénité parfaite*
> *On atteint la véritable illumination.*
> *Comme la réflexion sereine inclut tout l'espace,*
> *Je peux me mettre à regarder le monde*
> *Qui est formé de songes et seulement de songes.*
> *Aujourd'hui je comprends réellement la vérité et la justesse*
> *des enseignements du Bouddha !*

Grâce à beaucoup de méditation intime et grâce au calme et au silence suprême du mental, Han Shan était arrivé à éveiller la Bouddhata, c'est-à-dire l'Essence, la Conscience.

Pendant les heures de sommeil, Han Shan cessa de rêver et vivait totalement éveillé dans les Mondes Supérieurs. Au retour dans le Corps physique, après le repos du sommeil, il apportait à son cerveau physique tous les souvenirs de son expérience dans les Mondes Supérieurs. Il réussit à atteindre tout cela, grâce au calme et au silence du mental.

Une nuit, pendant que son corps physique dormait, Han Shan entra au temple de la Grande Sagesse. Les Maîtres Chin Yan et Miao Feng, en Corps astral, l'accueillirent avec une immense allégresse. Dans ce temple, Han Shan reçut l'enseignement hautement précieux de l'entrée au Dharma-Dhatu. C'est par cette entrée qu'il put connaître en profondeur ce que sont les Lois de l'Évolution ou du Progrès, et de l'Involution ou de la Régression.

Han Shan comprit aussi qu'il existe des terres bouddhiques qui se pénètrent et se compénètrent sans se confondre, et que l'autorité et le service sont des lois fondamentales dans ces régions. Il comprit que ce qui discrimine en nous est le subconscient et ce qui ne discrimine pas est la sagesse. Il comprit aussi que la pureté ou l'impureté dépendent totalement de notre mental.

Han Shan alla en Corps astral à l'intérieur du Temple de Maitreya Bodhisattva. C'est celui-ci qui lui dit, en lisant dans un rouleau qu'il avait ouvert : *Ce qui discrimine en nous est le subconscient ; ce qui ne discrimine pas est la sagesse. Si tu dépends de la subconscience, tu te corromps ; si tu t'appuies sur la sagesse, tu obtiendras la pureté. De la corruption proviennent la vie et la mort. Lorsqu'on atteint la pureté, il n'est plus besoin de Bouddhas.*

Quand Han Shan retourna chez lui après de longues et nombreuses années d'absence, les voisins demandèrent à sa mère : *D'où vient-il celui-là ? Est-il venu par terre ou par mer ?* La mère répondit : *Il est venu à nous du vide.* C'est vrai, Han Shan était venu du Vide Illuminateur. Voilà ce qu'écrit et voilà ce que raconte Chang Chen Chi.

La quiétude et le silence absolus du mental, après de grandes pratiques, provoquent la rupture de l'enveloppe et notre entrée dans le Vide Illuminateur. Nous entrons alors en Extase parce que notre Conscience s'éveille.

–Samael Aun Weor, *Occultisme transcendantal*, chapitre 12–

LE MAÎTRE CHINOIS WU WEN

Le grand Maître Wu Wen commença ses pratiques de méditation sous la sage direction du Maître Tuo Weng.

Le premier travail de méditation se réalisa avec le Koan ou phrase mystérieuse suivante : "Ce n'est pas le mental, ce n'est pas le Bouddha, ce n'est rien". Wu Wen, assis dans le style oriental, concentrait son mental sur cette phrase en essayant de comprendre sa profonde signification.

En réalité, ce Koan ou phrase énigmatique est difficile à comprendre et, en méditant sur elle, avec le sain but d'expérimenter la vérité enfermée dans chacun des mots contenus dans cette phrase mystérieuse, il est clair qu'à la fin, le mental, ne pouvant connaître leur signification, tombe vaincu, comme blessé à mort, alors il se résigne, restant calme et silencieux.

Le Maître chinois Wu Wen eut la joie de se trouver avec Yung Feng et Yueh Shan, et quelques autres frères, et, tous ensemble, ils s'engagèrent à travailler pour obtenir l'illumination.

Après quelque temps, Wu Wen se rendit auprès du Maître Huai Shi, qui lui enseigna à méditer avec l'aide du mantra sacré Wu. Ce mantra se chante mentalement avec la lettre U répétée deux fois U U en allongeant le son de la voyelle, comme pour imiter le son de l'ouragan quand il hurle dans une gorge de la montagne, ou le coup terrible des vagues contre la plage.

Ce mantra se chante mentalement quand nous pratiquons la méditation, pour arriver au calme et au silence du mental, quand nous avons besoin de vider le mental de toutes sortes de pensées, désirs, souvenirs, préoccupations, etc.

Ensuite, il se rendit auprès de Chang Lu où il pratiqua la méditation avec son compagnon qui désirait ardemment l'illumination finale.

Quand Wu Wen connut Chin de Huai Shang, ce dernier lui demanda : *Cela fait six ou sept ans que tu pratiques, qu'es-tu arrivé à comprendre ?* Wu Wen répondit : *Chaque jour j'ai l'impression qu'il n'y a rien dans mon mental.*

Cette réponse fut très sage : Wu Wen avait déjà l'impression qu'il n'y avait rien dans son mental, son mental commençait à rester vide, la bataille des raisonnements arrivait à sa fin.

Wu Wen avançait merveilleusement, mais il lui manquait quelque chose et Chin lui dit : *Tu peux pratiquer dans le calme mais tu perds la pratique dans l'activité.* Cela inquiéta beaucoup Wu Wen, puisqu'il touchait précisément son point faible.

Etre capable d'avoir le mental calme et silencieux, vide de toutes sortes de pensées, même quand nous avons faim, soif, même quand les moustiques nous piquent ou qu'il y a un grand tapage de gens à nos côtés est une chose très difficile, et c'était ce qui manquait à Wu Wen ; celui-ci pouvait pratiquer la méditation dans le calme, mais il ne pouvait pas pratiquer dans l'activité, c'est-à-dire, avec tous ces inconvénients.

Que dois-je faire ? demanda Wu Wen à Chin ; la réponse fut : *Tu n'a jamais entendu ce que dit Chung Lao Tzé ? Si tu veux l'entendre, mets-toi face au sud et contemple la Petite Ourse.*

Paroles énigmatiques, paroles exotiques, mystérieuses, difficiles à comprendre, et, le plus grave, c'est qu'il n'y a pas d'explication. Cela dit, Chin se retira.

Wu Wen fut terriblement préoccupé, il abandonna la pratique avec le mantra Wu pendant une semaine et il concentra son mental en essayant de comprendre d'une façon totale ce qu'avait voulu dire Chin par le fait de se tourner vers le sud et de contempler la Petite Ourse.

Il le comprit seulement quand les moines qui l'accompagnaient dans le salon de méditation abandonnèrent l'enceinte pour passer à la salle à manger. Alors Wu Wen continua sa méditation dans le salon et oublia le repas.

Le fait de continuer à méditer alors que c'était l'heure du repas fut quelque chose de très décisif pour Wu Wen, parce qu'alors il comprit la signification de méditer dans l'activité.

Wu Wen raconte que précisément, en ces instants, son mental devint brillant, vide, léger, transparent, ses pensées humaines se brisèrent en morceaux, comme de petits morceaux de peau sèche, il se sentit plonger dans le vide.

Une demi-heure plus tard, quand il retourna à son corps, il trouva que celui-ci était baigné de sueur. Alors il comprit ce qu'était voir la Petite Ourse, face au sud.

Il avait appris durant la méditation à faire front, à faire face à la Petite Ourse, c'est-à-dire à la faim, au tumulte, à toutes sortes de facteurs préjudiciables pour la méditation.

Depuis ce moment, plus aucun bruit, ni piqûres de moustiques, ni la contrariété de la faim, ni la chaleur, ni le froid, ne purent empêcher la parfaite concentration de sa pensée.

Plus tard, quand il visita de nouveau Chin, il put répondre avec une entière exactitude à toutes les questions qu'il formula, cependant il est douloureux de dire que Wu Wen n'était pas encore suffisamment affranchi pour pouvoir atteindre l'état de "faire un saut vers l'avant".

Après quelque temps, Wu Wen rendit visite à Hsianh Yen, dans les montagnes, pour passer la saison du printemps, et il raconte que, durant la méditation, les moustiques le piquaient terriblement et sans aucune miséricorde, mais il avait appris à regarder très en face la Petite Ourse –les obstacles, les inconvénients, la faim, les moustiques, etc.– et alors il pensa : *"Si les anciens sacrifiaient leur corps pour le Dharma, dois-je craindre les moustiques ?"*

Conscient de cela, il se proposa de tolérer patiemment tous les aiguillons, avec les poings contractés et les mâchoires serrées ; supportant les horribles piqûres des moustiques, il concentrait son mental sur le mantra Wu –OUUU OUUU–.

Wu Wen chantait le mantra Wu ; il imitait avec le U le son du vent dans la gorge de la montagne, le son de la mer quand elle fouette la plage ; Wu Wen savait combiner intelligemment la méditation au sommeil.

Wu Wen chantait son mantra avec le mental et il ne pensait à rien. Quand un désir ou un souvenir ou une pensée surgissait dans son entendement, Wu Wen ne le rejetait pas, il l'étudiait, il l'analysait, il le comprenait dans tous les niveaux du mental, puis l'oubliait de façon radicale, totale et définitive.

Wu Wen chantait son mantra de façon continue, il ne désirait rien, il ne raisonnait pas, tout désir ou pensée qui surgissait dans le mental était dûment compris puis oublié, le chant du mantra ne s'interrompait pas, les moustiques et leurs aiguillons n'avaient déjà plus d'importance.

Soudain quelque chose de transcendantal arriva, il sentit que son mental et son corps s'effondraient comme les quatre murs d'une maison. C'était l'état de vide Illuminateur, pur, parfait, libre de toutes sortes d'attributs, il s'était assis pour méditer aux premières heures du matin et il ne se leva que le soir.

Il est clair que l'on peut se livrer à la méditation assis dans le style oriental avec les jambes croisées comme le faisait le Bouddha, ou dans le style occidental dans la position la plus commode, ou allongé avec les bras et les jambes écartés à droite et à gauche, comme l'étoile à cinq branches, et avec le corps relaxé, mais Wu Wen était oriental et préférait s'asseoir dans le style oriental comme le Bouddha.

Vers ce moment, le grand Maître chinois Wu Wen réussit à expérimenter le vide Illuminateur, mais il lui manquait encore quelque chose ; il n'était pas arrivé à la pleine maturité ; dans son mental, il y avait des pensées erronées et inattentives, qui d'une façon secrète, continuaient à exister, de petits démons tentateurs, de petits Moi subconscients, résidus qui vivaient encore dans les quarante-neuf départements subconscients de Ialdabaoth.

Après cette expérience du vide Illuminateur, Wu Wen s'en alla à la montagne de Wung Chow et il y médita six ans, puis il médita six autres années sur la montagne de Lu Han puis trois autres années sur la montagne de Kuang Chou. A la fin de ces efforts et après avoir beaucoup souffert, le Maître Wu Wen obtint l'Illumination ultime.

Le Maître Wu Wen ne s'est jamais divisé entre un Moi supérieur et un autre de type inférieur, parce qu'il comprenait que supérieur et inférieur sont deux sections d'une même chose.

Le Maître Wu Wen se sentit lui-même non comme un dieu ou comme un Deva, à la façon des mythomanes, mais comme un malheureux Moi pluralisé, vraiment disposé à mourir chaque fois plus en lui-même.

Le Maître Wu Wen ne s'est pas autodivisé entre moi et mes pensées parce qu'il comprenait que mes pensées et moi sont tous les deux moi, et qu'il est nécessaire d'être intègre pour obtenir la méditation parfaite.

Durant la méditation, le Maître Wu Wen se trouvait dans un état intègre, réceptif, terriblement humble, avec le mental calme et en profond silence, sans effort d'aucune sorte, sans tension mentale, sans le désir d'être plus que ce qu'il n'était, parce que le Maître Wu Wen savait très bien que le Moi est ce qu'il est, et qu'il ne peut jamais être autre chose que ce qu'il est.

Dans ces conditions, les trois cent mille clans du Corps Mental du Maître Wu Wen vibraient intensément avec le même ton, sans aucun effort, en captant, en recevant amour et sagesse.

Quand Wu Wen se trouvait dans les salles et Lumisials de méditation, tous les moines recevaient un grand bénéfice grâce aux puissantes vibrations de son aura lumineuse.

Wu Wen possédait déjà les Corps Existentiels Supérieurs de l'Être, les Corps Solaires, mais il devait dissoudre le Moi et obtenir l'illumination finale, et il l'obtint après avoir beaucoup souffert.

–Samael Aun Weor, *Le collier du Bouddha*, chapitre 18–

L'HISTOIRE DU MAÎTRE CHINOIS KAO FENG

Le Maître chinois KAO FENG entra en Sacerdoce à l'âge de quinze ans et fut ordonné à l'âge de vingt ans au monastère de Chin Tzu.

Kao Feng comprit que tous les êtres humains sont de misérables automates endormis et il se proposa dès lors d'éveiller sa Conscience par la science de la méditation.

Kao Feng réalisa ses premiers travaux sous l'intelligente et sage direction du Maître Tua Chiao, qui lui enseigna à travailler avec le *Hua Tou* –phrase mystérieuse– suivant : *Où étais-je avant ma naissance, où serai-je après ma mort* ?

Kao Feng se proposa de travailler avec ce *Hua Tou*, mais il ne put concentrer son mental, à cause de la bifurcation de cette phrase : son mental se divisait en beaucoup d'opinions et de concepts opposés et Kao Feng souffrait jusqu'à l'indicible parce qu'il désirait de tout son cœur et de toute son âme se libérer du dualisme mental. L'expérience du Réel s'avère impossible tant que l'Essence, la Bouddhata, l'Âme, est emprisonnée dans le dualisme intellectuel.

Les opinions qui s'opposent, la bataille des concepts opposés, les idées antithétiques, correspondent aux divers fonctionnalismes illusoires du mental. Kao Feng pleurait des larmes de sang dans son désir profond de s'affranchir du dualisme mental, mais il échoua avec le *Hua Tou* du Maître Tua Chiao.

La tradition raconte que, dans un terrible état d'angoisse et de désespoir, Kao Feng alla trouver le Maître Hsueh Yen qui, compatissant avec sa douleur, lui enseigna le puissant mantra WU et exigea de lui de l'informer quotidiennement sur ses travaux.

Le mantra WU se chante comme un double OU, "OOOUUUUU…, OOOUUUUU…" en imitant le hurlement de l'ouragan dans les vagues déchaînées de l'océan furieux. Durant cette pratique, le mental doit être absolument tranquille et dans un silence profond et épouvantable, tant à l'extérieur qu'à l'intérieur ; ni le moindre désir ni la pensée la plus insignifiante ne doit agiter le lac profond du mental.

Les explications du Maître Hsueh Yen étaient en réalité si simples et si claires que son disciple Kao Feng tomba dans la négligence et dans la paresse, à cause du fait qu'il n'avait franchement besoin de faire aucun effort pour les comprendre.

Le Maître Hsueh Yen, en dépit de sa douceur habituelle, savait également être très sévère lorsque c'était nécessaire.

Un jour, comme de coutume, Kao Feng entra dans la chambre de son Maître, mais celui-ci lui dit alors d'un ton très sévère : *Qui a amené ce cadavre en ton nom ?*

À peine eût-il fini de dire cela qu'il le jeta hors de sa chambre.

Plus tard, Kao Feng suivit l'exemple de Chin Shan et chercha refuge dans la salle de méditation.

Les pratiques de méditation intime provoquent de façon graduelle l'éveil de la Conscience, l'éveil de la Bouddhata.

Le néophyte commence à réagir aux représentations internes suprasensibles d'une façon très distincte, très différente de la normale ; il commence par dire : *Je suis en train de rêver*, c'est un rêve ; plus tard, il s'exclame, rempli de joie : *Je suis hors du corps physique ; mon corps physique est endormi, mais moi, je suis hors du corps, totalement conscient et éveillé !*

Un jour où Kao Feng était sorti de son corps endormi qui ronflait sur le lit, il se rappela en toute clarté le Koan qui dit : *Toutes les choses se réduisent à l'unité, mais à quoi se réduit l'unité ?*

Les traditions chinoises relatent qu'à ce moment-là, son mental se remplit de confusions terribles, au point de ne plus parvenir à distinguer l'Est de l'Ouest, ni le Nord du Sud.

Après avoir passé six jours dans cet état mental malheureux, il arriva que, tandis qu'il sussurrait les prières collectives avec une infinie dévotion dans le Lumisial de méditation, il leva la tête et vit de façon clairvoyante ces deux dernières phrases mystérieuses du poème oriental composé par le cinquième Patriarche, Pa Yan : *Ô, c'est toi, celui que j'ai toujours connu, toi qui vas et viens durant les trente mille jours d'un siècle !*

Kao Feng se mit immédiatement à travailler sur la phrase mystérieuse et énigmatique : *Qui a apporté ce cadavre en ton nom ?* Celle-ci était restée tellement gravée dans son mental depuis ce jour où le Maître Hsueh Yen l'avait prononcée, qu'il lui était impossible de l'oublier.

Il se sentit comme si son mental et sa personnalité avaient péri et comme si son esprit divin ressuscitait après la mort. Il se sentait heureux comme si on avait enlevé de ses épaules un fardeau énorme et pesant. Il avait alors vingt-quatre ans, et il avait obtenu le désir d'atteindre l'éveil de la Conscience en l'espace de trois ans.

Lorsqu'on demanda à Kao Feng :

– *Peux-tu te dominer toi-même à la pleine lumière du jour ?*

– *Oui, je le peux,* répondit-il avec fermeté.

– *Peux-tu te dominer quand tu es en train dormir ?*

– *Oui, je le peux,* répondit-il à nouveau.

– Et quand tu dors sans rêver, où se trouve le Maître ?

Kao Feng ne put trouver de réponse à cette dernière question, et de nouvelles souffrances intimes l'affligèrent au fond de son âme.

Le Maître lui dit : "*À partir de maintenant, je ne veux pas que tu étudies le Bouddhisme ni le Dharma, je veux que tu n'étudies rien, ni d'ancien, ni de nouveau. Je veux seulement que tu manges quand tu as faim et que tu te couches quand tu es fatigué. Et pour ce qui est de t'éveiller, rends ton mental alerte et demande-toi : 'Qui est le Maître de cet éveil ? Où son corps se repose-t-il ? Et dans quelle direction mène sa vie ?*".

Kao Feng était assurément un homme de Thelema –volonté–, et il décida avec grande fermeté qu'il devait comprendre cela d'une manière ou d'une autre, même si, dans son acharnement, il donnait l'impression d'être un idiot pour le reste de ses jours.

Cinq années de travail intensif passèrent. Un jour, alors qu'il travaillait sur ce point en plein sommeil, un de ses compagnons moines qui dormait à côté de lui dans le dortoir commun du monastère saisit inconsciemment un coussin, qui tomba bruyamment sur le sol. À cet instant, ses doutes disparurent immédiatement. Il sentit, avec une joie immense, qu'il était parvenu à bondir hors d'un piège. Toutes les phrases mystérieuses des Maîtres et des Bouddhas, les multiples problèmes du passé, du présent et du futur, devinrent clairs pour lui. À partir de cet instant, Kao Feng fut illuminé.

Il existe deux types d'illumination : on appelle habituellement la première EAU MORTE, car elle implique des entraves. On fait l'éloge de la seconde sous le nom de GRANDE VIE, parce qu'elle est l'illumination sans entraves, le Vide Illuminateur.

Le premier type d'Illumination est l'Autoconscience éveillée. Le second type d'Illumination, bien qu'on le nomme dans le Quatrième Chemin, Connaissance Objective ou Conscience Objective, transcende en réalité ce qu'on appelle la Conscience : c'est l'Être, et la raison d'être de l'Être, c'est l'Être lui-même.

Kao Feng devint, en fait, un Turiya, car Il parvint à se rendre absolument indépendant du mental grâce à la méditation profonde.

Le monde est du mental cristallisé, et c'est pourquoi il est maya, illusion.

Quand le Grand Jour Cosmique prend fin, cette forme illusoire du mental est réduite en poussière cosmique.

En réalité, ma personne, les personnes, ta personne, les choses et les créatures de toute espèce n'existent pas : ce ne sont que des formes mentales illusoires qui doivent être réduites en poussière cosmique.

L'unique réalité est Brahma, l'Espace-Esprit-Infini, qui renferme l'Éternel Féminin et la Monade sacrée, le reste n'est qu'illusion.

Nous devons tous nous perdre en quelque chose… Des millions d'êtres humains se perdent dans les Mondes Infernaux, mais nous, les Gnostiques, nous préférons nous perdre en Brahma.

Il est urgent d'empêcher que le contenu mental –Chitta– acquière différentes formes –Vrittis– durant la méditation intérieure profonde. Lorsque les vagues mentales ont cessé et que le lac intellectuel s'est apaisé, l'illusion que nous crée la houle des opposés se trouve à cesser, et l'expérience du Réel survient alors.

Lorsque l'Espace-Esprit-Infini nommé Brahma prend une forme quelconque pour parler à ses Avatars, il devient alors Ishvara, le Maître de tous les Maîtres, un Purusha très spécial dépourvu de mental et exempt de souffrances, d'actions, de résultats et de désirs.

L'intellect lucifériens, malheureusement, ne sert qu'à une seule chose : nous tourmenter par la bataille incessante des opposés. Kao Feng s'est libéré du mental et il est devenu un Turiya.

–Samael Aun Weor, *Révélations d'un Avatar*, chapitre 36–

HISTOIRE DU MAÎTRE MENG SHAN

Les vieilles traditions qui se perdent dans la nuit des siècles racontent que le Maître chinois Meng Shan connut la science de la méditation avant l'âge de vingt ans.

Les mystiques d'Asie racontent qu'à partir de cet âge jusqu'à trente-deux ans, le Maître en question étudia auprès des dix-huit anciens. Il s'avère certainement intéressant, attrayant, suggestif, de savoir que ce grand illuminé étudia avec une infinie humilité aux pieds du vénérable ancien Wan Shan, qui lui enseigna à employer intelligemment le puissant mantra WU ; ce mantra se prononce comme un double "ou", en imitant sagement le hurlement de l'ouragan dans les gorges des montagnes.

Jamais ce frère ne put oublier l'état d'alerte-perception, d'alerte-nouveauté, qui est si urgent pour éveiller la Conscience.

L'ancien vénérable, le gourou Wan Shan, lui dit que durant les douze heures du jour, il faut être alerte comme le chat qui guette un rat ou comme la poule qui couve un œuf, sans abandonner sa tâche une seule seconde.

Dans ces études, ce ne sont pas les efforts qui comptent, mais plutôt les super efforts ; tant que nous ne sommes pas illuminés, nous devons travailler sans repos, comme un rat qui ronge un cercueil. Si nous pratiquons de cette manière, nous finirons par nous libérer du mental et nous expérimenterons de façon directe cet élément qui transforme radicalement, cela qui est la vérité.

Un jour, après dix-huit jours et dix-huit nuits de méditation intérieure profonde ininterrompue, il s'assit pour prendre le thé, et alors, oh merveille, il comprit la signification intime du geste du Bouddha lorsqu'il montre la fleur et le sens profond du sourire exotique de Maha Kashyapa, impossible à oublier.

Il interrogea trois ou quatre anciens sur cette expérience mystique, mais ceux-ci gardèrent le silence ; d'autres lui dirent que cette expérience ésotérique vécue pourrait s'identifier au Samadhi du sceau de l'océan. Comme de raison, ce sage conseil lui inspira une pleine confiance en lui-même.

Meng Shan avançait triomphalement dans ses études ; néanmoins, il n'y a pas que des roses dans la vie, il y a aussi des épines. Durant le mois de juillet de l'année Chindin –1264–, il contracta malheureusement la dysenterie à Chunking, dans la province de Szechuan.

La mort sur les lèvres, il décida de faire son testament et de disposer de ses biens terrestres. Ceci fait, il se redressa lentement, fit brûler de l'encens et s'assit sur un fauteuil de cérémonie élevé, où il pria en silence les trois Bienheureux et les dieux saints, se repentant devant eux de toutes les mauvaises actions qu'il avait commises dans sa vie. Considérant la fin de son existence comme une chose sûre, il fit aux Ineffables sa dernière demande : "Je désire que, grâce au pouvoir de Prajña et à un état contrôlé du mental, je puisse me réincarner en un lieu favorable où je puisse me faire moine –Swami– en jeune âge. Si par hasard je me remets de cette maladie, je renoncerai au monde, je prendrai l'habit et je tenterai d'amener la lumière à d'autres jeunes bouddhistes."

Après avoir formulé ces vœux, il s'immergea en méditation profonde, chantant le mantra WU ; la maladie le tourmentait, les intestins le torturaient épouvantablement, mais il résolut de ne pas leur prêter attention. Meng Shan oublia radicalement son propre corps, ses paupières se fermèrent serrées et il resta comme mort.

Les traditions chinoises racontent que lorsque Meng Shan entra en méditation, seul le Verbe, c'est-à-dire le mantra WU – OUUUU OUUUU–, résonnait dans son mental ; par la suite, il ne sut plus rien de lui-même.

Et la maladie, qu'en advint-il ? Que se passa-t-il ? On peut clairement et lucidement comprendre que toute affection, tout malaise, toute indisposition a pour base certaines formes mentales bien précises ; si nous parvenons à l'oubli radical et absolu d'une souffrance quelconque, alors le ciment intellectuel se dissout et l'indisposition organique disparaît.

Lorsqu'au début de la nuit, Meng Shan se leva du fauteuil, il sentit avec une joie infinie qu'il était déjà à moitié guéri. Il s'assit ensuite de nouveau et continua à s'immerger en méditation profonde jusqu'à minuit ; sa guérison fut alors complète.

Au mois d'août, Meng Shan alla à Chiang Ning et, plein de foi, il entra dans la prêtrise. Il demeura un an dans ce monastère, puis il débuta un voyage au cours duquel il cuisinait lui-même ses aliments, lavait ses vêtements, etc. Il comprit alors de manière intégrale que la tâche de la méditation doit être une chose tenace, résistante, forte, ferme, constante, où l'on ne doit jamais, au grand jamais, se lasser.

Plus tard, à force de marcher sur ces terres chinoises, il parvint au monastère du Dragon jaune ; il y comprit la profonde nécessité d'éveiller la Conscience. Puis, il poursuivit son voyage vers Che Chiang.

À son arrivée, il se jeta aux pieds du Maître Ku Chan, de Chin Tien, et il jura de ne pas sortir du monastère avant d'avoir atteint l'illumination.

Après un mois de méditation intensive, il récupéra le travail perdu au cours du voyage, mais pendant ce temps son corps se couvrit d'horribles ampoules ; il les ignora intentionnellement et poursuivit sa discipline ésotérique.

Un jour quelconque, peu importe lequel, certaines personnes l'invitèrent à un repas délicieux. Il emporta son Hua Tou avec lui sur le chemin, il travailla avec et ainsi, plongé en méditation

profonde, il passa devant la porte de son amphitryon sans s'en rendre compte. C'est alors qu'il comprit qu'il pouvait soutenir le travail ésotérique tout en étant en pleine activité.

Le 6 mars, alors que Meng Shan méditait à l'aide du mantra WU, le moine principal du monastère entra dans le Lumisial de méditation dans le but évident de brûler de l'encens, mais en frappant la boîte de l'encensoir, cela produisit un bruit et Meng Shan se reconnut alors, et il put voir et entendre Chao Chou, notable Maître chinois.

"Désespéré, je parvins au point mort du chemin ; je frappais la vague, –mais– ce n'était que de l'eau. Ô Chao Chou, cet ancien notable dont le visage est si laid !"

Tous les biographes chinois sont d'accord pour affirmer qu'à l'automne, Meng Shan s'entretint avec Hsueh Yen à Lingan, ainsi qu'avec Tui Keng, Shin Keng, Hsu Chou et d'autres anciens notables.

J'ai pu comprendre que le Koan, la phrase énigmatique qui fut décisive pour Meng Shan fut, sans l'ombre d'un doute, celle avec laquelle Wan Shan l'interrogea : la phrase "la lumière brille sereinement sur le sable du rivage" n'est-elle pas une observation prosaïque de cet idiot de Chang ?

Méditer sur cette phrase suffit à Meng Shan. Lorsque Wan Shan l'interrogea plus tard avec la même phrase, c'est-à-dire lorsqu'il lui répéta la question, le mystique jaune répondit en jetant sur le sol l'oreiller de son lit, comme pour dire "maintenant, je suis éveillé !".

–Samael Aun Weor, *Traité ésotérique de magie runique*, chapitre 23–

ÉNIGMES.

Tieh Shan écrit:

Je connus le Bouddhisme dès l'âge de treize ans. À dix-huit ans, j'entrai dans le Sacerdoce. Ensuite, je lus un jour une thèse apportée par un moine de Hsueh Yen, appelée Méditations Avancées.

Cela me fit comprendre que je n'étais pas encore parvenu à ce point. Alors, je m'en fus voir Hsueh Yen et suivis ses instructions, sur la façon de méditer sur le mot WU.

La quatrième nuit, la sueur suinta de tout mon corps, et je me sentis tranquille et léger. Je demeurai dans la salle de Méditation, concentré, sans adresser la parole à quiconque. Je vis ensuite, Miao Kao Feng, qui me dit que je devais continuer à méditer sur le mot WU, jour et nuit sans m'arrêter.

Quand je me levai avant l'aube, le Hua Tou –la signification du mot, l'essence de la phrase– se présenta immédiatement à moi.

Comme j'avais un peu sommeil, je laissai le siège et descendis. Le Hua Tou –c'est-à-dire, le mot WU– [c'est-à-dire, le mot WU], m'accompagnait, tandis que je marchais, me préparais ma nourriture ou le lit, quand je prenais la cuillère, ou laissais les baguettes de côté. Il était toujours avec moi, dans toutes les activités, jour et nuit.

Si on parvient à fondre son mental dans un tout continu et homogène, l'Illumination est assurée.

Le résultat de ce conseil est que je fus pleinement convaincu d'avoir atteint cet état.

Le 20 mars, le Maître Yen s'adressa à la congrégation.

Asseyez-vous bien droit, rafraîchissez votre mental, comme si vous étiez au bord d'un précipice de 10 000 pieds et concentrez-vous sur votre Hua Tou [c'est-à-dire, le mot magique WU].

Si vous travaillez ainsi pendant sept jours, sans repos, pas même une seconde, vous parviendrez sans doute à la réalisation. Je réalisais cet effort là, il y a quarante ans.

Je commençais à m'améliorer quand je suivis ces instructions. Le troisième jour, je sentis que mon corps flottait dans l'air ; le quatrième jour, je devins complètement inconscient de tout ce qui se passait dans ce monde. Une nuit, je demeurai un moment appuyé contre une balustrade. Mon mental était aussi serein que s'il n'avait pas été conscient. Je maintenais constamment devant moi le Hua Tou [le mot WU], et ensuite je revenais à mon siège.

Au moment ou j'allais m'asseoir, j'avais subitement la sensation que tout mon corps de la fontanelle jusqu'à la pointe des pieds, était divisé. J'avais subitement la sensation qu'on me rompait le crâne, ou qu'on m'élevait jusqu'aux cieux, d'un puits de 10 000 pieds de profondeur.

Je contai alors au Maître Yen cette indescriptible extase et la joie jaillissante que j'achevais d'expérimenter. Mais le Maître Yen dit : Non, ce n'est pas cela. Tu dois continuer à travailler ta méditation.

Il cita alors à ma demande quelques paroles du Dharma, dont les ultimes vers étaient :

> Pour propager et glorifier les nobles prouesses
> des Bouddhas et des patriarches,
> il te faut recevoir un bon coup de marteau sur la nuque.

Je me demandai : pourquoi ai-je besoin d'un coup de marteau sur la nuque ? Il y avait encore évidemment dans mon mental un léger doute, quelque chose dont je n'étais pas sûr.

Je poursuivis ainsi, méditant un long moment tous les jours, pendant la moitié d'une année. Un jour où je me préparai une infusion d'herbes pour les douleurs de la tête, je me rappelai un KOAN [phrase énigmatique], dans lequel Nez rouge demandait à Naja : Si tu rends tes os à ton père et ta chair à ta mère, où seras-tu alors ?

Je me rappelai alors que, quand le moine me reçut pour la première fois et me posa cette question, je ne pus lui répondre : mais maintenant, subitement, mon doute avait disparu.

J'allais voir Meng Shan. Le Maître Meng Shan me demanda : Quand et où pouvons-nous considérer que notre travail Zen s'est achevé ?

Cette fois encore, je ne sus que répondre. Le Maître Meng Shan insista sur le fait que je devais travailler dans la méditation [Dhyana] *avec un acharnement plus grand, et que je devais laisser de côté les pensées humaines habituelles.*

Chaque fois que j'entrai chez lui et que je donnai une réponse à sa question, il disait que je n'avais rien compris.

Une fois, je méditai de l'après-midi au matin du jour suivant, utilisant le pouvoir de Dhyana pour me maintenir et avancer jusqu'à atteindre directement l'état de profonde subtilité.

Laissant le Dhyana, j'allai chez le Maître et lui contai mon expérience. Il me demanda : Quel est ton visage originel ?

Alors que j'allai répondre, le Maître me mit dehors et ferma la porte. À partir de ce moment-là, je parvins chaque jour à une subtile amélioration.

Je compris plus tard que toute la difficulté venait de ce que je n'étais pas resté assez longtemps avec le Maître Hsueh Yen, pour travailler dans les aspects délicats et subtils du travail.

Mais quelle chance j'avais eue de rencontrer un Maître Zen, aussi excellent ! Grâce à lui seulement, j'ai pu en arriver à ce stade.

Je n'avais pas compris que si quelqu'un s'exerce de manière incessante et insistante, il atteindra toujours quelque chose de temps à autre et son ignorance diminuera à chaque pas sur le chemin.

Le Maître Meng Shan me dit : C'est la même chose que polir une perle. Plus tu la polis, plus elle devient brillante, claire et pure.

Un polissage de cette sorte est supérieur à tout un travail d'incarnation. Cependant, quand je voulais répondre à la question de mon Maître, il me disait qu'il me manquait quelque chose.

Un jour au milieu de la méditation, le mot manquer se présenta à mon mental et je sentis soudain que mon corps et mon mental s'ouvraient de part en part, depuis la moelle de mes os, de manière totale.

Le sentiment fut celui d'une vieille montagne de sable qui se dissolvait tout à coup sous le soleil ardent, surgi après de nombreux jours obscurs et couverts.

Je ne pus l'éviter et me mis à rire aux éclats. Je sautai de mon siège, attrapai le bras du Maitre Meng Shan et lui dit :

Dites-moi, que me manque-t-il ? Que me manque-t-il ?

Le Maitre me gifla trois fois et je me prosternai trois fois devant lui. Il dit : Oh, Tieh Shan, il te manquait de nombreuses années avant d'en arriver là.

–Samael Aun Weor, Le Parsifal dévoilé, chapitre 44–

HOMMES ÉVEILLÉS, –L'HISTOIRE INTÉRESSANTE DE TIEN JAN ET HUI CHANG–

Le moine éveillé du nom de Tien Han alla rendre visite au Vénérable Maître Hui Chang. En arrivant, il demanda très solennellement à un ascète d'ordonnance si le Maître Réel était à la maison. Le mystique répondit :

– Oui, mais il ne reçoit pas de visites. Tien Han dit :

– Oh ! Ce que tu dis est extrêmement profond et étrange !

L'anachorète serviteur répliqua :

– Les yeux du Bouddha eux-mêmes ne peuvent le voir. Alors Tien Han argumenta :

– La femelle du Dragon accouche d'un petit Dragon et celle du Phénix enfante un petit Phénix ! Puis, il se retira.

Plus tard, lorsque Hui Chang sortit de la méditation où il se trouvait et s'informa de ce qui s'était passé dans la maison, il frappa, en l'apprenant, le religieux assistant. Lorsque Tien Han prit connaissance de cela, il fit le commentaire suivant :

– Ce vieux mérite d'être appelé le Maître Réel.

Le jour suivant, Tien Han, l'homme à la Conscience éveillée, retourna rendre visite au Gourou Hui Chang. Selon les exotiques coutumes orientales, dès qu'il aperçut le Gourou, il étendit sa natte sur le sol –comme s'il se disposait à s'asseoir pour recevoir ses enseignements –. Hui Chang dit :

– Ce n'est pas nécessaire, ce n'est pas nécessaire.

Tien Han recula un peu et le Maître Réel dit avec emphase :

– C'est bien, c'est bien.

Mais alors, de façon inhabituelle, Tien Han avança à nouveau de quelques pas. Alors le Maître Réel dit :

— Non, non.

Cependant, Tien Han comprit tout, il fit symboliquement le tour de l'Hiérophante et s'en alla.

Plus tard, le Vénérable commenta : Beaucoup de temps a passé depuis les jours des Bienheureux. Le monde est maintenant très fainéant. D'ici trente ans il sera très difficile de rencontrer un homme comme celui-là.

Étranges attitudes ! Conversations télépathiques instantanées ! Coups d'œil qui expriment tout en un éclair.

Expliquer tout cela serait comme castrer l'enseignement : nos bien-aimés lecteurs doivent capter sa profonde signification.

Hui Chang possédait l'Embryon d'Or : il est indéniable qu'il avait réalisé en lui-même le Vide Illuminateur.

Tien Han était aussi un homme à la Conscience éveillée, quelqu'un qui, même s'il n'avait pas encore autoréalisé le Vide, possédait la Fleur d'Or.

Huang Po rencontra une fois un moine éveillé et chemina avec lui. Lorsqu'ils arrivèrent près d'une rivière tumultueuse qui se précipitait furieusement sur son lit de roches, Huan Po retira un moment son chapeau de bambou et, laissant à côté son bâton, s'arrêta pour penser comment ils pourraient passer.

Alors qu'il était plongé dans ces réflexions, tout à coup quelque chose d'insolite se produisit ; l'autre moine marcha au-dessus des eaux tourmentées de la rivière sans que ses pieds touchent l'eau, puis il se posa sur l'autre rive.

Elles racontent, les vieilles traditions qui se perdent dans la nuit des siècles, que lorsque Huang Po vit le miracle, il se mordit les lèvres et dit :

— Oh! Je ne savais pas qu'il pouvait faire cela ; l'avoir su, je l'aurais poussé au fond de la rivière.

Ces pouvoirs miraculeux sont simplement les produits naturels de la véritable Illumination, et les hommes éveillés, les hommes qui ont déjà fabriqué l'Embryon d'Or dans la Forge Ardente de Vulcain, la Sexualité, les possèdent.

Chang Chen-Chi nous rapporte le récit suivant :

Le Maître Zen Pu-Hua avait été assistant de Lin Chi. Un jour, il décida que le moment de mourir était arrivé et alors il se rendit au marché et pria les gens qu'ils lui donnent par charité un vêtement. Mais lorsque des personnes lui offrirent le vêtement et d'autres linges, il les refusa et continua de marcher, le bâton à la main." "Lorsque Lin Chi entendit cela, il persuada certaines personnes de donner à Pu-Hua un cercueil. Ainsi offrirent-ils un cercueil à Pu-Hua. Il sourit et dit aux donateurs : Cet individu, Lin Chi, est en réalité un mauvais et un charlatan. Après, il accepta le cercueil et annonça aux gens : Demain je sortirai de la ville par la porte de l'Est et j'irai mourir dans quelque coin des faubourgs de l'Est. Le jour suivant, beaucoup de gens de la ville, portant le cercueil, l'escortèrent jusqu'à la porte de l'est. Mais soudain, il s'arrêta et s'exclama : Oh non, non, selon la Géomancie, ce jour-ci n'est pas de bon augure. Il est mieux que je meure demain dans un faubourg du sud. Ainsi, le jour suivant, tous s'acheminèrent vers la porte du sud, mais Pu-Hua changea encore une fois d'idée, et dit au monde qu'il préférait mourir le jour suivant, dans le faubourg de l'Ouest. Beaucoup moins de gens allèrent l'escorter, le jour suivant. Et, de nouveau, Pu-Hua changea d'idée, disant qu'il remettait son départ de ce monde au jour d'après et qu'alors il mourrait dans un faubourg du Nord. Mais alors les gens en avaient assez de l'affaire et, ainsi, personne ne l'escorta le jour suivant. Pu-Hua dut porter lui-même le cercueil jusqu'au faubourg du Nord. Lorsqu'il arriva, il s'introduisit dans le cercueil, le bâton toujours à la main, et attendit que s'approchent quelques passants. Alors il les pria de clouer le cercueil une fois qu'il serait mort. Lorsqu'ils eurent consenti, il se coucha et mourut. Alors, continua Chang Chen-Chi, les passants clouèrent la caisse, comme ils l'avaient promis. La nouvelle de l'évènement parvint bientôt à la ville et les gens commencèrent à arriver en grand nombre. Quelqu'un suggéra alors d'ouvrir le cercueil pour jeter un coup d'œil au cadavre, mais en le faisant, à leur grande surprise, ils ne trouvèrent rien. Avant de s'être remis de leur surprise, ils entendirent, venant du ciel, le son familier des clochettes du bâton que Pu-Hua avait porté toute sa vie. Au début, le tintement des clochettes était fort, car il était tout proche ; ensuite, il devint de plus en plus faible jusqu'à ce que, finalement, il eût disparu entièrement. Personne ne sut où était passé Pu-Hua.

—Samael Aun Weor, *Le mystère de la Floraison d'Or*, chapitre 30—

L'ORDRE DU DRAGON JAUNE

L'Ordre du Dragon Jaune était un ordre d'individus exaltés, qui savaient entrer en extase mystique quand ils le voulaient. [...]

Et bien sûr, ils sont arrivés à s'auto-explorer d'une telle manière qu'ils se sont transformés en Dragons. Être appelé Dragon, c'est avoir combattu contre le Moi avec des griffes, des ongles et avec du feu. Alors, ils étaient des Dragons de Sagesse.

Cela nous met en relation avec les mythes héliocentriques, avec les cultes du Dragon, l'ombre du Soleil, l'ombre du Christ Intime, avec les mythes Lucifériques ou Lucifériens, et avec de très nombreuses choses d'un point de vue Gnostique. Mais surtout, ça veut dire que le Dragon, qui est un animal mythologique, a pour caractéristique de ne jamais dormir, c'est pour ça qu'on appelle les Dragons les "animaux insomniaques" parce qu'ils ne rêvent jamais, ils ne dorment jamais, ils ont toujours *les yeux ouverts* ; ce qui signifie être éveillé d'instant en instant. C'est pour ça, qu'on les appelait Dragons. [...]

Indubitablement c'était un Ordre monastique, un Ordre vraiment grandiose. Là, on pratiquait le 'Shaolin'. Le Shaolin avait trente-trois chambres d'accès, et on y pratiquait de nombreux arts martiaux qu'on voit aujourd'hui ici complètement dégénérés, comme le Kung Fu, le Tai Chi, et toutes ces choses, dans le but de faire face, dans les Mondes Internes, aux multiples Mois. Et alors, c'est pourquoi nous voyons, n'est-ce pas, ces mouvements si agiles des guerriers de Shaolin, qui étaient des luttes internes, et non externes comme les gens le croient. Dans cet Ordre, les personnes s'exerçaient à la pratique des deux épées, pas seulement d'une mais de deux, l'une est le Soufre et l'autre est le Mercure. Dans cet Ordre il y avait des hommes et des femmes, et quand quelqu'un atteignait le titre de Dragon c'est parce qu'il était en pleine auto-connaissance de lui-même. Cet Ordre était vraiment grandiose. Ils ont réussi à découvrir les Sept Bijoux du Dragon Jaune. Le Maître dit qu'il en a remis deux, le premier et le deuxième. Les autres, c'est à l'étudiant gnostique de les découvrir.

–Kwen Khan Khu, interview "La Science de la Méditation"–

Il y a bien des siècles, j'étais réincarné en Chine, durant l'époque historique de la dynastie chou. Je m'appelais alors Chou-Li et j'étais affilié à l'ordre du dragon jaune.

Le béni Logos m'avait ordonné d'enseigner, à l'humanité de cette époque, les sept joyaux du Dragon Jaune. Je les enseignais aux individus, que je rencontrais, en mesure de les comprendre. Voilà donc le point difficile de la question...

À cette époque, nous, les ascètes, nous travaillions intensément dans la salle de méditation. nous savions alors très bien qu'il existe 49 niveaux subconscients dans le mental.

Nous voulions tous arriver à la quiétude et au silence absolu du mental. Nous travaillions intensément pour expérimenter le Vide Illuminateur. Et nous n'ignorions pas que "pour pouvoir monter, il faut descendre, et que toute exaltation est toujours précédée d'une terrible et épouvantable humiliation."

–Samael Aun Weor, *Le Cinquième Évangile*, conférence "Le pouvoir grandiose du calme mental"–

Lorsque la deuxième sous-race de notre actuelle grande race aryenne a fleuri dans l'ancienne Chine, j'y étais réincarné. Je m'appelais alors Chou-Li et, évidemment, j'étais membre de la dynastie chou.

Lors de cette existence, je devins membre actif de l'Ordre du Dragon Jaune et il est évident que dans cet ordre j'ai pu apprendre clairement la science de la méditation. [...]

Ainsi, le Vide Illuminateur fait irruption en nous et, en nous emmenant dans le Vide Illuminateur, nous parvenons à connaître les lois de la nature en elles-mêmes, telles qu'elles sont et non telles qu'elles sont apparemment.

Dans ce monde tridimensionnel d'Euclide, on ne connaît que des causes et des effets mécaniques, mais non les Lois Naturelles en elles-mêmes. Mais dans le vide Illuminateur, elles sont devant nous, telles qu'elles sont réellement.

Dans cet état, nous pouvions percevoir, avec l'essence, avec les sens superlatifs de l'Être, les choses en soi, telles qu'elles sont.

Dans le monde des phénomènes physiques, nous ne percevons, en réalité, que l'apparence des choses : des angles, des surfaces, jamais un corps en entier, de manière intégrale, et le peu que nous percevons est fugace, car personne ne pourrait percevoir, par exemple, le nombre d'atomes qu'a une table ou une chaise, etc. Mais dans le vide Illuminateur, nous percevons les "choses en soi" telles qu'elles sont intégralement...

Ainsi, tandis que nous nous trouvions plongés dans le grand vide Illuminateur, nous pouvions entendre la voix du père qui est en secret.

Indéniablement, dans cet état, nous étions dans ce qui pourrait s'appeler "Ravissement" ou "Extase". La personnalité restait passive, assise dans la salle de méditation. Les centres émotionnel et moteur s'intégraient au centre intellectuel, formant un tout unique, réceptif, de sorte que les ondes de tout ce que nous expérimentions dans le vide, circulant par le cordon d'argent, étaient reçues par les trois centres : intellectuel, émotionnel, moteur.

Je répète : lorsque le Samadhi s'achevait, nous retournions à l'intérieur du corps en conservant le souvenir de tout ce que nous avions vu et entendu. [...]

Parmi les frères de l'ordre sacré du dragon jaune, celui qui se distingua le plus fut mon ami chang. Il vit aujourd'hui dans l'une de ces planètes du Christ où la nature est impérissable et ne change jamais. Car il y a deux natures : la périssable, changeante, et l'impérissable, qui ne change jamais et qui est immuable.

Sur les planètes du Christ, existe la nature éternelle, impérissable et immuable... Et il vit dans l'un de ces mondes du seigneur, le Christ resplendit en lui. Il s'est libéré il y a de cela bien des âges... Mon ami Chang vit là-bas, dans cette planète lointaine, avec un groupe de frères qui se sont également libérés en même temps que lui...

J'ai connu, à cette époque, les sept secrets de "l'ordre du dragon jaune". Je voudrais vous les enseigner, mais je me rends compte, avec une grande douleur, que les frères de toutes les latitudes ne sont pas encore prêts à pouvoir les recevoir et c'est déplorable.

–Samael Aun Weor, *Le Cinquième Évangile*, conférence "La conquête du Vide Illuminateur"–

LES 49 NIVEAUX DU MENTAL

QUE SONT LES NIVEAUX DU MENTAL ?

Les sages de l'Ordre du Dragon Jaune ont découvert que notre psyché est intimement liés aux sept subdivisions de chacune des sept dimensions. Donc, notre psyché est liée aux sept fragments de chaque dimension, et comme il y en a sept : 7 x 7 = 49. [...]

Lorsque vous imaginez des niveaux, n'imaginez pas des pièces, les niveaux sont des états. Il y a des états plus superficiels et des états plus profonds.

Quand on dit que les disciples sont mis à l'épreuve à un niveau et réussissent l'épreuve mais mis à l'épreuve dans un autre niveau, ils se révèlent luxurieux, ne pensez pas que ce soit le quatrième ou le cinquième, ce sont des états de la psyché où elle se trouve à un moment donné avec beaucoup de cochonneries, de saleté, et là, on n'est pas encore entré dans l'analyse, on n'est pas entré dans la compréhension. Ensuite, bien sûr, lorsque cet état de notre psyché nous est présenté ou que les Maîtres nous y font aller, nous échouons.

–Kwen Khan Khu, interview "La Science de la Méditation"–

Quand nous entendons parler des 49 niveaux, les gens dans leur majorité ont tendance à s'imaginer que le monde du mental, ou notre mental est fait de départements, de bureaux, avec des portes qui s'ouvrent, qui se ferment, et que l'un est le premier niveau, le deuxième est le deuxième niveau, etc., etc. Nous sommes tous tentés d'imaginer que c'est ainsi. Mais, je vous le dis, mes amis, ce ne sont ni des salons, ni des bureaux, ni des départements… Ce sont des états, des états énergétiques de notre mental.

C'est pourquoi, pour que nous soyons déclarés absolument propres, absolument justes, comme l'ordonne et le dit la *Pistis Sophia dévoilée*, nous devons surmonter toutes les épreuves auxquelles nous sommes soumis dans les 49 états énergétiques du mental. C'est pour cela qu'on nous fait passer des épreuves en lien avec tel ou tel défaut, avec tel ou tel Moi, et dont le scénario change à chaque fois. On nous fait d'abord passer cette épreuve d'une façon grotesque ; puis, on élimine certains détails et on nous teste avec le même agrégat psychologique d'une façon plus subtile, un peu plus maquillée, pour voir si nous avons réellement compris ce que nous voulons éliminer. En général, il est possible que le débutant comprenne et passe une épreuve grotesque qu'on lui présente dans l'un de ces états énergétiques du mental, et il se réjouit ; mais quelques jours plus tard, on lui représente la même épreuve mais cette fois-ci maquillée plus subtilement, et là, il la rate, et là, arrivent la tristesse, la peine morale, la douleur intime car il a été trompé avec le même Moi qui a été maquillé et qui a fait que le disciple soit trompé.

Pour comprendre ces choses-là, qui sont très intéressantes, le V.M. Samael, dans son Vide Illuminateur permanent, est arrivé à se rendre compte qu'il existe 7 mentals. Vous direz : Ah bon !, mais nous avons toujours entendu que nous avons le mental, ou que nous avons le corps mental. Mais ce n'est pas ainsi. Il existe un mental dans notre cylindre intellectuel, c'est évident. Il existe un mental dans notre centre émotionnel. Il existe un mental dans notre centre moteur, ou du mouvement. Il y a un mental dans le centre instinctif et il y a un mental dans le centre sexuel. Et il y a un mental dans les deux centres supérieurs que le mammifère rationnel de notre époque n'utilise pas, car il va très mal. Je fais référence au centre émotionnel supérieur et au centre intellectuel supérieur. Ces deux centres, l'humanité ne sait même pas qu'ils existent car ils font partie de notre anatomie secrète. Pour sentir le centre émotionnel supérieur et le centre intellectuel supérieur, il faut s'être raffiné au moins un peu. C'est ainsi que nous nous rendrons compte qu'il existe ces deux autres centres.

Si chacun de ces centres a un mental, a son mental, cela signifie, mes amis, que chacun de ces mentals a 7 sous-divisions, 7 sous-mentals, et si vous êtes un peu savants et que vous multipliez ces 7 mentals par leurs sous-divisions, vous obtenez le nombre 49 : 7 x 7 = 49. Voilà les 49 niveaux submergés de nos mentals ou du mental.

Ces énergies malignes qui se trouvaient dans ces 7 mentals et agissaient à leur guise, quand elles sont éliminées dans ces 49 niveaux de nos mentals ou de notre mental, si nous les englobons en un seul, sont remplacées justement et merveilleusement par les 49 parties auto-conscientes de notre Être. Voyez comment cette question des 49 niveaux de notre mental n'est pas un caprice de la Doctrine gnostique. C'est profondément relié à ce que nous recherchons, et ce que nous recherchons, c'est la félicité absolue. Et la félicité absolue appartient à celui qui a toujours été, est et sera absolu et heureux : l'Être.

–Kwen Khan Khu, *Horizons de la Lumière*,
chapitre "L'ésotérisme du nombre 49"–

Dans les temps anciens, quand on voulait atteindre le Samadhi, l'Extase, on devait d'abord faire en sorte que le mental soit dans le calme le plus complet et en silence, non seulement au niveau intellectif, mais au deuxième niveau, lié au subconscient; ou dans le troisième ou le quatrième, encore plus profond; ou dans quarante-huitième ou quarante-neuvième.

Lorsque l'on parvient à calmer le mental, à faire en sorte qu'il soit dans le plus profond silence à tous les niveaux, l'Essence s'échappe pour faire l'expérience du Satori.

Les quarante-neuf niveaux du mental ne peuvent pas être expliqués d'un point de vue exclusivement dialectique.

–Samael Aun Weor, *Le Cinquième Évangile*, conférence "Beauté et splendeur du monde de l'Esprit"–

Le problème pour réussir à expérimenter cela qu'est le réel, pour arriver à expérimenter ce qu'est le vide Illuminateur se trouve précisément dans le fait de savoir tranquilliser le mental, savoir l'amener au silence.

Évidemment, on commence à travailler avec une attitude réceptive. Divers souvenirs de l'ego arrivent à l'entendement : des passions, des trahisons, des affections, des attachements, des tragédies, etc., et il faut les comprendre point par point. Il faut voir, observer, comprendre…

Quand la procession s'achèvera, le mental restera tranquille au niveau intellectuel. Alors un nouvel effort nous fera descendre à la deuxième région du subconscient. On va vivre de nouvelles scènes, de nouveaux souvenirs, etc. travailler deviendra indispensable, nécessaire, pour comprendre chacune de ces représentations et arriver à la quiétude et au silence du mental.

Un troisième effort nous mènera à la troisième région du subconscient et, par ce chemin, nous descendrons des gradins, disons, symboliques de 49 marches jusqu'à atteindre la véritable quiétude, le silence authentique.

–Samael Aun Weor, *Le Cinquième Évangile*, conférence "Le pouvoir grandiose du calme mental"–

Pour comprendre les 49 Niveaux, nous avons besoin de la musique, de la Loi de l'éternel Heptaparaparshinock ; nous avons besoin aussi de l'Alla-attapan, cet instrument que deux frères Initiés inventèrent dans l'ancienne Chine et qui donnait, précisément, les 49 Notes correspondant aux 49 Niveaux de l'Entendement. Mais c'est trop compliqué pour l'étudiant.

Lorsqu'on avancera par rapport à soi-même, on va découvrir niveau après niveau, sans que personne ne nous l'indique ; on le découvrira par soi-même, au fur et à mesure qu'on va aller de plus en plus profondément à l'intérieur de soi, et enfin, un jour, on découvrira ses 49 Niveaux, non parce que quelqu'un nous l'a dit, mais directement par soi-même ; c'est tout.

–Samael Aun Weor, *Le Cinquième Évangile*, conférence
"Beauté et splendeur du monde de l'Esprit"–

L'INSTRUMENT ALLA-ATTAPAN

On raconte, dit le Maître Samael, qu'en ces temps-là, ces moines avaient hérité d'un instrument musical de l'antique Atlantide qui se composait de quarante-neuf cordes. Chaque corde avait une note et une vibration. Et chacune de ces quarante-neuf cordes, avait une concordance avec les quarante-neuf niveaux psychiques de notre mental. Alors, les moines entraient d'abord dans des mantralisations, et ensuite, en silence, et un artiste jouait chacune des quarante-neuf cordes de cet instrument appelé Alla-attapan. Et chaque fois qu'une de ces cordes résonnait, ils entraient dans un niveau du mental. Et ainsi, quand ils étaient à l'intérieur de ce niveau, alors, ils étudiaient les processus psychologiques de ce niveau. Quand l'artiste le considérait opportun, il jouait d'une autre corde et ils entraient dans un autre niveau subconscient du mental.

Ces personnes avec cet instrument étaient stimulées pour entrer dans les recoins ou labyrinthes du mental. Et, bien sûr, ils sont arrivés à s'auto-explorer à fond, ils se sont autoréalisés à cette époque.

Dans l'ancienne Égypte, les Égyptiens n'avaient pas cet instrument, l'Alla-attapan, mais ils savaient jouer à la flûte les sept notes musicales spécifiques qui frappaient le mental et aussi les glandes pinéale et hypophyse, et ça les aidait dans les temples à entrer en méditation profonde. Ce sont des co-assistants ou des assistants pour la méditation.

Indubitablement, l'idéal serait d'avoir cet instrument archaïque, l'Alla-attapan. Cet instrument a été perdu, il a disparu. Tous les instruments à cordes qu'on connaît aujourd'hui, de la gamme musicale, dit le Maître Samael, sont des réminiscences de cet instrument appelé l'Alla-attapan.

–Kwen Khan Khu, interview "La Science de la Méditation"–

Dans les époques anciennes, on a construit un appareil qui s'appelait Alla-attapan et qui jouait les 49 notes de l'Univers, c'est-à-dire le sept multiplié par lui-même ; et, comme résultat, de cet instrument surgissait le son Nirioonosiano de l'Univers, la note synthèse de la Terre. Deux sages très anciens qui étaient deux frères jumeaux, voyagèrent jusqu'au désert de Gobi pour écouter la note clé de l'Univers. Celui qui apprend à manier cette note clé, peut sortir du corps physique à volonté. Celui qui apprend à manier cette note clé peut faire des merveilles et des prodiges.

La musique actuelle n'a rien à voir avec cette note clé, ni avec la loi sacrée de l'éternel Heptaparaparshinock. C'est une musique qui ne sert qu'à libérer les passions animales, cette musique est le propre d'une race qui est dégénérée…

–Samael Aun Weor, Le Cinquième Évangile, conférence
"La gestación del Hombre Solar"–

Je sais aussi qu'il n'est pas possible, aujourd'hui, d'utiliser les 49 sons de l'Alla-attapan parce que cet instrument de musique n'existe plus. Il existe beaucoup de formes involutives de cet instrument, mais elles sont différentes, elles n'ont pas les sept octaves. tous les instruments à cordes, le violon, la guitare, et même le piano, sont des formes involutives de cet instrument.

–Samael Aun Weor, Le Cinquième Évangile, conférence
"La conquête du Vide Illuminateur"–

Pensez à ce que cela représente de tranquilliser autant de mentals et de les amener au silence complet dans les 49 régions. Croyez-vous que ce soit une chose facile ? C'est difficile, n'est-ce pas ?

Dans chacun de ces agrégats psychiques, ou plutôt, dans chacun de ces mentals est embouteillée l'Essence, la Conscience. Il est urgent de la dégager, de la désembouteiller, de l'émanciper pour qu'elle puisse expérimenter, par elle-même, le vide Illuminateur. Alors, il faut le faire, comment ?

À cette époque –durant la dynastie chou, en Chine–, nous avions l'aide d'un instrument musical très spécial. Malheureusement, cet instrument a disparu. Cet instrument jouait les 49 notes musicales –en synthèse, il formait le son Nirioonossiano de l'univers–.

Le musicien, l'artiste, celui qui jouait de cet instrument, faisait résonner chaque note séparément. Quand vibrait la note correspondant au deuxième département du subconscient, nous travaillions alors dans ce deuxième département. Et quand il faisait résonner la note qui correspondait au troisième département du subconscient, nous travaillions avec celui-ci. Et quand il faisait résonner la note 20, nous travaillions avec cette zone. Et quand il arrivait à la région 49 –avec la dernière des notes–, nous effectuions le dernier travail et le mental restait tranquille, en profond silence.

C'est-à-dire que nous descendions tout d'abord avant de monter. Ainsi, les 49 niveaux restaient absolument tranquilles. Si le mental, dans les 49 régions, restait suspendu, évidemment l'essence se dégageait, s'émancipait, et, libérée de tous types d'attaches, elle pénétrait dans le vide Illuminateur.

–Samael Aun Weor, *Le Cinquième Évangile*, conférence
"Le pouvoir grandiose du calme mental"–

Il me vient encore en mémoire cet instrument merveilleux, appelé "Alla-attapan" qui avait 49 notes. Nous connaissons bien ce qu'est la Loi Sacrée de l'Éternel Heptaparaparshinock, c'est-à-dire la loi du sept. Indubitablement, les notes de l'échelle musicale sont au nombre de sept, mais si nous multiplions 7 par 7 nous obtiendrons 49 notes réparties en sept octaves.

Nous, les frères, nous nous réunissions dans la salle de méditation, nous nous asseyions à la manière orientale –avec les jambes croisées–, nous placions les paumes des mains de telle manière que la droite était sur la gauche. Nous nous asseyions en cercle au centre de la salle, nous fermions les yeux et ensuite nous prêtions une grande attention à la musique qu'un frère offrait au Cosmos et à nous-mêmes.

Quand l'artiste faisait vibrer la première note, qui était le do, nous nous concentrions tous. Quand il faisait vibrer la seconde note, le ré, la concentration devenait plus profonde : nous luttions contre les divers éléments subjectifs que nous portions à l'intérieur de nous. Nous voulions les récriminer, leur faire voir la nécessité de garder un silence absolu.

Il n'est pas superflu de vous rappeler, chers frères, que ces éléments indésirables constituent l'Ego, le Moi, le moi-même, le soi-même. Ce sont les diverses entités qui personnifient nos erreurs.

Quand vibrait la note Mi, nous pénétrions dans la troisième zone du subconscient et nous nous trouvions donc face à la multiplicité de ces divers agrégats psychiques qui grouillent en désordre dans notre intérieur et qui empêchent la quiétude et le silence du mental. Nous les récriminions, nous essayions de les comprendre.

Quand nous y parvenions, nous pénétrions encore plus profondément avec la note Fa. Il est évident que de nouvelles luttes nous attendaient avec cette note, car bâillonner tous ces démons du désir qu'on porte au-dedans n'est pas si facile. Les obliger à garder le silence et la quiétude n'est pas chose simple, mais, avec de la patience, nous y parvenions, et ainsi poursuivions-nous avec chacune des notes de la gamme musicale.

À une octave plus élevée, nous poursuivions avec le même effort et ainsi, peu à peu, en affrontant les divers éléments inhumains que nous portions à l'intérieur de nous, nous réussissions enfin à tous les bâillonner dans les 49 niveaux du subconscient. Alors, le mental restait tranquille et dans le silence le plus profond. C'était l'instant où l'essence, l'Âme —ce qu'il y a de plus pur en nous— s'échappait pour expérimenter le réel.

Ainsi, pénétrions-nous dans le Vide Illuminateur.

—Samael Aun Weor, *Le Cinquième Évangile*, conférence
"La conquête du Vide Illuminateur"—

L'Alla-attapan est un instrument qui fut inventé par deux Initiés qui étaient frères jumeaux, dans l'ancienne Chine. Ils découvrirent que l'Univers possède 49 notes et ils élaborèrent un instrument précieux. Là, beaucoup d'éléments entraient en activité. Actuellement, tous les appareils de musique ne sont que des dégénérescences, des involutions de l'Alla-attapan. Ils firent des expériences comme le fait d'agir sur certaines choses en faisant vibrer cet instrument qui donnait 49 notes. Ils commencèrent par jouer sur une octave, par exemple depuis le Do jusqu'au Si : ils faisaient passer, par exemple, à travers les notes musicales, un rayon coloré du prisme solaire qui changeait de couleur. Ils apprirent à capter la diapositive du prisme solaire.

Actuellement, on ne connaît que le prisme, mais on le connaît sous son aspect négatif. Ces sages surent prendre le positif du prisme solaire et utiliser les sept couleurs fondamentales pour réaliser de nombreuses expériences. Parmi ces expériences, ils firent passer une couleur du prisme, sous sa forme positive, sur un morceau de bambou et celui-ci prit aussitôt une autre teinte. Ils firent passer la couleur bleue, sous sa forme positive, sur l'opium et celui-ci changea immédiatement de composition chimique. Ils combinèrent aussi les notes de l'échelle musicale aux couleurs du prisme, sous sa forme positive et ces couleurs se transformèrent en d'autres, en accord avec l'échelle musicale. Ainsi donc, les couleurs et la Loi Sacrée de l'Heptaparaparshinock se combinent ; les sons et les couleurs sont combinés.

Les gens de notre époque ne connaissent pas le prisme sous son aspect positif ; ils le connaissent uniquement sous son aspect négatif. S'ils connaissaient le prisme sous son aspect positif, ils feraient des merveilles avec les sept couleurs du prisme solaire. Et s'ils apprenaient à manier les 49 notes, ils deviendraient les Maîtres de l'Univers. Ce sont ces 49 notes que jouait l'Alla-attapan et la synthèse de ces 49 notes, c'est le son Nirioonosiano. Ce son Nirioonosiano est la note synthèse de la Terre qui vibre dans le cerveau de chacun d'entre vous. Si, la nuit, au moment de vous coucher silencieusement, vous suspendez vos pensées et que votre mental reste tranquille et en silence, et si vous vous proposez d'écouter ce qui se passe à l'intérieur de votre cervelet, vous percevrez un son très subtil, semblable au chant du grillon. Ce son est le son Nirioonosiano. Si vous apprenez à l'écouter, vous pourrez alors apprendre à augmenter son volume à volonté. Et quand vous aurez appris à augmenter son volume, alors, les portes des perceptions vous seront ouvertes. Si vous arrivez à augmenter le volume de ce son et qu'ensuite, quand il résonnera, vous vous levez de votre lit, vous pourrez voyager en dehors de votre corps vers les lieux les plus lointains de la Terre et vous pourrez le faire avec une facilité extraordinaire, votre Essence pourra faire ce voyage. Ceux qui ont un corps astral pourront voyager avec leur corps Astral et ceux qui ne l'ont pas encore fabriqué voyageront avec l'Essence. L'Essence leur permettra de se mettre en contact avec tous les coins de l'Univers. Mais pour cela, il faut savoir manier cette note clé et il n'y a qu'un seul instrument qui joue ces 49 notes. Le piano, le violon, la harpe, ne sont que des dégénérescences de ce grand instrument que parvinrent à créer ces deux frères Initiés de l'ancienne Chine...

J'ai connu ces Mystères, mes chers frères, les Mystères de l'Ordre du Dragon Jaune. J'ai eu une existence en Chine, ou plusieurs existences, mais dans l'une d'elles, où je me nommais Chou-Li et où j'appartenais à la dynastie Chou, je connus les Mystères de la musique et des couleurs et je connus aussi les sept joyaux du Dragon Jaune. J'ai reçu l'ordre du Logos d'enseigner à tous ceux qui vont apparaître, à ceux qui sont compréhensifs, cette ancienne doctrine au moyen de laquelle nous pouvons désembouteiller l'Essence, à volonté, pour expérimenter la vérité.

–Samael Aun Weor, *Le Cinquième Évangile*, conférence
"La gestation de l'Homme Solaire"–

LE TRAVAIL AVEC LE MENTAL

L'HYGIÈNE MENTALE

Il faut pratiquer l'hygiène mentale. Une médecine préventive est nécessaire. Cultivez la sagesse et l'amour. Faites beaucoup de prières chaque jour. Sélectionnez les œuvres d'art : nous vous conseillons la bonne musique, la musique classique, la bonne peinture, les œuvres d'un Michel-Ange par exemple, les grands opéras, etc. Évitez les spectacles dommageables pour le mental, les spectacles sanglants comme la boxe, la lutte libre, etc. Les spectacles de cette sorte produisent des épidémies mentales. Prenez soin de votre mental. Ne permettez pas que de mauvaises pensées pénètrent à l'intérieur du temple de votre mental. Soyez pur en pensée, en parole et en acte. Enseignez à vos enfants tout ce qui est bon, ce qui est vrai, ce qui est beau.

–Samael Aun Weor, *Introduction à la Gnose*, chapitre 9–

CONNAÎTRE LA DYNAMIQUE MENTALE

Dans la dynamique mentale, il est urgent de savoir comment et pourquoi fonctionne le mental. Ce n'est qu'en résolvant le comment et le pourquoi que nous pourrons faire du mental un instrument utile.

La liberté intellectuelle est seulement possible si elle est basée sur l'entendement, la compréhension et la connaissance des divers fonctionnalismes du mental.

Ce n'est qu'en connaissant les divers mécanismes du mental que nous pourrons nous en libérer pour en faire un instrument utile.

Il est urgent de nous connaître nous-mêmes si nous voulons réellement contrôler notre propre mental de façon intégrale.

Hippocrate, le grand médecin, fut un des maîtres classiques du mental. Le mental humain est conditionné.

La volonté sans chaîne est seulement possible en dissolvant l'Ego.

Le mental doit se convertir en un mécanisme obéissant à l'homme. La maturité commence quand nous acceptons comme réel le fait que le mental humain soit conditionné.

Il est possible d'obtenir la libération du mental si nous découvrons l'intelligence qu'il possède. Nous avons besoin d'un mental intègre à la place d'un mental dispersé.

–Samael Aun Weor, *La Révolution de la Dialectique*, chapitre 1–

En Dynamique Mentale, nous devons savoir quelque chose sur le comment et le pourquoi du fonctionnement du mental.

Le mental, incontestablement, est un instrument que nous devons apprendre à diriger consciemment. Mais il serait absurde qu'un tel instrument soit efficace, si, auparavant, nous ne connaissions pas le comment et le pourquoi du mental.

Quand on connaît le comment et le pourquoi du mental, quand on en connaît les divers fonctionnements, on peut le contrôler et il se convertit en un instrument utile et parfait, en un merveilleux véhicule au moyen duquel nous pouvons travailler au profit de l'humanité.

Il faut, en vérité, un système réaliste si vraiment nous voulons connaître le potentiel du mental humain.

En cette époque abondent beaucoup de sujets sur le contrôle du mental. Il y en a qui pensent que certains exercices artificieux peuvent être magnifiques pour le contrôle de l'entendement. Il y a des écoles..., il existe beaucoup de théories sur le mental, beaucoup de systèmes, mais, comment serait-il possible de faire du mental quelque chose d'utile ? Réfléchissons, si nous ne connaissons pas le comment et le pourquoi du mental, nous ne pouvons pas réussir à en faire quelque chose de parfait.

Nous avons besoin de connaître les divers fonctionnalismes du mental si nous voulons que celui-ci soit parfait.

Comment fonctionne-t-il ? Pourquoi fonctionne-t-il ? Ce comment et ce pourquoi sont définitifs.

Si, par exemple, nous lançons une pierre dans un lac, nous verrons que se forment des ondes qui sont la réaction du lac, de l'eau, contre la pierre. Similairement, si quelqu'un nous dit une parole ironique, cette parole arrive au mental et le mental réagit contre une telle parole ; alors viennent les conflits.

Tout le monde a des problèmes, tout le monde vit des conflits. J'ai observé attentivement les tables de débat de nombreuses organisations, écoles, etc., on ne se respecte pas les uns les autres. Pourquoi ? Parce qu'on ne se respecte pas soi-même.

Observons un Sénat, une Chambre de Représentants ou simplement une table d'école : si quelqu'un dit quelque chose, l'autre se sent mis en cause, se fâche et dit quelque chose de pire, ils se disputent entre eux et les membres du comité directeur finissent dans un grand chaos. Que le mental de chacun d'eux réagisse contre les impacts du monde extérieur donne un résultat très grave.

On doit en fait faire appel à la psychanalyse introspective pour explorer son propre mental. Il est nécessaire de nous auto-connaître un peu plus à l'intérieur de l'intellectuel.

Pourquoi réagissons-nous à la parole d'un semblable ? Dans ces conditions, nous sommes toujours des victimes. Si quelqu'un veut que nous soyons contents, il suffit qu'il nous donne quelques petites tapes sur l'épaule et nous dise quelques mots aimables. Si quelqu'un veut nous voir dégoûtés, il suffira qu'il nous dise quelques paroles désagréables.

Alors, où est notre véritable liberté intellectuelle ? Quelle est-elle ? Si nous dépendons complètement des autres, nous sommes des esclaves.

Nos processus psychologiques, en réalité, dépendent exclusivement d'autres personnes, nous ne commandons pas nos processus psychologiques, et c'est terrible. Ce sont les autres qui nous commandent et qui commandent nos processus intimes. Un ami vient soudain et nous invite à une fête, nous allons chez l'ami, il nous offre un verre, nous hésitons à l'accepter, nous le prenons, arrive un autre verre et nous le prenons aussi ; ensuite un autre, puis un autre, jusqu'à ce que nous finissions ivres. L'ami a été maître et seigneur de nos processus psychologiques.

Un tel mental peut-il servir à quelque chose ? Si quelqu'un nous commande, si tout le monde a le droit de commander en nous, alors, où est notre liberté intellectuelle, quelle est-elle ?

Soudain, nous nous trouvons devant une personne du sexe opposé, nous nous identifions beaucoup à cette personne et, à la longue, nous finissons par être voués à des fornications ou des adultères. Je veux dire que cette personne du sexe opposé a été plus forte et a vaincu notre processus psychologique, nous a contrôlés, nous a soumis à sa propre volonté. Est-ce ça, la liberté ?

L'animal intellectuel, erronément appelé homme, en réalité et en fait, a été éduqué pour nier sa véritable identité, ses valeurs et images. Quelles seront la véritable identité, les valeurs et l'image intime de chacun de nous ? Serait-ce l'Ego ou la personnalité ?

Non, au moyen de la psychanalyse introspective, nous pouvons aller au-delà de l'Ego et découvrir l'Être.

Incontestablement, l'Être en lui-même constitue notre véritable identité, nos valeurs et notre image. L'Être en lui-même est le K-H, le Kosmos-Homme ou Homme-Kosmos. Malheureusement, comme je l'ai déjà dit, l'animal faussement appelé homme qui a été éduqué pour nier ses valeurs intimes, est tombé dans le matérialisme de cette époque dégénérée, s'est voué à tous les vices de la terre et marche sur le chemin de l'erreur.

Accepter la culture négative inspirée subjectivement en notre intérieur, en suivant le chemin de la moindre résistance, est absurde.

Malheureusement, les gens de cette époque jouissent en suivant le chemin de la moindre résistance et acceptent la fausse culture matérialiste des temps présents, la laissent ou permettent qu'elle soit installée dans leur psyché et c'est ainsi qu'ils arrivent à la négation des vraies valeurs de l'Être.

–Samael Aun Weor, *La Révolution de la Dialectique*, chapitre 4–

L'ASSOCIATION MÉCANIQUE DU MENTAL

Au temps de Babylone vint au monde le Bodhisattva du Très Saint Ashyata Sheyimash, un grand Avatar.

Le Bodhisattva n'était pas déchu et comme tout Bodhisattva, il avait les Corps existentiels supérieurs de l'Être normalement développés. Lorsqu'il atteint un âge responsable, il se rendit sur le mont Vézinyama et se mit dans une caverne.

Les traditions racontent qu'il réalisa trois terribles jeûnes de quarante jours chacun, accompagnés de souffrances intentionnelles et volontaires.

Le premier jeûne, il le destina à la prière et à la méditation. Le second jeûne fut dédié à revoir sa vie et ses vies passées. Le troisième jeûne fut définitif, il fut destiné à en finir avec l'association mécanique du mental. Il ne mangeait rien et ne buvait que de l'eau, et toutes les demi-heures, il s'arrachait deux poils du torse.

Il existe deux sortes d'associations mécaniques qui viennent constituer la base des opposés :

a.- Association mécanique d'images, de formes, de choses, de personnes, etc.

b.- Association mécanique d'idées, de paroles, de phrases, etc.

Une idée s'associe à une autre, une parole à une autre, une phrase à une autre et vient la bataille des opposés.

Une personne est associée à une autre, le souvenir de quelqu'un surgit dans le mental, une image est associée à une autre, une forme à une autre, et la bataille des opposés continue.

Le Bodhisattva de l'Avatar Ashyata Sheyimash souffrit l'indicible, jeûnant quarante jours, se mortifiant horriblement, plongé en profonde méditation intime, il put atteindre la dissociation de la mécanique mentale et son mental demeura solennellement serein, dans un silence imposant.

Le résultat fut l'Extase avec incarnation de son Être Réel. Ashyata Sheyimash réalisa en Asie une grande œuvre, fondant des monastères et établissant partout des gouvernants de conscience éveillée. Ce Bodhisattva put incarner son Être Réel pendant la méditation parce qu'il avait les Corps existentiels supérieurs de l'Être. [...]

Le grand Avatar Ashyata Sheyimash put s'incarner dans son Bodhisattva, alors que ce dernier se trouvait avec le mental dans un calme et un silence absolus ; et cela seulement parce qu'il possédait déjà les corps existentiels supérieurs de l'Être, depuis d'antiques réincarnations.

–Samael Aun Weor, *Vers la Gnose*, chapitre 9–

LA LUTTES DES OPPOSÉS

Isan envoya au Maître Koysen un miroir. Koysen le montra à ses moines et dit : "Est-ce que c'est le miroir d'Isan ou le mien ?"

"Si vous dites qu'il est à Isan, comment cela se fait-il qu'il se trouve entre mes mains ? Si vous dites qu'il est à moi, ne l'ai-je pas, par hasard, reçu des mains d'Isan ? Parlez, parlez, ou je vais le briser en mille morceaux !"

Les moines ne purent passer entre ces deux opposés et le Maître brisa le miroir en mille morceaux.

L'Extase est impossible tant que l'Essence est embouteillée dans les opposés.

–Samael Aun Weor, *Vers la Gnose*, chapitre 9–

Un grand Maître disait : Cherchez l'Illumination, et tout le reste vous sera donné de surcroît.

Le pire ennemi de l'Illumination c'est le Moi. Il faut savoir que le Moi est un nœud dans le flux de l'existence, une obstruction fatale dans le flux de la vie libre dans son mouvement.

On demande à un Maître : *Quel est le chemin ?*

– *Quelle magnifique montagne !* dit-il, se référant à la montagne où était sa retraite.

– *Je ne vous questionne pas sur la montagne, mais sur le chemin.*

– *Tant que tu ne pourras pas aller au-delà de la montagne, tu ne pourras pas trouver le chemin*, répliqua le Maître.

Un autre moine posa la même question au même maître.

– *Il est là, juste devant tes yeux,* rétorqua le Maître.

– *Pourquoi est-ce que je ne peux pas le voir ?*

– *Parce que tu as des idées égoïstes.*

– *Pourrais-je le voir, Seigneur ?*

– Tant que tu auras une vision dualiste et que tu diras : Je ne peux pas ou des choses comme ça, tes yeux seront obscurcis par cette vision relative.

– Lorsqu'il n'y a ni je, ni tu, peut-on le voir ?

– Lorsqu'il n'y a ni je, ni tu, qui désire voir ?

Le fondement du Moi, c'est le dualisme du mental. Le Moi est soutenu par la bataille des opposés.

Tout le raisonnement est fondé sur la lutte des opposés. Si nous disons : Untel est grand, nous voulons dire qu'il n'est pas petit. Si nous disons j'entre, nous voulons dire que nous ne sortons pas. Si nous disons : je suis heureux, nous affirmons donc que nous ne sommes pas tristes, etc.

Les problèmes de la vie ne sont que des formes mentales à deux pôles : un positif et l'autre négatif. Les problèmes sont soutenus par le mental et créés par le mental. Quand nous cessons de penser à un problème, le problème s'achève inévitablement.

Bonheur et tristesse, plaisir et douleur, bien et mal, triomphe et défaite, constituent cette bataille des opposés sur laquelle repose le Moi.

Toute la misérable vie que nous menons va d'un opposé à l'autre ; triomphe, défaite ; goût, dégoût ; plaisir, douleur ; réussite, échec ; ceci, cela ; etc.

Il faut que nous nous libérions de la tyrannie des opposés, et cela n'est possible qu'en apprenant à vivre d'instant en instant, sans abstractions d'aucune sorte, sans rêves, sans fantaisies.

Avez-vous observé comme les pierres du chemin sont pâles et pures après une averse torrentielle ? On ne peut s'empêcher de murmurer un Oh ! d'admiration. Nous devons comprendre ce "Oh !" des choses sans déformer cette exclamation divine avec la bataille des opposés.

–Samael Aun Weor, *Vers la Gnose*, chapitre 7–

LA SYNTHÈSE

Disciple. *Maître, vous avez indiqué que l'on peut aussi méditer sur les opposés : si on a dans le mental une belle jeune fille, on doit alors la remplacer par une vieille femme; si on voit une fleur, la remplacer par une fleur fanée. Est-ce ainsi qu'on peut les dissiper ? Est-il possible, aussi, de tranquilliser le mental non par la force mais en attendant qu'il se calme spontanément ?*

Maître. Tout ce que tu viens de dire n'est rien d'autre que des *"Fragments d'un enseignement inconnu"* ; ce qui est plus profond que ça, c'est ce que je suis en train d'enseigner. Ainsi, par exemple, si une pensée de haine, une mauvaise pensée nous assaille, il faut alors essayer de comprendre, essayer de voir son antithèse qui est l'amour. S'il y a amour, pourquoi cette haine ? Dans quel but ?

Si, par exemple, le souvenir d'un acte luxurieux arrive dans le mental, il faut faire passer par le mental le Calice sacré et la Sainte Lance, et se dire : *"Pourquoi dois-je les profaner avec mes pensées morbides ?"*

Dans la synthèse, donc, se trouve la clé –il faut toujours savoir chercher la synthèse–, parce que de la thèse, il faut passer à l'antithèse, mais la vérité ne se trouve ni dans la thèse ni dans l'antithèse. Dans la thèse et dans l'antithèse, il y a discussion et le résultat de la discussion est la solution. Voilà ce qu'on veut exactement : affirmation, négation, discussion, solution. Affirmation d'une mauvaise pensée, négation de celle-ci au moyen de la compréhension de son opposé, discussion : il faut discuter pour voir ce que l'une et l'autre ont de réel pour parvenir à la sagesse et que le mental reste tranquille, silencieux. C'est ainsi qu'on doit pratiquer. Tout cela est donc une partie des pratiques conscientes, de l'observation de ce qu'il y a d'inattentif. Mais si nous disons simplement : *"au souvenir d'une grande personne, nous lui opposons en face une personne petite et ça suffit"*, ce n'est pas correct. Ce qui est correct, c'est de dire : ce qui est grand et ce qui est petit, ce ne sont que deux aspects d'une même chose ; l'important, ce n'est pas le grand ni le petit, mais ce qu'il y a de vrai à travers tout cela. Le grand et le petit ne sont que deux phénomènes illusoires du mental. C'est ainsi qu'on arrive donc à la synthèse, à la solution.

–Samael Aun Weor, Le Cinquième Évangile, conférence
"Le deuxième joyau du Dragon Jaune"–

L'INDÉPENDANCE DU MENTAL

Il est clair que nous devons devenir de plus en plus indépendants du mental. Le mental est sans aucun doute un cachot, une cellule où nous sommes tous prisonniers. Nous avons besoin de nous évader de cette prison si nous voulons réellement savoir ce qu'est la liberté, cette liberté qui ne relève pas du temps, cette liberté qui n'appartient pas au mental.

Avant tout, nous devons considérer le mental comme quelque chose qui n'appartient pas à l'Être. Les gens sont malheureusement très identifiés au mental : ils disent "je pense", ils sentent qu'ils sont le mental.

Il y a des écoles qui se dédient à fortifier le mental. Ils donnent des cours par correspondance, ils enseignent le développement de la force mentale, etc. Tout cela est absurde ; il n'est pas indiqué de renforcer les barreaux de la prison où nous sommes. Ce dont nous avons besoin, c'est de détruire ces barreaux pour connaître la vraie liberté qui, comme je vous l'ai dit, ne relève pas du temps. Tant que nous serons dans la prison de l'intellect, nous serons incapables d'expérimenter la vraie liberté.

Le mental, en lui-même, est une prison très douloureuse. Jusqu'à présent, personne n'a été heureux avec le mental. Avez-vous déjà connu une seule personne heureuse avec le mental ? Le mental rend tous les individus malheureux, tristes. Les moments les plus beaux que nous avons tous connus dans notre vie ont toujours été en l'absence du mental. Cela n'a duré qu'un instant, oui, mais on ne pourra jamais l'oublier ; durant cette seconde, nous avons connu ce qu'est la félicité, mais cela n'a duré qu'une seconde. Le mental ne sait pas ce qu'est la félicité, il est une prison. Il faut donc apprendre à dominer le mental, pas celui d'autrui mais le nôtre ; il faut le dominer si nous voulons nous en rendre indépendants.

Il est nécessaire, indispensable, d'apprendre à voir le mental comme quelque chose que nous devons dominer, comme quelque chose, disons, que nous devons apprivoiser. Rappelons-nous le Divin Maître Jésus entrant dans la Jérusalem Céleste, monté sur son âne, le dimanche des Rameaux. Cet âne est le mental qu'il faut soumettre, nous devons le monter, et non pas qu'il monte sur nous. Malheureusement, les gens sont des victimes. L'âne monte sur les gens et les pauvres gens ne savent pas monter sur l'âne. C'est un âne très maladroit et il faut le dominer si nous voulons vraiment le monter.

–Samael Aun Weor, *Le Cinquième Évangile*, conférence "Le deuxième joyau du Dragon Jaune"–

ANALYSE TRANSACTIONNELLE ET STRUCTURELLE

Mais avant tout, nous devons apprendre à transférer la Conscience. La Conscience se trouve là où on la transfère. Si on la transfère dans une cantine, elle sera dans la cantine ; si on la transfère sur la place, elle sera sur la place, et on est là où se trouve la Conscience. Si on met la Conscience dans le Vide Illuminateur, elle ira là-bas. Quelqu'un est là où la Conscience est transférée, est mise.

Il existe également une force, celle du contre-transfert, qui ne permet pas de transférer la Conscience là où on veut.

Mais, pour vaincre le contre-transfert, nous avons besoin de l'analyse transactionnelle et de l'analyse structurelle. Qu'entend-on par analyse transactionnelle ? Eh bien, on doit analyser quel est le détail ou les détails qui en soi ne permettent pas de transférer la Conscience au Vide Illuminateur. On doit découvrir quels sont ces détails qui sont en nous et qui ne nous permettent pas de projeter ou de transférer la Conscience au Vide Illuminateur. C'est l'analyse transactionnelle. Si on découvre quelles sont les

raisons pour lesquelles on ne peut pas transférer la Conscience, on les comprend et si on les comprend, il les élimine.

Il existe aussi l'analyse structurelle. On doit analyser les structures du mental lorsqu'il est difficile de transférer la Conscience au Vide Illuminateur. Lorsque on veut garder le mental calme et silencieux et qu'on ne le peut pas, on doit analyser les structures du mental pour voir ce qui crée cet obstacle ; connaître les structures du mental pour voir ce qui se passe, s'observer pour voir ce qui arrive.

Ainsi, ces deux analyses, transactionnelle et structurelle, permettent de vaincre la force du contre-transfert. Une fois que cette force a été vaincue, on peut rester tranquille et en silence avec son mental. Alors la Conscience est déposée dans le Vide Illuminateur pour expérimenter ce qui n'est pas du temps, ce qui est au-delà du corps, des affects et du mental.

–Samael Aun Weor, *Le Cinquième Évangile*, conférence "Importance de transférer la Conscience au Vide"–

ANALYSER ET TRANSCENDER NOS DOUTES

Si un doute s'interpose, nous devons en faire la dissection. Quand un doute a été suffisamment étudié, quand sa dissection a été faite, il ne laisse aucune trace dans notre mémoire ; il disparaît. Mais quand un doute persiste, quand nous voulons seulement le combattre sans cesse, alors se forme un conflit. Tout doute est un obstacle pour la méditation. Mais ce n'est pas en repoussant les doutes que nous allons les éliminer, c'est en en faisant la dissection pour voir ce qu'ils cachent de réel.

Un doute quelconque qui persiste dans le mental devient une entrave pour la méditation. Alors, il faut analyser, dépecer et réduire en poussière le doute, pas le combattre, non, je le répète, mais l'ouvrir avec le scalpel de l'auto-critique, le disséquer de façon rigoureuse, implacable. C'est ainsi seulement que nous parviendrons à découvrir ce qui était important dans le doute et ce qui n'était pas important, ce qu'il y avait de réel dans le doute et ce qu'il y avait d'irréel.

De cette manière, les doutes servent parfois à éclaircir des concepts ; quand quelqu'un élimine un doute au moyen d'une analyse rigoureuse, quand il en fait la dissection, il découvre une vérité. De cette vérité provient quelque chose de plus profond, plus de sagesse. La sagesse s'élabore donc sur la base de l'expérimentation directe, de l'expérimentation propre, sur la base de la méditation profonde. [...]

Il y a beaucoup de doutes, nombreux sont les doutes qui existent dans le mental humain. D'où viennent les doutes du mental ? Voyons, par exemple, l'athéisme, le matérialisme, le scepticisme. Si nous les dépeçons, nous voyons qu'il existe beaucoup de formes de scepticisme, beaucoup de formes d'athéisme, beaucoup de formes de matérialisme. Il y a des gens qui se disent athées matérialistes, mais, cependant, ils ont peur, par exemple, de la magie noire, de la sorcellerie ; ils respectent la nature, ils savent voir Dieu dans la nature, mais à leur manière. Quand on leur parle de sujets spirituels ou religieux, ils se déclarent athées matérialistes. Leur athéisme a une forme à peine perceptible.

Il y a une autre forme de matérialisme et d'athéisme, celui de type marxiste, léniniste, incrédule, sceptique. Au fond, ce matérialiste-athéiste cherche quelque chose. Il veut simplement disparaître, ne pas exister, se détruire complètement. Il ne veut rien savoir de la Monade Divine, Il la hait. Il est évident qu'en procédant de la sorte, il se désintégrera comme il le souhaite –c'est à son goût–. Il cessera d'exister, il descendra vers les mondes infernaux, vers le centre de gravité de la planète, ça lui plaît de s'auto-détruire. Il mourra et l'Essence se libérera, retournera vers de nouvelles évolutions et passera par de nouvelles involutions. Elle retournera maintes fois vers différents cycles de manifestations pour retomber dans le même scepticisme et le même matérialisme. Mais, à la longue, le résultat apparaîtra. Lequel ?

Le jour où toutes les portes seront fermées, quand les trois mille cycles seront épuisés, alors cette Essence s'absorbera dans la

Monade qui, à son tour, entrera dans le Sein Spirituel Universel de Vie, mais sans Maîtrise.

Que voulait réellement cette Essence ? Que recherchait-elle avec son athéisme, avec son matérialisme ? Quelle était son aspiration ? Son aspiration était de rejeter la maîtrise ; au fond, c'était ce qu'elle désirait, elle y parvient, elle l'obtient ; mais, à la fin, elle termine comme une étincelle divine sans maîtrise.

Ainsi donc, les formes de scepticisme sont variées. Il y a des gens qui se disent catholiques, apostoliques et romains, cependant, dans leurs exposés, ils sont crûment matérialistes et athéistes, mais ils vont à la messe le dimanche, communient et se confessent ; c'est une autre forme de scepticisme et de matérialisme.

Si nous analysons toutes les formes qu'il y a et qu'il y aura de scepticisme et de matérialisme, nous découvrirons qu'il n'y a pas un seul scepticisme, il n'y a pas un seul matérialisme. La réalité, c'est qu'il existe des millions de formes de scepticisme et de matérialisme et il y en a des millions simplement parce qu'elles sont mentales, ce sont des choses du mental ; c'est-à-dire que le scepticisme et le matérialisme appartiennent au mental et non à l'Être.

Quand quelqu'un est passé au-delà du mental, il est devenu conscient de la Vérité qui ne relève pas du temps. Il est évident que celui qui a entendu une fois le Verbe, qui est au-delà du temps, au-delà du mental, ne peut être ni matérialiste, ni athéiste. L'athéisme procède du mental, il appartient au mental, c'est comme un éventail. Toutes les formes de matérialisme et d'athéisme ressemblent à un grand éventail –elles sont si nombreuses, si variées : c'est l'éventail du mental !–. Mais ce qu'il y a de réel se trouve au-delà du mental. L'athéiste, le matérialiste est un ignorant, il n'a jamais entendu le Verbe, il n'a jamais connu la parole divine, il n'est jamais entré dans le courant du son.

C'est donc dans le mental que sont conçus l'athéisme et le matérialisme. Ce sont des formes du mental, des formes illusoires qui n'ont aucune réalité. Ce qui est vraiment réel n'appartient pas au mental, ce qui est réel est assurément au-delà du mental. Il est important de nous rendre indépendants du mental pour connaître le réel, non pour le connaître intellectuellement, mais pour l'expérimenter réellement, véritablement.

C'est donc en portant notre attention sur ce qu'il y a d'inattentif en nous que nous pouvons voir les différentes formes de scepticisme, d'incrédulité, de doute, etc. Quand surgit n'importe quelle sorte de doute, il nous faut le dépecer, le disséquer, afin de voir ce qu'il a de vrai ; et une fois que nous l'avons dépecé totalement, le doute disparaît, ne laissant aucune trace dans le mental, ne laissant pas la plus insignifiante empreinte dans la mémoire.

–Samael Aun Weor, *Le Cinquième Évangile*, conférence
"Le deuxième joyau du Dragon Jaune"–

LE JUDO PSYCHOLOGIQUE

Les étudiants avancés du Zen sont habitués au Judo, mais le Judo psychologique n'a pas été compris par les touristes qui vont au Japon. Voir, par exemple, les moines pratiquer le Judo, lutter les uns contre les autres, cela ressemble à un exercice purement physique, mais ce n'est pas le cas. Quand ils pratiquent le Judo, en vérité, ils ne tiennent quasiment pas compte de leur corps physique ; leur lutte est vraiment dirigée vers la domination de leur propre mental. Le Judo qu'ils pratiquent est contre le propre mental de chacun, si bien que le Judo psychologique a pour objectif de soumettre le mental, de le traiter scientifiquement, techniquement dans le but de le soumettre.

Malheureusement, les Occidentaux qui ne voient que la coquille du Judo –sots et superficiels comme toujours–, considérèrent le Judo comme une défense physique personnelle et ils oublièrent les principes Zen et Chang. Cela fut quelque chose de réellement regrettable.

Il n'est donc pas étonnant que le Judo Zen et le Judo Chang qui ont précisément pour objectif de soumettre le mental lors de chaque mouvement et de chaque parade aient dégénéré, aient perdu leurs principes dans le monde occidental et se soient convertis en rien de plus que quelque chose de profane, qu'on n'utilise aujourd'hui que pour la défense personnelle.

Regardons l'aspect psychologique du judo, je ne veux pas dire que je vais vous enseigner le judo physique, car je ne le pratique pas moi-même, mais je vais vous enseigner le judo psychologique.

–Samael Aun Weor, *Le Cinquième Évangile*, conférence
"Le deuxième joyau du Dragon Jaune"–

LES NOMBREUX MENTALS DU MOI

Qu'est-ce que le mental ? Nous avons vraiment de nombreuses personnes, car nous avons de nombreux Mois. Vous savez déjà que les Mois personnifient nos défauts de type psychologique. Chacun de ces Mois-démons a son propre mental. Par conséquent, quand on parle d'un mental, on ne parle pas de façon très claire ; mieux vaut penser aux nombreux mentals et ainsi la compréhension devient plus évidente.

Il est certain que chacun de nous ressemble à un bateau chargé de nombreux membres d'équipage, de nombreux passagers. Chacun de ces Mois est un passager. Et chaque passager a son propre critère, son propre mental, ses propres idées, ses propres concepts, etc., etc., etc.

Lorsque n'importe lequel de ces Mois s'enthousiasme, par exemple, pour la Gnose, il jure loyauté ; malheureusement, beaucoup plus tard, il est remplacé par un autre Moi qui n'est pas intéressé par la Gnose, et alors, naturellement, l'individu quitte notre Mouvement. Quand l'un de ces Mois jure un amour éternel à une femme, il semble que tout va bien marcher, non ? Mais plus tard, il arrive qu'un autre Moi remplace celui qui a juré, et ce serment n'intéresse pas du tout ce nouveau Moi ; alors il quitte la pauvre femme et celle-ci se retrouve, évidemment, déçue. Par conséquent, mes chers frères, en comprenant que le mental est multiple parce que nous avons de nombreux mentals, nous allons approfondir un peu plus ce sujet. De quoi avons-nous réellement besoin pour pouvoir arriver à expérimenter le réel, la vérité, à travers l'Extase, le Samadhi ? Comment atteindre cet état de ravissement mystique transcendantal ? Cela est très intéressant, mes chers frères, très intéressant. Réfléchissez, s'il vous plait, réfléchissez.

Il s'agit, avant tout, d'atteindre le calme et le silence du mental. C'est seulement ainsi qu'on peut atteindre l'Extase, le Samadhi. Cependant, comment pourrions-nous atteindre ce calme, ce silence ? À l'intérieur de nous-mêmes, nous avons de multiples Mois qui vivent en se disputant la suprématie. Dans ces conditions, évidemment, il devient difficile d'atteindre ce silence et ce calme, car les Mois -querelleurs et criards- ne le permettent pas vraiment.

–Samael Aun Weor, *Le Cinquième Évangile*, conférence "Avantages et merveilles du silence mental"–

Le fait d'amener le mental à la quiétude et au silence est généralement, mes chers frères, assez difficile. Il ne s'agit pas de mettre le mental en blanc, comme le supposent quelques personnes superficielles. La chose va plus loin...

À quoi servirait-il, par exemple, que nous donnions l'ordre à ce groupe de mettre le mental en blanc et qu'ensuite les petits frères s'exclameraient en eux-mêmes : *"ça y est ! J'ai le mental en blanc !"* Ce serait vraiment stupide, non ? Ce ne serait pas intelligent. Parvenir à la quiétude et au silence du mental est une chose très différente de ce qu'on appelle "mental en blanc". Il est nécessaire, avant tout, de travailler dans les 49 niveaux du subconscient. C'est assez difficile, n'est-ce pas ?

Tenez compte du fait qu'à l'intérieur de chacun de nous, dans notre propre corps planétaire, nous avons une somme d'agrégats psychiques inhumains. Ceux-ci contrôlent complètement l'organisme et se succèdent les uns aux autres.

Maintenant, chacun de vous comprendra pour quelle raison "l'animal intellectuel", erronément appelé "homme", change à chaque instant, à chaque moment : celui qui, aujourd'hui, jure un amour éternel à la gnose est remplacé, demain, par un autre qui n'a rien à voir avec ce serment. Celui qui jure un amour éternel à une femme est remplacé, plus tard, par un autre agrégat inhumain qui n'a rien à voir avec ce serment, et alors la personne s'en va. Ce que nous pensons aujourd'hui n'est pas la même chose que demain : aujourd'hui nous avons une idée, demain une autre.

À mesure que les divers agrégats psychiques inhumains contrôlent la machine de "l'animal intellectuel", celui-ci passe par divers changements. C'est la crue réalité de tout cela.

Donc, "l'animal intellectuel" est une machine qui est maintenant contrôlée par un certain agrégat et qui, peu après et plus tard, est contrôlée par un autre. Il n'y a donc pas d'individu responsable chez "l'animal intellectuel".

Il n'est pas superflu de vous rappeler que ces agrégats personnifient nos défauts de type psychologique. Et les défauts sont si nombreux que *"même si nous avions des gorges d'acier et mille langues pour parler, nous n'arriverions pas à tous les énumérer en détail"*.

Donc, parvenir à la quiétude et au silence du mental est évidemment difficile, n'est-ce pas ? Il faut que tous les agrégats psychiques inhumains restent tranquilles. Et croyez-vous que ce soit une tâche facile ?

Supposons que nous arrivions à les tranquilliser au niveau purement intellectuel. Ce ne serait pas tout, ce ne serait pas suffisant pour pouvoir parvenir au Satori bouddhiste, ce ne serait pas suffisant pour arriver à expérimenter le tao et ce ne serait pas suffisant pour arriver à expérimenter, en nous-mêmes, le vide Illuminateur.

Ainsi donc, le travail est, je le répète, exigeant : il est nécessaire de réussir à apaiser le mental dans tous et chacun des 49 niveaux.

Mais quand je parle de mental, il faut savoir le comprendre, parce qu'il existe l'erreur grossière de supposer que "l'animal intellectuel", injustement appelé "homme", a déjà un mental individuel, un Manas concret, complètement organisé, et c'est absolument faux.

"L'animal intellectuel", le bipède tri-cérébré ou tri-centré, n'a pas de mental individuel. Il a des mentals et cela est différent. Chacun des agrégats psychiques inhumains qui se trouve à l'intérieur de lui est assurément un mental en lui-même. Ainsi, les mentals que l'humanoïde possède se comptent par milliers.

Mais, je vais vous parler de quelque chose de concret pour que vous me compreniez bien : quand vous avez juré que vous aimiez quelqu'un, vous l'avez fait sincèrement, n'est-ce pas ? Cependant, je ne vous prends pas non plus pour des petits saints. Parfois, il se peut que vous ne l'ayez pas fait très sincèrement, mais vous avez juré, peu importe comment, vous avez juré un amour éternel !

À ce moment-là, vous vous êtes sentis vous-même. à ce moment-là, vous avez pu dire : *"je t'aime, je te jure un éternel amour"*, etc., etc., mais après, qu'est-ce qui se passe ? Quand celui qui a juré a été remplacé par un autre agrégat psychique qui n'a rien à voir dans cette affaire, que reste-t-il du serment, des mots d'amour ?

Mais quand celui qui jurait, jurait, vous sentiez que ce moi qui jurait c'était vous, et vous pouviez, à ce moment-là, affirmer qu'il n'y avait aucun autre moi qui jurait. Vous sentiez que vous étiez le premier et le dernier des mois, l'authentique et le légitime. Mais ensuite, vous avez remarqué que celui qui jurait n'était pas un seul mais un parmi d'autres, n'est-ce pas ?

Celui qui pensait tant de merveilles quand il jurait est différent de celui qui l'a remplacé. Ensuite, il est différent de celui qui a juré ensuite son amour à une autre personne différente. Il est différent et il n'a rien à voir avec ce serment.

Cependant, à cette occasion, celui qui jurait, jurait, pensait à sa manière. Alors, il est évident que nous avons beaucoup de mentals, qu'il n'existe pas un mental réellement individuel, qu'il faut le créer –c'est autre chose–, et il est évident qu'on peut le créer grâce à la transformation de l'hydrogène sexuel SI-12.

Grâce à d'incessantes transmutations, on peut arriver à créer un mental individuel pour notre usage personnel. Mais, généralement, les gens n'ont pas un mental individuel. Chacun de leurs

agrégats psychiques ou, en d'autres termes, chacun de leurs mois, a son propre mental. Par conséquent, "l'animal intellectuel" a de nombreux mentals.

—Samael Aun Weor, Le Cinquième Évangile, conférence "Le pouvoir grandiose du calme mental"—

EN FINIR AVEC UN MENTAL PROJETEUR

C'est pourquoi, je vous le dis, il faut travailler sur soi-même pour pouvoir créer un mental unitotal intégral, réceptif ; un mental qui ne projette pas, mais qui reçoit toujours, au lieu de projeter, n'aurait évidemment pas le mauvais goût d'accepter des représentations, de type positif ou négatif, dans les diverses profondeurs de l'Entendement. C'est un mental comme cela et seulement comme cela qui pourrait apporter les messages qui proviennent de la partie la plus haute de notre Être.

Tant que nous continuerons à alimenter les diverses représentations de l'entendement, il va de soi que le mental ne sera jamais serein ; ce sera un mental projeteur et un mental qui projette est, en réalité, véritablement conditionné par le temps et par la douleur.

De sorte qu'en analysant profondément cela, nous verrons non seulement que nous devons éliminer les agrégats psychiques indésirables, mais que nous avons un problème très difficile à résoudre en ce qui concerne les Représentations. —Le problème que je trouve difficile par rapport à l'Illumination Intérieure, c'est que nous portons autant de Représentations à l'intérieur de nous, en plus des agrégats psychiques inhumains—.

Si nous étudions attentivement la vie des rêves, nous y trouverons tellement de choses vagues et incohérentes, d'aspects subjectifs variés et tant de choses absurdes, de personnes, de faits qui n'ont pas de réalité et qui deviennent incohérents en eux-mêmes, qu'ils doivent, pour ce motif, nous inviter à réfléchir.

On veut, en tant que gnostiques, avoir une clarté conceptuelle, des idées lucides, avoir l'Illumination radicale, sans incohérence, sans imprécision, sans subjectivisme d'aucune sorte. Mais malheureusement, les Représentations que nous portons à l'intérieur de nous, ainsi que les divers agrégats, conditionnent la Conscience de telle façon qu'ils la maintiennent dans l'ornière nullement agréable de la subconscience et même de l'infraconscience et de l'inconscience. Je vous invite à réfléchir. Je vous invite à comprendre ces choses si indispensables pour notre progrès. Cela comporte un aspect intéressant, mais je le répète, en revenant à la vie pratique, les gens reviennent de nouveau à cette incessante bataille des antithèses, à cette lutte si terrible des opposés, caractéristiques propres au dualisme du mental.

Il n'y a pas de paix dans un tel mental ; dans un mental qui n'est pas intégral, unitotal il ne peut y avoir de paix. Dans un mental qui n'est pas strictement réceptif ni projeteur, il ne peut y avoir de paix, ni d'Illumination permanente.

Nous voulons quelque chose d'autre, oui, quelque chose de plus que ce que l'on peut obtenir dans une salle de méditation Zen ou Chan. Oui, nous voulons aussi un éveil du mental, du centre mental. Oui, nous voulons un Mental réceptif aux intuitions qui viennent d'en haut, du Ciel, d'Uranie, un Mental Illuminé.

Au fur et à mesure que l'on étudie les différents replis du mental, on comprend aussi que la quiétude et le silence total de l'entendement ne sont pas possibles tant que le Mental est occupé par les agrégats psychiques et par les représentations.

–Samael Aun Weor, *Le Cinquième Évangile*, conférence
"Graves dommages des représentations mentales"–

Les gens ne savent pas utiliser le mental, ils veulent faire du mental quelque chose qui projette et il s'avère que le mental est absolument, en lui-même, réceptif. On doit le rendre à la fois passif et réceptif. Il doit se charger de recevoir des informations. L'objectif du mental est de recevoir des informations, de qui et de quoi? Des informations qui viennent d'en haut, du ciel d'Uranie et des centres supérieurs de l'Être.

Si le mental est réceptif, les informations au travers des centres supérieurs de l'Être y parviennent, alors, il en vient à comprendre clairement ces informations. Mais, on doit rendre le mental réceptif. Les gens ont tendance à faire qu'il projette et il n'est pas un projetteur, il est de nature réceptive. Le corps mental est un corps féminin et, par conséquent, il est réceptif; ce n'est pas un corps masculin, mais féminin. C'est la crue réalité des faits.

–Samael Aun Weor, *Le Cinquième Évangile*, conférence
"Métamorphose psycho-émotionnelle de l'homme"–

FONCTIONNALISME DES TROIS MENTALS

De toute évidence, il existe trois mentals. Le premier, nous pourrions l'appeler le Mental Sensoriel. Celui-ci élabore ses concepts exclusivement avec les données apportées par les sens externes, c'est-à-dire au moyen des Perceptions Sensorielles Externes. Le deuxième est le Mental Intermédiaire, dans lequel sont déposées les croyances religieuses. Et le troisième est le Mental Intérieur.

Que peut savoir le mental sensoriel sur le Réel, sur les Mystères de la Vie et de la Mort, sur l'Âme, sur l'Esprit, sur l'Éternité ? Absolument rien !

Évidemment, il élabore le contenu de ses concepts exclusivement avec les données apportées par les sens. Son véhicule est trop étroit et il ne peut sortir des limites du monde noûstico*-sensoriel.

Le deuxième Mental, l'intermédiaire, aussi brillant soit-il, détient seulement des croyances religieuses, mais il ne peut rien savoir sur la Vérité.

–Samael Aun Weor, *Le Cinquième Évangile*, conférence
"Prodiges de la Conscience éveillée"–

---

*. Ce terme, utilisé par le V.M. Maître Samael, fait référence, dans la tradition hermétique, au binôme composé des raisonnements du mental "noûs" et des perceptions apportées par les sens. Le lecteur doit savoir que, chez les Grecs, il y avait deux interprétations : une supérieure, en tant que pensée divine, et une autre commune, en tant que pensée humaine.

Si nous prenons une matière de connaissance et que nous la soumettons à une rigoureuse méditation, dans le but de devenir conscients de tous ses postulats, évidemment, nous la faisons passer du mental purement sensoriel, à travers le mental intermédiaire, jusqu'au mental intérieur lui-même ; et même plus : nous pouvons l'amener jusqu'à la conscience superlative et transcendantale de l'Être, et ainsi, devenir conscients de la matière que nous avons prise comme thème de méditation. Mais si nous voulons arriver aux fameuses 'intuitions', si nous aspirons aux intuitions dont nous a parlé Monsieur Emmanuel Kant dans la *Critique de la Raison Pure*, il suffit alors de nous mettre en état de passivité, tant dans le sens purement intellectuel qu'émotionnel, pour qu'au travers des centres supérieurs de l'être, ces mêmes intuitions de l'être, elles-mêmes, arrivent au mental intérieur, au travers de la conscience.

Nous avons alors deux flèches : l'une qui part de l'extérieur vers le mental intérieur, et l'autre qui vient de l'intérieur, depuis la conscience superlative de l'être, jusqu'au mental intérieur également. Ainsi, nous avons les deux systèmes : l'inductif et le déductif, ils peuvent nous amener jusqu'au mental intérieur ; c'est évident, et ainsi c'est expliqué.

Ce qui est intéressant, c'est d'abord ce mental intérieur qui est le véhicule fonctionnel de la conscience. C'est possible, mais a condition que nous ne nous contentions pas uniquement des simples syllogismes ou pro syllogismes intellectuels d'Aristote, mais que nous pratiquions, d'une manière efficace, la technique scientifique de la méditation intérieure profonde : car si nous nous contentions seulement de la logique formelle, analytique ou même de la logique dialectique, nous resterions, de toute manière, embouteillés dans la bataille des antithèses, qui est une caractéristique basique du mental sensoriel, et, de là, nous ne passerions pas, nous n'arriverions jamais a expérimenter la vérité d'une quelconque théorie ou d'une quelconque hypothèse.

Pour cela, nous devons cultiver la technique de la méditation. Ainsi, de cette manière, nous pourrons, au moyen du système inductif, arriver au mental intérieur lui-même, en allant du connu a l'inconnu. Nous pouvons aussi utiliser le système déductif néoplatonicien. Si, au moyen de la méditation elle-même, nous nous mettons en état de passivité, de réceptivité, les intuitions arriveront au mental intérieur et nous connaîtrons la vérité.

–Samael Aun Weor, Le Cinquième Évangile, conférence
"Phénomèmes psychologiques et parapsychologiques"–

Ainsi arriver à pouvoir comprendre, analyser, ou plutôt, discerner les vérités les plus transcendantales de l'Esprit, de l'Être, avec la Raison Objective, est quelque chose de grandiose. Ceci ne s'obtient pas du jour au lendemain, mais grâce au développement de la Raison Objective. Et la Raison Objective ne peut se développer que par l'intermédiaire des éveils successifs de la Conscience.

À mesure que la Conscience va s'éveiller, elle va devenir de plus en plus objective ; à mesure qu'elle va se développer et grandir en chacun de nous, ainsi, de la même manière son véhicule, le Mental Intérieur, va se développer, c'est-à-dire que les fonctionnements de la Raison Objective, de toute évidence, vont se développer.

Mais, nous faisons une distinction entre Raison Objective et Raison Subjective. Les gens ont la Raison Subjective développée, mais ils n'ont pas la Raison Objective de l'Être, car il y a trois mentals.

Le mental sensoriel qui élabore ses concepts avec les données fournies par les sens. Il ne peut rien savoir de la vérité, ni de Dieu, ni de l'Univers. Voilà la raison de type parfaitement subjectif.

Le mental intermédiaire, où sont déposées les croyances, ne peut rien savoir non plus sur le réel.

Pour finir, le mental intérieur, c'est le véhicule de la Conscience. À mesure que la Conscience s'éveille, le mental intérieur se développe dans ses processus d'analyse objective de manière extraordinaire.

–Samael Aun Weor, Le Cinquième Évangile, conférence
"Conséquences gnostiques de l'immolation de la douleur"–

Étant donné que la Conscience Transcendantale et Superlative de l'Être a le pouvoir d'expérimenter le Réel, la Vérité, manifestement, le Mental Intérieur, étant ainsi informé, détient de bonnes données pour élaborer ses concepts, c'est pour cette raison que le mental intérieur s'appelle la raison objective et c'est pour cette raison que le mental sensoriel s'appelle la raison subjective.

Celui qui a développé le mental intérieur connaît le réel, la vérité ; il connaît cela, qui est bien au-delà du corps, des sentiments et du mental ; il connaît les mystères de la vie et de la mort, non parce que d'autres lui en ont parlé ou ont arrêté de lui en parler, mais bien par expérience mystique directe.

–Samael Aun Weor, *Le Cinquième Évangile*, conférence
"La saveur vie et la saveur travail"–

QUESTIONS ET RÉPONSES

Disciple. Maître, alors les Représentations sont-elles le produit des Mois ? Est-ce que c'est eux qui les provoquent ?

Maître. Non, monsieur ! J'ai déjà dit : il ne faut pas confondre le gymnase avec la magnésie ; les Représentations sont une chose et les Mois en sont une autre.

De même que, dans le Monde des Sens, les objets sont fondamentaux –parce qu'en réalité les objets sont situés dans le Monde des Sens–, de même aussi les Représentations existent dans le Monde du Mental.

Le Temple du Mental est, en général, envahi par les multiples Représentations Positives ou Négatives. Nous sommes partisans d'éliminer ces Représentations pour qu'il n'existe, à l'intérieur du temple que l'Être et rien de plus que l'Être,

Pour cela, il faut avoir un Mental tranquille et en silence et le Mental ne peut être tranquille et en silence que lorsque nous éliminons l'Ego. Mais, à mesure qu'on se met à éliminer l'Ego, le Mental devient de plus en plus tranquille, silencieux, jusqu'à ce que, pour finir, on parvienne à la quiétude et au silence total.

–Samael Aun Weor, *Le Cinquième Évangile*, conférence
"Graves dommages des représentations mentales"–

Donc ce n'est pas l'Être qui pense, ce n'est pas l'Être qui raisonne. Nous n'avons pas incarné tout l'Être, mais nous avons incarné une partie de l'Être, c'est l'Essence, la Bouddhata, ce qu'il y a d'âme en nous, l'animique, le matériel psychique. Il est donc nécessaire que cette Essence vivante s'impose au mental.

Disciple.Maître, vous voulez donc dire que c'est le "Moi", les "Mois" qui analysent ?

Maître. C'est ainsi, car les "Mois" ne sont que des formes du mental, des formes mentales qu'il faut désintégrer, réduire en poussière cosmique.

Disciple. Dans ce cas, si nous désintégrons les "Mois", nous cessons d'analyser et de raisonner ?

Maître. Il est clair que oui. Je pourrais vous donner le cas de quelqu'un qui dissout et élimine les Mois. Je pourrais vous donner le cas de quelqu'un qui, en plus de dissoudre les Mois, fabrique un corps mental. Il est évident qu'il acquiert une individualité intellectuelle. Il doit cependant se libérer de ce même corps mental, car ce même corps mental, aussi parfait qu'il soit, raisonne aussi, il pense aussi et la façon la plus élevée de penser est de ne pas penser. Tant qu'on pense, on ne se trouve pas dans la façon la plus élevée de penser. L'Être n'a pas besoin de penser, il est ce qui a toujours été et ce qui sera toujours. Donc, en synthèse, il nous faut subjuguer le mental, le fouetter et l'interroger.

Nous n'avons pas besoin de soumettre le mental d'autrui, car c'est de la magie noire. Nous n'avons besoin de dominer le mental de personne, car c'est de la sorcellerie de la pire sorte. Ce dont nous avons besoin, c'est de soumettre notre propre mental, de le dominer.

Disciple. Pouvons-nous dire que le mental est l'Ego et que la Conscience est l'âme?

Maître. Oui, le mental en soi c'est l'Ego, mais il convient de savoir qu'en détruisant l'Ego, alors demeure la substance mentale ; on peut fabriquer le corps mental, mais on aura toujours le mental. L'important, c'est de se libérer du mental, se libérer de lui, apprendre à fonctionner dans le monde de l'Esprit Pur, sans le mental. Savoir vivre dans ce courant du son qui est au-delà du mental et qui ne relève pas du temps. Ce qu'il y a dans le mental, c'est l'ignorance. La véritable sagesse n'est pas dans le mental ; elle est au-delà du mental. Le mental est ignorant et c'est pourquoi il tombe et il tombe dans tant d'erreurs graves.

> **Disciple.** *Maître, n'êtes-vous pas en train de nier le pouvoir créateur du mental dans le monde physique ? Naturellement que là-bas, dans les mondes ineffables, le mental est un obstacle et qu'il faut s'en libérer pour fonctionner dans les Mondes Supérieurs.*

Maître. Nous ne nions pas le pouvoir créateur du mental. Il est clair que tout ce qui existe est du mental condensé. Mais que gagnons-nous avec ça ? Est-ce que, par hasard, cela nous aurait donné le bonheur ? Nous pouvons faire des merveilles avec le mental, nous pouvons créer beaucoup de choses dans la vie —les grandes inventions sont du mental condensé–, mais ce genre de créations nous rendra-t-il heureux ?

Ce dont nous avons besoin, c'est de devenir indépendants, sortir de cette prison qu'est la matière, car le mental est matière. Il faut sortir de la matière et vivre comme des esprits, comme des êtres, comme des créatures heureuses au-delà de la matière. La matière est toujours grossière, même quand elle a de très belles formes, elle est toujours douloureuse. Nous, ce que nous recherchons, c'est la félicité ; mais, la félicité authentique, nous ne la trouverons pas dans la matière, mais dans l'esprit ; nous avons besoin de nous libérer du mental. La véritable félicité vient à nous quand nous nous évadons de la prison du mental, c'est certain.

Nous ne nions pas que le mental puisse être créatif. Il peut créer des inventions, des merveilles, des prodiges, mais cela nous donne-il, par hasard, du bonheur ? Lequel d'entre nous est heureux ? Si l'un d'entre vous est heureux, alors qu'il lève le doigt, voyons, je voudrais le connaître. Nous sommes ici car nous cherchons le véritable chemin qui doit nous conduire au bonheur. Si le mental ne nous a pas donné le bonheur, nous devons savoir comment nous évader du mental, et c'est l'objectif de nos pratiques et de nos études.

–Samael Aun Weor, *Le Cinquième Évangile*, conférence "Le deuxième joyau du Dragon Jaune"–

Disciple. *Alors, Maître, nous nous trouvons à un moment réellement difficile parce que, ce qui ressort de tes paroles c'est que, parfois, non seulement nous n'éliminons pas l'Ego dans le mental mais en plus nous le raffinons davantage.*

Évidemment. C'est un danger mortel pour nous. Si nous permettons que l'Ego se raffine avec la Gnose et devienne plus raffiné que ce qu'il est, alors il sera indétectable. Il sera indétectable parce qu'il se sera raffiné de telle façon qu'avec la logique, nous n'arriverons pas à le comprendre, parce qu'il sera si raffiné en nous qu'il deviendra difficile à capter.

Nous devons être très astucieux. Et tout le travail commence par la négation de soi-même. Observez cela ou observons cela : quand Lobsang Rampa est entré au Tibet en cherchant à être admis dans un temple, souvenez-vous, que lui..., ils ne l'ont pas laissé entrer, et il est resté pendant un mois hors du monastère, assis en position de lotus et en souffrant de la faim, en espérant émouvoir le cœur des directeurs du temple. Au bout d'un mois ils l'ont accepté et où l'ont-ils envoyé ? À nettoyer les sols du temple. Il est resté là un certain temps. Lobsang Rampa dit qu'ils l'ont ensuite envoyé couper des oignons et des carottes pour le cuisinier du temple, et il est resté là un an, ou quelques années.

Quand ils ont humilié sa personnalité, quand ils lui ont fait voir que nous sommes tous, des fripons et des individus qui ne valent même pas une cacahuète, alors ils l'ont accepté dans les cantiques des mantras, et ils lui ont enseigné tous les paramètres de la philosophie du Bouddha mais il n'a pas commencé directement à mantraliser ni à fréquenter les hauts lamas de cette époque. Aujourd'hui, ces grands lamas sont peu nombreux.

Alors, ces choses doivent nous faire réfléchir mais tous, on aimerait qu'on nous donne une tunique safran et qu'on nous prenne en photo, parce que nous vivons de cela, de fantaisies, d'illusions et de stupidités. Mais vivre en béatitude, en méditation, en contact permanent avec l'Être, ça, comme disent les Mexicains, ça n'a rien à voir avec des "enchiladas", ce n'est pas de la tarte, disait le Maître Samael. C'est le travail de toute une vie.

Il se peut, dit le Maître dans le chapitre "La Perle Séminale", que ça nous coûte notre propre vie, mais nous y arriverons, mais que ça va peut-être nous coûter notre propre vie. Il dit qu'il y a des mystiques qui y sont arrivés en désincarnant. Vous voyez, comme ce sujet, la science de la méditation, a beaucoup d'aspects.

–Kwen Khan Khu, interview "La Science de la Méditation"–

LE DEUXIÈME JOYAU DU DRAGON JAUNE

Le deuxième Joyau implique la discipline du mental, en le dominant, en le fouettant, en le réprimandant. Le mental est un âne insupportable qu'il nous faut apprivoiser.

Il est donc urgent et indispensable de dominer le mental, de lui parler, de le gronder, de le fouetter avec le fouet de la volonté, de le faire obéir. Cela appartient au deuxième Joyau du Dragon Jaune.

Comme je vous l'ai dit, j'étais réincarné dans la Chine antique et je m'appelais Chou Li. Je fus initié dans l'Ordre du Dragon Jaune. J'ai l'ordre de livrer les Sept Joyaux du Dragon Jaune.

Avant tout, nous ne devons pas nous identifier avec le mental si nous voulons vraiment tirer le meilleur parti du deuxième Joyau, parce que si nous sentons que nous sommes le mental, si je dis "je raisonne, je pense", j'affirme alors quelque chose de stupide et je ne suis pas d'accord avec la doctrine du Dragon Jaune, car l'Être n'a pas besoin de penser, l'Être n'a pas besoin de raisonner. Celui qui raisonne, c'est le mental. L'Être est l'Être, et la raison d'être de l'Être est l'Être lui-même. Il est ce qu'Il est, ce qu'Il sera toujours. Il est la vie qui palpite dans chaque atome comme dans chaque soleil.

Il est nécessaire de dominer le mental ; le mental doit obéir, il faut le récriminer fortement pour qu'il obéisse. Comment est-il possible que nous soyons dans une pratique de méditation et qu'au moment où nous cherchons la quiétude et le silence, il s'impose et qu'il ne veuille pas rester tranquille ? Il faut savoir pourquoi il ne veut pas rester tranquille, il faut l'interroger, il faut le gronder, il faut le fouetter, il faut le faire obéir. C'est un âne obstiné et maladroit qu'il faut dominer. Cela, Krishnamurti ne l'a pas enseigné ; le Zen et le Chang ne l'ont pas enseigné non plus. Ce dont je vous parle appartient au deuxième Joyau du Dragon Jaune, au deuxième Joyau de la Sagesse. Dans le premier Joyau, nous pouvons inclure le Zen, mais le Zen n'explique pas le deuxième Joyau, bien qu'il en possède pourtant les notions préliminaires avec son Judo psychologique.

Lorsque nous observons donc ce qu'il y a d'inattentif en nous, nous voyons aussi la lutte des antithèses dans notre mental. C'est à ce moment-là qu'il faut dépecer ces antithèses pour voir ce qu'il y a de vrai en elles : souvenirs, émotions, désirs ou préoccupations qu'on ignore, dont on ne sait pas d'où elles viennent, pourquoi elles viennent. Lorsque nous voyons judicieusement qu'il est nécessaire d'appeler l'attention du mental –il y a un point maximum où on est fatigué, où le mental ne veut plus du tout obéir–, alors il ne reste plus qu'à le réprimander, lui parler fortement, le traiter face à face, visage contre visage, comme un individu étrange et inopportun, le fouetter avec le fouet de la volonté, le réprimander avec de dures paroles jusqu'à ce qu'il obéisse. Il faut parler beaucoup de fois au mental pour qu'il comprenne. S'il ne comprend pas, il faut alors le rappeler à l'ordre sévèrement.

Il est indispensable de ne pas s'identifier avec le mental. Ainsi, en le fouettant, en le subjuguant, en le dominant, s'il réagit violemment, alors nous le fouetterons de nouveau. C'est ainsi que nous nous sortirons du mental et que nous parviendrons à la Vérité, à ce qui ne relève pas du temps.

Quand nous réussissons à apercevoir ce qui ne relève pas du temps, nous pouvons expérimenter un élément qui transforme radicalement. Il existe un certain élément transformateur qui ne relève pas du temps et qu'on ne peut expérimenter, je le répète, qu'en sortant du mental. Quand nous expérimentons cet élément transformateur, nous luttons intensément pour obtenir l'Autoréalisation intime de l'Être.

Ainsi donc, mes chers frères, j'espère que dans la pratique d'aujourd'hui vous serez tous conscients de ce qu'il y a d'attentif en vous, que vous serez capables de faire la dissection de n'importe quel doute, que vous serez capables de dominer le mental, de parler face à face avec lui, de le réprimander. Notre objectif est de rechercher la quiétude et le silence du mental.

Quand nous croyons que le mental est tranquille, quand nous croyons qu'il est en silence et que, cependant, ne vient aucune sorte d'expérience divine, c'est parce que le mental n'est toujours pas tranquille, ni en silence ; dans le fond, il continue à parloter. Alors, au cours de la méditation, nous devons lui parler, le réprimander, l'interroger pour voir ce qu'il veut, qu'il réponde, qu'il explique ce qu'il veut. Il faut lui dire : *"Mental, pourquoi est-ce que tu n'es pas tranquille ? Pourquoi est-ce que tu ne me laisse pas en paix ? Qu'est-ce que tu veux ?"* Il nous donnera une réponse quelconque, nous lui répondrons avec une autre explication en essayant de le convaincre, mais, s'il ne veut pas être convaincu, il ne nous restera pas d'autre solution que de le soumettre au moyen de la récrimination et du fouet de la volonté.

Comme je vous l'ai dit, cela appartient au deuxième Joyau du Dragon Jaune. Le Zen ne comprend que le premier Joyau. Les connaissances que je vous donne ce soir appartiennent au deuxième Joyau.

Quelquefois, je le répète, nous devons parler au mental, car très souvent, quand nous voulons qu'il reste tranquille, quand nous voulons qu'il soit en silence, il persiste dans sa sottise, dans sa parlote inutile, dans une lutte d'antithèses. Il est donc nécessaire d'interroger le mental, de lui dire : *"Bien, qu'est-ce que tu veux, mental ? Alors ? Réponds-moi, explique-moi ce que tu veux".*

Si la méditation est profonde, il peut surgir en nous une représentation ; dans cette représentation, dans cette figure, dans cette image se trouve la réponse.

Nous devons donc parler avec le mental et lui faire voir la réalité des choses, lui faire voir que sa réponse est fausse, il faut lui faire voir que ses préoccupations sont inutiles et pour quel motif elles sont inutiles, et, à la fin, le mental reste tranquille, en silence. Mais si nous notons que l'illumination ne vient toujours pas, que persiste encore en nous un état chaotique, une confusion incohérente avec une lutte et une parlote incessante, nous devons alors le rappeler à l'ordre, l'interroger. *"Bon, qu'est-ce que tu veux ?"* Il faut lui dire : *"Qu'est-ce que tu cherches encore ? Pourquoi est-ce que tu ne me laisses pas en paix ?"* Il faut parler clairement et il nous faut parler au mental comme s'il était un individu étranger. Il n'est pas l'Être, il faut donc le traiter comme un individu étranger, il faut le récriminer, il faut le gronder.

Disciple. *Faire appel à l'attention de l'inconscient par le conscient, cela appartient-il aussi au deuxième Joyau du Dragon Jaune ?*

Maître. Cela appartient aussi au deuxième Joyau du Dragon Jaune, c'est évident. Par exemple, il existe en nous 3 % de Conscience et 97 % de subconscient —c'est sûr— ; alors, ce que nous avons de conscient doit s'adresser à ce que nous avons d'inconscient ou de subconscient, pour le réprimander et lui faire voir qu'il doit devenir conscient ; mais il est nécessaire que la partie consciente gronde la partie subconsciente, pour que le subconscient devienne conscient. En ce qui concerne la partie consciente qui s'adresse à la partie subconsciente, c'est un exercice très important qu'on peut pratiquer à l'aurore, ainsi les parties inconscientes vont peu à peu devenir conscientes.

Disciple. Maître, c'est quelque chose de similaire à David contre Goliath, les 3 % contre les 97 %, non?

Maître. En fait, les parties subconscientes ne vont pas devenir conscientes immédiatement, c'est tout un processus, un long processus, mais, à la fin, on y arrive.

–Samael Aun Weor, *Le Cinquième Évangile*, conférence "Le deuxième joyau du Dragon Jaune"–

Il faut un peu discuter avec le Mental quand il ne veut pas obéir. Nous devons nous adresser au Mental en lui disant, par exemple : *Mental, pourquoi est-ce que tu ne m'obéis pas ? Obéis-moi ! Qu'est-ce que tu veux, Mental ...*

Plus tard, avec le développement des Facultés, le Mental nous répondra comme s'il était une personne complètement différente. Il nous dira : *Je veux ceci ou je désire telle autre chose* ; ou simplement au moyen d'une image représentative, au moyen de quelque représentation intellectuelle, il nous montrera ce qu'il veut. Alors, nous pourrons lui dire : *Ce que tu désires, mental, ne sert à rien, c'est faux, obéis-moi ! Je suis ta Conscience et tu dois m'obéir, mental !...*

Ainsi, peu à peu, nous allons le dominer ; il faut apprendre à discuter avec lui, le traiter de la même façon que les muletiers traitent un âne qui ne veut pas obéir. Avez-vous vu, frères, comment les dresseurs de chevaux traitent les chevaux ? Parfois, ils vont jusqu'à les réprimander, et c'est ainsi que nous devons faire avec le mental : le traiter comme un âne ou un cheval, comme quelque chose qui doit apprendre à obéir. Ne pas être esclave du Mental, parce que si nous sommes esclaves du mental, nous allons à l'échec.

Il y a un point très délicat pendant la méditation : souvent, quand on croit qu'on est arrivé à la quiétude et au silence du mental, on n'y est pas encore arrivé. Alors, on doit fouiller à l'intérieur, on doit dire au mental : *Mental, qu'est-ce qu'il se passe? Qu'est-ce que tu veux ? Pourquoi est-ce que tu n'es pas tranquille ? Obéis-moi, tu dois être tranquille !...*

Parfois, si vos facultés supérieures sont assez développées, vous pourrez voir les représentations de votre mental qui lui, à cet instant, répondra avec telle ou telle scène ; de cette façon, il vous dira ce qu'il veut.

Mais, c'est précisément le moment de savoir lui répondre, de savoir traiter ce mental de la même façon qu'un muletier traiterait un âne qui ne veut pas obéir, un âne qui ne veut pas rester calme mais qui, à la fin, resterait calme.

–Samael Aun Weor, *Le Cinquième Évangile*, conférence
"Mécanismes éphémères du mental"–

Lorsque notre mental est rempli de désirs passionnels, arrêtons-nous un moment et ordonnons impérieusement au mental : corps mental, retire-moi ces pensées, je ne les admets pas. Lorsque notre mental est rempli de colère, ordonnons-lui ainsi : corps mental, retire-moi cette colère, je ne l'admets pas. Lorsque notre mental est rempli de haine, ordonnons au corps mental : retire cette haine, je ne l'admets pas, etc., etc., etc.

L'Être n'est pas le mental, l'Être est l'Être, l'Être est l'Intime, et celui-ci peut contrôler le mental au moyen de la volonté.

La grotte du désir est dans le mental. Le corps des désirs est seulement un instrument émotif du mental.

Dans les Mondes Internes, nous pouvons converser avec le mental, lorsque nous nous sommes dépouillés de lui momentanément. Le mental semble alors un sujet quasi indépendant, qui s'assoit pour converser avec nous.

–Samael Aun Weor, *Traité de médecine occulte et
de magie pratique*, chapitre "Le mental"–

Par conséquent, le mental n'est qu'un instrument, un véhicule de manifestation, mais ce n'est pas tout ; ce qui est grave, c'est de nous identifier au mental. Nous devons apprendre à regarder le mental comme quelque chose qui n'est pas notre Être. Les gens sont identifiés au mental, ils croient être le mental, ils ont la sensation d'être le mental, ils pensent : *Je suis le mental*. Nous, mes frères, nous devons être différents ; nous ne devons pas penser comme ça ; nous devons uniquement comprendre que nous ne sommes pas le mental.

Nous devons apprendre à traiter le mental comme un individu étranger. Nous devons le gronder, nous devons le rappeler à l'ordre, nous devons le récriminer, nous devons l'obliger à nous obéir. De même qu'un dompteur dresse les fauves, nous devons dompter le mental. Quand nous désirons le calme et le silence et qu'il nous dérange avec ses cris et ses querelles, nous devons le rappeler à l'ordre et lui dire : *Mental, qu'est-ce que tu veux ? Parle-moi ! Pourquoi est-ce que tu ne m'obéis pas ?* Comme je vous le disais l'autre jour, il répondra par une représentation. Alors, nous devrons contredire ses représentations et lui dire : *Tu te trompes. Ce que tu es en train de penser est faux pour telle ou telle raison. Maintenant que je t'ai expliqué ce que tu veux savoir, il est mieux que tu te taises.* Et s'il continue à réagir, recommençons à le gronder, recommençons à le récriminer, et, à la fin, il devra obéir. Traitons-le comme un étranger, ne nous identifions pas à lui. Nous ne sommes pas le mental.

–Samael Aun Weor, *Le Cinquième Évangile*, conférence
"L'Univers et ses mystères en l'absence du mental"–

LA MÉDITATION ET LA SUPRASEXUALITÉ

Il faut dire et c'est très important : la science de la méditation est en étroite relation avec la science de la transmutation alchimique.

Prétendre atteindre le sommet de la méditation sans passer par la technique de la transmutation de nos énergies créatrices, est impossible, impossible.

La méditation est aussi en relation avec l'éveil du Feu dont nous parlent les Hindous, avec l'éveil du Feu Flammigère de Stella Maris, de notre Mère

Divine Kundalini-Shakti. Ce Feu est dans le Kanda. Et qu'est-ce que le Kanda ? Eh bien un sac membraneux qui se trouve entre les organes créateurs et le rectum, à la base de l'épine dorsale. Dans ce sac membraneux, mi-physique mi-éthérique, notre Feu est enroulé trois fois et demie, assumant la forme d'un serpent. Il est là à l'état latent. Avec la technique de la Magie Sexuelle, ce Feu s'éveille à un moment donné, quand il existe les conditions requises qu'il mérite.

Mais ce qui est intéressant c'est que, lorsque le Feu s'éveille et commence son ascension vers l'intérieur et vers le haut, par les trente-trois vertèbres de l'épine dorsale, apparaissent six conséquences de l'éveil du Feu, qui sont définies en terminologie sanscrite par six noms.

La première s'appelle, *Ananda*, bonheur spirituel.

La deuxième s'appelle *Kampan*, hypersensibilité de type électrique psychique, explique le Maître Samael. La personne devient hypersensible aux phénomènes métaphysiques, électriques, psychiques...

La troisième s'appelle *Utthan*, augmentation progressive des états de Conscience, dédoublements astraux, expériences mystiques transcendantales.

Après, il y en a un autre qui s'appelle..., un autre état qui advient chez la personne, qu'on appele *Ghurni*, d'intenses aspirations divines. La personne est en possession d'aspirations divines continues.

Ensuite il y a deux autres points, deux autres aspects qui ont une relation importante avec la méditation, ce sont : *Murcha* et *Nidra*.

Que veut dire *Murcha* ? Relaxation spontanée et naturelle de tous les muscles et les nerfs du corps pendant la méditation.

Et la dernière conséquence s'appelle *Nidra*, qui veut dire un certain type de sommeil qui réside en la personne, et qui normalement, se transforme en extase pendant la méditation.

–Kwen Khan Khu, interview "La Science de la Méditation"–

Le yoga a été mal compris dans le monde occidental. La Maîtresse Helena Petrovna Blavatsky, l'auteur de *la Doctrine Secrète*, fut une yogini, mais après être devenue veuve du comte Blavatsky, elle dut se remarier. Tout le monde sait qu'elle n'a pas vécu avec le comte, mais après la mort de son mari, elle s'est remariée.

Une grande yogini comme elle ne pouvait se marier par simple passion charnelle ; en outre, elle a épousé un vénérable ancien.

Ainsi donc, la raison de son remariage est plus profonde, plus ésotérique. En réalité, la Maîtresse Blavatsky a eu besoin du mariage pour accomplir sa réalisation cosmique. Avec le Yoga, elle a obtenu certains résultats, mais pas tout. Un yogi sans la magie sexuelle est comme un jardin sans eau. Elle est parvenue au développement total des Sept Serpents avec la Magie Sexuelle. Dans les écoles de Yoga, en Orient, on enseigne secrètement la magie sexuelle. Malheureusement, dans le monde occidental sont apparus de faux yogis qui ont fait du tort à beaucoup de foyers.

–Samael Aun Weor, *Mystères Majeurs*, chapitre 26–

LE MENTAL, LE PRANA ET LE SEMEN

Il existe une étroite connexion entre le mental, le Prana et le Semen. En contrôlant l'énergie séminale avec la force de la volonté, nous aurons tout obtenu parce que le mental et le Prana seront alors sous notre contrôle. Ceux qui répandent leur Semen ne pourront jamais, au grand jamais, contrôler le mental ni le Prana. Ce sont les ratés. Celui qui parvient au contrôle sexuel parviendra aussi au contrôle de son mental et au contrôle du Prana. Les hommes de cette sorte atteignent la Libération. Les hommes de cette sorte obtiennent l'Élixir de Longue Vie.

Tous les immortels qui vivent avec le Christ-Yogi de l'Inde –le divin Babaji– ont conservé leur corps physique à travers des milliers d'années sans que la mort ne puisse rien contre eux.

Ces frères, après être arrivés à la suprême chasteté, ont obtenu le contrôle du Prana et du mental. Le Prana est énergie universelle, est vie, est lumière, est joie.

–Samael Aun Weor, *Le Livre Jaune*, chapitre 26–

EXTASE ET VOLUPTÉ SEXUELLE

Avec la transmutation sexuelle, nous nous régénérons de manière absolue. L'âge de l'extase sexuelle est toujours précédé de l'âge de la jouissance sexuelle. La même énergie qui produit la jouissance sexuelle, quand elle est transmutée, produit alors l'Extase.

La lampe de l'Ermite de l'Arcane 9, qui normalement se trouve enfermée dans les profondes cavernes des organes sexuels, doit être placée à l'intérieur de la tour du temple. Cette tour est le cerveau. Nous sommes alors illuminés. Voilà le chemin réellement positif qui nous transforme en Maîtres du Samadhi –l'Extase–.

Toute véritable technique de méditation interne est intimement liée à la transmutation sexuelle. Il faut que nous élevions notre lampe bien haut pour nous illuminer.

–Samael Aun Weor, *Le Mariage Parfait*, chapitre 186–

Les Saintes Écritures disent : "Demandez et l'on vous donnera, frappez et l'on vous ouvrira" ; en fait, le moment suprême de la jouissance sexuelle est précisément l'instant où l'on doit demander au Troisième Logos –l'Esprit-Saint–, tous ces pouvoirs auxquels nous aspirons. Le formidable pouvoir des forces de Shiva, le Troisième Logos, nous transforme en Dieux.

Beaucoup de choses ont été dites au sujet de la méditation et de l'Extase. En réalité, l'heure la meilleure pour la méditation et l'Extase, c'est l'heure de la volupté sexuelle. Les forces sexuelles produisent l'Extase. Nous devons transformer la volupté en Extase à travers la méditation.

Pendant l'acte sexuel et après l'acte, alors que nous ressentons encore la vibration de la Volupté, nous passons par le *Sacrificium Intellectus*. Réellement, seule l'émotion créatrice peut nous transporter jusqu'à l'Extase.

Seul celui qui est capable de pleurer en priant le Troisième Logos, avant l'acte, pendant l'acte et après l'acte, peut entrer au Nirvana. Seul celui qui est capable de s'enivrer avec la volupté sans répandre son Semen peut se convertir en un Dieu terriblement divin.

Ceux qui apprennent à jouir sagement, intelligemment, de la volupté, sans répandre leur Semen, se transforment en êtres absolument heureux.

–Samael Aun Weor, *Apologie gnostique de l'Éternel Féminin*, chapitre 3–

Les gens ont tendance à regarder le sexe comme une chose sale et horriblement passionnelle. Le yogi accroît le DSA, Usthi, USTE –le désir– et s'incline avec révérence devant les Mystères gnostiques du Sexe parce qu'il considère que le Sexe est une fonction sacrée de Devi Kundalini.

Le yogi sait que les eaux d'Amrita –Semen christonique– sont l'habitacle du Feu.

Le yogi sait que toute la force du Logos solaire est contenue dans la semence végétale, animale et humaine.

Le yogi sait que le sexe est la force sainte et qu'elle ne doit pas être profanée par la fornication.

–Samael Aun Weor, *Les mystères du Feu*, chapitre 3–

LA MÉDITATION ET LA KUNDALINI

Nous devons revenir au point de départ et régénérer notre appareil psychique au moyen de la Magie Sexuelle et de la méditation interne pour reconquérir les représentations et perceptions objectives.

Il est urgent d'éliminer de nos représentations et perceptions tous les éléments subjectifs. On y arrive en améliorant la qualité des représentations par la technique de la méditation, et en régénérant l'appareil psychique avec la Magie Sexuelle.

–Samael Aun Weor, *Le Mariage Parfait*, chapitre 31–

Nous pratiquons la méditation interne pour parvenir à l'Extase, mais nous savons bien que la Kundalini ne s'éveille pas par la Méditation, car la Kundalini est sexuelle. Il est faux d'assurer

que l'on peut obtenir l'éveil de la Kundalini avec la méditation. La méditation est une technique pour recevoir des informations. La méditation n'est pas une technique pour éveiller la Kundalini. Les pseudo-ésotéristes ont fait beaucoup de mal avec leur ignorance.

–Samael Aun Weor, *Le Mariage Parfait*, chapitre 21–

La méditation interne accélère l'éveil du Serpent Emplumé, dont l'ascension libère l'Initié de la Roue des Naissances, mais il faut aider son ascension en méditant d'abord sur Ida, puis ensuite, sur Pingala, courants de feu négatif à gauche et positif à droite qui montent de chaque côté de la moelle épinière jusqu'au chakra pituitaire, et qui précèdent, dans leur ascension, celle du Feu sacré de Quetzalcoatl.

–Samael Aun Weor, *Magie christique aztèque*, chapitre 9–

LA MÉDITATION NE SUFFIT PAS, IL FAUT NAÎTRE DANS L'ÂME

Swami X, dans une de ses leçons, a déclaré ceci :

"Les célibataires peuvent unir spirituellement, à l'intérieur d'eux-mêmes, la force naturelle créatrice de l'Âme, en apprenant la méthode correcte de méditation et son application à la vie physique. Ces personnes n'ont pas à passer par l'expérience du mariage matériel. Elles peuvent apprendre à marier leur impulsion féminine avec l'impulsion masculine de leur Âme interne."

Si nos bien-aimés disciples gnostiques réfléchissent sur les paroles de ce Swami X, ils arriveront à la conclusion qu'elles sont manifestement absurdes. Prétendre unir l'impulsion féminine physique à l'impulsion masculine de son Âme interne, est faux à cent pour cent. Ce type de mariage utopique est impossible car l'homme n'a pas encore incarné l'Âme. Avec qui va-t-il donc unir son impulsion féminine physique ?

L'animal intellectuel n'a pas encore d'Âme. Celui qui désire incarner son Âme, celui qui veut être un Homme avec une Âme, doit avoir les corps astral, mental et causal. L'être humain actuel n'a pas encore ces véhicules internes. Le spectre astral, le spectre mental ou le spectre causal sont uniquement des spectres. La majorité des occultistes croient que ces spectres internes sont les véritables, mais ils sont totalement dans l'erreur. Il nous faut naître dans les Mondes Supérieurs, et cette question de naître est un problème sexuel.

Aucun célibataire ne peut unir son impulsion féminine physique à l'impulsion masculine de son Âme interne, pour la bonne raison qu'aucun célibataire ne peut incarner son Âme. Pour incarner l'Âme, nous devons créer les Corps Internes, et c'est seulement par l'union sexuelle d'un homme et d'une femme, qu'ils peuvent être créés. Aucun homme seul ou aucune femme seule ne peut créer ou concevoir. Les deux pôles sont nécessaires pour créer. C'est la vie.

Il est nécessaire de créer les Véhicules Internes. Il est nécessaire de naître dans les Mondes Supérieurs. Le célibat est un chemin absolument erroné. Nous avons besoin du Mariage Parfait.

–Samael Aun Weor, *Le Mariage Parfait*, chapitre 15–

LE MAITHUNA OU TANTRISME BLANC

Certains voyageurs ésotéristes de type orientaliste, après avoir investigué dans le monde asiatique, sont arrivés à la conclusion que le Tantrisme est l'unique école véritablement pratique, tant au Tibet qu'en Inde.

Sur la terre sacrée des Védas, il existe de nombreux ashrams où l'on étudie et pratique le yoga, mais les plus sérieux sont exclusivement ceux où l'enseignement tantrique abonde.

–Samael Aun Weor, *Révélations d'un Avatar*, chapitre 22–

Les techniques du Sexo-Yoga sont connues sous le nom de tantrisme. Il existe le tantrisme noir, gris et blanc.

Dans le tantrisme noir il existe l'éjaculation séminale et son résultat est fatal parce que le yogi devient magicien noir.

Dans le tantrisme gris on ne donne pas beaucoup d'importance à la question de l'éjaculation séminale et parfois le yogi l'éjacule et d'autres non ; cette sorte de clé de tantrisme dégénère inévitablement en noir.

Il existe aussi le tantrisme blanc, celui-ci est utilisé par les initiés de la grande Loge Blanche pour arriver à être adepte pratique.

On va donc parler de cette dernière sorte de tantrisme, car c'est le seul qu'on peut utiliser pour fabriquer l'esprit.

La théorie du tantrisme blanc est de changer les poisons en médicaments. Par poison on comprend l'utilisation de la femme et des boissons spiritueuses.

Dans quelques textes brahmines de l'Inde sacrée des Védas on considérait l'union sexuelle comme une équivalence à un sacrifice divin, et à la femme ou ses organes sexuels, comme le feu où l'on offrait ce sacrifice.

Dans un de ces textes –le Shatápatha bráhmana– on fait dire la femme : *Si c'est ton souhait de m'utiliser pour le sacrifice, qu'on te concède toute bénédiction qu'à travers de moi tu invoques.*

Ils sont très peu ceux qui savent comprendre ces paroles de la femme Brahmine ; vraiment quand on travaille avec le Troisième Logos on a le pouvoir de créer et de demander, les intelligents peuvent demander l'éveil de la Conscience et leur conscience s'éveillera.

On peut demander et au même temps donner à notre conscience intérieure profonde des ordres impératifs tels que : *Ma Conscience, éveille-toi ; ma Conscience ne dort plus.* Chaque ordre doit se faire avec émotion, avec un souhait profond.

Il en résultera l'éveil de la Conscience. Pendant le sommeil le dévot commencera à se sentir conscient, éveillé ; il pourra dire : je suis dans les Mondes Internes, mon corps physique dort sur son lit ; l'initié pourra vivre conscient dans les Mondes Supérieurs, changé en un citoyen conscient du cosmos, le problème du dédoublement sera complètement solutionné.

Le bouddhisme tantrique nous enseigne que seulement avec la femme il est possible d'atteindre le Nirvana. Il est vrai aussi que la femme peut l'atteindre seulement avec l'homme.

La caractéristique principale du tantrisme est de suivre une technique spéciale pendant le coïte pour atteindre l'Extase parfaite, cette technique se base sur le *coitus reservatus*, c'est à dire l'acte sexuel sans l'éjaculation séminale, cette pratique est nommée en Inde le Maithuna.

Avant le Maithuna, le yogi et la yogini hindous passent par une phase difficile de préparation ésotérique. Un texte nous indique que par règle, l'homme passe d'abord six mois en adorant et désirant sa femme ; il dort avec elle dans le même lit trois mois du côté droit et trois, du côté gauche, mais sans contact sexuel, seulement après six mois ils peuvent pratiquer le Maithuna.

Les textes tantriques disent clairement que même si le sperme est sur le point d'être éjaculé, le yogi doit le retenir et à travers d'un effort très spécial ne pas le verser.

Dans un texte on recommande d'arrêter la respiration au moment de sentir l'orgasme. Le livre dit : *Si le disciple arrête la respiration son sperme ne se versera pas, même si la plus belle des femmes l'embrasse.*

C'est avec cette pratique que les yogi hindous, vraiment initiés, atteignent l'Extase parfaite et arrivent au Nirvana ; avec le Maithuna on éveille le Kundalini, vraiment le Kundalini est le feu même de l'Esprit Saint, le feu de la pentecôte.

Pratiquer le Maithuna équivaut à monter sur le tigre, seul ceux qui savent monter sur le tigre réussissent l'éveil du Kundalini et son développement total et définitif.

Le serpent igné de nos pouvoirs magiques dort profondément enroulé trois fois et demie au milieu d'un centre magnétique situé au coccyx.

Lorsque le serpent s'éveille sort de son centre magnétique et monte lentement par le canal médullaire, éveillant tous les pouvoirs ignés qui se trouvent latents dans l'âme, c'est comme ça qu'il devient omnipotent et puissant.

Le Kundalini est Feu Sacré, Esprit Divin. Lorsque l'âme reçoit le feu elle devient ignée, elle s'unit aussi avec l'esprit, elle devient esprit et éternelle.

Il est urgent de fabriquer l'esprit, il est urgent de transformer l'âme en esprit. Il n'existe pas d'autre chemin pour fabriquer l'esprit, il n'existe pas d'autre chemin pour fabriquer l'âme.

Le Mouvement Gnostique Chrétien Universel comprenant qu'il n'existe pas, qu'il n'a jamais existé un autre chemin pour fabriquer l'esprit et immortaliser l'âme, prêche la science du yoga sexuel.

Voilà l'essence du yoga. Un yogi sans l'essence du yoga est comme un jardin sans eau ou un organisme animal sans sang ou une automobile sans essence.

Il est urgent de fabriquer l'âme, il est urgent de fabriquer l'esprit. Il est urgent de nous sacrifier pour l'humanité, enseigner aux autres cette science divine.

–Samael Aun Weor, *Suprême Grand Manifeste*, chapitre 4–

Le Hatha Yoga de type tantrique est extraordinaire et il conduit l'ésotériste à l'Autoréalisation intime, mais le Hatha Yoga sans Tantrisme est comme un jardin sans eau.

L'école ésotérique indienne du Laya Yoga, avec sa fameuse Laya Kriya Sadhana Tantrique est tout à fait merveilleuse, et elle conduit ses néophytes à l'Autoréalisation intime. La Kriya de Yogananda est incomplète : il lui manque la Laya Kriya Sadhana Tantrique du Tibet ; c'est pourquoi elle ne sert à rien et elle ne peut conduire personne à l'Autoréalisation intime.

Si Yogananda avait accepté le mariage, il est clair que son Gourou lui aurait livré la Kriya complète.

Dans le Bouddhisme chinois –Chan– et dans le Zen japonais, il existe un tantrisme de fond. Il est regrettable que de nombreux orientalistes se contentent simplement de l'écorce extérieure du Bouddhisme.

L'os médullaire du Bouddhisme ésotérique et du Taoïsme est le Tantrisme, le Maïthuna –Sexo Yoga–.

Les tantristes du Tibet secret et de l'Inde sacrée pratiquent le Yoga Sexuel Positif, en connectant le Lingam Yoni sans éjaculation de l'*Ens Seminis*.

Les Gourous tantriques du Tibet et de l'Inde sont très exigeants. Le couple yogi et yogini doit préalablement se faire expert dans les exercices du Laya Kriya avant d'avoir droit à la Sadhana tantrique ou position sexuelle très particulière qui permet d'effectuer la connexion sexuelle entre les partenaires tantriques.

Pour être franc, nous ne pouvons ni ne devons nier que le Kama Kalpa enseigne de nombreuses Sadhanas tantriques, mais nous ne citerons à présent que celle où l'homme, assis en Padmasana ou en position bouddhique, ou simplement les jambes croisées dans le style oriental, pratique l'union sexuelle avec la yogini.

L'Initiée doit alors s'asseoir sur les jambes du yogi et croiser habilement les jambes de façon à ce que le tronc du corps du yogi se trouve entouré par celles-ci. La connexion sexuelle du Lingam-Yoni durant la Sadhana tantrique nécessite auparavant un échange de caresses entre l'homme et la femme, jusqu'à ce que finalement la femme absorbe le phallus.

Ce mariage tantrique exige une tranquillité et un silence mental absolus, pour éviter l'intervention ténébreuse du Moi pluralisé. De forts courants électromagnétiques circulent d'une manière envahissante en cet instant de suprême volupté, et le couple entre en Extase ou Samadhi.

Un Gourou* dirige ce travail ésotérique, il effectue de fortes passes magnétiques sur le coccyx de l'homme et de la femme dans

---

*. Ce Gourou se trouve dans le Monde Astral.

le but d'éveiller le Feu Électronique Solaire, le Serpent Igné de nos pouvoirs magiques.

Voilà le système pour transmuter l'énergie sexuelle en Ojas, –force christique–. Le couple doit réfréner l'impulsion sexuelle et éviter l'éjaculation du semen.

Le *Coïtus Interruptus*, l'impulsion sexuelle réfrénée, ramène l'énergie sexuelle du Troisième Logos vers l'intérieur et vers le haut en la faisant passer par les canaux Ida et Pingala.

Le Maïthuna donne lieu à l'intérieur du Microcosmos-Homme, dans le coccyx, près du Triveni, à un contact extraordinaire entre les atomes solaires et lunaires du système séminal.

L'avènement du Feu est le résultat du contact entre les atomes solaires et lunaires du système séminal.

La Sadhana tantrique gnostique est très simple : homme et femme sont dans la position normale et ordinaire durant l'acte sexuel. L'important est de se retirer avant le spasme pour éviter l'éjaculation du semen.

I.A.O est le mantra tantrique par excellence. I nous rappelle Ignis, le feu ; A est l'eau ; O signifie *Origum*, l'Esprit. I.A.O doivent résonner durant la pratique du Maïthuna. [...]

L'ascension du Feu sacré par le canal Sushumna, degré par degré, est très lente et difficile ; toute éjaculation de la semence suffit à faire descendre le Feu d'une ou de plusieurs vertèbres spinales, selon l'ampleur de la faute.

Jésus, le grand Kabîr, a dit : *"Le disciple ne doit pas se laisser tomber, car le disciple qui se laisse tomber doit par la suite lutter à l'extrême pour récupérer ce qu'il a perdu."*

Le Maïthuna, le Yoga sexuel, le Tantrisme gnostique, doit être pratiqué uniquement entre époux et épouse, dans des foyers légitimement constitués.

Le Tantrisme Blanc interdit à ses adeptes ou affiliés de pratiquer le Maïthuna avec différentes femmes.

Le Tantrisme Blanc interdit aux sœurs gnostiques de pratiquer le Maïthuna avec d'autres hommes ; il n'est légitime pour elles de pratiquer la Magie Sexuelle qu'avec leur propre mari.

–Samael Aun Weor, *Révélations d'un Avatar*, chapitre 22–

LA FABRICATION DU CORPS MENTAL

Il est indispensable de fabriquer le corps mental si nous voulons réellement penser avec un Mental-Christ, avec la logique supérieure, avec l'intelligence de l'Arhat gnostique.

En réfrénant l'impulsion sexuelle pour éviter l'éjaculation du semen, l'Hydrogène Sexuel SI-12 reçoit un second choc spécial qui, de fait, le fait passer à une troisième octave supérieure, ce qui se produit selon les sept notes de la gamme musicale : DO-RÉ-MI-FA-SOL-LA-SI.

La cristallisation de l'Hydrogène Sexuel SI-12 sous la forme splendide du corps mental solaire se réalise conformément à la sage Loi des Octaves Musicales.

Il est impossible de fabriquer le corps mental solaire sans les sept notes de la troisième gamme.

Le yogi qui n'a jamais pratiqué le Maïthuna peut se transformer en un véritable athlète de la concentration mentale, mais il ne pourra jamais fabriquer son corps mental solaire par des Pranayamas ou des exercices mentaux…, car il s'agit et il s'agira toujours d'un problème à cent pour cent sexuel.

L'authentique et légitime corps mental solaire est un corps de Paradis, un corps de félicité rempli de perfections incalculables.

Elles se trompent déplorablement, les personnes qui supposent que le corps mental solaire est un corps vague, vaporeux, fluide, etc. Le corps mental solaire est lui aussi un organisme de chair et d'os fait d'une chair de paradis, d'une chair qui ne vient pas d'Adam.

Le corps mental solaire naît de l'acte sexuel sans éjaculation de l'*Ens Seminis*, et il a besoin de son aliment pour se nourrir et croître. Le corps mental solaire se nourrit d'Hydrogène 12.

Le corps mental solaire a trois cent mille clans ou centres magnétiques, et tous doivent vibrer à la même tonalité, et sans la moindre arythmie.

Les Initiés qui possèdent un corps mental solaire pensent toujours selon une logique supérieure, selon une logique transcendantale.

–Samael Aun Weor, *Révélations d'un Avatar*, chapitre 21–

L'ÉTAT ILLUMINÉ DE TURIYA

Noûs est la parfaite Conscience éveillée. Noûs est l'état de Turiya, la parfaite Illumination intérieure profonde. Noûs est la clairvoyance objective légitime. Noûs est l'intuition. Noûs est le monde des archétypes divins. La pensée noétique est synthétique, claire, objective, illuminée. Celui qui atteint les hauteurs de la pensée noétique éveille sa Conscience totalement et devient un Turiya.

La partie la plus basse de l'homme est irrationnelle et subjective, et elle est liée aux cinq sens ordinaires. La partie la plus haute de l'homme est le monde de l'intuition et de la Conscience Objective spirituelle. Les archétypes de toutes les choses de la Nature se développent dans le monde de l'intuition.

Seuls ceux qui ont pénétré dans le monde de l'intuition objective, seuls ceux qui ont atteint les hauteurs sublimes de la pensée noétique sont véritablement éveillés et illuminés. Aucun véritable Turiya ne peut rêver. Le Turiya, celui qui a atteint les hauteurs de la pensée noétique, ne dit jamais qu'il est sage et jamais ne se targue de l'être ; il est très simple et humble, pur et parfait.

Il faut savoir qu'aucun Turiya n'est un médium, ni un pseudo-clairvoyant, ni un pseudo-mystique, comme tous ceux qui, de nos jours, abondent comme la mauvaise herbe dans toutes les écoles qui se consacrent aux études spirituelles, hermétiques, d'occultisme, etc.

L'état de Turiya est tout à fait sublime et seuls peuvent l'atteindre ceux qui travaillent dans la Forge Incendiée de Vulcain durant toute leur vie. Seule la Kundalini peut nous élever à l'état de Turiya.

Il est urgent de savoir méditer profondément et ensuite de pratiquer la Magie Sexuelle pendant toute la vie pour parvenir, après de très dures épreuves, à l'état de Turiya. La méditation et la Magie Sexuelle nous conduisent jusqu'aux hauteurs de la pensée noétique. Aucun rêveur, aucun médium, aucun de ceux qui entrent dans une école d'enseignement occulte, ne peut atteindre instantanément l'état de Turiya. Malheureusement, beaucoup de gens croient qu'il suffit de claquer des doigts, ou de fumer une cigarette, ou de s'enivrer. Nous voyons ainsi un grand nombre d'hallucinés, de médiums et de rêveurs se déclarer Maîtres clairvoyants, illuminés. Dans toutes les écoles, y compris les rangs de notre Mouvement Gnostique, il y a toujours de personnes qui prétendent être clairvoyantes sans l'être réellement. Ces personnes, en se fondant sur leurs hallucinations et leurs rêves, calomnient souvent les autres en disant : un tel est tombé, tel autre est un Mage Noir, etc…

Il est nécessaire d'avertir que les cimes de Turiya requièrent au préalable des années et des années d'entraînement mental et de Magie Sexuelle dans le Mariage Parfait. Cela signifie : discipline, étude longue et approfondie, méditation intérieure très forte et très profonde, sacrifice pour l'humanité, etc.

–Samael Aun Weor, *Le Mariage Parfait*, chapitre 16–

TRANSMUTATION POUR FORMER LE VIDE

LA PRATIQUE DU HAM-SAH

Le Maître dit que, pour les personnes mariées aussi bien que pour les célibataires, il existe un moyen de nous aider à devenir des experts de la méditation. Il a déclaré: *"Nous avons une dynamo qui est la volonté, un générateur qui sont nos gonades sexuelles et une pompe à succion qui sont les narines."*

Alors, le Maître a dit : quand nous mettons en jeu notre volonté, et transmutons au moyen du HAM-SAH, l'exercice tantrique de transmutation qui se fait avec le mantra HAM-SAH, –HAM pour inhaler les atomes du Troisième Logos, et SAH pour établir l'équilibre– quand nous utilisons nos fosses nasales unies à la concentration pendant cette pratique, nous inhalons le Prana qui est contenu dans l'oxygène, et nous contractons les sphincters sexuels, ensuite nous expirons l'air, en expirant on prononce le mantra SAH, ces atomes de notre énergie créatrice montent par les canaux qui sont des deux côtés de l'épine dorsale, canaux qui sont connectés à nos gonades sexuelles.

C'est par-là que montent les atomes d'énergie créatrice transformée en une autre énergie supérieure, plus subtile, qui se déverse dans le torrent sanguin et dans le cerveau.

Alors, que recherche-t-on avec cet exercice de transmutation ? Que le cerveau s'imprègne de quelques atomes et qu'automatiquement, après quinze ou vingt minutes de cette pratique, se produise un sommeil spécifique qui nous aide à entrer en méditation.

Ce sommeil est domesticable, et au moyen de ce sommeil, nous commençons, alors, à réaliser tout ce processus [...] d'écarter les pensées, d'abandonner les désirs, les souvenirs, etc. Et il est très probable que nous parviendrons au Samadhi. [...]

Nous l'obtenons avec le HAM-SAH, avec les mantras de transmutation et les mantras pour calmer le mental.

Alors, avec l'exercice du HAM-SAH, et ensuite quelques mantras pour enchanter les dix mille cellules du mental, nous entrons dans ces états de Conscience superlative, nous expérimentons des phénomènes transcendantaux...

—Kwen Khan Khu, interview "La Science de la Méditation"—

En tout cas, il est évident que pour parvenir au Vide Illuminateur, nous avons besoin de :

1. Un générateur.

2. Une pompe à succion.

3. Une dynamo.

Le premier, le générateur, tout le monde l'a. Je me réfère aux organes sexuels et à la puissante énergie électrique sexuelle. Le deuxième, la pompe à succion, elle se trouve dans les canaux Ida et Pingala, dans le Prana, dans la respiration. Le troisième, la dynamo, est en relation avec le cerveau, c'est la volonté.

—Samael Aun Weor, *Le Cinquième Évangile*, conférence "Déclarations catégoriques du Patriarche"—

Nous devons apprendre à nous servir de ces instruments si nous voulons vraiment expérimenter le Réel...

Il est urgent d'utiliser sagement l'appareil générateur, la bombe à succion et la dynamo. Indiscutablement, l'appareil générateur produit des énergies qui montent par les canaux spinaux Ida et Pingala. Nous devons profiter de l'énergie sexuelle pour le Samadhi. Former le soleil absolu dans le vide, voilà ce qui est important, et c'est possible.

–Samael Aun Weor, *Le Cinquième Évangile*, conférence "Moyens pour atteindre le Vide Illuminateur"–

Assis confortablement, nous inhalons, et en inhalant le Prana, nous imaginons que l'énergie monte des organes créateurs jusqu'au cerveau. On inhale avec le mantra HAM [Jam] et on exhale avec le mantra SAH [Saj].

Ham sah est le mantra de la méditation. Ham pour inhaler, sah, je le répète, pour exhaler. Quand on inhale, le mantra peut se vocaliser avec le mental Ham. Mais, en exhalant, on articule avec le larynx créateur : Sah.

Le mental, à cet instant, doit être tout-à-fait tranquille, je le répète, à l'intérieur et à l'extérieur. L'inspiration devient de plus en plus profonde et l'expiration de plus en plus courte.

–Samael Aun Weor, *Le Cinquième Évangile*, conférence "Moyens pour atteindre le Vide Illuminateur"–

L'inhalation doit être lente et profonde. Évidemment, nous devons respirer en mantralisant, en chantant le mantra HAM, mais cela devra être fait mentalement, car il n'est pas possible d'inhaler et de chanter le mantra en même temps ; donc, nous inspirerions par la bouche et cela n'est pas correct, il faut inspirer par le nez. Et on expire avec le SAH : S-A-H [Saj].

Souvenons-nous du Ham-Sah, le cygne Kala-Hamsa, le Ham-Sah miraculeux, le troisième Logos, l'Ibis au beau plumage, la Blanche Colombe de l'Esprit Saint, etc.

En inspirant, nous imaginons que l'énergie sexuelle monte le long de l'épine dorsale jusqu'au cerveau ou, pour parler plus clairement, par les canaux Ida et Pingala qui s'enroulent dans l'épine dorsale jusqu'au cerveau. En exhalant le SAH, nous devons le faire de manière rapide mais douce. Il ne faut pas violenter notre nature avec l'inhalation et avec l'exhalation. Le mental reste tranquille et en silence.

–Samael Aun Weor, *Le Cinquième Évangile*, conférence "Déclarations catégoriques du Patriarche"–

L'inspiration devient de plus en plus lente et profonde, l'expiration devient de plus en plus courte et rapide, le corps bien relaxé, et endormez-vous sans penser à rien.

De l'extérieur vers l'intérieur, d'une manière simple, avec l'inspiration de plus en plus profonde, les forces, les forces sexuelles vont circuler de l'extérieur vers l'intérieur. Plus l'inspiration est profonde, plus la progression des énergies sexuelles, vers l'intérieur et vers le haut, est aussi profonde. L'expiration, pour cette raison, devient de plus en plus courte.

Dans les hauts vols de l'esprit, pour les grands athlètes de la méditation, seule reste l'inspiration. Durant le Samadhi, la respiration doit être suspendue, chose impossible, mais certes véritable.

–Samael Aun Weor, *Le Cinquième Évangile*, conférence "Moyens pour atteindre le Vide Illuminateur"–

L'inspiration est lente, l'expiration, courte et rapide. Les raisons ? l'énergie créatrice circule évidemment, dans toute personne, de l'intérieur vers l'extérieur, c'est-à-dire de manière centrifuge. Mais nous devons inverser cet ordre en vue d'une élévation spirituelle. Notre énergie doit circuler de façon centripète –je veux dire de l'extérieur vers l'intérieur–. Indéniablement, si nous inhalons doucement et lentement, l'énergie créatrice circulera de manière centripète, de l'extérieur vers l'intérieur. Et si nous exhalons de façon courte et rapide, alors cette énergie circulera de façon de plus en plus centripète.

Durant la pratique, on ne doit penser absolument à rien. Les yeux doivent être bien fermés. Seul vibrera, dans notre mental, le ham-sah et rien d'autre.

–Samael Aun Weor, *Le Cinquième Évangile*, conférence
"La conquête du Vide Illuminateur"–

À mesure que la méditation s'intensifiera, la force sexuelle deviendra centripète, c'est-à-dire qu'elle s'écoulera intensément de l'extérieur vers l'intérieur. Si elle circulait auparavant de manière centrifuge, avec une inhalation de plus en plus profonde, profonde, elle deviendra de plus en plus centripète. Ces mots "centripète" et "centrifuge" doivent être expliqués. "centrifuge" : c'est la force qui va de l'intérieur vers l'extérieur. "centripète" : c'est la force qui va de l'extérieur vers l'intérieur. Il faut provoquer l'Extase en nous et pour cela, il est indispensable que l'énergie sexuelle devienne centripète, qu'elle devienne de plus en plus centripète, et on y parvient grâce à l'inhalation rythmique profonde accompagnée du mantra. L'inhalation devient de plus en plus profonde.

–Samael Aun Weor, *Le Cinquième Évangile*, conférence
"Déclarations catégoriques du Patriarche"–

Les grands maîtres de la méditation arrivent à faire de la respiration une pure inhalation, et alors celle-ci reste en suspens. Cela est impossible pour les scientifiques mais réel pour les mystiques ! Et dans cet état, le maître prend part au Nirvikalpa-Samadhi, ou au Maha-Samadhi. Alors se produit l'irruption du vide Illuminateur, on se précipite dans ce grand vide où personne ne vit et où l'on n'entend que la parole du père qui est en secret.

–Samael Aun Weor, *Le Cinquième Évangile*, conférence
"La conquête du Vide Illuminateur"–

Le travail doit devenir de plus en plus profond. Le mantra résonnera sans cesse : HAM SAH, HAM SAH, HAM SAH. Si nous persévérons, si nous ne défaillons pas dans le travail, à la fin, un jour, l'irruption du Vide viendra en nous-mêmes.

–Samael Aun Weor, *Le Cinquième Évangile*, conférence
"Déclarations catégoriques du Patriarche"–

À l'aide de cette pratique, on obtient l'irruption du vide Illuminateur à condition de ne penser absolument à rien, de n'admettre, dans le mental, aucune pensée, aucun désir, aucun souvenir. Le mental doit demeurer tout-à-fait tranquille, à l'intérieur, à l'extérieur et au centre. N'importe quelle pensée, aussi insignifiante soit-elle, est un obstacle pour le Samadhi, pour l'Extase.

De même, cette science de la méditation, combinée avec la respiration, produit des effets extraordinaires.

Généralement, les gens souffrent de ce qu'on appelle les " pollutions nocturnes ". Hommes et femmes souffrent de ce problème, ils ont des rêves érotiques. Si les mois copulent les uns avec les autres, la vibration passe par le cordon d'argent jusqu'au corps physique et l'orgasme survient, avec déperdition d'énergie créatrice.

Mais cela arrive parce que l'énergie sexuelle circule de manière centrifuge, de l'intérieur vers l'extérieur. Quand l'énergie sexuelle circule de l'extérieur vers l'intérieur, de manière centripète, les pollutions sexuelles finissent. C'est donc un bienfait pour la santé...

Or, le Samadhi se produit –durant cette pratique de méditation– du fait que les énergies créatrices, en circulant de l'extérieur vers l'intérieur, imprègnent la Conscience et finissent par lui faire abandonner l'Ego et le corps.

La Conscience, désembouteillée de l'ego, libérée de l'Ego et hors du corps physique, pénètre indéniablement dans le vide illuminateur, elle reçoit le Tao.

–Samael Aun Weor, *Le Cinquième Évangile*, conférence
"La conquête du Vide Illuminateur"–

QUESTIONS ET RÉPONSES

Question. *À quelle fréquence doit-on transmuter ?*

V.M. Kwen Khan Khu. Un ou une célibataire doit transmuter tous les jours. Un célibataire doit le faire chaque jour parce qu'il n'a pas l'appui de l'autre pôle, du pôle négatif qui est la femme, par conséquent il a besoin de faire marcher son centre sexuel avec plus de discipline qu'un homme marié parce qu'évidemment, par le fait de ne pas avoir, je répète, l'appui du pôle négatif, il a plus de risque de perdre ses énergies créatrices.

Alors, par exemple, un célibataire qui réalise l'exercice du HAM SAH comme exercice de transmutation de l'énergie créatrice devra faire le HAM SAH une trentaine de fois le matin, trente fois l'après-midi et trente fois le soir avant de dormir. Et s'il s'agit d'une personne mariée, eh bien le Maître Samael l'explique déjà dans *Le Mystère de la Floraison d'Or*, chaque organisme a ses règles et sa tonique de travail dans le Sahaja Maïthuna. Certains peuvent travailler tous les deux jours dans l'Alchimie ou Magie Sexuelle, d'autres peuvent travailler seulement tous les trois jours, il y a ceux qui travaillent seulement une fois par semaine. Cela dépend des tempéraments sexuels et du rythme que la personne mène avec ses pratiques alchimiques, sexuelles.

Question. *La pratique de transmutation avec le mantra HAM-SAH, doit-on la faire avec une grande intensité en inhalant et en serrant les sphincters ?*

V.M. Kwen Khan Khu. Oui, sinon ça ne donne pas l'effet souhaité.

Question. *Est-il obligatoire ou optionnel de faire une prière à la Mère Divine au début de cet exercice ?*

V.M. Kwen Khan Khu. Avant de faire une pratique, il est toujours important de demander de l'aide aux différentes parties de notre Être et très concrètement à notre Divine Mère pour qu'elle nous aide à orienter notre pratique sur le meilleur chemin. [...]

Question. *Est-il correct d'imaginer que l'énergie monte jusqu'à l'entre-sourcils en prononçant mentalement le mantra HAM ? Et ensuite, en exhalant avec le SAH, devons-nous imaginer que l'énergie arrive au cœur ?*

V.M. Kwen Khan Khu. Indiscutablement, il faut faire monter l'énergie jusqu'à l'entre-sourcils et non jusqu'au cœur. L'énergie créatrice, accompagnée du Feu Sacré, peut seulement monter à l'entre-soucils et descendre par les Sept Chambres secrètes qui connectent l'entre-sourcils avec le cœur quand l'Initié, ayant déjà le Feu éveillé, est en train de vivre les processus du corps astral. Avant, durant tous les processus de la Kundalini dans le corps physique et les processus de la Kundalini dans le corps éthérique, l'énergie arrive seulement jusqu'à l'entre-sourcils. C'est à partir des processus du corps astral que l'énergie passe de l'entre-sourcils au temple cœur.

> **Question.** Nous savons que certaines personnes se compliquent beaucoup avec ces mantras, avec l'imagination, en comptant durant l'inhalation et, en comptant 10, 12 secondes. Est-il simplement mieux d'inhaler, de retenir un peu la respiration et, sans autant de complication mentale, de relâcher le souffle en amenant l'énergie au cœur ? Que conseillerais-tu ?

V.M. Kwen Khan Khu. Effectivement, nous, les gnostiques, sommes ceux qui compliquons la Gnose et dans le cas des pratiques gnostiques, nous, les missionnaires, sommes ceux qui déformons les pratiques et finissons par les compliquer. La méthode de la transmutation pour célibataires est très simple : on inhale en contractant les sphincters et on fait monter l'énergie jusqu'à l'entre-sourcils en prononçant le mantra HAM mentalement ; quand on expulse l'air, on prononce le mantra SAH sans rien imaginer de plus. On ne compte pas non plus quelques secondes, ni rien de tout ça. De plus, on amène l'énergie seulement jusqu'à l'entre-sourcils jamais jusqu'au cœur parce qu'elle ne va pas arriver au cœur.

> **Question.** Quand une femme est en période de menstruation, elle ne doit pas transmuter parce qu'elle est dans une période de dépuration. Est-ce correct ? Mais, peut-elle vocaliser sans transmuter ? Que pourrait-elle faire pour ne pas perdre l'énergie durant cette période ?

V.M. Kwen Khan Khu. Certainement, quand une femme est en période de menstruation, elle ne doit pas transmuter mais elle peut vocaliser sans transmuter. Durant cette période, la femme ne doit pas penser au fait de perdre ou ne pas perdre l'énergie parce que son corps est en train d'éliminer des énergies négatives qui sortent par les menstruations.

Ainsi, le fait qu'une femme soit en période de menstruation ne signifie pas qu'elle perde ses énergies, c'est un état de dépuration que la nature donne à la femme chaque mois, mais ça ne signifie en aucune manière qu'elle est en train de perdre ses énergies ; par conséquent, il ne faut pas se préoccuper du fait de perdre ou ne pas perdre les énergies, il faut simplement cesser de faire des pratiques de transmutation parce que le corps est en train d'expulser toutes les mauvaises vibrations. On peut faire le mantra HAM-SAH pour vider le mental mais sans transmuter, c'est-à-dire sans contracter les sphincters.

> **Question.** La transmutation sexuelle, que ce soit le Pranayama égyptien ou le HAM-SAH, est-elle contre-indiquée pour un enfant qui n'est pas encore développé ? Dans le cas des garçons, souvent ils ne savent pas qu'ils sont développés jusqu'à ce qu'ils aient une pollution nocturne ; pour cela est-il bon de transmuter dès 12, 13 ans pour ne pas arriver à ce problème ?

V.M. Kwen Khan Khu. Il n'y a aucune interdiction à ce qu'un enfant de 8, 9 ou 10 ans commence à faire ses pratiques de transmutation. Bien au contraire, ça prépare le corps à s'habituer dès le début à la transmutation de ces énergies, aux pranayamas, au HAM-SAH et à toutes les pratiques de transmutation que donne la Gnose pour les célibataires. Cela commence à nettoyer les canaux Ida et Pingala de l'enfant et, le jour où cet enfant atteindre l'âge adulte et ressentira le besoin de faire ses pratiques de transmutation grâce au système de la Magie Sexuelle, ses canaux seront déjà propres et la transmutation se fera plus facilement.

> **Question.** Est-il adéquat de profiter de n'importe quel moment de la journée pour transmuter ou doit-on le réserver pour une pratique recueillie et concentrée ? J'ai entendu des missionnaires dire qu'ils transmutent dans n'importe quelle stimulation sexuelle, devant la télé, dans le bus, au magasin

du coin, parce que comme ce qu'on a vécu dans la journée se répète durant la nuit, s'ils ont une épreuve sexuelle, ils n'auront qu'à se rappeler de cette tentation ou stimulation diurne, et ils pensent que dans le sommeil ils se mettront à transmuter automatiquement, évitant ainsi une pollution.

V.M. Kwen Khan Khu. C'est une utopie. Pour faire ces pratiques, ce qui est correct c'est que nous choisissions une heure et un lieu pour nous recueillir et calmer notre personnalité, le matin, l'après-midi et le soir. Cette histoire de transmuter dans l'autobus, de transmuter sur le fauteuil du cinéma, de transmuter quand nous rendons visite à des gens, nous convertit en personnes déséquilibrées et fanatiques. Nous devons avoir une discipline et la discipline passe par l'organisation de notre temps et de nos actes. C'est ce type de comportement qui a conduit à ce que beaucoup de gens considèrent la Gnose comme une académie de fous.

–Kwen Khan Khu, *Gnose : Mystères et révélations*, chapitre 8–

LE PRANAYAMA

QU'EST-CE QUE LE PRANAYAMA ?

Avec la pratique du Pranayama, l'étudiant prépare son mental pour le Dharama, le Dhyana et le Samadhi.

–Samael Aun Weor, *Les Mystères du Feu*, chapitre 3–

Prana est le Grand Souffle. Prana est le Christ Cosmique. Prana est la vie qui palpite en chaque atome, comme elle palpite dans chaque soleil.

Le feu brûle par le Prana ; l'eau s'écoule par le Prana ; le vent souffle par le Prana ; le soleil existe par le Prana. La vie que nous avons est Prana. Rien ne pourrait exister dans l'univers sans Prana. L'insecte le plus insignifiant ne pourrait naître ni la petite fleur bourgeonner sans le Prana.

Le Prana se trouve dans les aliments que nous mangeons, dans l'air que nous respirons, dans l'eau que nous prenons, dans tout.

Quand l'énergie séminale est sublimée et transformée totalement, elle pourvoit le système nerveux en très riche Prana, lequel

est déposé dans le cerveau comme un vin de lumière, comme une énergie christique merveilleuse.

Il existe une étroite connexion entre le mental, le Prana et le Semen. En contrôlant l'énergie séminale avec la force de la volonté, nous aurons tout obtenu parce que le mental et le Prana seront alors sous notre contrôle.

–Samael Aun Weor, *Le Livre Jaune*, chapitre 8–

Le Pranayama est une méthode de transmutation sexuelle pour les célibataires des deux sexes. Nous savons déjà que des testicules chez l'homme et des ovaires chez la femme partent deux cordons ganglionnaires qui s'enroulent autour de la moelle épinière en formant un huit et montent jusqu'au cerveau. Ce sont les deux témoins dont nous parle l'Apocalypse ; les deux oliviers dont nous parle Zacharie ; les deux chandeliers qui sont devant le Dieu de la terre. Ces cordons nerveux sont creux à l'intérieur, ce sont deux fins canaux par où les énergies sexuelles s'élèvent jusqu'au cerveau.

L'étudiant inhale l'air par la narine gauche et exhale par la narine droite, et vice versa. Avec les deux doigts, il contrôlera les fosses nasales alternativement.

En inhalant par la narine droite, nous devons imaginer intensément les atomes solaires, radiants et sublimes, montant jusqu'au cerveau par le canal droit ; puis nous retenons le souffle ; pendant l'inhalation et la rétention, nous conduisons l'énergie à l'entre-sourcils, au cou et au cœur, successivement ; et on expire en fixant cette énergie dans le cœur, à l'aide de l'imagination et de la volonté. En inspirant par la fosse nasale gauche, nous devons imaginer les atomes lunaires comme une eau pure de vie s'élevant par le canal gauche, en suivant le même parcours, jusqu'au cœur où nous la fixons pendant l'expiration, avec une foi profonde. C'est ainsi que les célibataires peuvent transmuter leurs énergies sexuelles.

Les célibataires doivent chercher un époux ou une épouse, s'ils veulent se christifier.

–Samael Aun Weor, *Mystères Majeurs*, chapitre 69–

LIBÉRER DES ÉTINCELLES DE LA KUNDALINI

Les hatha-yogis hindous parlent amplement de Devi Kundalini, le serpent igné de nos pouvoirs magiques, et ils supposent même pouvoir l'éveiller à l'aide d'exercices respiratoires et de nombreuses autres pratiques physiques compliquées et difficiles.

Nous, les gnostiques, nous savons que le Serpent d'Airain qui guérissait les Israélites dans le désert, la Divine Princesse de l'Amour, ne s'éveille et ne monte par l'épine dorsale que grâce au Maïthuna ; il ne faut toutefois pas sous-estimer le Pranayama.

Il est utile de savoir que la science magique du souffle, sagement combinée avec la méditation scientifique, nous permet d'utiliser certaines étincelles, certains rayons ou éclairs de la Kundalini en vue d'arriver à l'éveil.

–Samael Aun Weor, *Traité ésotérique de magie runique*, chapitre 3–

Dans les Limbes, bien qu'ils aient pratiqué intensément le Pranayama durant toute leur vie, il y a de nombreux yogis qui n'ont pas atteint, ne sont pas parvenus ne serait-ce qu'à éveiller la Kundalini.

Par les exercices respiratoires, nous pouvons arriver à ce que de nombreuses flammes ignées montent par la moelle épinière, mais jamais nous ne parviendrons, par ces pratiques, à l'ascension de chacun des nobles Serpents de Feu.

Il est évidemment très recommandable d'utiliser les flammes du Feu Sacré qui est enfermé dans le chakra coccygien pour éveiller la Conscience, mais cela ne signifiera jamais éveiller la Kundalini.

Il s'avère tout à fait clair que les fosses nasales sont unies aux gonades sexuelles par Ida et Pingala, et que pour cette raison, il s'avère relativement facile d'utiliser, au moyen des exercices respiratoires, certaines flammes sacrées pour éveiller la Conscience. Les meilleurs Initiés du Laya Yoga, du Zen et du Chan, comprenant l'urgente nécessité d'éveiller la Conscience, combinent intelligemment la méditation et le Pranayama.

Lorsqu'une minuscule fraction d'énergie vitale voyage le long d'une fibre nerveuse et provoque des réactions dans certains centres, la perception qui en résulte est un rêve ou une imagination ; mais lorsque, sous l'effet du Pranayama combiné à la méditation, une fraction minuscule du Feu Sacré parvient à monter par le canal médullaire, la réaction de ces centres est formidable, immensément supérieure à la réaction du rêve ou de l'imagination.

Toute fraction de la réserve de la Kundalini, si minuscule soit-elle, s'avère formidable pour éveiller la Conscience, et c'est pourquoi il est tout à fait merveilleux de combiner la méditation et les exercices respiratoires.

La méditation et le Pranayama servent à éveiller la Conscience, mais ils ne servent jamais à éveiller la Kundalini.

Le mystique, au moyen de la prière et de la méditation, arrive à faire monter quelques flammes sacrées par le canal médullaire, mais cela ne signifie pas éveiller la Kundalini.

–Samael Aun Weor, *Révélations d'un Avatar*, chapitre 25–

LA PRATIQUE DU PRANAYAMA

Le disciple s'assoit sur le sol, les jambes croisées à la manière orientale. Cette position est appelée Padmasana en Inde.

Boucher la narine gauche avec l'index et inspirer le Prana par la narine droite –chez la femme, c'est l'inverse qui est fait–.

Retenir alors le souffle en bouchant les deux narines à la fois avec l'index et le pouce.

Expirer l'air par la narine gauche puis, bouchant la narine droite, inhaler maintenant par la gauche ; retenir le souffle de nouveau et expirer par la droite.

Pendant qu'on aspire l'air, imaginer que l'énergie sexuelle s'élève par le Nadi qui correspond à la narine par laquelle est aspiré le Prana.

Lorsque vous envoyez le Prana vers le bas, pensez aux trois Souffles de l'Akasha pur descendant par les Nadis Sushumna, Ida et Pingala pour éveiller le chakra Muladhara où réside la Kundalini.

Le Prana est le Feu purificateur qui dissout les scories qui obstruent les Nadis. Les voiles de Rajas et Tamas s'écartent avec la transmutation sexuelle du Pranayama.

Le disciple peut pratiquer le Pranayama dix minutes par jour.

Lorsque la pratique est terminée, le disciple pourra prendre un verre de lait ou un aliment doux.

Les disciples peuvent également pratiquer debout.

Le disciple doit inspirer et expirer lentement avec l'esprit bien concentré sur sa pratique de Pranayama.

Il existe beaucoup d'asanas et d'exercices de Pranayama, mais avec cet unique exercice, l'étudiant pourra transmuter ses énergies sexuelles.

Les disciples peuvent aussi s'asseoir dans un fauteuil confortable pour accomplir leurs pratiques.

Avant de commencer la pratique, le disciple doit prier son Intime en méditant profondément sur Lui.

Le disciple doit se concentrer profondément dans le chakra Muladhara en suppliant son Purusha –l'Intime– d'éveiller la Kundalini.

Les yogis orientaux donnent une grande variété d'exercices de Pranayama.

Voyons: respiration profonde ; sukhta purvak –position confortable–, le Pranayama durant la marche, le Pranayama pendant la méditation, la respiration rythmique, Surya-Bhedana, Ujjayi, Sitkari, Sitali, Bhastrika, Bhramari, Murcha, Plavini, Kevala Kumbhaka,

Toute cette innombrable variété de pratiques et d'asanas –postures– correspondait à l'arc descendant de la vie involutive, mais maintenant nous sommes en train d'amorcer l'arc ascendant de l'évolution et, par conséquent, cette énorme quantité de postures et d'exercices est à présent complètement périmée dans la nouvelle Ère du Verseau.

Maintenant, les yogis de la nouvelle Ère du Verseau vivent une vie d'intense activité au milieu des villes et n'ont pas besoin de se retirer dans les forêts solitaires, parce que nous inaugurons la nouvelle Ère, qui est une ère de sociabilité, de coopération et de fraternité entre tous les hommes sans distinction d'écoles, de races, de sexes, de castes et de religions.

Les exercices de Pranayama peuvent se faire dans notre propre maison et sans qu'il soit nécessaire d'abandonner l'accomplissement de nos devoirs envers notre famille, envers la société, envers l'humanité.

Le yogi doit être absolument chaste sinon il échouera totalement. [...]

La respiration par la narine droite est appelée Surya ou Pingala. C'est par elle que nous faisons monter les atomes solaires de notre système séminal.

La respiration par la narine gauche est appelée Chanra ou Ida. Par elle nous accomplissons l'ascension de nos atomes lunaires à partir du système séminal.

Avec les exercices de Pranayama, nous renforçons les trois Souffles de l'Akasha pur. Ces trois Souffles se combinent avec les atomes solaires et lunaires de notre système séminal, pour éveiller Devi Kundalini.

–Samael Aun Weor, *Les mystères du Feu*, chapitre 3–

LE PRANAYAMA ÉGYPTIEN

1. Le dévot s'assoit sur une chaise, face à l'Est.

2. Il doit beaucoup prier, implorant la Divine Mère d'éveiller la Kundalini.

3. Le torse, le cou et la tête devront former une ligne verticale. On ne doit pencher le corps ni d'un côté, ni de l'autre, ni vers l'avant, ni vers l'arrière.

4. Les paumes des mains doivent reposer sur les jambes de façon tout à fait naturelle.

5. Fermez les yeux pour que les choses du monde physique ne vous distraient pas.

6. Bouchez la narine droite avec le pouce en vocalisant, mentalement le mantra "TON" en même temps que vous respirez ou inhalez très lentement l'air par la narine gauche.

7. Fermez maintenant la fosse nasale gauche avec l'index. Retenez le souffle. Envoyez le Prana à l'Église d'Éphèse, située dans le coccyx, afin d'éveiller la Kundalini, et prononcez mentalement le mantra "SA".

8. Expirez maintenant lentement par la fosse nasale droite en vocalisant mentalement le mantra "HAM".

9. Fermez maintenant la fosse nasale gauche avec l'index.

10. Inhalez la vie, le Prana, par la narine droite en vocalisant mentalement le mantra "TON". Retenez maintenant le souffle en vocalisant le mantra "RA". Fermez les deux fosses nasales avec l'index et le pouce. Envoyez le Prana au centre magnétique du coccyx pour éveiller la Kundalini.

11. Exhalez très lentement par la narine gauche en vocalisant mentalement la syllabe mantrique "HAM".

12. Cela constitue un Pranayama complet.

13. Six Pranayamas consécutifs doivent être réalisés à l'aurore et à la tombée du jour.

14. Le dévot se lèvera de sa chaise et s'agenouillera par terre.

15. Il placera maintenant les paumes de ses mains à plat sur le sol, les pouces se touchant l'un l'autre.*

---

*. Les paumes sont placées en formant un triangle avec l'index et le pouce.

16. Incliné vers l'avant, prosterné par terre, rempli de suprême vénération, la tête vers l'Est, il appuiera son front sur le dos des mains, à la manière égyptienne.

17. Le dévot vocalisera maintenant, avec son larynx créateur, le puissant mantra "RA" des Égyptiens. Ce mantra se vocalise en allongeant le son des deux lettres qui le composent.

Ainsi : "RRRRRRRRRAAAAAAAAA". On doit le vocaliser sept fois consécutives.

Ce sont les dix-sept points du Pranayama Égyptien. Le mantra RA possède le pouvoir de faire vibrer la Kundalini et les chakras pour les éveiller. Les mantras du Pranayama sont Tom Sa Ham, Tom Ra Ham.

Par le Pranayama, la Kundalini s'éveille. Par le Pranayama, les obscures régions ténébreuses et l'inertie se dissipent. Avec le Pranayama, nous dissipons la paresse et la turpitude.

Le Prana est en relation avec le mental. Le mental est le véhicule de la volonté. La volonté doit obéir à la Grande Âme du monde.

Tous les véhicules internes doivent être contrôlés avec le Pranayama. Le Prana est la vie.

Les paumes sont placées en formant un triangle avec l'index et le pouce.

–Samael Aun Weor, *Le Livre Jaune*, chapitre 8–

PRATIQUES

Ce chapitre compile certaines pratiques de la tradition gnostique relatives au silence mental et à la méditation. Cependant, il convient de noter que Maître Samael a remis plus de six cents pratiques, mantras et techniques de toutes sortes qui, pour des raisons d'espace, ne pouvaient pas être incluses dans ce traité. Pour cette raison, il est recommandé d'étudier attentivement l'œuvre complète de l'Avatar.

Nous avons également indiqué que la méditation est la base de toutes les pratiques gnostiques et constitue l'élément fondamental pour atteindre toutes les facultés de l'âme. Dans cette section, vous ne trouverez que quelques idées sur l'utilisation de la méditation comme outil pour le développement que l'élève considère comme une priorité pour sa croissance et son changement intérieur.

SAMAEL AUN WEOR
KWEN KHAN KHU

MANTRAS POUR ATTEINDRE LE SILENCE MENTAL

LE MANTRA
GATE GATE PARAGATE PARASAMGATE BODHI SWAHA

Le mantra que je vais vous donner ce soir est très simple. Je vous ai déjà dit un mot sur ce mantra dans une précédente conférence et vous allez vous en rappeler : GATE.

Mais, ce soir, je vais vous donner les paroles complètes de tout le mantra : GATE, GATE, PARAGATE, PARASAMGATE, BODHI, SWAHA.

Il doit rester gravé dans les enregistreurs et aussi dans les cœurs... Je le répète : GATE, GATE, PARAGATE, PARASAMGATE, BODHI, SWAHA.

Ce mantra se prononce doucement ou mentalement et avec le cœur. On peut aussi l'utiliser comme un verbe silencieux. Parce qu'il y a deux types de Verbes : le verbe articulé et le verbe silencieux. Le verbe silencieux est puissant...

On relaxe totalement le corps et, une fois relaxé, on s'en remet totalement à son Dieu intérieur profond, sans penser à rien ; uniquement en récitant le mantra complet mentalement et avec le cœur : GATE, GATE, PARAGATE, PARASAMGATE, BODHI, SWAHA.

La méditation doit se faire de façon très profonde, doit être très profonde ; les yeux fermés, le corps relaxé, on s'en remet complètement à son Dieu interne... Dans ces moments-là, on ne doit pas même admettre une seule pensée... On doit s'en remettre totalement à son Dieu et seul le mantra doit résonner dans notre Cœur...

Comprenez que ce mantra ouvre l'Œil de Dangma. Ce mantra profond vous amènera un jour à expérimenter, en l'absence de l'Ego, le Vide Illuminateur. Alors vous saurez ce qu'est le Sunyata ; alors vous comprendrez ce qu'est le Prajña-Paramita. Il faut avoir la persévérance ; avec ce mantra, vous pourrez aller très loin !...

–Samael Aun Weor, *Le Cinquième Évangile*, conférence
"Métamorphose psycho-émotionnelle de l'homme"–

LE MANTRA WU

Le mantra WU se chante comme un double OU : OOOUUUUU..., OOOUUUUU... en imitant le hurlement de l'ouragan dans les vagues déchaînées de l'océan furieux. Durant cette pratique, le mental doit être absolument tranquille et dans un silence profond et épouvantable, tant à l'extérieur qu'à l'intérieur; ni le moindre désir ni la pensée la plus insignifiante ne doit agiter le lac profond du mental.

–Samael Aun Weor, *Révélations d'un Avatar*, chapitre 36–

LE MANTRA S-M-HON

Le corps mental est un organisme matériel qui a son anatomie et son ultra-physiologie occulte.

Le S se prononce comme un sifflement, fort, semblable à celui que produisent les freins à air comprimé, ainsi : SSSSSSS...

Le M se prononce comme si l'on imitait le cri du bœuf : MMMMMMM...

Le H est semblable à un soupir profond. La syllabe ON se prononce en allongeant le son du O et du N, ainsi : OOOOOOOONNNNNNNN...

Ce mantra se prononce une heure par jour. Le disciple devra invoquer quotidiennement l'Archange Raphael et Hermès Trismégiste, en demandant la guérison du corps mental.

Lorsque les maladies du corps mental cristallisent dans le cerveau physique, il se produit alors la folie.

–Samael Aun Weor, *Traité de médecine occulte et de magie pratique*, chapitre "Maladies du Corps Mental"–

Personnellement, j'aime beaucoup recommander cette pratique dans laquelle nous invoquons l'Archange Raphael et le Vénérable Maître Hermès Trismégiste : Au nom du Christ, par la gloire du Christ, par le pouvoir du Christ, nous vous appelons, nous vous

invoquons... Nous les appelons plusieurs fois au nom du Christ, par le pouvoir du Christ, par la gloire du Christ.

Et dès que nous les avons appelés, nous demandons à ces deux Êtres qu'ils nous aident à calmer le mental, à avoir de la paix dans le mental.

Et ensuite nous prononçons le Mantra S-M-HON, ainsi : SSSSS, MMMMM, HOOOOONNNNN.

On le répète plusieurs fois. Et ensuite, on recommence à faire la prière et en répétant de nouveau plusieurs fois ce mantra, croyez-moi que le mental se calme, parce que ces deux Êtres déposent dans notre esprit des fluides divins, et en plus, quand nous pratiquons avec ces deux Êtres chaque jour, une heure par jour au minimum, alors le mental se calme peu à peu.

–Kwen Khan Khu, interview "La Science de la Méditation"–

LA TECHNIQUE DU KOAN

Avec les Koans ou phrases qui déstabilisent le mental, on obtient l'état réceptif unitotal.

–Samael Aun Weor, *La Révolution de la Dialectique*, chapitre 1–

Qu'est-ce qu'un exercice Koan ? C'est quelque chose que nous devons étudier profondément, nous les gnostiques. Koan est la prononciation japonaise de la phrase chinoise Kung-An dont le sens originel est : "Document d'un accord officiel sur le bureau".

Il s'avère ostensible que les bouddhistes Zen donnent au Koan une signification totalement différente. Ils désignent évidemment le Koan comme un certain dialogue mystique entre le maître et le disciple. Par exemple, un moine demanda au Maître Tung-Shan : *"Qui est le Bouddha ?"* Le Maître répondit étrangement : *"Trois chin* –une mesure– *de lin"*. Un moine bouddhiste demanda au Maître Chao Chou : *"Quelle signification a l'arrivée du Bodhisattva par l'ouest ?"* Réponse : *"Le cyprès est dans le jardin"*.

Réponse énigmatique, non ? Toutes les histoires racontées sous la forme précédente sont des Koan. Il est pathétique, clair et manifeste que "Koan" désigne une histoire Zen, une situation Zen, un problème Zen. L'exercice ésotérique Koan signifie, en règle générale : "Chercher une solution à un problème Zen". Exemples, pour la méditation : *"Qui récite le nom de Bouddha ?" "Si toutes les choses se réduisent à l'unité, à quoi se réduit cette unité ?"* Il est indiscutable que le mental ne pourra jamais résoudre un problème Zen. Il est ostensible que le raisonnement ne pourra jamais comprendre la signification profonde d'un Koan. Il est facile de deviner, toutes lumières faites, que le mental défaille s'il essaye de comprendre intégralement un Koan quelconque ; alors, vaincu, il demeure en une quiétude et un silence profond.

Quand le mental est tranquille, quand le mental est en silence, advient le nouveau.

L'Essence, la Bouddhata, en ces instants, s'échappe de l'intellect et, en l'absence du Moi expérimente Ce qui ne relève pas du temps...

C'est le Satori, l'Extase des Saints, le Samadhi. Nous pouvons en ces moments vivre le

Réel, la Vérité. Comme le mot Koan ayant été accepté officiellement en occident et étant très connu, il est opportun de l'utiliser dans notre lexique gnostique au lieu du mot chinois Hua-Tou. Koan et Hua-Tou sont donc tous les deux respectivement utilisés dans le sens général et spécifique.

Dans la vieille Chine, les bouddhistes Zen n'utilisaient pas le terme "Koan", ils préféraient dire "Exercice Hua-Tou". Un moine demanda au Maître Chao Chou : *"Est-ce que la nature du Bouddha a un chien ?"* Ce Maître répondit : *"Wu –non–"*. Cette parole seule, outre le fait d'être un mantra qui se prononce avec le double "ou" comme en imitant le son d'un ouragan, est également par elle-même un Koan.

Travailler avec le Koan "Wu", en ayant le mental tranquille et en silence, est quelque chose de merveilleux. L'expérience du

Vide Illuminateur nous permet de vivre un élément qui transforme radicalement.

–Samael Aun Weor, *Mon retour au Tibet*, chapitre 49–

EXEMPLES DE KOANS OU HUA TOU

"Si toutes les choses se réduisent à l'unité, à quoi l'unité se réduit-elle ?"

"Qui est le Bouddha?". Réponse: "Trois chin" -une mesure- de lin."

"Que signifie la venue du Bodhisattva depuis l'Ouest?". Réponse: "Le cyprès est au centre du jardín".

"Qui récite le nom du Bouddha?"

"Un chien a-t-il la nature du Bouddha?" Réponse : "Wu".

–Samael Aun Weor, Mon retour au Tibet, chapitre 49–

Ce n'est pas le mental, ce n'est pas le Bouddha, ce n'est rien.

–Samael Aun Weor, Le collier du Bouddha, chapitre 18–

"Qui est le Maître de cet éveil et où repose son corps et où jusqu'où conduit-il sa vie?"

"Où étais-je avant la naissance, où serai-je après la mort?"

Un jour, comme d'habitude, Kao Feng entra dans la chambre de son Maître mais, d'un ton très sévère, il dit: "Qui a apporté ce cadavre en votre nom?" Il n'avait pas fini de parler qu'il fut expulsé de sa chambre.

"Quand tu dors sans rêve, où est le Maître?"

–Samael Aun Weor, Révélations d'un Avatar, chapitre 36–

"Si vous remettez vos os à votre père et votre chair à votre mère, alors, où seras-tu?"

"Quand et où peut-on considérer que notre travail zen est terminé?

"Quel est ton visage originel?"

–Samael Aun Weor, *Le Parsifal dévoilé*, chapitre 44–

LE KOAN ET LA DIALECTIQUE DE LA CONSCIENCE

Évidemment, il y a deux types de dialectique : la dialectique rationnelle, celle de l'intellect, et la dialectique de la conscience. Durant le satori, c'est la dialectique de la Conscience qui travaille. Alors, nous comprenons tout par intuition ou à travers des mots ou des figures symboliques : c'est le langage des paraboles de l'Évangile christique, le langage vivant de la Conscience superlative de l'Être.

Dans le zen, par exemple, la dialectique de la Conscience surpasse toujours la dialectique du raisonnement. On demanda à un moine zen :

–*Pourquoi Bodhidharma est-il venu de l'Ouest ?* réponse :

–*Le cyprès est au centre du jardin...*

N'importe qui dirait : *"Il n'y a là aucune concordance"*. Mais si, il y en a une. C'est une réponse qui surpasse la dialectique de la raison, elle provient de l'essence. Le cyprès, "l'arbre de la vie", est partout : peu importe l'orient ou l'Occident. Voilà le sens de la réponse...

Dans le vide Illuminateur, tout se sait parce que c'est comme ça, par expérience directe de la vérité.

L'étudiant devra se familiariser avec la dialectique de la Conscience. Malheureusement, le pouvoir de formulation de concepts logiques, aussi brillant soit-il et bien qu'utile dans tous les aspects de la vie pratique, est un obstacle pour la dialectique de la Conscience.

Je ne veux pas, par-là, rejeter le pouvoir de formulation de concepts logiques, puisque nous avons besoin de tout dans le domaine des aspects pratiques de l'existence, mais chaque faculté a indiscutablement son orbite particulière et elle est utile dans son orbite. Hors de son orbite, elle est inutile et nuisible. Laissons le pouvoir de formulation de concepts dans son orbite.

Et dans le samadhi, ou pour le Samadhi, ou dans la méditation, nous devons toujours appréhender, capter, expérimenter la dialectique de la Conscience. C'est une question d'expérience que le disciple va acquérir au fur et à mesure qu'il pratiquera la technique de la méditation.

–Samael Aun Weor, *Le Cinquième Évangile*, conférence
"La conquête du Vide Illuminateur"–

On suppose à tort que pour savoir, on a besoin du mental. À présent, nous avons pu mettre en évidence que le mental nous fait devenir de véritables taupes myopes. Que peuvent-ils bien être d'autres, les grands fripons de l'intellect, ceux qui ne voient pas plus loin que le bout de leur nez ? Quand le mental nous a-t-il rendu véritablement heureux ? À quelle époque le mental a-t-il réellement connu la connaissance pure, la science pure ? Ce qui est grave, c'est de nous identifier au mental ; il est absurde de croire que nous sommes le mental. Évidemment, le mental n'est rien de plus qu'un instrument pour la manifestation concrète, mais nous ne sommes pas l'instrument. Il est nécessaire que nous apprenions à travailler en l'absence du mental. Il est nécessaire que nous devancions le processus de la pensée. Si quelqu'un nous interroge, il est urgent que notre réponse soit instantanée, spontanée, pure, sortie du plus profond sentiment, émanant des profondeurs de la Conscience. De cette manière, nous devançons le processus de la pensée. Par conséquent, la réponse est sage.

C'est pour cela que le Zen, le Chan, s'avèrent si intéressants. Un moine frappa aux portes d'un monastère bouddhiste. Un maître ouvrit la porte, vit que c'était ce moine, et lui claqua rapidement la porte au nez. Alors, avec vigueur, le moine recommença à frapper et dit :

– *Ouvrez-moi !*

Le Maître, de l'intérieur, lui dit :

– *Qui es-tu ?*

– *Je suis le "lionceau"*, s'exclama le moine.

Le Maître ouvrit la porte et lui sauta au cou.

– *Parle*, lui dit-il, *animal, parle ! Ainsi, tu es le "lionceau" ? Parle !* Et il le frappa plusieurs fois.

Le pauvre moine ne sut que répondre, il n'avait pas atteint ce degré. De toute évidence, il n'était rien d'autre qu'un prétentieux. Par conséquent, c'est ce qu'il eut à reconnaître quand il s'éloigna de ce lieu. S'il avait été un légitime "lionceau", il aurait su donner une réponse instantanée. Le Maître lui dit entre autres : *"Qui es-tu, où es-tu ? Parle !"*. Le pauvre homme ne sut que dire. S'il avait été un "lionceau", terme ésotérique qu'utilisent ceux qui ont véritablement été capables de se libérer du mental, c'est-à-dire, un Mahatma, un Illuminé, –alors tout aurait été différent, la réponse aurait été évidente Bien sûr, ce moine, tout effrayé, a voulu penser pour donner une réponse de façon absurde, absurde ! Les Christs n'ont pas besoin de penser, et un "lionceau" est cet Initié qui s'est désormais détaché du mental, compris ? Alors, pourquoi est-ce qu'on ne sait pas répondre de façon spontanée et pure ? C'est pareil, quand on a demandé à cet autre moine : *"Pourquoi le Maître ou Bodhidharma est-il venu de l'Ouest ?"* Réponse immédiate : *"Le cyprès qui est dans la cour"*. À la même question un autre moine a répondu : *"Les dents de la table ont des cheveux."*

Une réponse comme ça n'est pas conforme aux exigences de la logique, compris ? Mais devons-nous nous soumettre aux exigences de la logique ? La réponse de l'Esprit est bien au-delà de la logique formelle. L'Esprit ne se soumet pas à l'embouteillement du mental. Nous sommes trop conditionnés par l'intellect et c'est ce qui est grave, mes chers frères ; c'est pour cela que nous ne sommes pas en harmonie avec l'Infini, c'est pour cela que nous ne jouissons pas de l'état de l'authentique béatitude, c'est pour cela que nous ne sommes pas suffisamment préparés pour expérimenter ce qu'est le réel.

Nous ignorons l'authentique science pure. Peut-il exister la sagesse et la science là où il n'y a pas le mental ? Cette question est absurde pour les fripons de l'intellect. Cependant, l'authentique sagesse est, précisément, au-delà du mental. La science pure n'a rien à voir avec le mental. La connaissance réelle n'est pas dans le mental.

–Samael Aun Weor, Le Cinquième Évangile, conférence
"L'Univers et ses mystères en l'absence du mental"–

LA MÉDITATION ET L'ÉLIMINATION DU MOI

OBSERVATION DU MOI EN MÉDITATION

Fermer ensuite les yeux pour que pas une seule chose du Monde ne nous distraie. Et ensuite, observer notre propre Mental en action : si une pensée nous vient, l'étudier, l'observer attentivement, la comprendre profondément et ensuite l'oublier.

Si un souvenir arrive, il faut faire de même : l'étudier, le soupeser, le mesurer et l'oublier après l'avoir compris profondément, intégralement, totalement.

Si un désir quelconque arrive, eh bien, nous allons étudier le désir, l'approfondir, voir ce qu'il a de réel, ensuite l'oublier.

Chaque pensée, chaque désir, chaque souvenir, chaque idée, etc., etc., etc., doit être rigoureusement étudié, compris profondément.

Voilà comment nous allons comprendre notre Ego, notre Moi, notre moi-même, parce que tout ce qui nous arrive au Mental quand nous essayons de méditer, tout ce qui tente de saboter notre travail, c'est notre propre Ego, nos propres désirs. Parce que nos pensées, nos désirs, nos idées, nos appétences, nos peurs, nos haines, nos envies, nos égoïsmes, nos luxures, nos orgueils, etc., font partie de notre Ego.

–Samael Aun Weor, Le Cinquième Évangile, conférence
"Mécanismes éphémères du mental"–

INVESTIGATION DES DÉSIRS CONTRADICTOIRES

Assis confortablement ou allongé sur votre lit, fermez les yeux. Concentrez-vous ensuite à l'intérieur de vous-même, en vous étudiant, en recherchant vos désirs, vos contradictions.

Il est nécessaire que vous compreniez quels sont vos désirs contradictoires afin de connaître ainsi les causes de vos conflits internes. Avec la connaissance des causes du conflit mental advient la paix du mental. Pratiquez tous les jours ce simple exercice. Il est indispensable de se connaître soi-même.

–Samael Aun Weor, *Introduction à la Gnose*, chapitre 7–

PRATIQUE POUR CONNAÎTRE LES BESOINS ET LES DÉSIRS DE CUPIDITÉ

1.- Allongez-vous sur le dos, bras et jambes écartés en forme d'étoile.

2.- Concentrez-vous ensuite sur vos propres besoins physiques immédiats.

3.- Méditez et réfléchissez sur chacun de ces besoins.

4.- Assoupissez-vous en essayant de découvrir par vous-mêmes où finit la nécessité et où commence la convoitise.

5.- Si votre pratique de concentration et de méditation interne est correcte, vous découvrirez, dans votre vision intérieure, quels sont vos besoins légitimes et où se trouve la convoitise.

Rappelez-vous que c'est seulement en comprenant profondément le besoin et la convoitise, que vous pourrez établir de véritables fondations pour un processus de pensée correct.

–Samael Aun Weor, *Introduction à la Gnose*, chapitre 5–

PRATIQUE HINDOUE D'IMAGINATION POUR L'ANNIHILATION DU MOI

Au nom des cent mille vierges de l'ineffable mystère qui se cache au plus profond des âges, il convient maintenant de parler un peu du fameux Papapurusha hindou, le Moi.

Les vieux ermites de la terre sacrée du Gange ont coutume de le visualiser, mentalement, sur le côté gauche de la cavité de l'estomac et de la taille du pouce ; ils l'imaginent d'un aspect sauvage, les yeux et la barbe rouge, portant épée et bouclier, les sourcils froncés, figure symbolique de tous nos défauts psychologiques.

Inoubliable moment mystique d'étrange béatitude orientale, que celui en lequel les anciens anachorètes chantent leurs Mantras Sacrés et se concentrent, extatiques sur la région du nombril.

En ces instants délicieux d'insoupçonnable joie, le Yogi doit penser au Papapurusha, l'imaginant réduit en cendres dans le feu crépitant.

Des larmes de profond repentir pour les fautes commises depuis les temps jadis tombent des yeux du pénitent, qui en silence saint, supplie sa Mère Divine Kundalini d'éliminer tel ou tel défaut psychologique de son intérieur.

–Samael Aun Weor, *Le Parsifal dévoilé*, chapitre 21–

ANALYSE, COMPRÉHENSION ET MORT DU MOI

Analyse superlative : elle consiste en une connaissance introspective de soi-même. Nous intravertir est indispensable durant la méditation de fond.

Dans cet état, on travaillera au processus de la compréhension du Moi, ou défaut, que l'on veut désintégrer. L'étudiant gnostique se concentrera sur l'agrégat psychologique et le maintiendra sur l'écran du mental. Avant tout, il est indispensable d'être sincère avec soi-même. L'analyse superlative comporte deux phases qui sont :

a– L'auto-exploration : rechercher au fond de la Conscience et dans les 49 niveaux du subconscient quand le défaut s'est manifesté pour la première fois dans la vie, quand ce fut la dernière fois, et à quel moment il a le plus de force pour se manifester.

b– L'auto-découverte : rechercher quels sont les aliments du Moi. Fractionner et diviser le défaut en plusieurs parties et étudier chacune de ces parties pour arriver à connaître de quel type de Moi il provient et quels types de Moi dérivent de lui.

Auto-jugement : faire asseoir le défaut étudié sur le banc des accusés. Porter un jugement sur les dommages qu'il a occasionnés à la Conscience et les bénéfices qu'apporterait à notre vie l'annihilation du défaut qui est jugé.

Prière : à la Divine Mère Kundalini, la Mère intérieure et individuelle, on la priera avec beaucoup de ferveur. On lui parlera avec franchise et en introvertissant tous les défauts et fautes que nous avons, pour qu'elle, qui est la seule capable de désintégrer les Mois, les désintègre jusqu'à leur racine même.

Il est agréable et intéressant d'être présent, chaque fois qu'on le peut, dans les salles de méditation des Lumisials gnostiques.

Il est indispensable de toujours pratiquer la méditation les yeux fermés afin d'éviter les perceptions sensorielles externes.

–Samael Aun Weor, *La Révolution de la Dialectique*, chapitre 1–

PRIÈRE POUR LA MORT DU MOI

Les frères, assis, entreront en méditation. Méditation: concentration profonde sur le défaut que vous avez découvert en vous-mêmes. Il est évident que les frères doivent vivre jour et nuit, toujours alertes, toujours vigilants, pour voir quel défaut ils vont surprendrent en eux-mêmes.

Puis, quand un défaut est surpris, le travail arrive. Méditation: en se concentrant profondément sur le défaut ou "Moi-défaut" que vous aurez découvert en vous, vous méditerez. Il faut essayer de pénétrer dans les profondeurs de la Conscience avec l'intention de comprendre le défaut en question. Une fois compris de façon intégrale, unitotale, on procèdera à l'élimination. Les frères, centrés sur la Divine Mère Kundalini prieront comme ceci :

Oh, ma mère, toi qui es mon Être divin, mon Être réel, aide-moi ; je t'en supplie de tout mon cœur, de toute mon âme, je te le demande, je t'en prie, élimine de moi cet Ego que j'ai compris dans son intégralité ; détruis-le, désintégre-le, réduis-le en cendres, transforme-le en poussière cosmique.

Oh, ma mère, si je triomphe, tu triomphes ; si j'échoue, tu échoues. Je veux triompher pour que tu triomphes. Ma mère, je veux que tu désintègres ce Moi qui me tourmente.

Cette prière doit être faite de tout son cœur, de toute son âme, avec une vraie dévotion. La pratique, la réunion devrait durer, en tout, une heure ; une heure donc, c'est urgent, inajournable, inéluctable.

–Samael Aun Weor, *Le Cinquième Évangile*, conférence
"Dans les salles du gnosticisme pratique"–

LA PRIÈRE DANS LA MÉDITATION

Le temple-cœur est une maison de prière. Dans le temple-cœur se trouvent les forces qui viennent d'en haut avec les forces qui viennent d'en bas, formant le Sceau de Salomon.

Il faut prier et méditer profondément. Il est urgent de savoir comment relaxer le corps physique pour que la méditation soit correcte. Avant de commencer les pratiques combinées de prière et de méditation, relaxez bien le corps.

–Samael Aun Weor, *Traité ésotérique d'astrologie hermétique*,
chapitre 5–

Lorsque le mental a atteint le silence et la quiétude absolus, vous pouvez vous concentrer sur l'Intime. Cette concentration se fait avec l'aide de la prière. Priez l'Intime. Essayez de converser avec l'Intime. Rappelez-vous que prier c'est converser avec Dieu. Vous pouvez prier sans formules, c'est-à-dire tout simplement parler avec Dieu : lui dire avec un amour infini ce que votre cœur ressent.

– Samael Aun Weor, Introduction à la Gnose, chapitre 8–

LA PRIÈRE DU NOTRE-PÈRE

Lorsque Jésus priait, il priait le Père qui est en secret, et il nous a laissé une prière, le Notre-Père. Cette prière est magique à cent pour cent, on peut mettre une paire d'heures à bien prier un Notre-Père, parce que chaque demande que l'on y fait au Père est magique à cent pour cent. L'erreur des gens, c'est de le réciter de manière mécanique, ce qui ne donne aucun résultat. Cette prière, il faut la passer au crible, l'analyser, et pour cela, il faut relaxer le corps afin qu'aucun muscle ne reste sous tension, puis se concentrer, en combinant la prière et la méditation.

–Samael Aun Weor, Tarot et Kabbale, chapitre 23–

La prière du Notre-Père est le pouvoir magique le plus grandiose pour éveiller le chakra du cœur. Prier c'est converser avec Dieu. Le Notre-Père sert à converser avec Dieu.

Le disciple s'allongera confortablement dans son lit. Il écartera de son mental toute espèce de préoccupations terrestres, et ensuite, très longuement, il méditera pendant des heures entières sur chacune des paroles et des phrases du Notre-Père, en essayant de converser avec le Père qui est aux Cieux.

Durant cette pratique, le disciple doit s'assoupir profondément. Dans les visions du rêve, le Père, qui est aux Cieux, apparaîtra au disciple, et le disciple pourra converser avec lui familièrement. Le Père pourra présenter au disciple certaines visions que le disciple doit apprendre à interpréter avec le cœur.

C'est ainsi que tous les disciples peuvent converser avec Dieu.

–Samael Aun Weor, Manuel de Magie pratique, chapitre 3–

Pour pouvoir faire une prière correcte, il faut faire appel à un troisième état de Conscience : au rappel de soi-même, de son Propre Être.

Quand on se concentre sur son Père qui est en secret, avec la Prière du Seigneur, *Notre Père qui es aux Cieux*, il est évident qu'on est en train de faire une prière consciente et qu'on aura une réponse consciente. Mais, si nous faisons appel à la Prière du Seigneur, nous devons d'abord nous concentrer sur notre propre Seigneur Intérieur Profond, notre Être. Non pas sur un Dieu anthropomorphique ni dogmatique comme celui de beaucoup de sectes mortes, mais sur la Partie Supérieure de notre Propre Être ; cette Partie Transcendantale, c'est le Père qui se trouve au fond de nous ; c'est à lui que nous devons nous adresser... La Prière doit être réfléchie... Après le Rappel du Père, qui est notre propre Être Intérieur Profond, nous méditerons sur chaque parole, conscients de la Prière du Seigneur, sur chaque partie, mot après mot, phrase après phrase, en essayant d'en comprendre la profonde signification. Une fois la prière terminée, nous nous relaxons encore plus et, dans un état passif, réceptif, le mental tranquille et en profond silence, nous attendons que nous parvienne la Parole du Père.

Si nous arrivons à l'entendre, s'il nous donne une réponse, c'est que la prière a été bien faite. Mais, si nous n'arrivons pas à l'entendre, si elle ne parvient pas jusqu'à nous, cela signifie que la prière a été mal faite, qu'elle n'a pas été parfaite.

Il faut apprendre à parler avec le Père, avec le Père qui est en secret, face à face, dans le calme et le silence profond. C'est ainsi que nous devrions comprendre la prière. C'est ainsi que nous devrions comprendre la parole venant d'en haut.

Cette parole vient au mental à travers les centres supérieurs de l'Être, mais il faut être en état réceptif pour l'entendre.

–Samael Aun Weor, *Le Cinquième Évangile*, conférence "La valeur métaphysique de savoir écouter"–

LE NOTRE-PÈRE COMBINÉ AU SOMMEIL

Le Notre-Père est une prière véritablement mantrique ; ce qu'il faut, c'est savoir prier. Un notre-père bien récité est quelque chose de magnifique. Franchement, quand je veux réciter un Notre père, je mets une heure pour le réciter. Cela vous semble très exagéré que je dise que je mette une heure mais c'est ainsi, mes frères, je ne peux pas le nier, la vérité est la vérité...

Pour bien faire cette prière il faut méditer dessus et, dans la méditation, on passe au moins une heure. Si nous méditons sur le sens de chaque phrase, nous allons très loin.

Maintenant, si l'on se met à méditer sur le sens de chacune des phrases du notre père au moment de s'endormir, le résultat sera magnifique : nous passerons de la méditation à l'état de Samadhi, c'est-à-dire que nous entrerons en extase. Alors, nous pourrons voir le père face à face, le père qui est en secret, notre propre Dieu interne ; alors nous recevrons des enseignements de notre propre Dieu interne ; nous pourrons ainsi converser avec les Êtres les plus ineffables, en état de profonde méditation.

Un Notre-père bien récité est une chose magnifique, mes frères. Je mets généralement une heure pour réciter un notre-père. Bien sûr, quand je fais la prière, je la fais de manière très profonde, en méditant profondément sur chaque mot, chaque phrase, en m'endormant, terriblement concentré ; le résultat est toujours l'illumination interne...

–Samael Aun Weor, *Le Cinquième Évangile*, conférence "Caractère pratique du message du Verseau"–

MÉDITER SUR LE PÈRE-MÈRE

LE MANTRA OM MANI PADME HUM

Le mantra OM MANI PADME JUM, que les Tibétains prononcent souvent : OM MANI PADME HUM, OM MANI PADME HUM, OM MANI PADME HUM, OM, et qui dans un sens plus supérieur est OM MASI PADME YOM, OM MASI PADME YOM ; ces mantras, justement, aident à calmer le mental.

–Kwen Khan Khu, interview "La Science de la Méditation"–

Et tout homme a son intime, et tout Intime a son Père qui l'a engendré: c'est notre Père qui est dans les Cieux.

OM MANI PADME HUM. Ce mantra se prononce ésotériquement comme ceci : OM MASI PADME YOM, en allongeant le son de chaque lettre et en une forme syllabique. La signification de ce mantra est "Oh, mon Dieu en moi".

Ce mantra doit être vocalisé avec le cœur dans une profonde méditation, en adorant l'Intime, en aimant l'Intime, en vénérant l'Intime, car l'Intime est essentiellement l'âme de notre Père incarné en nous, de notre individualité divine dans laquelle nous devons nous absorber pour entrer dans cette félicité infinie et indescriptible du Nirvana où il n'y a plus ni douleurs, ni de larmes, ni de douleurs.

–Samael Aun Weor, *Cours zodiacal*, chapitre 12–

MÉDITATION SUR L'INTIME

Il faut fermer les yeux et éloigner le mental des choses extérieures, s'assoupir un peu, puis concentrer le mental sur l'Intime, en aimant l'Intime, en adorant l'Intime et en méditant profondément sur chaque parole du Notre-Père, sur son contenu conceptuel, comme si on parlait familièrement avec le Père, qui est l'Intime, le Bien-Aimé qui réside au sein même de..., au plus profond de notre cœur.

C'est ainsi que nous pouvons converser avec le Maître interne et après un certain temps, nous entendrons sa voix, nous verrons son visage et Il nous enseignera la profonde sagesse divine. Alors, pourquoi faire des écoles ? Le Maître est à l'intérieur et nous appelle.

–Samael Aun Weor, *Notes secrètes d'un Gourou*, chapitre 6–

MÉDITATION SUR LE KETHER AVEC L'AIDE DU MANTRA PANDER ET DE L'ANGE MÉTATRON

Le mantra Pander nous permet de parvenir jusqu'à l'Ancien des jours. Cela est possible par la méditation profonde. Dans le monde d'Aziluth, il y a un temple merveilleux où on nous enseigne la majestueuse présence de l'Ancien des Jours.

L'Ancien des Jours demeure dans le monde de Kether ; le chef de ce monde est l'ange Métatron. Cet ange a été le prophète Énoch ; avec son aide, nous pouvons entrer dans le monde de Kether. Le disciple qui veut pénétrer dans Kether durant ses états de méditation profonde priera l'ange Métatron, et il sera aidé.

–Samael Aun Weor, *Tarot et Kabbale*, chapitre 49–

Nos disciples doivent maintenant se concentrer et méditer très profondément sur l'Ancien des Jours. Pendant la méditation, ils doivent provoquer le sommeil volontaire. Ainsi, ils pourront parvenir à l'Illumination très profonde.

Que la Paix règne dans tous les cœurs. N'oublions pas que la Paix est une Essence qui émane de l'Absolu; c'est une lumière qui émane de l'Absolu; c'est la lumière de l'Ancien des Jours. Le Christ a dit: *"Je vous laisse ma Paix, je vous donne ma Paix."*

–Samael Aun Weor, *Magie christique aztèque*, chapitre 11–

LA LIBÉRATION DES CORPS POUR S'IDENTIFIER À L'INTIME

Il est indispensable que nos disciples gnostiques apprennent à fonctionner sans véhicules matériels d'aucune espèce, afin qu'ils perçoivent avec l'oeil de Dagma toutes les merveilles de l'Univers. C'est ainsi que nos disciples deviendront des maîtres du Samadhi.

Allongé sur son lit et les mains croisées sur la poitrine, le disciple méditera profondément sur son corps physique, en se disant à lui-même : *Je ne suis pas ce corps physique.*

Le disciple méditera ensuite profondément sur son corps éthérique, en se disant à lui-même : *"Je ne suis pas ce corps éthérique"*.

Puis, plongé en profonde méditation intérieure, le disciple réfléchira sur son corps astral et dira : *Je ne suis pas le corps astral.*

Le disciple méditera maintenant sur son corps mental, et se dira à lui-même : *Je ne suis pas non plus ce mental, avec lequel je suis en train de penser.*

Le disciple réfléchira ensuite sur sa force de volonté et se dira à lui-même : *Je ne suis pas non plus le corps de la volonté.*

Maintenant, le disciple méditera sur sa Conscience et se dira : *Je ne suis pas non plus la Conscience.*

Finalement, toujours plongé en profonde méditation, le disciple s'exclamera, de tout son cœur : *Je Suis l'Intime ! Je Suis l'Intime ! Je Suis l'Intime !*

Le disciple, hors de tous ses véhicules, sera alors devenu une Majesté de l'Infini. Il verra alors qu'il n'a plus besoin de penser parce que la sagesse de l'Intime est : Oui, oui, oui ! Le disciple se rendra compte, à ce moment, que l'action de l'Intime est : Oui, oui, oui ! À ce moment-là, le disciple comprendra que la nature de l'Intime est félicité absolue, existence absolue et omniscience absolue.

En ces instants de suprême félicité, le passé et le futur fraternisent dans un éternel maintenant, et les grands Jours cosmiques et les grandes Nuits cosmiques se succèdent à l'intérieur d'un instant éternel. Dans cette plénitude de la félicité, nos disciples peuvent étudier toute la Sagesse du Feu au sein des flammes ardentes de l'univers. C'est ainsi que nos disciples apprennent à fonctionner sans véhicules matériels d'aucune espèce, afin d'étudier tous les secrets de la magie élémentale de la nature.

Il est nécessaire que l'Intime apprenne à se dévêtir pour fonctionner sans véhicules dans le grand Alaya du monde.

Concentration, Méditation et Samadhi sont les trois chemins obligatoires de l'Initiation.

On fixe l'attention sur le corps avec lequel nous voulons pratiquer, puis on médite sur sa constitution interne et, remplis de béatitude, nous disons : "Je ne suis pas ce corps". Concentration, Méditation et Samadhi, doivent être pratiqués sur chaque corps. Concentration, Méditation et Samadhi : les trois, ensemble, appliqués à chacun de nos véhicules, sont appelés, en Orient, un Samyama.

Afin de pouvoir nous dépouiller de chacun de nos véhicules inférieurs, nous pratiquerons un Samyama sur chacun de nos véhicules.

Les grands Ascètes de la Méditation sont les grands Sannyasin de l'entendement cosmique, dont les flammes flamboient parmi la Rose Ignée de l'Univers.

Pour être un Sannyasin de la pensée, il est indispensable d'avoir acquis la chasteté absolue, la ténacité, la sérénité et la patience.

Après quelque temps de pratique, nos disciples pourront se libérer de leurs six véhicules pour fonctionner dans le grand Alaya de l'univers sans véhicules d'aucune espèce.

Le disciple remarquera que ses rêves deviennent chaque jour plus clairs, et il comprendra alors que lorsque le corps physique dort, l'homme intérieur voyage, agit et travaille à l'intérieur des mondes suprasensibles.

–Samael Aun Weor, *Rose ignée*, chapitre 17–

MÉDITATION SUR LA MÈRE DIVINE
À L'HEURE DE DORMIR

La Sagesse antique enseigne que Tonantzin –Devi Kundalini–, notre Divine Mère Cosmique personnelle, particulière, car chacun a la sienne propre, peut adopter n'importe quelle forme, car elle est l'origine de toutes les formes. Il convient donc que le disciple médite sur Elle avant de s'endormir. L'aspirant devra pénétrer quotidiennement dans le processus du sommeil en répétant avec une grande foi l'oraison suivante : *Tonantzin, Teteoinan, ô ma Mère, viens à moi, viens à moi.*

Répéter intentionnellement le rêve est la première étape vers l'Éveil de la Conscience; se séparer à volonté du rêve en plein milieu de la scène qui se déroule, c'est la deuxième étape. Certains aspirants réussissent la première étape, mais il leur manque de la force pour réaliser la deuxième étape. Ces personnes peuvent et doivent s'aider elles-mêmes par la technique de la méditation.

En prenant des décisions très sérieuses, ces dévots pratiqueront la méditation avant de s'engager dans le rêve.

Dans ce cas, leur problème intime sera le thème de concentration et d'autoréflexion dans leur méditation intérieure profonde.

Durant cette pratique, le mystique fervent, rempli d'émotion sincère, invoquera sa Divine Mère Tonantzin, Devi Kundalini.

Versant des larmes de douleur, l'ascète gnostique se lamente sur l'état d'inconscience dans lequel il se trouve et implore de l'aide, suppliant sa Mère de lui donner les forces intérieures nécessaires pour se détacher à volonté de n'importe quel rêve.

–Samael Aun Weor, *La doctrine secrète d'Anahuac*, chapitres 18 et 20–

SYSTÈME POUR INVESTIGUER AVEC L'AIDE DE LA MÈRE DIVINE

Nous voulons, par exemple, en savoir plus sur l'Atlantide. Que faire ? Premièrement, il faut amener le Mental à la tranquillité et au silence, c'est clair ; mais avant de commencer toute pratique, il nous faudra prier notre Divine Mère Kundalini, lui demander de tout notre cœur qu'elle nous amène en Atlantide et que nous voulons connaître l'Atlantide ; après, nous nous asseyons pour la pratique.

Et une fois que le Mental est tranquille et silencieux, eh bien, il est évident, mes chers frères, qu'alors la Divine Mère Kundalini nous amènera en Atlantide et que nous allons la voir ; mais nous allons la voir en Conscience, en Essence, en Esprit, non par le biais du processus de la pensée, au moyen de l'intellectualisme qui ne sert à rien.

Avec de simples théories, on n'arrive à rien. Nous allons la voir telle qu'elle est ; nous allons revivre les vies que nous avons eues en Atlantide, nos existences passées ; cela est bien la façon de savoir, n'est-ce pas ?

Personnellement, je vais vous dire quelque chose : quand je veux faire des investigations, par exemple, sur la Lémurie, la première chose que je fais, à ma façon —si cela vous convient, suivez alors mon exemple, je vous dis comment je fais— : je me couche, donc, sur mon lit bien tranquillement, en forme d'Étoile Flammigère —bras et jambes ouverts—, le corps totalement relaxé ; je ferme mes yeux physiques pour ne pas être dérangé par les choses du monde extérieur. Ensuite, je me concentre sur ma Divine Mère Kundalini ; je lui dis : *"Je voudrais savoir telle chose, par exemple, sur la Lémurie —c'est un exemple—, je souhaite des informations.* Je supplie et je demande avec un amour véritable, naturellement, parce qu'on ne va pas s'adresser à la Mère Divine de façon dictatoriale *"demander l'aumône avec un fusil de chasse"* comme on dit ici—, non ; mais avec un amour véritable. Le fils doit s'adresser à sa mère avec amour.

Et, après la supplique, je cherche à ce que mon mental reste tranquille et en silence. Si quelque souvenir me vient au moment où j'essaie de faire la pratique, alors je le comprends, je l'analyse et je l'oublie. Si un désir quelconque, une idée quelconque surgit, je fais alors la même chose : comprendre, analyser... comprendre, discerner et oublier ; et, à la fin, le mental reste tranquille.

Une fois tranquille et dans le plus profond silence, alors ma Conscience se désembouteille, c'est évident. Elle sort du mental et je vais vivre en Lémurie, voir les évènements de la Lémurie et revivre les existences que j'ai eues en Lémurie. Après, je sors de la

Méditation avec toute l'information, je l'écris et je vous la remets sous forme de livres imprimés.

–Samael Aun Weor, Le Cinquième Évangile, conférence
"Mécanismes éphémères du mental"–

DIVERS

LA MÉDITATION ET LE DÉDOUBLEMENT ASTRAL

Il y a beaucoup de disciples qui, malgré qu'ils connaissent nos clés pour sortir en corps astral, n'ont pas encore réussi à sortir de leur corps à volonté. L'échec de ces étudiants est dû au fait qu'ils ont perdu les pouvoirs du corps astral ; il ne reste plus d'autre solution à ces étudiants que de se soumettre à la discipline de la méditation pour recouvrer les pouvoirs perdus. La méditation est une technique pour recevoir de l'information. Lorsque le sage s'immerge dans la méditation interne, ce qu'il cherche, c'est de l'information. Avec la méditation, les chakras entrent en activité. [...]

La méditation éveillera nos pouvoirs occultes. La méditation provoque des changements fondamentaux dans le corps astral.

Il y aura alors, pendant le sommeil normal, des moments où nous serons conscients et plus tard nous pourrons dire : *Je suis hors du corps physique, je suis en corps astral.* Ainsi, nous acquerrons peu à peu la Conscience continue. Et le jour viendra enfin où l'étudiant pourra utiliser nos clés pour sortir à volonté en corps astral. Il aura reconquis ses pouvoirs perdus.

–Samael Aun Weor, Mystères Majeurs, chapitre 17–

MÉDITER SUR LE SON ANAHAT

Dans le cerveau humain, à l'intérieur de ses cellules résonne sans cesse la voix subtile. C'est un son sifflant, aigu. C'est le chant du grillon, le sifflement du serpent, le son Anahat, la voix de Brahma. Il a dix tonalités que le théurge doit apprendre à écouter. Le mental de l'étudiant doit s'absorber dans ce son, comme l'abeille dans le nectar des fleurs.

Celui qui veut entendre le son Anahat doit vider son mental, avoir un mental calme et non calmé ; nous le répétons : Calme. Celui qui essaie et se propose d'écouter ce Son mystique, doit maintenir le mental en silence et non rendu silencieux; nous le répétons : en silence.

Faites la distinction entre un mental qui est calme parce qu'il a compris qu'il est inutile de penser, et un mental qui est calmé artificiellement. On différencie un mental qui est dans un silence naturel spontané, d'un mental qui est rendu silencieux de force, par la violence. Quand le mental est calme, en profond silence, l'étudiant peut entendre inévitablement le Son du grillon : un son subtil, aigu, pénétrant. Et même si l'Âme s'absorbe dans ce son mystique, les portes du mystère s'ouvrent pour l'étudiant. Alors, à cet instant, qu'il se lève du lit instinctivement et qu'il sorte de la chambre pour se diriger vers les Temples de la Loge Blanche, ou vers n'importe quel lieu de l'Univers.

Le disciple doit apprendre à jouer de la Lyre d'Orphée ! Cette lyre est le verbe, le Son, la Grande Parole !

–Samael Aun Weor, *Logos, mantra, théurgie*, chapitre 8–

L'étudiant peut s'endormir en vocalisant la lettre S sous forme d'un sifflement doux et tendre : SSSSSSS.

Avec la vocalisation de cette lettre, vous acquerrez la capacité de faire résonner dans votre cerveau la voix subtile, le son Anahat, à volonté, qui vous permettra de sortir consciemment du corps astral.

–Samael Aun Weor, *Logos, mantra, théurgie*, chapitre 8–

LE CHAKRA DES CARDIAS ET LA DÉESSE KAKINI

L'intéressant est de savoir comment se reconquièrent les facultés psychiques perdues. Un homme rempli d'une brillante

intellection illuminée possédant toutes ses facultés psychiques en pleine activité est, de fait et par droit propre, un véritable Illuminé. L'Occultiste doit établir un parfait équilibre entre le mental et le cœur. Quand le Mental s'est trop congelé dans le cerveau, la sortie en corps astral à volonté devient complètement impossible, parce qu'il y a déséquilibre.

Il est urgent, alors, que les occultistes intellectuels rétablissent l'équilibre entre le mental et le cœur. Heureusement, il existe une technique pour rétablir l'équilibre perdu. Cette technique est la méditation interne.

À tous ces intellectuels qui nous écrivent en nous disant qu'ils n'ont pas réussi à sortir en corps astral avec les clés que nous leur avons enseignées, nous prescrivons une bonne dose quotidienne de méditation interne. Il est urgent qu'ils boivent du vin de la méditation dans la coupe de la parfaite concentration.

Le Cardias est le centre magnétique en relation avec les voyages astraux. Celui qui veut conquérir le pouvoir de sortir en corps astral à volonté, doit changer totalement son type de vibration. Ce n'est possible qu'en développant le Cardias.

La sortie astrale est plutôt émotionnelle et sentimentale. La froideur intellectuelle n'a rien à voir avec les sorties en corps astral. Le cerveau est lunaire. Le cœur est solaire.

Pour sortir à volonté en corps astral on a besoin de l'émotion supérieure, d'un certain type d'émotivité, du sentiment, d'une supra sensibilité très spéciale, et du sommeil combiné avec la méditation. Ces qualités ne s'obtiennent qu'avec le développement du Cardias.

PRATIQUE.

Le dévot doit se concentrer sur son cœur, en imaginant qu'il y a là, des éclairs et des coups de tonnerre, des nuages qui volent en se perdant dans le crépuscule, poussés par de forts ouragans. Le Gnostique imagine de nombreux aigles volant dans cet espace infini qu'il y a à l'intérieur, au plus profond de son cœur. Il imagine les profondes forêts de la Nature, emplies de soleil et de vie ; le chant des oiseaux et le sifflement doux et paisible des grillons de la forêt. Le disciple s'assoupit en imaginant tout cela. Maintenant, il imagine que dans la forêt, il y a un trône en or où est assise la Déesse Kakini, une Dame très divine. Le gnostique s'endort en méditant sur tout cela, en imaginant tout cela. Il pratiquera une heure par jour, et c'est encore mieux s'il pratique deux ou trois heures ou plus par jour. Il peut pratiquer assis dans un fauteuil confortable ou couché sur le sol ou sur son lit, les bras et les jambes ouverts de chaque côté, formant l'Étoile à cinq pointes. Le sommeil doit être combiné à la méditation. On doit faire preuve de beaucoup de patience. On obtient les merveilleuses facultés du Cardias avec une patience infinie. Les impatients, ceux qui veulent tout avoir rapidement, ceux qui ne savent pas persévérer toute la vie, il est mieux qu'ils se retirent, car cela ne sert à rien. Les pouvoirs ne s'obtiennent pas en jouant. Tout coûte quelque chose, rien ne nous est donné en cadeau.

–Samael Aun Weor, *Le Mariage Parfait*, chapitre 23–

MÉDITATION SUR L'EXPANSION DE LA CONSCIENCE

Relaxez tout votre corps [...] et soyez totalement tranquille.

Lorsque vous y serez parvenu, étendez votre Conscience de l'intérieur vers l'extérieur; vous verrez qu'elle s'élargit vers le haut, vers le bas, vers les côtés, toujours autour de votre corps. Regardez la couleur de votre chemise, de votre cravate, de votre costume et de vos chaussures. Veillez à ce que votre corps soit relaxé et en position esthétique. Observez l'orientation de votre chambre, les meubles, les tableaux; identifiez tout avant de passer aux rues de la ville entière, où vous vivez, identifiez-les, voyez les véhicules qui roulent, et votre Conscience s'étendra ainsi de plus en plus, jusqu'à ce qu'elle renferme toute la Terre. Ensuite, passez à l'espace sans limites où se meuvent les soleils et les mondes sidéraux.

Cet exercice doit durer une heure et être répété pendant trente jours, sauf le dimanche.

–Samael Aun Weor, *Magie christique aztèque*, chapitre 17–

LA MÉDITATION EN TANT QU'OUTIL POUR SE SOUVENIR DES VIES PASSÉES

La clé pour se souvenir des vies passées est dans l'exercice rétrospectif.

Le disciple, plongé dans une profonde méditation, doit récapituler rétrospectivement tous les événements survenus dans sa vie, du présent au passé. Le disciple doit essayer de se souvenir de tous les événements qui se sont déroulés dans l'ordre inverse, en commençant par les derniers, jusqu'à ce qu'il se souvienne des premiers événements de son enfance.

Nous pouvons nous souvenir de tous les souvenirs de notre enfance par la pratique de l'exercice rétrospectif au moment de s'endormir. Dans ces moments-là, nous pouvons faire un effort pour nous souvenir des dernières expériences de notre réincarnation passée. Et ainsi, de manière rétrospective, nous pouvons passer en revue tout notre passé, toutes nos réincarnations passées.

L'important, c'est de pratiquer cet exercice rétrospectif aux moments de s'endormir. Ainsi, dans la vision des rêves, nous nous souviendrons de toutes nos vies passées.

–Samael Aun Weor, *Manuel de magie pratique*, chapitre 3–

Il y a des systèmes pour se rappeler nos vies antérieures. Gautama le Bouddha, a enseigné la méthode de la rétrospection et c'est merveilleux. Mais, comment arriver à avoir Foi, par exemple, dans cette méthode enseignée par le Bouddha Gautama ? Il n'y a qu'une façon. Laquelle ? Premièrement, Étudier ; deuxièmement, pratiquer. De l'étude et de la pratique advient la Compréhension ; ensuite, comme résultat, arrive la Foi ; et avec la Foi nous réussirons totalement à pratiquer l'exercice rétrospectif. Cet exercice est facile, simple : on commence, donc, couché dans son lit, avec le corps relaxé. On doit se rappeler, se concentrer sur les derniers évènements de la journée, sur les avant-derniers, les avant-avant-derniers ; et ainsi, de façon rétrospective, se rappeler, revivre tous les évènements importants de la journée.

Ensuite, nous poursuivrons avec les évènements de la journée précédente, également de manière rétrospective. Puis nous continuerons à essayer de nous rappeler ce que nous avons fait l'avant-dernier jour et, en procédant ainsi, nous essaierons de nous rappeler les 15 derniers jours de notre vie, les jours avant ces 15 derniers, tout ce que nous avons fait le mois passé et celui d'avant, et ce que nous avons fait durant une année, dix ans, vingt ans.

Nous nous efforcerons de nous rappeler tous les évènements de notre vie, toujours de manière rétrospective. Le problème survient en arrivant aux cinq premières années de l'enfance : comment faire pour nous rappeler ce qui nous est arrivé dans la vie lorsque nous avions quatre ans, trois ans, deux ans, un an ? De quelle manière ? Il ne nous reste plus qu'à combiner la méditation au sommeil : à l'instant où nous nous sentirons prédisposés au sommeil, nous pratiquerons l'exercice, en essayant de nous rappeler minutieusement tous les évènements de notre vie, quand nous avions quatre ans, trois ans, deux ans, un an... Les souvenirs surgiront, ainsi, sous forme de flashes, d'éclairs, etc.

Ces premiers flashes –souvenirs des premières années de l'enfance– sont le résultat, premièrement, d'avoir eu connaissance de la pratique, de l'étude ; deuxièmement, d'avoir pratiqué l'exercice rétrospectif. Ces souvenirs ou ces éclairs, ces visions, qui sont pour ainsi dire comme des flashes, nous donneront la Foi dans l'exercice –une Foi de type solaire– et plus nous nous rappellerons les événements des premières années de l'enfance, plus la Foi augmentera.

Et quand nous nous serons souvenus de la totalité de notre vie, jusqu'à l'instant même de notre naissance, alors nous pourrons arriver jusqu'au dernier moment –le dernier moment de notre vie antérieure–. Si nous arrivons à nous en souvenir, si nous arrivons à nous voir, entourés de nos proches, à notre dernière heure, alors notre Foi sera avivée, elle sera encore plus grande. Nous dirons : *"Quel exercice extraordinaire ! Je suis content de cette pratique !"*...

Et, en continuant cet exercice rétrospectif, nous nous souviendrons des derniers a nées de notre existence passée, des avant-dernières, des avant-avant-dernières, de notre jeunesse, de notre adolescence, de notre enfance, du moment de notre naissance dans notre existence passée. Si nous parvenons à cela, nous aurons une Foi robuste, de type solaire, inébranlable.

–Samael Aun Weor, Le Cinquième Évangile, conférence
"Le pouvoir de la foi consciente"–

LE CHAKRA CARDIAQUE ET L'ILLUMINATION INTÉRIEURE

Un grand nombre d'étudiants occultistes veulent l'Illumination Interne et souffrent terriblement parce que, malgré de nombreuses années d'études et de pratiques ésotériques, ils continuent à être aveugles et inconscients comme lorsqu'ils ont commencé à lire les premiers livres. Nous, les Frères du Temple, nous savons par notre propre expérience que le chakra cardiaque est déterminant pour l'Illumination intérieure. Le Shiva Samahita, grand livre sacré de l'Inde, parle de façon précise sur les bénéfices qu'obtient le Yogi en méditant sereinement sur le chakra du cœur :

> "Le Yogi acquiert d'immenses connaissances, il connaît le passé, le présent et l'avenir ; il a la clairaudience et la clairvoyance et il peut se rendre où il veut à travers les airs. Il voit les Adeptes et les Déesses Yoginis ; il obtient la faculté appelée Khechari –se déplacer dans l'Espace– et Bhuchari –aller à volonté partout dans le Monde–".

Ceux qui veulent apprendre à sortir à volonté en corps astral, ceux qui veulent entrer dans la science des Jinas pour apprendre à mettre leur corps physique dans la Quatrième Dimension et se transporter à n'importe quel endroit du monde, avec leur corps physique, sans avoir besoin de prendre l'avion ; ceux qui aspirent ardemment à éveiller la clairvoyance et la clairaudience doivent concentrer quotidiennement leur Mental sur le chakra cardiaque et méditer profondément sur ce merveilleux centre. Une heure par jour de méditation sur ce centre donne des résultats admirables.

Le mantra de ce chakra est la voyelle O que l'on doit vocaliser en allongeant le son de cette façon : OOOOOO...

Il faut aussi, durant cette pratique, prier le Christ comme nous l'indiquons pour qu'il éveille notre chakra du cœur.

–Samael Aun Weor, *Le Mariage Parfait*, chapitre 19–

MÉDITATION SUR LES BATTEMENTS DU CŒUR

Le disciple gnostique doit se coucher en decubitus dorsal, c'est à dire, sur le dos, sur le sol ou sur un lit ; les jambes et les bras ouverts à droite et à gauche, en forme d'étoile de cinq pointes.

La position d'étoile pentagonale est formidable à cause de sa profonde signification, mais les personnes qui ne puissent pas méditer dans cette position pour quelque circonstance, alors qu'elles méditent en position de l'homme mort : talons joints, pieds écartés comme un éventail, les bras le long du corps sans les plier, placés tout le long du tronc.

Les yeux doivent être fermés pour que les choses du monde physique ne vous distraient pas. Le sommeil combiné correctement avec la méditation est indispensable pour le succès de la méditation.

Il est nécessaire d'essayer de détendre complètement tous les muscles du corps, puis concentrer l'attention sur la pointe du nez jusqu'à la sensation pleine du pouls du cœur dans cet organe de l'odorat; alors on continuera avec l'oreille droite jusqu'à la sensation du pouls du cœur dans celle-ci; après on continuera avec la main droite, pied droit, pied gauche, main gauche, oreille gauche et le nez à nouveau, en sentant pleinement le pouls du cœur séparément dans chacun de ces organes où on a fixé l'attention.

Le contrôle sur le corps physique commence avec le contrôle sur le pouls. Le pouls du cœur tranquille est perçu dans sa totalité à l'intérieur de l'organisme, mais les gnostiques peuvent le sentir à volonté n'importe où dans le corps, soit sur la pointe du nez, dans une oreille, un bras, un pied, etc.

Il est prouvé grâce à la pratique qu'en acquérant la possibilité de régler, accélérer ou diminuer le pouls, on peut accélérer ou diminuer les battements du cœur.

Le contrôle sur les palpitations du cœur ne vient jamais des muscles du cœur, mais cela dépend complètement du contrôle du pouls.

Celui-ci est sans doute le deuxième battement ou grand cœur.

Le contrôle du pouls ou contrôle du deuxième cœur est obtenu totalement à travers l'absolu relâchement de tous les muscles.

C'est seulement en l'absence du Moi qu'on peut converser avec le Père, Brahma. Priez et méditez, pour être en mesure d'entendre la voix du silence.

–Samael Aun Weor, *Traité ésotérique d'astrologie hermétique*, chapitre 5–

PRATIQUE DE MÉDITATION AVEC LE SAINT-HUIT ET L'ORDRE SACRÉ DU TIBET

D'anciennes traditions archaïques qui se perdent dans la nuit terrifiante de tous les âges assurent que cette vénérable institution se compose de 201 membres ; le plan majeur est formé de 72 Brahmanes. Il est écrit dans la profondeur des siècles et en caractères de feu que Bagavan Aclaiva, le Grand Maharishi, est le Régent secret de l'Ordre mystérieux. Par le Saint-Huit signe de l'Infini, tout chela, à condition d'une conduite droite, peut se mettre en contact direct avec cette organisation secrète.

Le Saint-Huit tracé horizontalement est sans aucun doute une clepsydre vivante.

Si l'on considère intimement la formation extraordinaire de ce signe merveilleux, il ressort clairement la continuité d'un même trait qui ferme un double circuit dans le premier trait, alors que dans le second, il n'en ferme qu'un, se déviant dans l'autre pour se projeter vers l'extérieur après avoir coupé le signe au point même de son croisement.

L'un ferme, l'autre ouvre. C'est donc de cette clé dont on a besoin pour ouvrir toutes les portes et couper tous les courants formés par l'énergie atomique, depuis celle que nous avons imaginée et avons déposée au fond de la Conscience, jusqu'à l'originelle qui circule de la même façon dans le centre vital de la Neuvième Sphère.

Bien maintenant, grâce à ces moyens, éviter les risques propres à toute expérience astrale et, en plus, pouvoir sortir de façon autoconsciente et rapide sont, entre autres, des raisons plus que suffisantes pour que l'Ordre Sacré du Tibet puisse insister sur sa devise : *"Rien ne résiste à notre pouvoir"*.

Conformément à la description ci-dessus, on suggère l'exercice suivant :

1. - Quiétude et silence du mental.

2. - Imaginer vivement le Saint-Huit.

3. - Méditer profondément sur l'Ordre Sacré du Tibet.

4. - Ce signe relie ou sépare tous les éléments régis par l'énergie atomique s'il est tracé avec les doigts : majeur, index et pouce de la main droite sur la superficie du plexus cardiaque.

Aimez le Saint-Huit, vénérezle et concentrezvous profondément sur lui. Ce nombre est donc un clair emblème de ce Mercure Philosophique –véritable incarnation d'Hermès– avec lequel l'Initié doit travailler dans le Magistère du Feu. Méditez sur le signe sacré de l'infini, représentation parfaite du nexux vivant qui relie avec sagesse les deux mondes, divin et matériel, qui découlent respectivement des eaux d'en-haut et de celles d'en-bas, de l'espace créé dans la deuxième phase de la création, pour finalement s'unir dans le foyer central interne de la Conscience individuelle en tant que véhicule, canal, et moyen d'expression de l'un dans l'autre.

Concentrez-vous profondément sur le saint symbole, sur l'ineffable Huit, sur ce double courant de feu et d'eau qui

s'entrecroisent avec sagesse dans la Neuvième Sphère, dans les entrailles vivantes de la Terre.

Rappelez-vous la noble figure alchimique de Basile Valentin, resplendissante variation du Caducée, symbole très sacré du Mercure des Sages dans lequel s'unissent les propriétés actives du Soufre à la merveilleuse fécondité productrice du Sel, pour réaliser avec sagesse l'union mystique des deux luminaires dans les trois mondes.

Qu'il y ait de la profondeur dans votre méditation ! Méditez sur l'Ordre Sacré du Tibet.

—Samael Aun Weor, *Mon retour au Tibet*, chapitre 6—

SAMNYASIN SUR LE CORPS PHYSIQUE POUR VOYAGER DANS L'HYPER-ESPACE

Évidemment, il est possible de mettre notre corps physique dans le monde éthérique, c'est-à-dire dans la Quatrième Dimension, pour voyager dans l'Hyper-espace. C'est possible. Comment ? Je ne vois aucun inconvénient, ce soir, à vous donner la clé ; vous pourrez la pratiquer pour être convaincus de la réalité de tout cela.

Avant tout, je veux vous dire que nous possédons une abondante documentation. Par exemple, en Orient, il y a des sages qui savent mettre leur corps physique dans la Quatrième Dimension. Le Sage Pantajali, dans ses aphorismes, donne la clé —ou une des clés, car il y a plusieurs clés—. Pantajali dit que Si nous pratiquons un Samnyasin sur le Corps Physique, celui-ci devient comme du coton, et que, dans ces conditions, il pénètre dans la Quatrième Dimension —il peut flotter au-dessus des montagnes, au-dessus des mers, marcher sur le feu sans se brûler, traverser un rocher de part en part sans subir aucun dommage—. C'est ce qu'affirme le grand Yogi Pantajali dans ses aphorismes.

Mais, qu'est-ce qu'un Samnyasin ? Je vais vous expliquer ce qu'est un Samnyasin. Un Samnyasin comprend trois parties : premièrement, DHARANA, c'est-à-dire concentration ; Deuxièmement,

DHYANA, c'est-à-dire méditation ; et troisièmement, SAMADHI, évidemment, extase.

Si nous nous concentrons intensément sur le corps physique, en excluant totalement tout ce qui est autour de nous, nous entrerons indiscutablement dans la première phase d'un Samnyasin.

Si nous méditons ensuite sur notre corps physique, sur la merveille de ses cellules organiques, comment celles-ci se reproduisent au moyen du processus de division, si nous méditons sur ce qu'est la circulation du sang, sur les circonvolutions du cerveau, les travaux incessants du cardias, etc., etc., et qu'absorbés dans cette Méditation, nous approfondissons de plus en plus, en reconnaissant les merveilles du corps physique, à la longue viendra l'Extase, l'admiration pour ce corps de chair et d'os que nous avons. Nous entrerons dans une espèce de Samadhi, nous serons ravis par la sagesse contenue dans notre corps dense.

Alors, en arrivant à ces hauteurs, nous ressentirons de l'admiration pour notre corps, de l'adoration envers le Créateur pour nous avoir donné un corps si formidable, si extraordinaire, et alors viendra l'Extase.

Durant l'Extase, nous ne penserons qu'à aimer et adorer cette Intelligence Cosmique qui donna naissance à l'Univers, qui donna vie à ce corps extraordinaire que nous avons. En arrivant à cette troisième partie, nous serons en état d'Extase ou de Samadhi, ce qui est la même chose.

Dans cet état, il faut seulement que nous nous levions de notre lit ou du fauteuil où nous sommes assis pour la pratique, et qu'ensuite, très tranquillement, nous sortions de la chambre. Avant d'arriver à la rue, il est indispensable de faire un petit saut avec l'intention de nous plonger totalement dans la Quatrième Verticale, et si nous flottons, nous pouvons sortir définitivement sur la voie publique et nous éloigner de cet endroit.

Avec le corps physique en état de Manteia –pour parler cette fois à la manière grecque–, plongé dans la Quatrième Dimension, nous pouvons nous déplacer dans tous les pays de la Terre. En voyageant avec le corps physique dans la Quatrième Dimension, nous trouverons des gens et des races Jinas.

—Samael Aun Weor, *Le Cinquième Évangile*, conférence "Merveilles de l'Espace hyperdimensionnel"—

MÉDITATION SUR LES DIEUX ÉLÉMENTAUX DU CORPS

La région de la Terre va des pieds jusqu'aux genoux. Son mantra est LA. La région de l'Eau se trouve entre les genoux et l'anus. Son mantra est VA. La région du Feu se trouve entre l'anus et le cœur. Son mantra est RA. La région de l'Air est comprise entre le cœur et la racine du nez. Son mantra Fondamental est YA. La région de l'Éther s'étend de la racine du nez au sommet de la tête, et son mantra est HA.

Le Serpent de Feu se nourrit des cinq éléments de base. Nous comprenons maintenant pourquoi le néophyte doit passer par les épreuves de la Terre, de l'Eau, du Feu et de l'Air. Les purifications et sanctifications en rapport avec ces Éléments de la Nature alimentent le Serpent et permettent son ascension le long de la Cordillère Sacrée de la moelle épinière. L'ascension du Serpent s'avère impossible sans les purifications et sanctifications de ces Quatre Éléments.

Brahma est le Dieu de la Terre. Narayana est le Dieu de l'Eau. Rudra est le Dieu du Feu. Ishwara est le Dieu de l'Air. Sadashiva est le Dieu de l'Éther.

En méditant sur ces dieux ineffables, nous pouvons obtenir d'eux qu'ils nous aident dans l'éveil des chakras, des disques ou roues du corps vital. Il est bon de faire vibrer ces roues ou chakras, et de les préparer pour l'avènement du Feu.

Méditez et vocalisez le mantra de chaque élément. Méditez sur chacun de ces Dieux Élémentaux et implorez de tout votre cœur, qu'ils vous aident à éveiller les chakras.

Développez vos chakras et vous deviendrez des occultistes pratiques.

–Samael Aun Weor, *Le Mariage Parfait*, chapitre 19–

MÉDITATION DANS LES TEMPLES DES DIEUX PLANÉTAIRES

Dans le cœur de toute étoile ou planète, il existe un Temple où demeure et travaille l'Ange stellaire ou Dieu planétaire, puisque chaque étoile est le corps physique d'un Ange stellaire. Et si le gnostique veut apprendre à converser avec les Dieux planétaires, il lui faut éveiller les Pouvoirs superlatifs de la Conscience au moyen des plus sévères pratiques de méditation intérieure.

Dharana ou concentration, Diana ou méditation et Samadhi ou extase, sont les trois échelons de l'Initiation. Au moyen de l'auguste contemplation intérieure, nous actualisons les pouvoirs de notre Principe bouddhique ou intuitionnel et ainsi, dépouillés de l'Âme animale, nous pénétrons dans le temple des Dieux planétaires desquels nous apprenons la Sagesse sidérale et l'Astro-chimie qui permet aux Dieux de travailler dans le grand laboratoire alchimique de la Nature, en transmutant des forces et en actualisant des évènements cosmiques à l'intérieur de l'horloge sidérale.

–Samael Aun Weor, *Le Cinquième Évangile*, conférence "Interrogations gnostiques révélées"–

TÉMOIGNAGES TRANSCENDANTAUX DES MAÎTRES

V.M. SAMAEL AUN WEOR

RENCONTRE AVEC L'INTIME

Flanqué de murailles intellectuelles, las de tant de théories compliquées et difficiles, je résolus de me rendre sur les côtes tropicales de la mer des Caraïbes...

Assis là-bas au loin comme un ermite de l'ancien temps, à l'ombre taciturne d'un arbre solitaire, je résolus d'enterrer tout ce cortège pénible de vain rationalisme.

Avec le mental vide, en partant du zéro radical, j'entrais en profonde méditation et cherchais à l'intérieur de moi-même le Maître secret.

J'avoue simplement et en toute sincérité que je pris très au sérieux cette phrase du testament de la de la sagesse antique qui dit : *Avant que la fausse aurore ne se lève sur la Terre, ceux qui survivront à l'ouragan et à la tourmente loueront l'Intime et les Hérauts de l'aurore apparaîtront devant eux.*

Je cherchais évidemment l'Intime, je l'adorais dans le secret de la méditation, je lui rendais un culte. Je savais que je le trouverais à l'intérieur de moi-même, dans les recoins cachés de mon âme, et les résultats ne se firent pas attendre longtemps.

Plus tard, je dus m'éloigner de la plage de sable pour me réfugier dans d'autres terres et dans d'autres lieux.

Mais, où que je fusse, je continuais mes pratiques de méditation. Allongé sur le lit ou sur le dur plancher, je me mettais dans la position de l'étoile flammigère, pieds et bras écartés des deux côtés, avec le corps complètement détendu...

Je fermais les yeux pour que rien au monde ne puisse me distraire. Ensuite, je m'enivrais du vin de la méditation contenu dans la coupe de la parfaite concentration.

Incontestablement, au fur et à mesure que j'intensifiais mes pratiques, je sentais que je m'approchais réellement de l'Intime.

Les vanités du monde ne m'intéressaient pas ; je savais bien que toutes les choses de cette vallée de larmes sont périssables.

L'Intime et ses réponses instantanées et secrètes étaient la seule chose qui m'intéressait vraiment.

Il y a des fêtes cosmiques extraordinaires qui ne s'oublient jamais et ça, les divins et les humains le savent bien.

Au moment où j'écris ces lignes, le souvenir d'une aube agréable me vient à l'esprit.

Du jardin intérieur de ma maison, hors du corps planétaire, humblement agenouillé, j'appelais l'Intime en l'implorant à haute voix.

Le Béni passa le seuil de ma demeure ; je le vis venir vers moi d'un pas triomphant...

Vêtu d'un précieux zéphyr et d'une ineffable tunique blanche, l'Adorable vint vers moi ; je le contemplais, heureux.

La splendide couronne des Hiérophantes brillait sur sa tête céleste ; tout son corps était fait de la nature de la félicité...

Dans sa main droite resplendissaient toutes les pierres précieuses dont parle l'Apocalypse de saint Jean...

Le Seigneur empoignait avec fermeté le Bâton de Mercure, le sceptre des Rois, le bâton des Patriarches...

Me prenant dans ses bras, le Vénérable chanta avec une voix de paradis me disant des choses que les êtres terrestres ne peuvent pas comprendre...

Le Seigneur de Perfection m'emmena alors sur la planète Vénus, très loin de l'amertume de ce monde.

C'est ainsi que je m'approchais de l'Intime par le chemin secret de la profonde méditation intérieure.

–Samael Aun Weor, *Les Trois Montagnes*, chapitre 7–

UN MAHA-SAMADHI DANS LE MONDE DU LOGOS

Il me vient en mémoire, à cet instant, une certaine expérience ésotérique, réalisée voilà bien des années. Plongé alors dans une profonde méditation, j'atteignis, assurément, le Samadhi, l'État de Manteia ou Extase, comme on l'appelle en Ésotérisme Occidental. à cette Époque, je désirais savoir quelque chose sur le Baptême de Jésus-Christ –car nous savons bien que Jean l'a baptisé–. L'état d'abstraction fut profond, j'atteignis le parfait Dharana –c'est-à-dire la Concentration–, le Dhyana –la Méditation–, et finalement j'arrivais au Samadhi –j'oserais dire que ce fut un Maha-Samadhi, car j'abandonnai parfaitement les corps physique, astral, mental, causal, bouddhique et même atmique–. Je parvins donc à ramener ma Conscience –d'une manière intégrale– jusqu'au Logos.

Ainsi, dans cet état logoïque –comme un "Dragon de Sagesse"–, je fis l'investigation correspondante. Je me vis soudain en Terre Sainte, à l'intérieur d'un Temple ; mais, chose extraordinaire : je me vis moi-même, converti en Jean-Baptiste, dans un habit sacré. Je vis Jésus lorsqu'ils l'amenèrent dans son habit blanc, sa tunique blanche. Me dirigeant vers lui, je lui dis : *Jésus, retire ta tunique, ton habit, car je vais te baptiser.* Ensuite, je pris un peu d'huile dans un récipient –de l'huile d'olive–, je le conduisis à l'intérieur du Sanctuaire, je l'oignis avec de l'huile, lui versai de l'eau, récitai les mantras ou rites... Après, le Maître s'assit sur sa chaise, à l'écart. Je rangeai tout de nouveau ; je remis tout à sa place et terminai la cérémonie...

Mais, je me vis moi-même converti en Jean. Bien sûr, une fois passée l'Extase, le Samadhi, je me dis : *"Mais comment est-ce possible que je sois Jean-Baptiste ? Je ne suis pas le moins du monde Jean Baptiste !"*. Je restai plutôt perplexe et je dis : *"Je vais maintenant me concentrer de nouveau, mais cette fois je ne vais pas me concentrer sur Jean, je vais me concentrer sur Jésus de Nazareth"*. Je choisis alors le Grand Maître Jésus comme objet de concentration. Le travail fut long et dispendieux ; la concentration devint de plus en plus profonde. Je passai rapidement du Dharana –Concentration– au Dhyana –Méditation– ; et, du Dhyana, je passai ensuite au Samadhi, c'est-à-dire à l'Extase. Un nouvel effort suprême me permit de me dévêtir des Corps Physique, Astral, Mental, Causal, Bouddhique et Atmique, jusqu'a ramener ma Conscience ou l'absorber dans le Monde du Logos Solaire.

Et, dans cet état, voulant savoir quelque chose sur Jésus-Christ, je me vis moi-même transformé en Jésus-Christ, faisant des miracles et des merveilles en Terre Sainte : guérissant les malades, rendant la vue aux aveugles, etc., etc., etc. Et, pour finir, je me vis revêtu de l'habit sacré, arrivant devant Jean dans ce Temple. Alors Jean s'adressa à moi, il me dit : *Jésus, retire ton vêtement car je vais te baptiser.* Les rôles changèrent : je ne me voyais plus transformé en Jean, mais en Jésus, et je reçus le baptême de Jean, tel que je l'ai dit.

Le Samadhi passé, revenant au corps physique, j'en vins à constater parfaitement, clairement, que, dans le Monde du Christ Cosmique, nous sommes tous Un.

Si j'avais voulu méditer sur n'importe lequel d'entre vous, là-bas, dans le Monde du Logos, je me serais vu transformé en l'un d'entre vous, vivant votre vie. Car là-bas, il n'y a pas d'Individualité, ni de Personnalité, ni de Moi. Là-bas, nous sommes tous le Christ, là-bas nous sommes tous Jean, là-bas nous sommes tous le Bouddha, là-bas nous sommes tous Un ; dans le Monde du Logos, il n'existe pas d'Individualité séparée. Le Logos est Unité Multiple parfaite, c'est une énergie qui bouillonne et palpite dans toute la création, qui se trouve sous-jacent au fond de tout atome, de tout électron, de tout proton ; elle s'exprime vivement à travers tout homme qui se trouve dûment préparé.

–Samael Aun Weor, *Le Cinquième Évangile*, conférence "L'authentique symbolisme de Noël"–

EXPÉRIENCE DANS LE PARACLET UNIVERSEL

Un jour, en état de Samadhi, j'abandonnai tous mes véhicules pour m'immerger totalement dans le *Paraclet Universel*, au-delà du bien et du mal, bien au-delà du corps, des attachements et du mental. En état, dirions-nous, de Félicité supranirvanique, heureux dans cette région immaculée de l'Esprit Universel de Vie ; je dus pénétrer par les portes du Temple. Alors, j'ouvris le Grand Livre de la Nature et j'étudiai ses Lois.

L'Extase augmentait d'instant en instant, de moment en moment ; il n'y a pas de plus grande joie que de sentir son Âme libre, parce qu'alors le passé et le futur fraternisent dans un éternel présent.

Lorsque je revins de ce Samadhi, lorsque je retournai à ce corps physique, lorsque je pénétrai à l'intérieur de mon véhicule par cette glande pinéale, tant citée par Descartes comme étant la *Porte de l'Âme*, je reçus une visite extraordinaire : certaines Dames Adeptes, surgies de ce Paraclet Universel se rendirent visibles et tangibles pour moi dans le monde de la forme dense. L'une d'entre elles, remplie d'une extraordinaire douceur, en passant à l'annulaire de ma main droite un anneau avec le Sceau de Salomon, s'exclama : *Vous avez réussi l'épreuve du sanctuaire ; très peu d'êtres humains ont pu réussir cette terrible épreuve...* Elle me bénit et partit, l'anneau restant à l'annulaire de ma main droite.

Je me levai, rempli de joie et, à partir de ce moment-là, je me sentis heureux. À chaque fois que je réussissais à m'échapper de ce corps dense, je voyais à ma main droite l'anneau prodigieux, formé, bien sûr, de cette substance immaculée, d'une très grande blancheur divine, de cette région du Paraclet Universel où le temps n'existe pas.

–Samael Aun Weor, *Le Cinquième Évangile*, conférence
"Symbolisme du pentagramme ésotérique"–

ÉCOUTER LE LANGAGE DES ANIMAUX

Une fois, me trouvant en méditation, je pus clairement vérifier le sens intelligent du langage des oiseaux. Je me souviens parfaitement d'un certain oiseau qui, perché au sommet d'un arbre, se disputa avec un autre. Le premier était très calme quand il fut tout à coup dérangé par l'arrivée du second. Ce dernier se posa menaçant sur la cime de l'arbre, faisant à l'autre beaucoup de reproches...

J'étais attentif, en écoutant en méditation ce qui se passait. Je me rappelle clairement les invectives de l'oiseau menaçant :

—*Tu m'as blessé la patte il y a quelques jours, et je dois te punir pour cette faute...*

La créature menacée s'excusa en disant :

—*Je ne suis pas responsable de ce qui est arrivé, laisse-moi en paix...*

Malheureusement l'oiseau agresseur ne voulait pas entendre raison et, piquant fortement sa victime, il lui rappelait sans cesse sa patte blessée.

Une autre fois, me trouvant également en profonde méditation intérieure, j'entendais les aboiements de deux chiens voisins. Le premier racontait au second tout ce qui se passait chez lui, en disant :

—Mon maître me traite très mal ; ici dans cette maison on me donne constamment des coups de bâtons et de fouet et l'alimentation est terrible ; tous en général m'insultent et je mène une vie très malheureuse.

Le second répondit par ses aboiements en disant :

—Moi, ça ne se passe pas si mal, on me donne de la bonne nourriture et on me traite bien.

Les gens qui allaient et venaient dans la rue entendaient uniquement les aboiements des chiens, ils ne comprenaient pas le langage des animaux ; en revanche, pour moi, ce langage a toujours été très clair.

Un jour, un chien voisin m'avertit que je courrais un grand danger si je faisais un certain voyage au nord du Mexique. Ledit animal criait en me disant :

—Un danger, un danger, un danger !

Mais, je ne voulus pas en tenir compte.

À cette époque, en arrivant à un village très proche du désert de Sonora, je dis au chauffeur du véhicule dans lequel nous voyagions qu'il fallait chercher un hôtel, car je ne voulais absolument pas continuer le voyage cette nuit-là.

Cependant, ce bon monsieur à la Conscience endormie ne voulut pas obéir. Alors je l'avertis de la manière suivante :

—Vous serez responsable de ce qui va arriver, vous êtes prévenu, écoutez-bien, vous êtes prévenu...

Quelques heures plus tard, la voiture, l'automobile, se renversa dans le désert, et s'il y eut des blessés, il n'y eut pas de morts. Alors, j'ai rappelé à ce monsieur l'erreur qu'il avait commise en ne m'obéissant pas... Il n'y a pas de doute que cet homme reconnut son délit et demanda pardon, mais il était trop tard : l'accident était arrivé.

—Samael Aun Weor, *Oui, l'Enfer existe, oui, le Diable existe, oui, le Karma existe*, chapitre 14—

EXPÉRIENCE DE LA MORT DU MOI

Je me couchai à nouveau, en décubitus dorsal, la tête au Nord et le corps relaxé, en profonde méditation intérieure, mais en priant ma Divine Mère Kundalini. Je priai mais, de temps en temps, surgissait en moi cette préoccupation : n'allais-je pas, encore, me retrouver dans un autre appartement ? Grand Dieu !...

J'étais ainsi, avec cette préoccupation, et la concentration était de plus en plus terrible. Soudain, Elle, Devi Kundalini Shakti, me sortit de mon corps physique et elle m'emmena en Europe, à Paris... Une fois dans cette ville, elle me conduisit dans un grand Palais du Karma. La salle d'audience était remplie de monde. Quelques policiers m'accompagnaient –les Seigneurs de la Loi–. *"Aie, aie, aie,* me dis-je, *dans quoi est-ce que je me suis mis pour en être là !..."* Un des policiers avança avec moi au centre de la salle, jusqu'à la table où se tenaient les juges. L'un d'eux –celui qui se trouvait au centre– ouvrit un grand livre et me lut quelques diableries que j'avais faites à l'époque où j'étais un Bodhisattva tombé, au Moyen Âge, à l'époque où l'Inquisition catholique brûlait vif les gens sur des bûchers. Je ne me rappelais pas semblables diableries ; diableries dignes de Don Juan Tenorio et de ses acolytes.

Bien, cet homme lut le Livre ; il lut le karma –certaines mauvaises actions, "romantiques", certes, ça oui !– Alors, il me condamna à la peine de mort !

"Oh, c'est pire maintenant, me dis-je, *s'il ne m'a servi à rien de travailler pour les petits frères là-bas, dans le Monde Physique ! Aie, aie, aie, où en suis-je arrivé !"...*Et j'attendais pour voir ce qui allait se passer. Le juge appela un Bourreau de la Loi –de ces bourreaux cosmiques, je sais qu'il y en avait deux dans l'ancienne Égypte des Pharaons–. Il en appela un et lui parla : il lui donna l'ordre de m'exécuter immédiatement ! Moi, un pauvre idiot, arrivé ici devant ces Seigneurs si terribles, que pouvais-je faire ? Le bourreau dégaina son Épée Flammigère –le bourreau cosmique, car il y a des bourreaux cosmiques– et s'avança vers moi avec son épée dégainée... Bon, ce fut un moment où, franchement, je me suis senti totalement désappointé ! En l'espace d'un millième de seconde, je pensai

à tant de choses. Je me dis : *"Alors que j'ai tant souffert dans ma vie à lutter pour l'humanité, à lutter pour moi-même, à écrire des livres, à donner des conférences…, et maintenant, voilà le résultat ! Quelle douleur ! Me dis-je - Aie, aie, aie où en suis-je arrivé ! Alors cela n'aura servi à rien d'avoir tant lutté pour l'humanité ?"*

Je me suis senti complètement désappointé, mais le bourreau avançait lentement vers moi avec son épée dégainée –c'était un homme corpulent, fort–. Quand il fut sur le point de me traverser avec son épée, je sentis soudain quelque chose qui bougeait à l'intérieur de moi : *"Qu'est-ce que c'est ?"* pensais-je. Et, à ce moment-là, je vis une créature monstrueuse sortir de moi par les trente-trois portes de l'épine dorsale. Je l'observai en détail : c'était un Moi, le Moi de la luxure, un agrégat psychique que j'avais moi-même créé, à cause d'une erreur de type romantique et sexuelle, au Moyen Âge et maintenant je me retrouvai face à face avec ma propre création.

Ce monstre prit la forme d'une bête, d'un cheval. Mais, quelque chose d'insolite se produisit : le Bourreau, au lieu de continuer à pointer son épée vers moi, la retourna alors vers cette bête, ce cheval. Alors, à ma grande surprise, je vis cette bête se lancer la tête la première au Tartare, aux Monde Infernaux. Le Gardien l'avait faite passer au Royaume de Pluton pour qu'elle s'y désintègre. Bien sûr, je me retrouvais libéré de cet agrégat psychique infernal et quand je fus soumis à de nouvelles épreuves ayant trait à la Chasteté, j'en sortis victorieux. J'ai continué à sortir victorieux de ces épreuves, plus jamais je n'ai échoué. Dès lors, j'ai obtenu la complète chasteté.

Donc, étant donné que le travail avec la Divine Mère Kundalini m'avait donné un résultat formidable, je me suis dit : *"Voilà le système pour désintégrer les Mois !"* Dès lors, j'ai continué à travailler avec la Divine Mère Kundalini sur différents Mois, c'est-à-dire sur différents agrégats psychiques. Ainsi, j'ai pu vérifier par moi-même, grâce au sens de l'auto-observation psychologique, comment Elle, elle travaillait, et comment elle désintégrait de façon si extraordinaire, les différents éléments inhumains que

nous portons à l'intérieur de nous. Donc, le chemin pour parvenir à la désintégration de l'Ego s'obtient avec la Divine Mère Kundalini Shakti.

–Samael Aun Weor, *Le Cinquième Évangile*, conférence "Synopsis didactique de la mort mystique"–

CONVERSATION AVEC LE DIEU AZTÈQUE TLALOC

Tlaloc n'est pas coupable du fait que beaucoup d'enfants et de pucelles aient été immolés en son honneur ; cela se faisait toujours pour implorer la pluie, mais Tlaloc n'a jamais exigé de tels holocaustes... Un jour, je me trouvai en état de Manteia, je veux dire de Samadhi, qu'on pourrait traduire dans le Monde Occidental par Extase ; j'avais atteint cet état par la technique de la méditation, en passant par Dharana, qui signifie *concentration* et par Dhyana, qui signifie *méditation* ; dans cet état d'extase spirituel, je me retrouvai, en réalité, face à face avec Tlaloc.

Le reproche que je lui fis s'avéra injuste :

–Toi, tu as commis de grands crimes, lui dis-je, *tu as permis que l'on sacrifie des petits garçons, des fillettes, des pucelles et même des vieillards, et c'est criminel...*

Tlaloc avait à ce moment-là l'apparence d'un arabe des temps anciens. Il répondit :

–Je n'ai jamais exigé de tels sacrifices de la part de l'humanité, je n'ai jamais exigé qu'on immole pour moi des êtres vivants ; c'est l'affaire des habitants du monde physique, car je n'ai jamais exigé de tels sacrifices humains ; cependant, je reviendrai dans la nouvelle Ére du Verseau...

C'est ce que dit Tlaloc et je compris que ce grand Être qui vit à présent dans le Monde des Causes Naturelles se réincarnera dans le futur Âge d'Or, en pleine splendeur du Verseau ; il prendra un corps physique et aidera la Sixième Race durant l'Âge d'Or... Ainsi, mes chers frères, il s'agit d'un Grand Être qui devra revenir dans le monde physique. Pour parler dans un sens purement chrétien, nous dirons qu'il s'agit d'un ange et qu'il reviendra, c'est ce qu'il a dit...

Grâce au Samadhi dans lequel ils étaient experts, les anciens Prêtres Mayas, comme les Prophètes d'Anahuac ou les Mystiques Toltèques, les artistes de renom, etc., pouvaient pénétrer, au moyen de la profonde prière et de la méditation, dans cette région merveilleuse où vit Tlaloc ; on affirmait aussi que les défunts qui mouraient noyés pouvaient pénétrer dans le Paradis de Tlaloc... C'est ce qu'on dit.

–Samael Aun Weor, *Le Cinquième Évangile*, conférence "Actualité métaphysique du folklore mexicain"–

AIDÉ PAR LA MÈRE NATURE PARTICULIÈRE

Il arriva qu'une nuit d'automne, je résolus de boire le vin de la méditation dans la coupe de la parfaite concentration.

Le sujet de ma méditation fut ma Mère nature particulière, le quatrième aspect du serpent igné de nos pouvoirs magiques.

Prier, c'est converser avec Dieu et je parlais avec l'Adorable, en la suppliant mentalement de faire monter mon corps physique au paradis terrestre –la quatrième dimension–.

Ce qui arriva ensuite dans la nuit du mystère fut surprenant : assisté par l'Ineffable, je me levais du lit.

Quand j'abandonnais ma demeure et sortis dans la rue, je pus me rendre compte que mon corps physique avait pénétré dans la quatrième dimension.

Elle me transporta dans les forêts les plus profondes de l'Éden où les rivières d'eau de vie pure transportent lait et miel.

Ô Vierge dame des cimes boisées ! Tout se fait silencieux en ta présence ; l'Ibère inculte, le Gaulois qui, bien que mourant, reste sévère et le Sicambre féroce qui, rendant les armes à la fin, humilié, te respecte.

Adorable Madonne, par les Dieux qui gouvernent les mortels du haut du Ciel, j'implore toujours ton aide.

Le visage de ma Mère nature était d'une beauté paradisiaque impossible à décrire avec des paroles humaines.

Sa chevelure semblait une cascade d'or tombant délicieusement sur ses épaules d'albâtre.

Son corps était comme celui de la Vénus mythologique, ses mains avec des doigts coniques très beaux et pleins de pierres précieuses, avaient la forme christique.

Je conversai avec l'Adorable dans le bois et elle me dit des choses que les êtres terrestres ne peuvent pas comprendre.

Sublime, ma Mère resplendissait dans le monde éthérique, la quatrième verticale, la quatrième dimension.

Alors, si rien n'est un réconfort pour le cœur souffrant, ni les marbres de Phrygie, ni la pourpre resplendissante, il vaut mieux se réfugier dans le sein délicieux de sa Divine Mère nature particulière, individuelle.

–Samael Aun Weor, *Les Trois Montagnes*, chapitre 11–

CONVERSATION AVEC LA MÈRE DIVINE

Chacun des trois aspects de la Prakriti peut, si elle le désire, revêtir une forme féminine pour communiquer quelque chose à un mystique illuminé.

Une nuit d'été quelconque, je me trouvais dans cet état connu dans le monde oriental sous le nom de Nirvikalpa ou

Samadhi ; la méditation était très profonde, et ce qui m'arriva alors fut merveilleux.

Le troisième aspect de la Prakriti prit sous mes yeux la forme épouvantable et terriblement divine de Proserpine ou Hécate, puis elle parla dans un langage au goût apocalyptique :

—*Cette perverse civilisation de vipères, cette grande Babylone sera détruite, et de tous ses peuples, il n'en restera pas pierre sur pierre. Le mal du monde est si grand qu'il est déjà parvenu jusqu'au ciel. Cette humanité est déjà totalement perdue, il n'y a plus de solution pour elle.*

Rempli d'une grande frayeur, je dis alors :

—*Oh ma Mère!, nous sommes dans une impasse !*

Proserpine saisit alors la parabole et me dit :

—*Veux-tu faire un marché avec moi?*

—*Oui, ma Mère, je suis disposé à faire ce marché.*

C'est ce que je répondis et je dis cela avec une grande fermeté. Proserpine, la reine des enfers et de la mort, reprit alors la parabole et dit :

—*Toi, tu ouvres la voie sans issue, et moi, je les tue.*

—*J'accepte, ma Mère, ma Dame!* répondis-je immédiatement.

Quelques dames du haut monde passèrent ensuite devant nous ; ces Dames étaient parvenues à la Seconde Naissance et, de leurs Corps Solaires, de la lumière solaire émanait de manière splendide.

Malheureusement, ces dames n'avaient pas dissous le Moi pluralisé ni éliminé leurs corps lunaires ; je les saluai mais elles ne répondirent pas et, remplies d'orgueil, elles ne s'inclinèrent même pas, par révérence, devant la Divine Mère.

–Elles ont encore de l'orgueil, c'est qu'elles portent à l'intérieur d'elles-mêmes les vestiges de la Grande Prostituée, dont le nombre est 666, –voilà tout ce que j'eus l'impulsion de dire–.

–J'aurai à les examiner, tous ceux-là, dit la Mère Divine en faisant bien évidemment allusion aux Deux Fois Nés de cette époque où nous vivons.

Puis quelques hommes passèrent près de nous, vêtus également de Corps Solaires, mais cette fois-ci, à la différence des dames, ceux-ci s'inclinèrent, remplis de vénération et de profond respect devant la Mère Divine et devant mon insignifiante personne qui ne vaut rien.

–*Voilà les fils du Soleil!* s'exclama la Mère Cosmique.

J'entrai ensuite dans une période de profonde réflexion.

–Samael Aun Weor, *Révélations d'un Avatar*, chapitre 7–

AU-DELÀ DU JOUR COSMIQUE

La méditation quotidienne est le pain du sage, sans lequel il est impossible d'atteindre l'Illumination intérieure du Bouddha. Ma concentration fut très profonde et comme je méditai chaque fois plus intensément, je tombai en extase. Les tentatives de Mara furent inutiles pour m'éloigner du chemin, ses efforts furent vains.

La lumière de midi riait joyeuse à la porte du mystère ; là-bas, dans le recul du lointain, le palmier nubile frissonnait romantique, ivre de soleil. Dans le rosier des "mille et une nuits" du verger parfumé, les roses s'enflammaient et dans la fontaine cristalline, la mousse souriait en savonnant les roses. Instants délicieux, indescriptibles, indéfinissables, indicibles. Samadhi de l'ascète, fruit exquis de la méditation. Et j'oubliais le corps et les sentiments et la mort ; il n'y a certes pas de meilleur plaisir que celui de sentir son âme détachée. Et surgirent à mon esprit d'exquis vécus, des évènements très intimes. Je me rappelai très vivement du précédent

Maha-manvantara, le crépuscule des Dieux et la nuit profonde. La Lune qui fut autrefois un monde rempli de lumière et de vie tomba décidément dans les bras de la mort.

Les sept Seigneurs sublimes et les sept Vérités cessèrent d'exister et passèrent à Être.

L'Univers lunaire fut dévoré par ce qui est et pourtant n'est pas, pour être exhalé plus tard. Et la vie dormit pendant sept éternités au sein profond de l'Espace Abstrait Absolu.

Quelque chose resta cependant ; tout ne se perd pas, la mort dévore les formes mais le parfum du souvenir continue. L'Univers précédant resta déposé comme un simple souvenir dans l'intelligence des Dieux Saints.

Il est écrit en caractères de feu que les saints souvenirs projetés sur l'éternel écran de la lumière incréée, constituent l'Univers du Plérôme. Jardin de félicité dans la nuit du cosmos, infinis délices... absorption sublime, inépuisable joie ; chaque étincelle virginale revint à sa flamme et, naturellement, la mienne ne fit pas exception.

J'étudiai alors humblement dans le temple ces enseignements que de très anciens

Paramartasatyas –habitants de l'Absolu– nous avaient remis en de précédentes Nuits

Cosmiques. Ces êtres aujourd'hui invisibles pour nous tous, étaient passés au-delà de nos propres capacités de compréhension. Combien de temps dura cette extase ? Je ne sais pas, je ne veux pas le savoir. Maintenant, tout est passé, aujourd'hui j'effeuille patiemment le mystère des jours, heure après heure.

–Samael Aun Weor, *Mon retour au Tibet*, chapitre 16–

V.M. KWEN KHAN KHU

RÉVÉLATIONS AU MOYEN D'UN SAMADHI

Disciple. Une question personnelle, maintenant, si tu me le permets : as-tu déjà eu une Extase ou un Samadhi ?

Maître. Oui, oui. Je me souviens, il a quelques années, quand mon Être Réel me l'a permis, j'ai expérimenté pour la première fois cet état, en faisant justement une pratique avec d'autres étudiants dans un cours de missionnaires, et après une heure de mantralisation, nous sommes entrés dans l'étude des pensées, dans l'observation des pensées.

Je guidai les étudiants et ensuite j'ai dit : 'Maintenant, ne discutez pas avec le mental, on ne discute pas, on observe tout ce qui arrive sur l'écran de notre mental, sans discuter, sans critiquer, sans objecter, et ensuite vous restez dans le calme, ne cherchez rien, ne désirez rien, ne convoitez rien'. Bien sûr, j'appliquai aussi la médecine sur moi-même, et à un moment donné, je me suis senti tiré hors du corps de façon brutale, quelque chose m'a tiré au dehors par le plexus.

Et deux Maîtres m'attendaient, l'un d'eux avait une pierre taillée avec des symboles. Alors, quand je me suis vu là, je me suis rendu compte que j'étais sorti du corps, et l'un d'eux m'a dit : *Vite, parce que cette Extase ne va pas durer très longtemps, regarde la réponse à ce qui te préoccupe.*

J'étais préoccupé par la compréhension de certains de mes états, que j'étais, disons, en train d'essayer de comprendre, et là ils me montraient la réponse, et je suis revenu. C'était une petite Extase, mais suffisante pour me donner la solution à ce que je cherchais.

–Kwen Khan Khu, interview "La Science de la Méditation"–

UNE PRÉDICTION POUR L'AVENIR

Au cours de cette mission à Ciudad Victoria –Tamaulipas, Mexique–, je reçus une aide assez importante de mon Être Réel. Tout arriva durant une méditation que j'effectuai avec les membres de cette Association. Durant celle-ci, on me montra, comme dans un film en couleur, la situation suivante :

Je me trouvais avec d'autres frères dans une voiture qu'un autre frère conduisait. J'étais assis à l'avant de l'automobile. Il y avait trois autres personnes avec nous, à l'arrière de la voiture. Soudain, alors que notre voiture roulait sur une avenue, je vis sortir à notre rencontre un camion de couleur blanche qui surgissait d'un côté de la route. La vitesse à laquelle nous roulions faisait qu'il était impossible d'éviter cette autre machine roulante qui traversait imprudemment notre route. Dans le contexte de cette vision, cela me poussa à crier à notre conducteur :

Attention, attention, freine, freine ! Puis la vision de cette méditation s'acheva. À l'intérieur de moi, il restait une incertitude et je commençai à me demander : Cela est-il le fruit d'une projection mentale ? Mais pourquoi tout a-t-il été si clair ? Qu'est-ce que tout cela ?

Quelques minutes plus tard, quelqu'un frappa fortement à la porte de l'Association, et un membre de notre confrérie alla l'ouvrir pour voir de qui il s'agissait. Puis, l'émissaire revint à notre salle de méditation pour nous dire qu'un autre frère était mort et qu'un proche était venu nous en informer.

Dans ces circonstances, nous tous qui nous trouvions là, nous nous organisâmes et décidâmes d'aller rapidement au domicile du défunt pour présenter nos condoléances à ses proches. Quand nous organisâmes ce convoi, nous nous répartîmes dans divers véhicules et j'occupais justement le siège avant de l'un d'eux. Derrière moi, il y avait étrangement trois autres frères. Quand tout fut prêt, tous les véhicules se dirigèrent vers la maison de notre frère défunt. Soudain, au milieu de ce trajet, je commençai à reconnaître cette avenue, cet environnement, et je me rappelai qu'il s'agissait

du même lieu que j'avais vu quelques minutes plus tôt dans la méditation.

Dès que je pris conscience de cela, je dis au conducteur : "Roule lentement, lentement ! Parce que j'ai un mauvais pressentiment." Heureusement, le conducteur m'écouta et alors que nous étions à mi-chemin, nous vîmes tous, avec stupéfaction et étonnement, un camion blanc nous couper la route, et comme nous n'allions pas vite, notre chauffeur eut le temps de freiner et d'éviter un accident qui aurait ajouté une tragédie à celle que nous devions affronter quelques minutes après au domicile du défunt.

Cela m'amena à la conclusion que notre Être Réel est toujours attentif à tous les dangers qui nous guettent, physiques et animiques, et si nous restons dans le sentiment juste, la pensée juste et l'action juste, il essaiera toujours d'améliorer toutes les circonstances qui nous entourent.

–Kwen Khan Khu, *Vers l'Infinitude*, chapitre 5–

VISION À TRAVERS L'ODORAT

Souvenir intéressant : la scène s'est déroulée, comme dans la réalité, dans les salles de la Troisième Chambre que nous avons partagées avec le Maître Samael à Mexico, D.F. Lors d'une de ces réunions de Troisième Chambre, le Maître nous a fait relaxer pendant environ vingt minutes. Puis, il nous a dit :

"Frères, dans cet état de méditation, je veux aujourd'hui vous montrer quelque chose d'intéressant. Il s'agit d'apprendre à développer la clairvoyance à travers l'odorat. Alors, concentrez-vous sur la Grande Pyramide de Gizeh, en Égypte. Observez-la bien. Ressentez que vous êtes là-bas, dans cette région désertique. Pour nous rapprocher de la Grande Pyramide, nous allons utiliser l'aide de l'odorat de cette façon : nous inspirons et, ce faisant, nous nous rapprochons de ce grand monument, puis on va expirer. Nous allons ensuite inhaler et nous rapprocher de la pyramide, puis expirer. Avec ce système, nous allons entrer dans la Grande Pyramide pour *y être instruits par les Adeptes qui y sont toujours. Bien, nous allons commencer...*"

Nous sommes donc restés une heure et demie, dans un profond silence, en utilisant lentement seulement notre respiration, tandis qu'avec la lentille de l'imagination créatrice, nous nous sommes rapprochés de plus en plus de la pyramide, jusqu'à finalement y entrer. La pratique terminée, votre serviteur a rapporté comme souvenir qu'un Hiérophante m'avait donné un serpent et qu'il y avait une forte odeur d'encens dans cette pièce. D'autres frères ont reçu d'autres témoignages. Nous avons relaté au Maître Samael tous les témoignages et lui, a expliqué à chacun de nous la signification de nos perceptions.

Par ce commentaire, je tiens à confirmer que la méditation a vraiment plusieurs utilisations, comme cette dernière que je viens de commenter.

–Clarifications du V.M. Kwen Khan Khu–

RECOMMANDATIONS FINALES DES ÉDITEURS

CONSTANCE

Bien qu'il y ait beaucoup de pratiques qui nous aident à obtenir un certain résultat, le disciple devra en choisir une, celle qui lui plaît le plus, et pratiquer avec celle-ci jusqu'à obtenir un résultat. Il faut beaucoup de constance, car le fait de changer de pratique à chaque fois que nous en avons assez, conduira à l'échec.

TRANSMUTATION

On recommande de faire des pratiques de transmutation sexuelle avant n'importe quelle pratique. Ces pratiques remplissent le cerveau d'oxygène et le laissent dans un état de décontraction propice pour la méditation.

Les femmes ne peuvent pas transmuter les énergies sexuelles quand elles sont menstruées, ni non plus quand elles sont enceintes.

L'ISOLEMENT INTÉRIEUR

Le Maître Samael dit : *"Si nous voulons arriver à développer quelque chose de réel dans notre psyché, nous devons apprendre à nous isoler dans notre intimité à travers le silence intérieur et avec l'économie des énergies".*

L'isolement ne doit pas forcément être une chose externe, mais il est intérieur. La méditation est une forme d'isolement intérieur où rien de ce qui se passe autour de nous ne doit nous déranger ou nous influencer. Dans la vie quotidienne, cet isolement se traduit dans le travail avec le mental, en le calmant, ainsi que dans l'économie d'énergie liée à la non identification et à la transformation constante des impressions.

AVOIR LA FOI

L'ingrédient fondamental de chaque pratique est la foi. Les pratiques et les prières doivent se faire en ayant une foi absolue en le fait que nous allons être assistés et aidés. Dans le cas contraire, elles ne servent à rien.

CONTINUITÉ DE PROPOS

Dans le domaine du changement intérieur, la continuité de propos est nécessaire. Celui qui veut changer aujourd'hui et demain non, qui veut transmuter aujourd'hui mais demain non, doit beaucoup mûrir jusqu'à avoir la résolution constante de changer vraiment.

HERMÉTISME

Il est très important d'être hermétique avec les expériences et les rêves perçus à travers les pratiques ésotériques. Celui qui raconte ses processus et ses expériences sera rapidement paralysé au niveau spirituel. Il faut acquérir la vertu de l'humilité.

PRIÈRE CONSCIENTE

Le Maître Samael dit que lorsqu'une personne fait une pratique sans être concentrée, l'Ego demande exactement le contraire de ce que nous sommes en train de demander. C'est pourquoi il est d'une importance extrême d'avoir le mental bien concentré au moment de faire n'importe quelle demande.

VIVRE LE PRÉSENT

Le Maître Samael dit la phrase suivante : *"Nous devons apprendre à toujours vivre le présent parce que la vie est un éternel instant"*.

Le problème, c'est qu'il est difficile pour le mental de s'habituer à vivre le présent, car il est normalement occupé à des projets pour le futur ou à se plaindre des erreurs du passé.

Une grande partie de l'énergie mentale se gaspille en projections du futur, en anxiétés sur ce qui arrivera ainsi qu'en l'incapacité pour gérer l'incertitude.

Vivre le présent, c'est surtout priver le mental des choses qui le stimulent le plus, c'est pourquoi c'est une excellente préparation pour la méditation.

L'ATTENTION DIRIGÉE

Le Maître Samael dit : *"L'observation requiert une concentration spéciale : observer de quoi sont faites les choses et ensuite entrer en méditation ; cela demande déjà une attention dirigée…"*.

Quand on habitue le mental à être concentré à l'heure de faire n'importe quelle activité, celui-ci s'éduque peu à peu. Une des caractéristiques du mental, c'est qu'il aime vagabonder, sauter de ci de là, être en constante distraction. À cause de ces caractéristiques, ensuite, quand nous voulons que le mental soit tranquille et concentré dans la méditation, nous nous rendons compte que c'est très difficile. Cette rééducation est nécessaire pour que nous préparions notre mental.

IMAGINATION ET FANTAISIE

La fantaisie est l'un des aspects qui nuit le plus au mental et au développement de la méditation, car elle empêche la concentration et stimule un aspect négatif du mental. La fantaisie nous fait nous évader de la réalité, nous absenter de notre vie quotidienne et nous réfugier dans un monde parallèle où nous projetons nos désirs et faiblesses.

Rappelons-nous qu'avec l'imagination, on domine le mental, avec la fantaisie le mental nous domine. La fantaisie est une habitude erronée et récurrente, car elle tend à se répéter et à revenir maintes fois sur le même sujet.

Dans le monde oriental, on appelle la fantaisie Manorajva et cela signifie tirer des plans sur la comète.

L'ÉTAT D'ALERTE

Pour réaliser le travail avec notre mental et nous préparer pour la méditation, la pratique de l'état d'alerte durant le jour dans les diverses activités quotidiennes est nécessaire. Cela aura sa répercussion durant la nuit, om nous serons logiquement plus conscients. De même, nous devons l'appliquer ensuite, durant la méditation. À la fin de notre vie, si nous avons été alertes dans tous ces aspects, nous le serons aussi durant la mort.

UN MENTAL SIMPLE

Nous devons chercher la simplicité dans le mental, ce qui n'est pas la même chose que la simplicité d'esprit.

Un mental compliqué avec trop d'activités est un obstacle quand, en prétendant le relaxer, nous nous rendons compte qu'il est trop excité et sur-stimulé.

Le fait de concentrer notre activité mentale sur une seule chose éduque le mental ; nous commencerons ainsi à avoir un meilleur contrôle sur lui et nous en observerons les résultats dans la méditation.

Le Maître Samael dit : *"Le mental doit se libérer des entraves pour comprendre la vie libre en son mouvement".*

Parmi ces entraves, nous trouvons les suivantes : les désirs, qui empêchent le calme et la tranquillité du mental et nous remplissent d'agitation mentale ; les préjugés, qui conditionnent terriblement le mental et empêchent son développement et compréhension ; une autre des entraves, c'est que le mental est toujours en train de chasser quelque chose, il est toujours derrière quelque chose, ainsi il ne se repose jamais ni ne trouve la tranquillité spirituelle.

UN MENTAL PROFOND

Il est nécessaire d'éduquer notre mental à chercher la profondeur dans la réflexion et l'exactitude dans les concepts. Cela raffine le mental, éduque notre verbe et met le mental au service d'une activité de type supérieur. Le bavardage, parler pour parler, attire l'oisiveté au mental et c'est la porte d'entrée de nombreux aspect inharmonieux que nous mentionnons dans ce travail.

La phrase suivante de Lao-Tseu nous parle de ce type d'attitudes face à la vie et vis-à-vis des autres : *"Ne soyez pas affligé parce que personne ne vous connaît, travaillez plutôt à devenir digne d'être connu."*

LIBÉRER LE MENTAL CONDITIONNÉ

Le mental, quand il est habitué à tout analyser, à tout juger, il trouve toujours quelque chose qui n'est pas bien, qui n'est pas correct. Le problème, c'est que dans ces conditions, le mental est toujours stimulé et il ne se tait jamais. Il est nécessaire de changer cette tendance, car c'est l'origine de nombreux conflits dans nos relations personnelles et c'est un obstacle pour relaxer le mental.

Aussi érudit que se sente un mental, on doit considérer que tous ses jugements et évaluations sont faits selon une série de concepts, de règles et de valeurs qui sont acquis, mais qui ne proviennent pas d'une Conscience éveillée ni d'une logique supérieure. C'est là le petit monde de nos propres conditionnements.

Le Maître Samael dit à ce sujet : *"L'homme médiocre critique d'autres hommes, l'homme supérieur se critique lui-même"*. L'autocritique est le meilleur outil pour travailler ce mental habitué à s'occuper constamment des autres, à constamment évaluer et juger les autres.

NE PAS AVOIR DE DOGMES

Il est difficile de bouger dans la vie sans dogmes ni concepts, mais c'est une chose nécessaire pour nous ouvrir à la compréhension profonde des choses. Plus nous avons de dogmes et de concepts sur la vie et les personnes, plus il est difficile de s'ouvrir au nouveau, de comprendre les choses avec un mental neuf.

EN FINIR AVEC LA CONVOITISE

Le Maître Samael dit : *"Nous devons en finir avec les soifs d'accumulation et la convoitise, nous devons être indifférents devant l'or et les richesses"*. La convoitise sous n'importe laquelle de ses formes, la physique ou la spirituelle, nous conduit sur des chemins erronés, nous fait commettre des erreurs et attire entre autres les conséquences suivantes : agitation mentale –il est difficile d'arrêter un mental emprisonné dans la convoitise–, le stress, l'angoisse et l'anxiété...

Beaucoup de formes d'insomnie sont même la conséquence d'une activité frénétique du mental, qui ne peut s'arrêter, et la convoitise est l'une de ses plus grandes stimulations.

CESSER D'OBJECTER

Un élément d'une extrême importance pour arriver à véritablement calmer le mental est d'apprendre à mettre fin aux objections. Toute objection, sous forme de protestation, de plainte, d'insatisfaction, de critique ou de colère, engendre une consommation inutile d'énergie et conduit même à la fatigue mentale.

Le fait de ne pas savoir nous adapter, le fait de ne pas accepter les choses ou les personnes telles qu'elles sont, la tendance continue du mental à analyser et juger tout, provoquent une activité accélérée du mental.

Dans ce sens, rappelons-nous le suivant sutra du Bouddha : *"Laisse les choses comme elles sont et accorde du repos à ton mental fatigué".*

ÉVITER LES DISPUTES

Il est fondamental de commencer à travailler le mental pour éviter les disputes. Le Maître Samael dit à ce sujet : *"Il faut éviter les disputes pour ne pas gaspiller l'énergie inutilement".* Nous gaspillons certes une quantité étonnante d'énergie à chaque fois que nous nous laissons entraîner par le débat. Nous devons réfléchir sur le fait que gagner ou perdre dans un débat n'est pas le point le plus important, mais le fait de savoir donner notre opinion et écouter celle d'autrui sans nous identifier à notre propre Moi. L'opinion est toujours une partie de la vérité, ce n'est pas la vérité absolue, c'est pourquoi nous devons commencer à observer nos opinions comme une chose qui peut être très souvent erronée.

LA PAROLE

Il existe une forte relation entre la parole et la méditation. La parole est l'expression de notre monde intérieur : pensées, sentiments, passions, désirs, fantaisies..., ainsi en prenant conscience de l'usage que nous faisons du verbe, nous avons la possibilité de nous raffiner psychologiquement et cela aura des répercussions dans la méditation.

La médisance est toujours imprégnée de critique, c'est pourquoi on devrait l'éviter, ainsi que le langage à double sens, qui falsifie le sens des mots. Nous trouvons ainsi la phrase suivante du Maître Kuthumi : *"La médisance éloigne de nous les Dieux et l'occultisme"*.

On dit de manière allégorique que nous devrions apprendre à couper le câble qui va du cerveau à la langue, puisque, malheureusement, nous nous trompons très souvent quand nous disons tout ce que nous pensons. *"Parler quand il faut parler et se taire quand il faut se taire"* est l'un des axiomes de la sagesse hermétique.

LA CONVERSATION MENTALE

Nous devons faire attention à la "conversation intérieure". Il y a beaucoup de conversations intérieures négatives, absurdes, des conversations intimes qui ne s'extériorisent jamais. Nous devons corriger ce bavardage intérieur, apprendre à rester silencieux. Il faut apprendre à garder le silence intérieur. On entend généralement par "silence mental", le fait de vider le mental de toute sorte de pensées, mais il y a un autre type de silence où nous ne jugeons pas, nous ne condamnons pas ; nous nous taisons tant externement qu'internement ; dans ce cas, il y a donc silence intérieur.

PENSER AVEC LE CŒUR

Il est urgent d'apprendre à penser avec le cœur et à sentir avec la tête.

Penser avec le cœur signifie cesser d'être froid et calculateur, développer dans notre jugement la miséricorde, la compassion, le pardon, la charité, comme vertus du cœur.

Sentir avec la tête se réfère à abandonner le sentimentalisme en tant que forme de faiblesse émotionnelle, renoncer aux attachements en tant que formes de faiblesse et attaches aux choses et aux personnes.

Rappelons-nous la phrase suivante du Maître Samael dans ce sens : *"Nous devons apprendre à plus apprécier la doctrine du cœur, car ceux qui méprisent la doctrine du cœur suivent la culture* de l'œil, la culture livresque, et ils ne pourront jamais atteindre les grandes réalisations".

LES FACULTÉS DU CŒUR

Le développement des facultés du cœur est urgent.

Dans la salle toltèque du Musée d'Anthropologie et d'Histoire, à Mexico D.F., nous trouvons la phrase suivante : *"Ces Toltèques étaient certes sages, ils dialoguaient généralement avec leur propre cœur."* C'est ainsi que les anciennes cultures définissaient la sagesse, non pas comme l'accumulation de données et d'informations, qui est le concept que nous avons actuellement.

Quand on demanda au Bouddha que faire quand on ne comprend pas quelqu'un, voici ce qu'il répondit : *"Tu dois l'englober avec le cœur"*, en se référant au niveau d'Être.

Confucius nous laisse également une autre belle phrase : *"Où que tu ailles, vas-y avec ton cœur"*.

CHANGER INTERNEMENT

Comme ils disent dans le Bouddhisme : *"Si tu médites seulement assis, tu seras un Bouddha assis"*. Ce premier point indique que nous ne pouvons pas prétendre un développement de la méditation si nous ne réalisons pas parallèlement des changements dans notre vie. Parfois les changements seront extérieurs, comme des changements dans nos routines, coutumes et habitudes erronées ; mais la plupart du temps ils seront internes, de type psychologique –pensées négatives– et émotionnel –émotions négatives–.

COMPRÉHENSION ET MORT

Pour que les pratiques de mort psychologique soient efficaces, il faut une compréhension préalable des défauts pour lesquels nous sommes en train de demander. Par conséquent, on recommande l'analyse, la réflexion et la méditation quotidiennes sur nos Mois pour pouvoir les éliminer.

CONSEIL FINAL

Le Maître Samael dit : *"L'Ego est le résultat d'un processus, d'un long processus d'extériorisation que nous avons entrepris depuis des siècles, en nous oubliant de notre réalité intérieure, et qui nous a conduit au culte de la vie extérieure."* C'est ça l'Ego, un long processus d'extériorisation de nos énergies psychiques.

L'Autoréalisation Intime de notre Être est un long processus d'intériorisation, d'inversion du processus.

Si nous continuons à nous extérioriser chaque jour davantage, en nous identifiant aux processus externes, de notre entourage, sans cultiver la vie intérieure, et sans nous recueillir encore plus et plus et plus dans la prière, dans la mystique, dans la méditation, nous n'arriverons jamais à l'Autoréalisation, parce qu'elle est le fruit d'un long processus d'intériorisation. Ce serait déjà bien que nous les petits frères gnostiques, nous ne soyons pas dépendants du commérage, celui du monde extérieur, de 'ils disent qu'on dit', de faire circuler l'information qu'on m'a envoyé, et d'être hypnotisés par Internet.

Je le dis de tout cœur à ceux qui m'écoutent, si nous voulons que quelque chose de nouveau grandisse en nous, il faut commencer par nous séparer de beaucoup de choses extérieures, et parmi elles, la manie répugnante d'être esclaves d'Internet.

Si nous voulons quelque chose de nouveau, il faut inverser le processus, nous faire chaque jour plus introvertis, dans le bon sens du terme, sans fanatisme. Mais cultiver davantage le monde intérieur, étudier encore plus la Doctrine, qui est très vaste, très riche, pour la comprendre, pour la connaître d'abord et ensuite la comprendre.

Il faut faire des pratiques, il faut profiter du temps qui nous glisse entre les mains. Nous pouvons le dire de mille et une manières, mais si personne ne veut l'entendre, chacun est chacun, et c'est l'affaire de chacun...

–Kwen Khan Khu, interview "La Science de la Méditation"–

INDEX

NOTE D'INTRODUCTION	5
MÉDITATION –poème–	7
1. OBJECTIFS DE LA MÉDITATION	11
POUR ATTEINDRE LA TRANQUILLITÉ INTÉRIEURE	13
L'IMPORTANCE D'AVOIR LE MENTAL EN PAIX	14
POUR COMPRENDRE LE MOI	16
TRANSMETTRE LE SAVOIR À LA CONSCIENCE	17
POUR ÉVEILLER LES POUVOIRS OCCULTES	21
POUR LA CONNAISSANCE DIRECTE	22
POUR CONNAÎTRE LA VÉRITÉ	25
AVOIR DE L'ENTHOUSIASME POUR LE TRAVAIL ÉSOTÉRIQUE	30
COMME BASE DE L'AUTORÉALISATION	33
CONSÉQUENCES DU FAIT DE NE PAS MÉDITER	34

2. PRÉPARATION PSYCHOLOGIQUE POUR LA MÉDITATION 37
    LA MÉDITATION COMME PHILOSOPHIE DE VIE 37
    NE PAS ÊTRE IDENTIFIÉ DURANT LA JOURNÉE 39
    CONSCIENCE DANS LES ACTIVITÉS QUOTIDIENNES 42
    LA PHILOSOPHIE DE LA MOMENTANÉITÉ 42
    VIVRE L'INSTANT 43
3. FACTEURS IMPORTANTS ET RECOMMANDATIONS 45
    PATIENCE ET PERSÉVÉRANCE 45
    FRÉQUENCE DES PRATIQUES DE MÉDITATION 48
    HORAIRES POUR LA MÉDITATION 49
    OUBLIER LE TEMPS 50
    COMBINER LA MÉDITATION AU SOMMEIL 52
    LIEUX POUR MÉDITER 55
    LA CHAMBRE À COUCHER 56
    RELAXATIONS FRÉQUENTES 57
    LA RESPIRATION 58
    UNE BOUGIE 58
    MUSIQUE 58
4. LES 5 ÉTAPES DE LA MÉDITATION 59
5. PREMIÈRE ÉTAPE: ASANA 61
    POSTURE CONFORTABLE 61
    FAIRE UN BILAN DU CORPS 62
    S'ASSEOIR DANS UN FAUTEUIL 62
    POSITION DE L'HOMME MORT 62
    POSITION DE L'ÉTOILE FLAMMIGÈRE 63
    POSITION DE PADMASANA 63
    POSITION DE VIPARITA KARANHI MUDRA 63

	RELAXATION DU CORPS	68
	RELAXATION À L'AIDE DE LA RESPIRATION	69
	LA LUMIÈRE JAUNE RELAXANTE	70
	IMAGINATION AVEC LES PETITS NAINS	71
6.	DEUXIÈME ÉTAPE: PRATYAHARA	73
	QU'EST-CE QUE PRATYAHARA?	73
	L'OBSERVATION DU MENTAL	73
	FAIRE TAIRE LE MENTAL	75
	DÉCOUVERTE DE L'ÉTAT MENTAL	76
	DÉCOUVERTE DE L'INATTENTION	76
	L'ÉTAT PASSIF DU MENTAL	79
	LE MENTAL COMME UN LAC PAISIBLE	80
	COMPRENDRE LE MANQUE DE PERTINENCE DE LA PENSÉE	81
	QUESTIONS ET RÉPONSES	82
7.	TROISIÈME ÉTAPE: DHARANA	87
	QU'EST-CE QUE DHARANA?	87
	DEUX TYPES DE CONCENTRATION	87
	CONCENTRATION SUR L'INTIME	88
	TECHNIQUES POUR AUGMENTER LA CAPACITÉ DE CONCENTRATION	89
8.	QUATRIÈME ÉTAPE: DHYANA	93
	QU'APPELLE-T-ON DHYANA?	93
	ÊTRE SPECTATEUR DU MENTAL	94
	LA VOIX DU SILENCE	96
	LA PLEINE ATTENTION	97
	MENTAL PASSIF ET CONSCIENCE ACTIVE	98
	OBSERVATION SEREINE OU *MO-CHAO*	98
	L'ÉMANCIPATION DU DUALISME MENTAL	99
	CALME ET VÉNÉRATION	100

9.	LA CINQUIÈME ÉTAPE: SAMADHI	103
	QU'EST-CE QUE LE SAMADHI?	103
	DIFFÉRENTES SORTES DE SAMADHI	107
	LE MAHA-SAMADHI OU VIDE ILLUMINATEUR	107
	ASSIMILATION DU SAMADHI	110
	LE SAMADHI AU MOYEN DU RÊVE	111
	EN FINIR AVEC LE MOI POUR ATTEINDRE LE SAMADHI	112
10.	LES DIX RÈGLES DE LA MÉDITATION	113
11.	ERREURS DANS LA MÉDITATION	117
	LE SILENCE SUPERFICIEL DU MOI	117
	L'ERREUR DE DIVISER L'INTELLECT	118
	LE CONFLIT MENTAL	120
	MENTAL EN BLANC	121
	L'EFFORT	124
12.	OBSTACLES À LA MÉDITATION	127
	LE SCEPTICISME	127
	L'ENTROPIE ET L'ENNEMI SECRET	128
13.	ANTAGONISMES À LA MÉDITATION	133
	L'ALCOOL	133
	LES DROGUES	134
	QUESTIONS ET RÉPONSES	137
14.	RÉFLEXION ET TRANSFORMATION DES IMPRESSIONS	141
	LA CAPACITÉ DE RÉFLÉCHIR	142
	RECEVOIR AVEC PLAISIR LES MANIFESTATIONS DÉSAGRÉABLES	145
	LA COMPRÉHENSION IMPLIQUE LA TRANSFORMATION	149
	EXERCICE RÉTROSPECTIF DES ACTIVITÉS QUOTIDIENNES	150
	SYSTÈME POUR TRANSFORMER LES IMPRESSIONS	152

15. LE POUVOIR DE L'IMAGINATION 153
    L'IMAGINATION AU LIEU DE LA FANTAISIE 155
    LA FANTAISIE OU IMAGINATION MÉCANIQUE 156
    MÉMOIRE CONSCIENTE CONTRAIREMENT
        À LA MÉMOIRE MÉCANIQUE 158
    CLAIRVOYANCE ET LA PSEUDO-CLAIRVOYANCE 160
    INTERPRÉTATION DES IMAGES SYMBOLIQUES 161
    PREMIÈRES EXPÉRIENCES INTERNES 162
16. LES TROIS ÉTAPES VERS L'ILLUMINATION 167
    L'IMAGINATION, L'INSPIRATION ET L'INTUITION 167
    EXPLICATIONS PRÉCISES SUR LES TROIS ÉTAPES 176
    LIBÉRATION DE L'INTELLECT 184
    LE DÉVELOPPEMENT DES TROIS ÉTATS 185
    EXEMPLE PRATIQUE DE FOI CONSCIENTE 186
17. LA COMPRÉHENSION 189
    L'ÊTRE ET LE SAVOIR 192
    COMPRÉHENSION INTELLECTIVE ET
        COMPRÉHENSION PROFONDE 194
    COMPRENDRE LE MOI 196
    QUESTIONS ET RÉPONSES 197
18. LA MÉDITATION ET LA MORT DU MOI 201
    LA VIE EN SOCIÉTÉ 203
    COMPRENDRE LES SENSATIONS 204
    ANALYSER L'OBSERVÉ AVEC LA MÉDITATION 204
    MÉTHODOLOGIE DE LA MORT PSYCHOLOGIQUE 205
    LES TROIS ÉTAPES DE L'ÉLIMINATION DE L'EGO 208
    MÉDITER POUR COMPRENDRE ET PRIER POUR MENDIER 212
    CLARIFICATIONS 212

19. LE VIDE ILLUMINATEUR 213
    QU'EST-CE QUE LE VIDE ILLUMINATEUR 213
    LE VIDE ILLUMINATEUR PERMANENT 214
    EXPLICATIONS TRANSCENDANTALES SUR LE VIDE 216
    LE VIDE ILLUMINATEUR ET LE SOLEIL SACRÉ ABSOLU 219
    AU-DELÀ DE LA RELATIVITÉ 221
    CONNAÎTRE LA VÉRITÉ AU MOYEN DU VIDE 223
    AUTORÉALISER LE VIDE EN SOI-MÊME 225
    LE GRAND SAUT 229
    AU-DELÀ DU VIDE ILLUMINATEUR 233
    LA CONSCIENCE COSMIQUE D'UN DHARMAKAYA 236
    LA MALADIE DU SATORI 241
    ÊTRE MÛR POUR LE VIDE 243
20. LE VIDE ILLUMINATEUR ET LA PEUR 245
    LA TERREUR DU VIDE ILLUMINATEUR 245
    LE MOI DE LA PEUR. 247
    QUESTIONS ET RÉPONSES 250
21. L'ERREUR DES YOGIS 251
22. RÉCITS DE MAÎTRES CHINOIS 259
    LE MAÎTRE CHINOIS HAN SHAN 259
    LE MAÎTRE CHINOIS WU WEN 263
    L'HISTOIRE DU MAÎTRE CHINOIS KAO FENG 268
    HISTOIRE DU MAÎTRE MENG SHAN 273
    ÉNIGMES. 276
    HOMMES ÉVEILLÉS, –L'HISTOIRE INTÉRESSANTE DE TIEN JAN ET HUI CHANG– 280
23. L'ORDRE DU DRAGON JAUNE 285
24. LES 49 NIVEAUX DU MENTAL 289

	QUE SONT LES NIVEAUX DU MENTAL?	289
	L'INSTRUMENT ALLA-ATTAPAN	293
25.	LE TRAVAIL AVEC LE MENTAL	299
	L'HYGIÈNE MENTALE	299
	CONNAÎTRE LA DYNAMIQUE MENTALE	300
	L'ASSOCIATION MÉCANIQUE DU MENTAL	303
	LA LUTTES DES OPPOSÉS	305
	LA SYNTHÈSE	307
	L'INDÉPENDANCE DU MENTAL	308
	ANALYSE TRANSACTIONNELLE ET STRUCTURELLE	309
	ANALYSER ET TRANSCENDER NOS DOUTES	310
	LE JUDO PSYCHOLOGIQUE	313
	LES NOMBREUX MENTALS DU MOI	314
	EN FINIR AVEC UN MENTAL PROJETEUR	318
	FONCTIONNALISME DES TROIS MENTALS	320
	QUESTIONS ET RÉPONSES	323
26.	LE DEUXIÈME JOYAU DU DRAGON JAUNE	329
27.	LA MÉDITATION ET LA SUPRASEXUALITÉ	337
	LE MENTAL, LE PRANA ET LE SEMEN	339
	EXTASE ET VOLUPTÉ SEXUELLE	339
	LA MÉDITATION ET LA KUNDALINI	341
	LA MÉDITATION NE SUFFIT PAS, IL FAUT NAÎTRE DANS L'ÂME	342
	LE MAITHUNA OU TANTRISME BLANC	343
	LA FABRICATION DU CORPS MENTAL	349
	L'ÉTAT ILLUMINÉ DE TURIYA	350
28.	TRANSMUTATION POUR FORMER LE VIDE	353
	LA PRATIQUE DU HAM-SAH	353
	QUESTIONS ET RÉPONSES	358

29.	LE PRANAYAMA	363
	QU'EST-CE QUE LE PRANAYAMA ?	363
	LIBÉRER DES ÉTINCELLES DE LA KUNDALINI	365
	LA PRATIQUE DU PRANAYAMA	366
	LE PRANAYAMA ÉGYPTIEN	368
30.	PRATIQUES	371
	MANTRAS POUR ATTEINDRE LE SILENCE MENTAL	372
	LA TECHNIQUE DU KOAN	374
	LA MÉDITATION ET L'ÉLIMINATION DU MOI	380
	LA PRIÈRE DANS LA MÉDITATION	384
	LA PRIÈRE DU NOTRE-PÈRE	385
	DIVERS	394
31.	TÉMOIGNAGES TRANSCENDANTAUX DES MAÎTRES	409
	V.M. SAMAEL AUN WEOR	409
	V.M. KWEN KHAN KHU	424
32.	RECOMMANDATIONS FINALES DES ÉDITEURS	429
CONSEIL FINAL		439

«Il est urgent de boire le vin de la méditation dans la coupe de la concentration parfaite».

Samael Aun Weor

Méditer, c'est trouver Dieu
Au-delà des prisons du mental.
Méditer, c'est écouter la voix subtile
Qui nous dit la vérité, qui jamais ne ment !

Kwen Khan Khu

CHRONOLOGIE LITTÉRAIRE DE L'AUTEUR

1950  PORTE D'ENTRÉE À L'INITIATION
(Le V.M. Samael Aun Weor corrigea et amplifia plus tard cette œuvre en l'intitulant "LE MARIAGE PARFAIT")
LA RÉVOLUTION DE BEL

1952 COURS ZODIACAL
CONSCIENCE-CHRIST
TRAITÉ DE MÉDECINE ÉSOTÉRIQUE ET DE MAGIE PRATIQUE (Première édition)
LE LIVRE DE LA VIERGE DU CARMEL
CATÉCHISME GNOSTIQUE
LE POUVOIR EST DANS LA CROIX
MESSAGE DE NOËL 1952-53

1953  LES SEPT PAROLES
LA ROSE IGNÉE
VOLONTÉ CHRIST
TRAITÉ D'ALCHIMIE SEXUELLE
MANUEL DE MAGIE PRATIQUE
MESSAGE DE NOËL 1953-54

1954 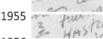 MESSAGE DE NOËL 1954-55

1955 MESSAGE DE NOËL 1955-56

1956 MYSTÈRES MAJEURS
MESSAGE DE NOËL 1956-57

1957 NOTIONS FONDAMENTALES D'ENDOCRINOLOGIE ET DE CRIMINOLOGIE
MESSAGE DE NOËL 1957-58

1958 TRAITÉ ÉSOTÉRIQUE DE THÉURGIE
MESSAGE DE NOËL 1958-59

1959 LA MONTAGNE DE LA JURATENA
LOGOS, MANTRAS, THÉURGIE
LE LIVRE JAUNE
MESSAGE DE NOËL 1959-60

1960 MESSAGE DU VERSEAU
MESSAGE DE NOËL 1960-61

1961 MESSAGE DE NOËL 1961-62

1962  MAGIE CHRISTIQUE AZTÈQUE
LE LIVRE DES MORTS
LES MYSTÈRES DE LA VIE ET DE LA MORT
LES MYSTÈRES DU FEU
MESSAGE DE NOËL 1962-63

1963 LE MARIAGE PARFAIT (édition corrigée et amplifiée)
MESSAGE DE NOËL 1963-64 (Intitulé aussi
    "TECHNIQUE POUR LA DISSOLUTION DU MOI")

1964 LES VAISSEAUX COSMIQUES
VERS LA GNOSE (MESSAGE DE NOËL 1964-65)

1965 OCCULTISME TRANSCENDANTAL
    (MESSAGE DE NOËL 1965-66)

1966 ÉDUCATION FONDAMENTALE
LE COLLIER DU BOUDDHA
    (MESSAGE DE NOËL 1966-67)

1967 TRAITÉ ÉSOTÉRIQUE D'ASTROLOGIE HERMÉTIQUE
LES SOUCOUPES VOLANTES
RÉVÉLATIONS D'UN AVATAR
    (MESSAGE DE NOËL 1967-68)

1968 TRAITÉ ÉSOTÉRIQUE DE MAGIE RUNIQUE
    (MESSAGE DE NOËL 1968-69)

1969 COURS ÉSOTÉRIQUE DE KABBALE
MON RETOUR AU TIBET (MESSAGE DE NOËL 1969-70)

1970 AU-DELÀ DE LA MORT
LE PARSIFAL DÉVOILÉ (MESSAGE DE NOËL 1970-71)

1971 LE MYSTÈRE DE LA FLORAISON D'OR
(MESSAGE DE NOËL 1971-72)

1972 EN REGARDANT LE MYSTÈRE
LES TROIS MONTAGNES (MESSAGE DE NOËL 1972-73)

1973 PSYCHOLOGIE RÉVOLUTIONNAIRE
SOUI, L'ENFER EXISTE ; OUI, LE DIABLE EXISTE ;
OUI, LE KARMA EXISTE (MESSAGE DE NOËL 1973-74)

1974 LA GRANDE RÉBELLION
LA DOCTRINE SECRÈTE D'ANAHUAC
(MESSAGE DE NOËL 1974-75)

1976 TAROT ET KABBALE

1977  TRAITÉ DE MÉDECINE ÉSOTÉRIQUE ET DE MAGIE
PRATIQUE (édition corrigée et amplifiée)
COURS ÉSOTÉRIQUE DE THÉURGIE
MYSTÈRES MAYAS
LA RÉVOLUTION DE LA DIALECTIQUE
(compilation des enseignements du V.M. Samael)
POUR LE PETIT NOMBRE
ANTHROPOLOGIE GNOSTIQUE
PISTIS SOPHIA DÉVOILÉE

2000 LE CINQUIÈME ÉVANGILE
(compilation de toutes les conférences dictées
par le V.M. Samael)

2003 APOLOGIE GNOSTIQUE DE L'ÉTERNEL FÉMININ
(compilation des enseignements du V.M. Samael
liés à ce thème)

2011 ÉTHIQUE ET SOCIOLOGIE GNOSTIQUE
(compilation des enseignements du V.M. Samael)

"le pouvoir d'une connaissance"

info@ageac.org

www.ageac.org · www.samael.org
www.vopus.org · www.radiomaitreya.org

Printed in France by Amazon
Brétigny-sur-Orge, FR